Norbert Altenhofer
Die verlorene Augensprache
Über Heinrich Heine

Herausgegeben
von Volker Bohn

Insel

Erste Auflage 1993

Satz: Hümmer GmbH, Waldbüttelbrunn
Druck: Nomos Verlagsgesellschaft, Baden-Baden
Printed in Germany

Inhalt

Harzreise in die Zeit

Zum Funktionszusammenhang von Traum, Witz und Zensur in Heines früher Prosa

> Beim Apis! wie groß ist die Zahl der exoterischen und wie klein die Zahl der esoterischen Theaterbesucher! Da steht das blöde Volk und gafft und bewundert Sprünge und Wendungen [...] und schwatzt von Grazie, Harmonie und Lenden – und keiner merkt, daß er in getanzten Chiffern das Schicksal des deutschen Vaterlandes vor Augen hat.[1]

Unter Heines frühen Prosatexten ist die *Harzreise* seit ihrem Erscheinen im »Gesellschafter« vom Januar und Februar 1826 unbestritten das populärste und, im Bewußtsein von Publikum und Fachkritik, das politisch harmloseste Stück geblieben – dies trotz der Warnung, die Heine in seiner Brocken-Lektion über die »diplomatische Bedeutung des Balletts« (III 60) an das »blöde Volk« der »exoterisch« gestimmten Kunstkonsumenten ergehen läßt. Als exoterischer Betrachter erscheint hier, in seltsamer Wendung gegen überlieferte Normen kunstverständiger Kompetenz, der ästhetisch Genießende, dem »Grazie, Harmonie und Lenden« Gegenstand der Bewunderung sind, als Esoteriker derjenige, dem die kunstvollen »Sprünge und Wendungen« zu »getanzten Chiffern« der politischen Zusammenhänge werden, von denen er selbst betroffen ist.[2]

Der esoterische Sinn konstituiert sich nach diesem Gleichnis in der deutenden Vermittlung von ästhetischer und historisch-gesellschaftlicher Erfahrung. Keineswegs jedoch wird die »politische Beziehung« (III 60) der »Sprünge und Wendungen« des Textes immer so weitgehend konkretisiert und detailliert wie in der Allegorese des Hoguetschen Balletts, für die Heine auch von vornherein Schlimmes von seiten der Zensur befürchtete. Der »Ballettwitz« ist eines der nicht sehr häufigen Beispiele einer vom Autor selbst mitgelieferten »esoterischen« Exegese. Daß das Prinzip der »doppelten« Textkonstruktion und -rezeption hier in satirischer Überbelichtung erscheint, ändert nichts an dem paradigmatischen Charakter der Stelle. Sie enthält den Schlüssel zur Lösung des Problems, wie mit dem esoterischen Sinn »getanzter Chiffern« auch der historische und ästhetische Sinn des literarischen Vorgangs der Textchiffrierung rekonstruiert werden kann.

Einer solchen Rekonstruktion sind natürliche Grenzen gesetzt, nicht zuletzt wegen des vom Autor bewußt akzentuierten Moments konkreter historischer Erfahrung, das in die Deutung einzugehen hat. Die *Harzreise* ist eines der anspielungsreichsten Werke Heines, und der Forschung dürfte es kaum je gelingen, die zahllosen »bunten Fäden« (III 74) aufzuspüren und zu entwirren, die den Text mit seiner Zeit verbinden. In einem Brief vom 12. Oktober 1825, fünf Monate nach Absendung der Zeitschriftenfassung, bittet Heine darum, das Manuskript der *Harzreise* keinesfalls länger liegenzulassen, da diese, »wegen ihres vielfältig die Gegenwart anspielenden Inhalts, eigentlich als Novität gedruckt werden« müsse (B XX 217). Was mit dem Willen zu größtmöglicher Aktualität zu einer Art Puzzlespiel für das zeitgenössische Publikum zusammengesetzt wurde – Heine spricht einmal abwertend von einem »zusammengewürfelten Lappenwerk« (B XX 184) –, kann von einem heutigen Leser nur noch teilweise aus dem Kontext seiner Erfahrung rekonstruiert, muß über historische Spezialstudien in die Deutung eingebracht werden.

Hier gewinnen die positivistischen Vorarbeiten der Heine-Forschung ihren Wert; nicht weil durch die Akkumulation inhaltlicher Details als solche unser Wissen entscheidend verändert würde, sondern weil erst ihre Einordnung in den beschriebenen Zusammenhang von Erfahrung und literarischer Chiffrierung eine genauere Bestimmung der Kommunikationsverhältnisse zwischen Autor, Werk und Publikum erlaubt. Die hier vorgelegte Analyse einiger Aspekte der *Harzreise* ist ein Versuch, den Text seinem immanenten Anspruch gemäß als Chiffre des Zusammenhangs von Kunstwerk, Geschichte und Gesellschaft zu verstehen.

Heine hat die *Harzreise* 1826 mit kurzem Abstand in einer Zeitschriften- und einer Buchfassung erscheinen lassen. Die Buchausgabe, an der bei späteren Auflagen noch einzelne Änderungen vorgenommen wurden, ist mehr als nur die Wiederherstellung eines durch Redaktion und Zensur verstümmelten Textes. Sie ist am Anfang um die satirische Schilderung Göttingens und den Bericht über die Wanderung bis Osterode (samt dem Traum von der Göttinger Universitätsbibliothek), am Ende um den in einen reflektierenden, einen erzählenden und einen dithyrambischen Teil zerfallenden Epilog (III 74-78) erweitert. Vor dem eröffnenden Gedicht *Schwarze Röcke, seidne Strümpfe [...]* erscheint zunächst ein Motto aus Börnes 1825 entstandener und gedruckter *Denkrede auf Jean Paul.*

Mit diesen Veränderungen ist ein historischer und theoretischer Bezugsrahmen für die eigentliche Reisebeschreibung gegeben, der dem Text eine neue Qualität verleiht. Zu Beginn des Epilogs heißt es nun:

> Die »Harzreise« ist und bleibt Fragment, und die bunten Fäden, die so hübsch hineingesponnen sind, um sich im Ganzen harmonisch zu verschlingen, werden plötzlich, wie von der Schere der unerbittlichen Parze, abgeschnitten. Vielleicht verwebe ich sie weiter in künftigen Liedern, und was jetzt kärglich verschwiegen ist, wird alsdann vollauf gesagt. Am Ende kommt es auch auf eins heraus, wann und wo man etwas ausgesprochen hat, wenn man es nur überhaupt einmal ausspricht. Mögen die einzelnen Werke immerhin Fragmente bleiben, wenn sie nur in ihrer Vereinigung ein Ganzes bilden. (III 74 f.)

In dieser Reflexion wird nicht nur auf die Entstehungsgeschichte des Textes von der Zeitschriften- zur Buchfassung Bezug genommen (»[...] ist und bleibt Fragment«), sondern zugleich ein wirkungsgeschichtlicher Prozeß antizipiert, in den der Text als Moment eines erst sich herstellenden »Ganzen« eintreten soll. Als Moment des noch nicht realisierten »Ganzen« trägt er den Charakter eines »Fragments«, doch kann dieses Verhältnis von Stückwerk und Ganzem als ein geschichtlicher Zusammenhang von Verheißung und Erfüllung gedeutet werden, als Entfaltung der Wahrheit, die jetzt noch »kärglich verschwiegen« ist.[3]

Anders stellt sich der Zusammenhang von Kunst, Gesellschaft und Geschichte allerdings in dem Motto aus Börnes Denkrede dar, das, wie die Schlußreflexion, erst in der Buchausgabe der eigentlichen Reisebeschreibung hinzugefügt wurde:

> Nichts ist dauernd, als der Wechsel; nichts beständig, als der Tod. Jeder Schlag des Herzens schlägt uns eine Wunde, und das Leben wäre ein ewiges Verbluten, wenn nicht die Dichtkunst wäre. Sie gewährt uns, was uns die Natur versagt: eine goldene Zeit, die nicht rostet, einen Frühling, der nicht abblüht, wolkenloses Glück und ewige Jugend. (III 14)

Kunst erscheint hier als ästhetische Ersatzbildung für das von der Natur Versagte, als zeitlose Gegenwelt zum verrinnenden Leben, dem sie tröstend das im Bewußtsein erzeugte Bild einer Vollkommenheit vorspiegelt, die das Leben als Natur nie erreicht.[4]

Die im Motto und in der Schlußreflexion ausgesprochenen oder implizierten Bestimmungen von Kunst lassen sich nur schwer vereinbaren. Doch das bloße Feststellen und Beschreiben logischer Widersprüche in einem Kunstwerk entspricht allenfalls der Kompetenz des exoterischen Betrachters, dem Harmonie als das Höchste gilt. Die esoterische Deutung muß den historisch-gesellschaftlichen Sinn des Widerspruchs ins Auge fassen und zu begreifen suchen, wie die von ihm erzeugte Spannung sich in den Motiven und Strukturen des Textes entfaltet und, wie hier, zugleich über ihn hinaus treibt. Denn ihrem eigenen Anspruch zufolge muß die *Harzreise* auf den Kontext der *Reisebilder* bezogen werden, in den Heine sie gestellt hat und innerhalb dessen die neue ästhetische Konzeption sich erst realisieren kann: im Werk als Einzelnem etwas von dem Anspruch der Ganzheit zu bewahren, den die Ästhetik der Kunstperiode formuliert hatte, ihn zugleich aber im Zusammenhang der *Reisebilder* wieder aufzuheben, deren zyklische Form ihrerseits den poetischen Anspruch der Geschlossenheit mit der publizistischen Forderung einer prinzipiellen Fortsetzbarkeit in Analogie zum Fortgang des individuellen und gesellschaftlichen Lebens vermitteln soll. An dieser Stelle kann das Problem nicht auf der Ebene der zyklischen Formen untersucht werden; es ist aber festzuhalten, daß diese für Heines Prosa nicht weniger wesentlich sind als für seine Lyrik. Die Analyse beschränkt sich darauf, die angedeutete Dialektik bis zu dem Punkt zu verfolgen, wo sie vom Text der *Harzreise* auf das zyklische Arrangement der *Reisebilder* und das Gesamtwerk in seinem historisch-gesellschaftlichen Kontext übergreift.

Die *Harzreise* ist nach Heines eigenem Urteil »im subjektivsten Style geschrieben« (B XX 197). Der Charakter dieser Subjektivität ist nicht leicht zu bestimmen. Stofflich ließe sie sich als Bindung ans Autobiographische, stilistisch als Freiheit der Reflexion und Phantasie in einer offenen Gattungsform, erzähltechnisch als Prinzip der lockeren Assoziation beschreiben.[5] Doch führt ein solcher Versuch sofort zu der Schwierigkeit, daß die materiellen Aspekte der Subjektivität (Bindung an die autobiographische Grundlage) sich mit den formalen (Freiheit der Fiktion und Assoziation) nicht ohne weiteres harmonisieren lassen.

Der Konflikt dieser Momente von Subjektivität ist in die Maske des Ich-Erzählers eingegangen und wird dort als Spannung zwischen den autobiographischen und fiktionalen Elementen wirksam, aus denen sie gebildet ist. Wenn man den Erzähler gegen die Figuren hält, mit denen er in Interaktion tritt, so fällt auf, daß diese wie Typen der Komödie auf ein Minimum an psychischen und sozialen Charakteristika reduziert sind, während er sich mit einer Mobilität ohnegleichen durch eine Vielzahl von Rollen und Tonlagen bewegt, ohne sich je auf eine einzelne von ihnen fixieren zu lassen.

Diese einander widerstreitenden Positionen und Töne sind nach Art und Umfang oft beschrieben und dabei meist einem unscharfen Begriff von Subjektivität (oder Subjektivismus) zugeordnet worden. Lyrisch und prosaisch, romantisch und realistisch, pathetisch und nüchtern, mystisch und aufklärerisch, hymnisch und blasphemisch, volkstümlich und salonmäßig, bekenntnishaft und spielerisch, spontan und konventionell, verliebt und aggressiv, traumhaft und bewußt, poetisch und wissenschaftlich, naiv und ironisch, sentimental und satirisch, engagiert und unpolitisch: Es scheint keine Mimikry zu geben, derer sich dieses Ich nicht bediente, keine Erfahrung, die es sich entgehen ließe, keine Ausdrucksform oder Stillage, über die es nicht zu verfügen wüßte. Zu den gesellschaftlichen Rollen des Jurastudenten, konvertierten Juden, gebildeten Intellektuellen und Poeten treten die literarisch-parodistischen oder märchenhaft-mythisierenden Masken eines neuen Werther und Faust, des Harlekins und des Ritters.[6]

Eine solche Subjektivität kann ihrer Struktur nach nicht als »natürliche«, individualpsychologisch begründete, sondern nur als repräsentative und publizitätsbezogene, d.h. im Hinblick auf ihre literarische Funktion konstruierte, bestimmt werden. Ihre Souveränität ist literarischer Ausdruck der umfassenden gesellschaftlichen und kulturellen Erfahrung eines Einzelnen, die durch das Medium des Reisebilds aus der privaten in die öffentliche Sphäre eines gemischten (exoterisch-esoterischen) Publikums tritt. Sie ist zugleich – gerade in ihrer Affinität zur romantischen Subjektivität – die literarische Projektion einer Standpunktlosigkeit, die Heine in einer (undatierten, aber sicher erheblich späteren) Nachlaßnotiz[7] als generelle Problematik des modernen Schriftsteller-Ichs gekennzeichnet hat:

> Die ältern französischen Schriftsteller hatten einen bestimmten Standpunkt: Licht und Schatten sind immer richtig, nach den Gesetzen des Standpunkts – Die neueren Schriftsteller springen von einem Standpunkt auf den andern, und in ihren Gemälden ist eine widerwärtige Konfusion von Licht und Schatten – hier eine Bemerkung die der pantheistischen Weltansicht angehört, dort ein Gefühl das aus dem Materialismus hervorgeht, Zweifel und Glauben sich kreuzend – Harlekinsjacke –

Nicht zufällig erscheint im zweiten Traum der *Harzreise* die Figur des buntscheckigen Harlekins, der mit klatschender Peitsche die Geister der Verstorbenen vor sich hertreibt und in dem der Erzähler als esoterischer Interpret der eigenen Träume sich selbst erkennt. Die »Sprünge und Wendungen« des Harlekin sind die bildliche Formel einer Prosatechnik, die aus autobiographischem Bericht und Fiktion, Zitat und Parodie närrische Erzählmuster produziert, ein »zusammengewürfeltes Lappenwerk«, für dessen künstlerische Logik sich jedoch bei näherem Zusehen eben jener Schein der Willkür als konstitutiv erweist.[8]

Subjektivität und Standpunktlosigkeit des Erzähler-Ichs sind Objektivationen der Erfahrung des Autors und maskierter Ausdruck eines schriftstellerischen Selbstverständnisses, das noch der genaueren Einordnung in seinen historischen Kontext bedarf. Aber sie sind mehr: Sie sind zugleich Funktionen einer literarischen Strategie, die der Textrezeption jede eindeutige Orientierung verweigert und nur dem Leser die esoterische Dimension des Textes zugänglich macht, der den Erzähler nicht mehr als verläßliche Auskunftsperson mit den Konturen einer realistischen Psychologie, sondern selbst als Chiffre und Variable eines komplexen Sinnzusammenhangs begreift.[9]

Für die Rezeption von Heines früher Prosa hat das entscheidende Konsequenzen gehabt; instruktivstes Beispiel ist die Wirkungsgeschichte der *Harzreise*. Bis in die jüngste Zeit herrschte über das, was als ihr zentrales Motiv zu betrachten sei, weitgehende Übereinstimmung: Sie galt als das literarische Dokument einer Flucht aus der konventionellen Gesellschaft in die Ursprünglichkeit der Natur, die den Wanderer, regeneriert durch die Erfahrung der »Unmittelbarkeit« (III 32), gestärkt und getröstet wieder in die Gesellschaft entlasse. Heines Meisterschaft wurde in der Kunst inniger Naturbeseelung und anschaulicher Landschaftsschilderung gesehen, mit etwas Studentenulk, Philistersatire und Gesellschaftskritik als belebendem Kontrast.[10]

Nicht nur das Eingangsgedicht mit seinen rousseauistischen Fanfaren scheint dieser Deutung recht zu geben, sondern auch manche Naturbeschreibung des Wanderers:

> Von Goslar ging ich den andern Morgen weiter, halb auf Geratewohl, halb in der Absicht, den Bruder des Klausthaler Bergmanns aufzusuchen. Wieder schönes, liebes Sonntagswetter. Ich bestieg Hügel und Berge, betrachtete, wie die Sonne den Nebel zu verscheuchen suchte, wanderte freudig durch die schauernden Wälder, und um mein träumendes Haupt klingelten die Glockenblümchen von Goslar. In ihren weißen Nachtmänteln standen die Berge, die Tannen rüttelten sich den Schlaf aus den Gliedern, der frische Morgenwind frisierte ihnen die herabhängenden, grünen Haare, die Vöglein hielten Betstunde, das Wiesenthal blitzte wie eine diamantenbesäete Golddecke, und der Hirt schritt darüber hin mit seiner läutenden Herde. Ich mochte mich wohl eigentlich verirrt haben. Man schlägt immer Seitenwege und Fußsteige ein, und glaubt dadurch näher zum Ziele zu gelangen. Wie im Leben überhaupt, geht's uns auch auf dem Harze. (III 42)

Als Ausdruck unmittelbarer Naturerfahrung kann jedoch diese wie jede andere der zahlreichen beschreibenden Passagen nur dann mißverstanden werden, wenn man über einzelnen animistisch getönten Eindrücken die durch und durch rhetorische Gesamtstruktur solcher Tableaus aus dem Auge verliert.[11] Nicht nur das Formelhafte und bei aller Preziosität Abgeleitete der verwendeten Bildrequisiten[12] ist auffällig, sondern auch die konsequente Bewegung der gesamten Passage vom Konkreten zum Abstrakten, von der Beobachtung über die Allegorie zur expliziten Allegorese. Daß die pointierende Sentenz des Schlußsatzes den gängigen Gedankenschritt vom Besonderen zum Allgemeinen (von der Harzreise zur Lebensreise) witzig ins Gegenteil verkehrt[13], bestätigt den Befund, daß die Realität der Natur hier nicht in der unmittelbaren Anschauung ihrer Phänomene, sondern von vornherein innerhalb eines literarisch und gesellschaftlich strukturierten Koordinatensystems abstrakter gedanklicher Relationen erfahren wird.[14]

Schärfer als in der eben zitierten Passage tritt die gesellschaftliche und kulturelle Bedingtheit dieser Erfahrungsstruktur[15] in der Sonnenuntergangsszene auf dem Brocken hervor, die in mehrfacher Hinsicht Modellcharakter besitzt:

> Derweilen wir sprachen, begann es zu dämmern: die Luft wurde noch kälter, die Sonne neigte sich tiefer, und die Turmplatte füllte sich mit Studenten, Handwerksburschen und einigen ehrsamen Bürgerleuten samt deren Ehefrauen und Töchtern, die alle den Sonnenuntergang sehen wollten. Es ist ein erhabener Anblick, der die Seele zum Gebet stimmt. Wohl eine Viertelstunde standen alle ernsthaft schweigend und sahen, wie der schöne Feuerball im Westen allmählich versank; die Gesichter wurden vom Abendrot angestrahlt, die Hände falteten sich unwillkürlich; es war, als ständen wir, eine stille Gemeinde, im Schiffe eines Riesendoms, und der Priester erhöbe jetzt den Leib des Herrn, und von der Orgel herab ergösse sich Palestrinas ewiger Choral.
>
> Während ich so in Andacht versunken stehe, höre ich, daß neben mir jemand ausruft: »Wie ist die Natur doch im allgemeinen so schön!« Diese Worte kamen aus der gefühlvollen Brust meines Zimmergenossen, des jungen Kaufmanns. Ich gelangte dadurch wieder zu meiner Werkeltagsstimmung, war jetzt im stande, den Damen über den Sonnenuntergang recht viel Artiges zu sagen und sie ruhig, als wäre nichts passiert, nach ihrem Zimmer zu führen. (III 56)

Wesentlich an dieser Szene ist nicht so sehr die Illusionszerstörung durch den prosaischen Ausruf des jungen Kaufmanns[16] –

eine charakteristische, aber nicht eben originelle Technik des jungen Heine. Bedeutend und neu ist, daß Natur hier als touristische Attraktion vorgeplant und inszeniert wird.[17] Nicht Natur wird geschildert, sondern eine spezifische, historisch und gesellschaftlich definierbare Form ihrer Rezeption, nicht die Ergriffenheit des Einzelnen vor der Offenbarung Gottes im Naturschönen, sondern die Andacht einer Gemeinde, die den ästhetischen Genuß mit der Weihe des Religiösen auszustatten und den Gottesdienst als Schauspiel zu genießen gelernt hat. Was Heine beschreibt, setzt die Entfremdung von Natur schon voraus.[18] Er zieht die zeitgerechte Konsequenz aus der alten Vorstellung von Gott als Autor der Welt, die auch in der *Harzreise* an früherer Stelle noch als konventioneller Topos erscheint: »Gott hat den Menschen erschaffen, damit er die Herrlichkeit der Welt bewundere. Jeder Autor, und sei er noch so groß, wünscht, daß sein Werk gelobt werde. Und in der Bibel, den Memoiren Gottes, steht ausdrücklich: daß er die Menschen erschaffen zu seinem Ruhm und Preis.« (III 43) In der Szene auf dem Brocken sind von dem beginnenden organisierten Tourismus schon alle Veranstaltungen getroffen, der ursprünglichen Beziehung von Gott (»Autor«), Schöpfung (»Werk«) und Mensch (bewundernder »Leser«) ihren Platz in einer vom Schein der Unmittelbarkeit lebenden Waren- und Konsumsphäre (»Natur«) anzuweisen, deren marktgerechte Erschließung allerdings einer späteren Epoche vorbehalten blieb.

Dem Erzähler ist diese bewußtlose Konsumhaltung durchaus nicht fremd; er, der zunächst noch mit prüfendem Blick die sozialen Differenzierungen unter den Versammelten notiert, ist ohne weiteres bereit, für die Dauer der ästhetisch-religiösen Feier auch seine Individualität im Kollektiverlebnis der »stillen Gemeinde« aufgehen zu lassen. Die Beschreibung des Sonnenuntergangs selbst ist nicht ironisch gebrochen, sondern aus der Perspektive einer punktuellen Identifikation mit konventionellen Erlebnismustern gestaltet; die Distanzierung stellt sich erst über einen Rollenwechsel des Erzählers her, der vor und nach der Szene erfolgt und ihr, trotz äußerer epischer Integration, den Status eines »verfremdeten« historischen Zitats verleiht.[19]

Das Eingangsgedicht der *Harzreise* hatte die Freiheit der Natur gegen den verlogenen Konventionszwang der Gesellschaft ausgespielt. Wie im Falle des Börne-Mottos ist der Text jedoch nicht Durchführung einer vorgegebenen Programmatik, sondern Entfaltung der in den antithetischen Setzungen von Natur und Gesellschaft, bzw. Leben und Kunst angelegten Dialektik. Denn nirgends tritt dem Erzähler die gesellschaftliche Misere, der er zu entfliehen sucht, so bedrängend entgegen wie auf dem höchsten jener Berge, wo angeblich »die Brust sich frei erschließet, / Und die freien Lüfte wehen« (III 15). Heines Topographie des Brokkens ist primär literarisch und gesellschaftlich, erst in zweiter Linie geographisch. Sein Charakter ist »ganz deutsch« (III 54): Ablagerung von Geschichte unter einer Rinde von Natur. Die Optik der *Harzreise* ist die eines Autors, dem die Anschauung der Natur nicht mehr – wie noch Goethe – die Vision oder Erkenntnis höherer Gesetzlichkeit gewährt. Natur ist nicht mehr zeitloser Gegenstand phänomenologischer Betrachtung, sie ist hineingenommen in die Erfahrung von Geschichte – bis zur Reduktion auf ein bloßes Substrat gedanklicher Relationen wie in der politischen Allegorie des Sonnenaufgangs auf dem Brocken:

> Während ich [...] Kaffee trank und im Brockenbuche blätterte, trat der Schweizer mit hochroten Wangen herein, und voller Begeisterung erzählte er von dem erhabenen Anblick, den er oben auf dem Turm genossen, als das reine, ruhige Licht der Sonne, Sinnbild der Wahrheit, mit den nächtlichen Nebelmassen gekämpft, daß es ausgesehen habe wie eine Geisterschlacht, wo zürnende Riesen ihre langen Schwerter ausstrekken, geharnischte Ritter auf bäumenden Rossen einherjagen, Streitwagen, flatternde Banner, abenteuerliche Tierbildungen aus dem wildesten Gewühle hervortauchen, bis endlich alles in den wahnsinnigsten Verzerrungen zusammenkräuselt, blasser und blasser zerrinnt und spurlos verschwindet. Diese demagogische Naturerscheinung hatte ich versäumt, und ich kann, wenn es zur Untersuchung kommt, eidlich versichern: daß ich von nichts weiß, als vom Geschmack des guten braunen Kaffees. (III 68 f.)

Der Aufstieg des Erzählers zur Höhe wird zur »Ausgrabung des Brockens«[20], seine Harzreise zu einer Reise in die Zeit. Dabei vollzieht sich diese Bewegung von der geographischen in die geschichtlich-politische Dimension keineswegs nur in der Linearität des Doppelsinns, die für die eben zitierte Allegorie des Sonnenaufgangs charakteristisch ist. Die Harzreise führt nicht nur durch die Tageswelt der Berglandschaft; sie besitzt in den Träumen des Erzählers eine Nachtseite, die sich dem pragmatisch-exoterischen Nexus des erzählten Geschehens nicht einfach subsumieren läßt. Jeder Tageswanderung folgt ein Traum, in dem die Erlebnisse des Tages verarbeitet werden und mit den geheimen Wünschen und Ängsten des Wanderers phantastische Verbindungen eingehen, deren Symbolik vom bewußten Ich des Erzählers nur teilweise oder gar nicht entschlüsselt wird. Das Material zu ihrer Deutung ist im Kontext gegeben, aber die Deutung durch das Erzähler-Ich bleibt ausgespart, weil die Symbolik seiner Träume vom Autor als das Ergebnis eines Verdrängungsvorgangs aufgefaßt wird.

Heines Psychologie ist wie die spätere Freuds[21] eine Archäologie verschütteter Bereiche des Seelischen, die sich der bewußten Kontrolle entziehen. Sein »topisches Modell« der menschlichen Psyche, entwickelt anläßlich einer physiognomischen Beschreibung der älteren von zwei vornehmen Damen, die der Erzähler auf dem Gipfelplateau antrifft, ist der Palimpsest[22]:

> Ihr Auge verriet einen krankhaft schwärmerischen Tiefsinn, um ihren Mund lag strenge Frömmigkeit, doch schien mir's, als ob er einst sehr schön gewesen sei und viel gelacht und viele Küsse empfangen und viele erwidert habe. Ihr Gesicht glich einem Codex palimpsestus, wo, unter der neuschwarzen Mönchsschrift eines Kirchenvatertextes, die halberloschenen Verse eines altgriechischen Liebesdichters hervorlauschen. (III 55 f.)

»Schwärmerischer Tiefsinn« und »strenge Frömmigkeit« werden als Zeichen eines krankhaften Zustandes diagnostiziert, die – als lizenzierter Text – an die Stelle eines verdrängten ursprünglichen getreten sind, der für den esoterischen Betrachter unter dem Ersatz jedoch kenntlich bleibt.[23]

Daß der Vorgang der Verdrängung historisch, nämlich am Beispiel des Übergangs von der heidnischen Antike zum christlichen Mittelalter, exemplifiziert wird, ist kein Zufall: Die Deutung zielt auf den geschichtlichen und gesellschaftlichen Sinn der individualpsychologischen Symptome. In dem 1834 erschienenen, aber schon früher begonnenen Fragment *Aus den Memoiren des*

Herren von Schnabelewopski wird diese historische Symptomatik in den Zusammenhang einer psychologisch-geschichtsphilosophischen Theorie des Traums gestellt, mit der Heine sich von früheren, meist religiös oder ontologisch begründeten Versuchen der Traumdeutung absetzt:

> Und der Traum? Warum fürchten wir uns vor dem Schlafengehn nicht weit mehr als vor dem Begrabenwerden? Ist es nicht furchtbar, daß der Leib eine ganze Nacht leichentot sein kann, während der Geist in uns das bewegteste Leben führt, ein Leben mit allen Schrecknissen jener Scheidung, die wir eben zwischen Leib und Geist gestiftet? Wenn einst in der Zukunft beide wieder in unserem Bewußtsein vereinigt sind, dann gibt es vielleicht keine Träume mehr, oder nur kranke Menschen, Menschen, deren Harmonie gestört, werden träumen. Nur leise und wenig träumten die Alten; ein starker, gewaltiger Traum war bei ihnen wie ein Ereignis und wurde in die Geschichtsbücher eingetragen. Das rechte Träumen beginnt erst bei den Juden, dem Volke des Geistes, und erreichte seine höchste Blüte bei den Christen, dem Geistervolk. Unsere Nachkommen werden schaudern, wenn sie einst lesen, welch ein gespenstisches Dasein wir geführt, wie der Mensch in uns gespalten war und nur die eine Hälfte ein eigentliches Leben geführt. Unsere Zeit – und sie beginnt am Kreuze Christi – wird als eine große Krankheitsperiode der Menschheit betrachtet werden. (IV 132)

Auch Träume sind also Krankheitssymptome; auch sie – wie die Züge, die der Erzähler an der »älteren Dame« entdeckt – nicht so sehr individueller als sozialpsychologischer Natur: Anzeichen einer Art kollektiver Neurose, mit der die christliche Gesellschaft für ihre asketisch-spiritualistische Unterdrückung der Triebe bezahlt. Die Verinnerlichung der christlichen Seelenkultur, von der Heine, seine Traumtheorie in eine Theorie der christlich-abendländischen Kunst überführend, im Folgenden spricht, erscheint somit als ein sekundärer Krankheitsgewinn, in ihren höchsten Formen als Sublimierung:

> Und doch, welche süße Träume haben wir träumen können! Unsere gesunden Nachkommen werden es kaum begreifen. Um uns her verschwanden alle Herrlichkeiten der Welt, und wir fanden sie wieder in unserer inneren Seele – in unsere Seele

> flüchtete sich der Duft der zertretenen Rosen und der lieblichste Gesang der verscheuchten Nachtigallen – (IV 132)

Wie der Traum hat die Kunst von der Antike zur christlichen Ära einen tiefgehenden Wandel ihrer Funktion vom Lebensvorgang (»Ereignis«) zum Lebensersatz erfahren.

An späterer Stelle, in der *Lutezia*, hat Heine bezeichnenderweise Hegel als Gewährsmann seiner geschichtsphilosophischen Konstruktion angeführt: »Mein großer Lehrer, der selige Hegel, sagte mir einst: ›Wenn man die Träume aufgeschrieben hätte, welche die Menschen während einer bestimmten Periode geträumt haben, so würde einem aus der Lektüre dieser gesammelten Träume ein ganz richtiges Bild vom Geiste jener Periode aufsteigen.‹« (VI 402) Träume sind deutbar, und das Wesentliche an diesen Produkten der individuellen Psyche ist ihr epochaler Sinn. Die Träume der *Harzreise* sind davon nicht ausgenommen.

In Osterode, am Ende der ersten Tageswanderung, träumt der Erzähler folgenden Traum:

> Im Traume kam ich wieder nach Göttingen zurück, und zwar nach der dortigen Bibliothek. Ich stand in der Ecke des juristischen Saals, durchstöberte alte Dissertationen, vertiefte mich im Lesen, und als ich aufhörte, bemerkte ich zu meiner Verwunderung, daß es Nacht war und herabhängende Kristallleuchter den Saal erhellten. Die nahe Kirchenglocke schlug eben zwölf, die Saalthüre öffnete sich langsam, und herein trat eine stolze, gigantische Frau, ehrfurchtsvoll begleitet von den Mitgliedern und Anhängern der juristischen Fakultät. Das Riesenweib, obgleich schon bejahrt, trug dennoch im Antlitz die Züge einer strengen Schönheit, jeder ihrer Blicke verriet die hohe Titanin, die gewaltige Themis, Schwert und Wage hielt sie nachlässig zusammen in der einen Hand, in der andern hielt sie eine Pergamentrolle, zwei junge Doctores juris trugen die Schleppe ihres grau verblichenen Gewandes; an ihrer rechten Seite sprang windig hin und her der dünne Hofrat Rusticus, der Lykurg Hannovers, und deklamierte aus seinem neuen Gesetzentwurf; an ihrer linken Seite humpelte, gar galant und wohlgelaunt, ihr Cavaliere servente, der geheime Justizrat Cujacius, und riß beständig juristische Witze, und lachte selbst darüber so herzlich, daß sogar die ernste

Göttin sich mehrmals lächelnd zu ihm herabbeugte, mit der großen Pergamentrolle ihm auf die Schulter klopfte, und freundlich flüsterte: »Kleiner, loser Schalk, der die Bäume von oben herab beschneidet!« Jeder von den übrigen Herren trat jetzt ebenfalls näher und hatte etwas hin zu bemerken und hin zu lächeln, etwa ein neu ergrübeltes Systemchen, oder Hypotheschen, oder ähnliches Mißgebürtchen des eigenen Köpfchens. Durch die geöffnete Saalthüre traten auch noch mehrere fremde Herren herein, die sich als die andern großen Männer des illustren Ordens kundgaben, meistens eckige, lauernde Gesellen, die mit breiter Selbstzufriedenheit gleich drauf los definierten und distinguierten und über jedes Titelchen eines Pandektentitels disputierten. Und immer kamen noch neue Gestalten herein, alte Rechtsgelehrten, in verschollenen Trachten, mit weißen Allongeperücken und längst vergessenen Gesichtern, und sehr erstaunt, daß man sie, die Hochberühmten des verflossenen Jahrhunderts, nicht sonderlich regardierte; und diese stimmten nun ein, auf ihre Weise, in das allgemeine Schwatzen und Schrillen und Schreien, das, wie Meeresbrandung, immer verwirrter und lauter, die hohe Göttin umrauschte, bis diese die Geduld verlor, und in einem Tone des entsetzlichsten Riesenschmerzes plötzlich aufschrie: »Schweigt! schweigt! ich höre die Stimme des teuren Prometheus, die höhnende Kraft und die stumme Gewalt schmieden den Schuldlosen an den Marterfelsen, und all euer Geschwätz und Gezänke kann nicht seine Wunden kühlen und seine Fesseln zerbrechen!« So rief die Göttin, und Thränenbäche stürzten aus ihren Augen, die ganze Versammlung heulte wie von Todesangst ergriffen, die Decke des Saales krachte, die Bücher taumelten herab von ihren Brettern, vergebens trat der alte Münchhausen aus seinem Rahmen hervor, um Ruhe zu gebieten, es tobte und kreischte immer wilder, – und fort aus diesem drängenden Tollhauslärm rettete ich mich in den historischen Saal, nach jener Gnadenstelle, wo die heiligen Bilder des belvederischen Apolls und der mediceischen Venus nebeneinander stehen, und ich stürzte zu den Füßen der Schönheitsgöttin, in ihrem Anblick vergaß ich all das wüste Treiben, dem ich entronnen, meine Augen tranken entzückt das Ebenmaß und die ewige Lieblichkeit ihres hochgebenedeiten Leibes, griechische Ruhe zog durch meine Seele, und über mein Haupt, wie himmlischen Segen, goß seine süßesten Lyraklänge Phöbus Apollo.

Erwachend hörte ich noch immer ein freundliches Klingen. Die Herden zogen auf die Weide, und es läuteten ihre Glöckchen. Die liebe, goldene Sonne schien durch das Fenster und beleuchtete die Schildereien an den Wänden des Zimmers. Es waren Bilder aus dem Befreiungskriege, worauf treu dargestellt stand, wie wir alle Helden waren, dann auch Hinrichtungsszenen aus der Revolutionszeit, Ludwig XVI. auf der Guillotine, und ähnliche Kopfabschneidereien, die man gar nicht ansehen kann, ohne Gott zu danken, daß man ruhig im Bette liegt, und guten Kaffee trinkt und den Kopf noch so recht komfortabel auf den Schultern sitzen hat. (III 21 ff.)

In der ersten Buchausgabe schließt sich noch folgender in den späteren Auflagen getilgter Passus an:

Auch hingen noch an der Wand Abeillard und Heloise, einige französische Tugenden, nämlich leere Mädchengesichter, worunter sehr kalligraphisch la prudence, la timidité, la pitié etc. geschrieben war, und endlich eine Madonna, so schön, so lieblich, so hingebend fromm, daß ich das Original, das dem Maler dazu gesessen hat, aufsuchen und zu meinem Weibe machen möchte. Freylich, so bald ich mal mit dieser Madonna verheirathet wäre, würde ich sie bitten, allen fernern Umgang mit dem heiligen Geiste aufzugeben, indem es mir gar nicht lieb seyn möchte, wenn mein Kopf, durch Vermittlung meiner Frau, einen Heiligenschein, oder irgend eine andre Verzierung gewönne. (III 511)

Die Träume der *Harzreise* sind zweifellos keine aus der Erinnerung reproduzierten realen Träume Heines. Sie sind als literarische Träume bewußt konstruiert und in einen Text eingebettet, der auf Kommunikation mit dem Leser zielt. Andrerseits haben sie den Status seelischer Produktionen, die der im Schlaf weiterarbeitenden Psyche des Erzählers zugeschrieben, d. h. als nicht auf Kommunikation angelegte Protokolle des Unbewußten gedeutet werden können. Diese Doppelfunktion ist von Heine intendiert, wie noch zu zeigen sein wird, und muß bei der Interpretation berücksichtigt werden.

Der hier zu analysierende Traum unterscheidet sich von vergleichbaren romantischen Produkten vor allem darin, daß er bei aller Irrealität seiner Handlungsabläufe keine phantastische Eigenwelt hervorbringt, sondern bis ins kleinste Motiv aus exakt lokalisierbaren Realitätspartikeln zusammengesetzt ist. Allerdings erscheinen diese meist nicht als einfache Abbildungen; sie haben unter dem Einfluß starker seelischer Regungen schon eine mehr oder weniger weitgehende Umformung erfahren, durch die sie verzerrt oder in andere seelische Motivationszusammenhänge eingearbeitet werden. Heine hat diesen dem poetischen Verfahren ähnlichen Vorgang der Traumarbeit im VII. Kapitel der *Reise von München nach Genua* mit Kategorien beschrieben, die das Freudsche Konzept der Traumentstellung in wesentlichen Punkten vorwegnehmen: »Es geht den Dichtern wie den Träumern, die im Schlafe dasjenige innere Gefühl, welches ihre Seele durch wirkliche äußere Ursachen empfindet, gleichsam maskieren, indem sie an die Stelle dieser letzteren ganz andere äußere Ursachen erträumen, die aber insofern ganz adäquat sind, als sie dasselbe Gefühl hervorbringen.« (III 229)

Hier wird – zumindest im Ansatz – schon zwischen latenten Traumgedanken (ursprüngliches »inneres Gefühl«) und manifestem Trauminhalt (maskiertes Gefühl) unterschieden. Darüber hinaus werden sowohl die primäre Produktivkraft des »inneren Gefühls« wie der sekundäre, die ursprünglichen Vorstellungen umwandelnde Vorgang der »poetischen« Maskierung in Abhängigkeit von »äußeren Ursachen« einerseits, inneren Motivationsstrukturen andrerseits gesehen. Die Tatsache, daß Heine bei den »äußeren Ursachen« offenbar in erster Linie an Körperreize (etwa das Läuten der Herdenglocken am Ende des Traums) denkt, ändert nichts daran, daß die spezifische Umsetzung dieses akustischen Reizes in den Klang der Lyra Apolls einer Erklärung bedarf, die, über die mechanische Kausalität des Vorgangs hinausgehend, den innerpsychischen Sinn der »erträumten Ursachen«, d.h. der Traumsymbole, erfaßt. Eine Deutung des Traums kann sich nicht auf ein immanentes Verstehen seines symbolischen Sinnzusammenhangs beschränken, noch sich mit mechanisch-kausalen Erklärungen zufriedengeben. Sie muß auch den Sinn der Traumentstellung (»Maskierung«) selbst einbegreifen, der von Heine in der zitierten Äußerung wie in den Träumen selbst nur angedeutet, nicht expliziert wird.

Nahezu unverändert ist die Szenerie der Göttinger Universitätsbibliothek in den Traum eingegangen. Die Vorgänge spielen sich zwischen dem juristischen und dem historischen Saal der Bibliothek ab, in dem tatsächlich Teile der Antikensammlung, so »der Torso von Belvedere« und »die Venus von Melos«[24] aufgestellt waren. Sogar die christliche Metaphorik, die sich im zweiten Teil des Traums mit diesen Standbildern verbindet (»Gnadenstelle«, »heilige Bilder«, »hochgebenedeiter Leib«, »himmlischer Segen«), hat neben dem symbolischen einen faktischen Anteil, da dieser Teil der Bibliothek in dem umgebauten Chor der ehemaligen Universitätskirche untergebracht war. Vom Personal des Traums gilt Ähnliches: Sowohl die mythologischen Gestalten (Themis, Prometheus, Apollo, Venus) wie die historisch maskierten Lehrer des Römischen Rechts, Hugo und Bauer (Cujacius und Rusticus) mit ihren persönlichen und wissenschaftlichen Charakteristika sind den Studienerfahrungen des Erzählers leicht zuzuordnen. Die positivistische Forschung hat eine große Zahl weiterer Details dieser Art nachgewiesen.
Die Traumhandlung zerfällt in einen »juristischen« und einen »historischen« Teil; den Punkt des Umschlags markiert die Klage der Göttin der Gerechtigkeit um ihren Sohn Prometheus, durch die der Kongreß der Juristen so sehr in Aufruhr versetzt wird, daß der träumende Erzähler schließlich die Flucht in den historischen Saal wählt. Aus der Tatsache, daß die Beschwörung des gefesselten Prometheus so entscheidend in die Ökonomie des Traums eingreift und ihn eine neue Richtung einschlagen läßt, kann geschlossen werden, daß der Intensität dieses »inneren Gefühls« noch andere Triebkräfte zugrunde liegen müssen als das vom Schlafenden »erträumte« mythologische Motiv.
Man hat aus Parallelbelegen in Heines Prosa den Nachweis erbringen können, daß die Gestalt des Prometheus als »Maskierung« Napoleons verstanden werden muß. Für den »Marterfelsen« ist dann St. Helena, für die »höhnende Kraft und die stumme Gewalt« – Kratos und Bia im *Gefesselten Prometheus* des Aischylos – die Heilige Allianz einzusetzen.[25] Auch der Kontext des Traumes selbst bietet eine Deutungshilfe, allerdings nicht auf dem Wege direkter Entsprechung, sondern in Form einer »Leerstelle«. Die Schildereien an den Wänden des Zimmers, in dem der Erzähler träumt, stellen nämlich, wie dieser am

folgenden Morgen berichtet, »Hinrichtungsscenen aus der Revolutionszeit« und »Bilder aus dem Befreiungskriege« dar, historische Ereignisse also, die Anfang und Ende der politischen Laufbahn Napoleons bezeichnen. Das fehlende geschichtliche Mittelstück ist im Traum enthalten – in entstellter Form.

Wenn diese Deutung zutrifft, läßt sich als verborgener Traumgedanke eine politische Aussage rekonstruieren: Napoleon (Prometheus) ist bei dem Versuch, die Fackel der Revolution weiterzutragen (den Menschen das Licht zu bringen), den Mächten des Ancien Régime (den alten Göttern) unterlegen und zum Märtyrer geworden. Mit ihm sind Recht und Freiheit politisch außer Kurs gesetzt und auch durch eifrigste exegetische und rechtshistorische Betätigung (Geschwätz und Gezänke) der gelehrten Juristen nicht wiederzubeleben. Daß Napoleon als »schuldlos« bezeichnet wird, ist nur so zu erklären, daß er vom träumenden Ich und in dessen historischer und gesellschaftlicher Perspektive nicht als der europäische Diktator, sondern eben als Erbe und Fortsetzer der Französischen Revolution und ihrer Ideale gesehen wird. Den positiven Gefühlsregungen, die sich mit der Gestalt des Prometheus und darüber hinaus mit dem gesamten antik-mythologischen Symbolkomplex (Themis, Apollo, Venus) verbinden, entspricht eine negative Einstellung gegenüber der zünftigen Rechtswissenschaft, die schon durch die latinisierende Verkleidung als die (in Göttingen vor allem durch Heines Lehrer Hugo repräsentierte) historische Rechtsschule kenntlich gemacht und wegen ihrer Unfähigkeit zur politischen Verwirklichung des Rechts kritisiert wird.

Von hier aus läßt sich auch klären, welcher latente Traumgedanke der Flucht aus dem juristischen in den historischen Saal zugrundeliegt. Es ist bezeichnend für die Bewußtheit, mit der Heine bei der Konstruktion seines »zusammengewürfelten Lappenwerks« vorging, daß der Schlüssel zu dieser Szene in dem Epilog der *Harzreise* gegeben wird, den Heine der Zeitschriftenfassung des Textes gleichzeitig mit dem Traum anfügte.[26] Dort spricht der Erzähler davon, daß sein Unmut gegen Göttingen, der noch größer sei, als er in der *Harzreise* ausgesprochen habe, dennoch von der Verehrung übertroffen werde, die er für einige Individuen dort empfinde, und fährt dann fort:

Und warum sollte ich es verschweigen: ich meine hier ganz

besonders jenen viel teueren Mann, der schon in frühern Zeiten sich so freundlich meiner annahm, mir schon damals eine innige Liebe für das Studium der Geschichte einflößte, mich späterhin in dem Eifer für dasselbe bestärkte und dadurch meinen Geist auf ruhigere Bahnen führte, meinem Lebensmute heilsamere Richtungen anwies und mir überhaupt jene historischen Tröstungen bereitete, ohne welche ich die qualvollen Erscheinungen des Tages nimmermehr ertragen würde. Ich spreche von Georg Sartorius, dem großen Geschichtsforscher und Menschen, dessen Auge ein klarer Stern ist in unserer dunkeln Zeit, und dessen gastliches Herz offen steht für alle fremde Leiden und Freuden, für die Besorgnisse des Bettlers und des Königs und für die letzten Seufzer untergehender Völker und ihrer Götter. (III 75)

Der erste Traum der *Harzreise* ist ein Erfüllungstraum: Mit dem juristischen Saal läßt der Träumende die »qualvollen Erscheinungen des Tages« hinter sich, um bei den Tröstungen der Geschichte im historischen Saal Zuflucht zu suchen. Die agrammatische Logik des Traums macht dabei »den Schritt vom Optativ zum Präsens, ersetzt das: ›O möchte doch‹ – durch ein: Es ist«[27], die fiktive Vergangenheit eines antiken Goldenen Zeitalters durch gegenwärtige Erfahrung des Glücks (»griechische Ruhe zog durch meine Seele [...]«). Wie die Traumarbeit die auf den Wandbildern des Zimmers ausgesparte Gestalt Napoleons durch die des Prometheus ersetzte, so schiebt sich die Figur der Venus-Aphrodite an die Stelle der – wegen ihres teilweise blasphemischen Charakters später gestrichenen – Exempla christlicher Triebverdrängung und Triebsublimierung, die den historischen Darstellungen beigegeben sind: Abélard und Héloise, die Tugenden der prudence, der timidité und der pitié und eine Madonna, an deren »hingebend frommen« Ausdruck der Blick des Erzählers allerdings noch Spuren nicht völlig verinnerlichter Sinnlichkeit zu erkennen glaubt – ein Motiv, das im Traum umgekehrt als metaphorische Verbindung christlicher Erlösungsbotschaft mit heidnischem Schönheitskult (»hochgebenedeiter Leib«) erscheint. Neben Venus, das Traumsymbol befreiter Sinnlichkeit, tritt, als Verbildlichung der poetischen Ansprüche und Wunschprojektionen des Träumenden, die Gestalt des Phöbus Apollo, in dessen Lyraklängen die gleiche symbolische Verdichtung christlicher (»himmlischer Segen«) und heidnischer Vorstellungen stattfindet. Was die physiognomische und psychologische Analyse des wachen Bewußtseins nur als ein Durchschimmern verborgener Strukturen (d.h. verdrängter Vorgeschichte) durch den neuen (lizenzierten) Text des Palimpsests erfaßt, tritt im Traum, bei erniedrigter Zensurschwelle, mit größerer Intensität hervor – allerdings immer nur in symbolischer »Maskierung«, die der Auslegung bedarf.

Die Symbolik des ersten Traums zeichnet sich durch eine enge Verschränkung sexueller und politischer Motive aus, deren Gemeinsames in den emotional stark besetzten Erfahrungs- und Wunschgehalten von Unterdrückung und Befreiung liegt, die sich mit ihnen verbinden. Der zweite Traum, den der Erzähler nach seinem Besuch der Gruben »Dorothea« und »Karolina« und der Clausthaler Bergleute träumt, entwickelt diese Beziehung weiter, transponiert sie jedoch in eine andere Symbolsphäre:

> Ich aber lebte noch in dem Traum der vorigen Nacht, den ich nicht aus meiner Seele verscheuchen konnte. Es war das alte Märchen, wie ein Ritter hinab steigt in einen tiefen Brunnen, wo unten die schönste Prinzessin zu einem starren Zauberschlafe verwünscht ist. Ich selbst war der Ritter, und der Brunnen die dunkle Klausthaler Grube, und plötzlich erschienen viele Lichter, aus allen Seitenlöchern stürzten die wachsamen Zwerglein, schnitten zornige Gesichter, hieben nach mir mit ihren kurzen Schwertern, bliesen gellend ins Horn, daß immer mehr und mehre herzu eilten, und es wackelten entsetzlich ihre breiten Häupter. Wie ich darauf zuschlug und das Blut herausfloß, merkte ich erst, daß es die rotblühenden, langbärtigen Distelköpfe waren, die ich den Tag vorher an der Landstraße mit dem Stocke abgeschlagen hatte. Da waren sie auch gleich alle verscheucht, und ich gelangte in einen hellen Prachtsaal; in der Mitte stand, weiß verschleiert, und wie eine Bildsäule starr und regungslos, die Herzgeliebte, und ich küßte ihren Mund, und, beim lebendigen Gott! ich fühlte den beseligenden Hauch ihrer Seele und das süße Beben der lieblichen Lippen. Es war mir, als hörte ich, wie Gott rief: »Es werde Licht!« blendend schoß herab ein Strahl des ewigen Lichts; aber in demselben Augenblick wurde es wieder Nacht,

und alles rann chaotisch zusammen in ein wildes, wüstes Meer. Ein wildes, wüstes Meer! über das gärende Wasser jagten ängstlich die Gespenster der Verstorbenen, ihr weißen Totenhemde flatterten im Winde, hinter ihnen her, hetzend, mit klatschender Peitsche lief ein buntscheckiger Harlekin, und dieser war ich selbst – und plötzlich aus den dunkeln Wellen reckten die Meer-Ungetüme ihre mißgestalteten Häupter und langten nach mir mit ausgebreiteten Krallen, und vor Entsetzen erwacht' ich.

Wie doch zuweilen die allerschönsten Märchen verdorben werden! Eigentlich muß der Ritter, wenn er die schlafende Prinzessin gefunden hat, ein Stück aus ihrem kostbaren Schleier herausschneiden; und wenn durch seine Kühnheit ihr Zauberschlaf gebrochen ist, und sie wieder in ihrem Palast auf dem goldenen Stuhle sitzt, muß der Ritter zu ihr treten und sprechen: Meine allerschönste Prinzessin, kennst du mich? Und dann antwortet sie: mein allertapferster Ritter, ich kenne dich nicht. Und dieser zeigt ihr alsdann das aus ihrem Schleier herausgeschnittene Stück, das just in denselben wieder hineinpaßt, und beide umarmen sich zärtlich, und die Trompeter blasen, und die Hochzeit wird gefeiert.

Es ist wirklich ein eigenes Mißgeschick, daß meine Liebesträume selten ein so schönes Ende nehmen. (II 34 f.)

Auch hier sind die Tagesreste auf den ersten Blick zu erkennen. Der Erzähler weist selbst auf Realitätsbezüge im Traum hin: Der tiefe Brunnen ist die Clausthaler Grube, die er am Tage besichtigt hat, die Grubenlampen der Bergleute haben sich in die Lichter der Zwerge verwandelt, diese sind mit ihren blutenden Köpfen an die Stelle der rotblühenden Disteln getreten, die der Wanderer am Vortag geköpft hat. Wie die antike und juristische Symbolik des ersten Traums an die gelehrte Atmosphäre der Universität, so knüpft die Märchensymbolik dieses Traums an den Volksglauben der Bergleute an, von dem der Erzähler bei seinen Gesprächen manche Proben erhalten hat.

Im Unterschied zu dem Traum von der Göttinger Bibliothek handelt es sich hier jedoch nicht um einen Erfüllungs-, sondern um einen Angsttraum, aus dem der Träumende »vor Entsetzen erwacht«. Dem entspricht eine Umkehrung des Traumablaufs: Der erste Traum führt vom beängstigenden »wüsten Treiben«

der Juristenversammlung zum Glückserlebnis an der »Gnadenstelle« der Venus und Apolls, der zweite von dem beseligenden Gefühl der Erweckung und Erlösung zur chaotischen Szenerie des »wilden, wüsten Meers«, die übrigens in dem Sturm auf der Nordsee, dessen sich der Erzähler beim Abstieg in die Grube am Vortag erinnert (III 30), auch einen unmittelbaren Bezug zur Tageswirklichkeit besitzt. Die Stimme Gottes ersetzt als auslösendes Moment des Umschlags die Klage der Themis; an die Stelle des prometheischen Schöpfungsmythos tritt der biblische: »Es werde Licht!« Der Negativcharakter dieses Traums kommt dabei in der Tatsache zum Ausdruck, daß der Schöpfungsakt rückläufig, als Weg vom Licht zum Chaos, dargestellt wird. Die Zweiteiligkeit des Traums wird durch einen Rollenwechsel des Träumenden akzentuiert, der sich zunächst in dem Ritter, dann, nach dem Scheitern des Erlösungsversuchs und dem Ausbruch des Chaos, in dem buntscheckigen Harlekin wiedererkennt. Das gleiche Ich, dem es in der Gestalt des Ritters nicht gelungen ist, den mythischen Bann zu brechen, der die Prinzessin in ihrem Zauberschlaf gefangen hält, treibt plötzlich als Harlekin die Geister der Verstorbenen in ihren flatternden Totenhemden vor sich her, bis die Verfolgungsangst auch diese Maskierung zerstört und ihn erwachen läßt.[28]

Wenn die Verschränkung sexueller und politischer Motive[29] auch für die Symbolik dieses Traums gilt, so darf hinter dem Erweckungsversuch des Ritters als latenter Traumgedanke der Wunsch nach politischem Handeln, hinter der Prinzessin das in »tiefem Anschauungsleben« versunkene, in »Unterthanstreue« abseits der geschichtlichen Entwicklung »stillstehende« deutsche Volk (III 31 f.) ergänzt werden. Für diese Deutung spricht auch, daß das Erlösungsmotiv am Punkt des tiefsten Abstiegs in den Brunnen, d. h. genau an der Stelle des Traums erscheint, die in der Schilderung des Grubenbesuchs vom Vortag, dem ja der größte Teil des Traummaterials entstammt, von der Anspielung auf den Freiheitshelden Lafayette (III 29) eingenommen wird. Daß der Erzähler mit seinen poetischen und politischen Wunschträumen, seiner Existenz zwischen Tagesrealität und nächtlichen Traumphantasien, zwischen Bewußtem und Unbewußtem sich den Bergleuten und ihrem Doppelleben insgeheim verwandt fühlt, wird an der gleichen Stelle angedeutet:

In der Tiefe zeigten sich [...] wandelnde Schimmer; Bergleute mit ihren Grubenlichtern kamen allmählich in die Höhe mit dem Gruße »Glückauf!« und mit demselben Widergruße von unserer Seite stiegen sie an uns vorüber; und wie eine befreundet ruhige und doch zugleich quälend rätselhafte Erinnerung, trafen mich, mit ihren tiefsinnig klaren Blicken, die ernstfrommen, etwas blassen und vom Grubenlicht geheimnisvoll beleuchteten Gesichter dieser jungen und alten Männer, die in ihren dunkeln, einsamen Bergschachten den ganzen Tag gearbeitet hatten, und sich jetzt hinauf sehnten nach dem lieben Tageslicht, und nach den Augen von Weib und Kind. (III 30)

Wie schon im ersten Traum lassen sich im Traum vom Ritter im Brunnen die starken dynamischen Veschiebungen nicht befriedigend aus den Bild- und Handlungszusammenhängen der Märchensymbolik erklären. Diese ist vielmehr Maskierung einer darunterliegenden Schicht politischer Motive, deren emotionale Belastung durch Wunsch- und Tabuvorstellungen so stark ist, daß der Zusammenhalt der Märchensymbolik in dem Augenblick zerreißt, wo es der Zensurinstanz nicht mehr gelingt, den latenten Traumgedanken der politischen Revolutionierung mit dem harmlosen Märchenbild der erotischen Erweckung zu überdecken. Das Ergebnis ist Angst. Im ersten Traum gelang es dem Schlafenden noch, für alle Wünsche offiziell zugelassene symbolische Motive zu erträumen und die Traumhandlung bruchlos ins Wachen zu überführen; im zweiten Traum reicht auch die Ersetzung der Ritter- durch die Harlekinsmaske nicht mehr aus, um das Gefühl der Bedrohung zu beschwichtigen. »Die Angst ist das Anzeichen dafür, daß der verdrängte Wunsch sich stärker gezeigt hat als die Zensur, daß er seine Wunscherfüllung gegen dieselbe durchgesetzt hat oder durchzusetzen im Begriffe war. Die [...] Angst ist [...] Angst vor der Stärke dieser sonst niedergehaltenen Wünsche. [...] Hat es sich so gefügt, daß [die Zensur] sich einmal ohnmächtig gegen einen Traumwunsch fühlt, der sie zu überrumpeln droht, so bedient sie sich anstatt der Entstellung des letzten Mittels, das ihr bleibt, den Schlafzustand unter Angstentwicklung aufzugeben.«[30]

Der Traum, als psychisches Phänomen »kein Vehikel der Mitteilung«, ja, »im Gegenteile darauf angelegt, unverstanden zu bleiben«[31], wird bei Heine zu einem literarischen Mittel umgeformt, das der esoterischen Verständigung mit dem Publikum dient. Die Maskierung der psychischen Vorgänge unter dem Einfluß einer internalisierten Zensurinstanz verweist auf die äußeren Zwänge, denen die Individuen unterliegen und die öffentliche Kommunikation über politische Gegenstände nur in der entstellten Form einer »Sklavensprache« gestatten. Freud hat diese schon von Heine erkannte Parallele bei der Darstellung des zensurierenden Mechanismus der Traumentstellung erörtert:

> Wo findet man im sozialen Leben eine ähnliche Entstellung eines psychischen Akts? Nur dort, wo es sich um zwei Personen handelt, von denen die eine eine gewisse Macht besitzt, die zweite wegen dieser Macht eine Rücksicht zu nehmen hat. Diese zweite Person entstellt dann ihre psychischen Akte, oder, wie wir auch sagen können, sie *verstellt* sich. Die Höflichkeit, die ich alle Tage übe, ist zum guten Teil eine solche Verstellung; wenn ich meine Träume für den Leser deute, bin ich zu solchen Entstellungen genötigt. Über den Zwang zu solcher Entstellung klagt auch der Dichter:
>
> »Das Beste, was du wissen kannst,
> darfst du den Buben doch nicht sagen.«
>
> In ähnlicher Lage befindet sich der politische Schriftsteller, der den Machthabern unangenehme Wahrheiten zu sagen hat. Wenn er sie unverhohlen sagt, wird der Machthaber seine Äußerung unterdrücken, nachträglich, wenn es sich um mündliche Äußerung handelt, präventiv, wenn sie auf dem Wege des Drucks kundgegeben werden soll. Der Schriftsteller hat die Zensur zu fürchten, er ermäßigt und entstellt darum den Ausdruck seiner Meinung. Je nach der Stärke und Empfindlichkeit dieser Zensur sieht er sich genötigt, entweder bloß gewisse Formen des Angriffs einzuhalten oder in Anspielungen anstatt in direkten Bezeichnungen zu reden, oder er muß seine anstößige Mitteilung hinter einer harmlos erscheinenden Verkleidung verbergen, er darf z. B. von Vorfällen zwischen zwei Mandarinen im Reich der Mitte erzählen, während er die Beamten des Vaterlandes im Auge hat. Je strenger die Zensur waltet, desto weitgehender wird die Verkleidung, desto witziger oft die Mittel, welche den Leser doch auf die Spur der eigentlichen Bedeutung leiten.[32]

Freuds Analogie kann nicht nur die publizistische Funktion von

Heines Träumen erläutern, sondern auch jene Technik der politischen »Chiffre«, die in dem eingangs zitierten Passus der *Harzreise* die esoterische Bedeutungsdimension des Theaterspiels (bzw. Balletts) konstituiert. Der zweite Traum stellt über die Figur des Harlekin einen Deutungszusammenhang zwischen den Sphären der Traumsymbolik und der Theatermetaphorik her: Ist der Traum das Modell der unterdrückten bzw. entstellten Kommunikation, unter deren Gesetz der Text insgesamt steht, so ist der Harlekin das Traumsymbol des politisch orientierten Schriftstellers, der unter ihren Bedingungen zu produzieren gezwungen ist. Die Bedeutungskonnotationen dieses überdeterminierten Symbols reichen also weit über den schon erörterten Komplex des für den modernen Schrifsteller charakteristischen »buntscheckigen« Eklektizismus hinaus.[33] Es ist der verschlüsselte Ausdruck eines literarischen Selbstverständnisses, in das die Erfahrung politischer Repression, insbesondere einer allgegenwärtigen (d. h. teilweise schon verinnerlichten) Zensur eingegangen ist.

Heine hat das Motiv immer wieder aufgegriffen.[34] Im XIX. Kapitel der *Reise von München nach Genua* kehrt die Figur des Harlekin mit anderen Masken der commedia dell'arte als Teil einer politischen Allegorese wieder, die das in den »getanzten Chiffern« der *Harzreise* angeschlagene Thema am Beispiel der italienischen opera buffa in voller Orchestrierung entfaltet:

> Freilich, um die heutige italienische Musik zu lieben und durch die Liebe zu verstehn, muß man das Volk selbst vor Augen haben, seinen Himmel, seinen Charakter, seine Mienen, seine Leiden, seine Freuden, kurz seine ganze Geschichte, von Romulus, der das heilige römische Reich gestiftet, bis auf die neueste Zeit, wo es zu Grunde ging, unter Romulus Augustulus II. Dem armen geknechteten Italien ist ja das Sprechen verboten, und es darf nur durch Musik die Gefühle seines Herzens kundgeben. All sein Groll gegen fremde Herrschaft, seine Begeistrung für die Freiheit, sein Wahnsinn über das Gefühl der Ohnmacht, seine Wehmut bei der Erinnerung an vergangene Herrlichkeit, dabei sein leises Hoffen, sein Lauschen, sein Lechzen nach Hülfe, alles dieses verkappt sich in jene Melodien, die von grotesker Lebenstrunkenheit zu elegischer Weichheit herabgleiten, und in jene Pantomimen, die

von schmeichelnden Karessen zu drohendem Ingrimm überschnappen.

Das ist der esoterische Sinn der Opera Buffa. Die exoterische Schildwache, in deren Gegenwart sie gesungen und dargestellt wird, ahnt nimmermehr die Bedeutung dieser heiteren Liebesgeschichten, Liebesnöten und Liebesneckereien, worunter der Italiener seine tödlichsten Befreiungsgedanken verbirgt, wie Harmodius und Aristogiton ihren Dolch verbargen in einem Kranze von Myrten. Das ist halt närrisches Zeug, sagt die exoterische Schildwache, und es ist gut, daß sie nichts merkt. Denn sonst würde der Impresario mitsamt der Prima Donna und dem Primo Uomo bald jene Bretter betreten, die eine Festung bedeuten; es würde eine Untersuchungskommission niedergesetzt werden, alle staatsgefährliche Triller und revolutionärrische Koloraturen kämen zu Protokoll, man würde eine Menge Arlekine, die in weiteren Verzweigungen verbrecherischer Umtriebe verwickelt sind, auch den Tartaglia, den Brighella, sogar den alten bedächtigen Pantalon arretieren, dem Dottore von Bologna würde man die Papiere versiegeln, er selbst würde sich in noch größeren Verdacht hineinschnattern, und Columbine müßte sich über dieses Familienunglück die Augen rot weinen. Ich denke aber, daß solches Unglück noch nicht über diese guten Leute hereinbrechen wird, indem die italienischen Demagogen pfiffiger sind als die armen Deutschen, die, Ähnliches beabsichtigend, sich als schwarze Narren mit schwarzen Narrenkappen vermummt hatten, aber so auffallend trübselig aussahen und bei ihren gründlichen Narrensprüngen, die sie Turnen nannten, sich so gefährlich anstellten und so ernsthafte Gesichter schnitten, daß die Regierungen endlich aufmerksam wurden und sie einstecken mußten. (III 250 ff.)

Die Heiterkeit der Kunst ist die Maske, unter der allein sie ihre Wahrheit kundgeben darf; ihre Chiffren werden nur durch einen geheimen Code verständlich, der sich in der gemeinsamen Erfahrung von Geschichte, von Unterdrückung und Leiden ausbildet. Erst von hier aus und vor dem Hintergrund von Heines Traumtheorie wird der wahre Sinn der scheinbar ungeschichtlichen Funktionsbestimmung von Kunst erkennbar, die in dem Börneschen Motto der *Harzreise* vorangestellt ist: Mit den Träumen ist der Kunst gemeinsam, Ersatzbildung für das vom Leben Versagte zu sein; aber vor dem Hintergrund der spezifischen Erfahrung, die im Text aufscheint, stellen sich die Ursachen dieser Versagung als historische und gesellschaftliche, nicht als schlechthin menschliche dar. Auch in Börnes *Denkrede auf Jean Paul* folgt auf den elegischen Passus, den Heine – ähnlich wie das Eröffnungsgedicht – wohl nicht ohne die Absicht einer Irreführung des exoterischen Lesers zum Motto wählte, eine Reflexion über die geschichtlich notwendige, weil gesellschaftlich erzwungene, Identität von Schriftsteller und Narr: »Der Humor ist keine Gabe des Geistes, er ist eine Gabe des Herzens, er ist die Tugend selbst, wie ein reichbegabtes Herz sie lehrend übt, weil es sie nicht übend lehren darf. Der Humorist ist der Hofnarr des Königs der Tiere in einer schlechten Zeit, wo die Wahrheit nicht tönen darf wie eine heilige Glocke, wo man ihr nur ihr Schellengeläute vergibt, weil man es verachtet, weil man es belächelt.«[35]

Heine hat später selbst diesen politischen Aspekt der humoristischen Schreibweise in einem von der Zensur gestrichenen Passus der *Romantischen Schule* literarhistorisch und -kritisch entfaltet:

> Von dieser humoristischen Ironie ist viel bei uns die Rede, die Goethesche Kunstschule preist sie als eine besondere Herrlichkeit ihres Meisters, und sie spielt jetzt eine große Rolle in der deutschen Literatur. Aber sie ist nur ein Zeichen unserer politischen Unfreiheit, und wie Cervantes zur Zeit der Inquisition zu einer humoristischen Ironie seine Zuflucht nehmen mußte, um seine Gedanken anzudeuten, ohne den Familiaren des heiligen Offiz eine faßbare Blöße zu geben: so pflegte auch Goethe im Tone einer humoristischen Ironie dasjenige zu sagen, was er, der Staatsminister und Höfling, nicht unumwunden auszusprechen wagte. Goethe hat nie die Wahrheit verschwiegen, sondern, wo er sie nicht nackt zeigen durfte, hat er sie in Humor und Ironie gekleidet. Die Schriftsteller, die unter Zensur und Geisteszwang aller Art schmachten und doch nimmermehr ihre Herzensmeinung verleugnen können, sind ganz besonders auf die ironische und humoristische Form angewiesen. Es ist der einzige Ausweg, welcher der Ehrlichkeit noch übriggeblieben, und in der humoristisch ironischen Ver-

stellung offenbart sich diese Ehrlichkeit noch am rührendsten. (V 290)

Hier wird das Dilemma ausgesprochen, das der Traum vom Ritter und Harlekin in bildhafter Verdichtung darstellt: Der Schriftsteller, der seine »Herzensmeinung«, der die »Wahrheit« nicht verleugnen will, kann nur als Narr sein Publikum erreichen, weil »Zensur und Geisteszwang« als einzige Freiheit die Narrenfreiheit gestatten. Die Dialektik dieses Rollenzwangs ist die Dialektik der ästhetischen Mittel, deren er sich bedient: Je besser er *spielt*, je besser er seine Rolle erfüllt, desto weniger kann er im praktischen, politischen Sinne wirken; je virtuoser die Maskierung, je esoterischer die Ausdrucksformen des Humors, der Ironie, des Witzes, der Anspielung, des Traums, die er verwendet, desto erlesener und schmaler die Schicht des Publikums, die er erreicht.

So erwächst ihm aus seiner Rolle neben der äußeren eine zweite, innere, Gefahr: die Versuchung, in den ästhetischen Mitteln Ersatz zu suchen für das real Versagte, wie die »Goethesche Kunstschule« den schönen Schein der Wahrheit für diese selbst zu halten und über der »Herrlichkeit« des künstlerischen Gewinns zu vergessen, daß er *auch* Flucht bedeutet. In Heines Auseinandersetzung mit Goethe ist ein Moment von Selbstkritik nicht zu übersehen; wie seine symbolischen Selbstdarstellungen thematisiert sie die Problematik der eigenen literarischen Ausdrucksmittel in ihrer ästhetisch-politischen Ambivalenz, d.h. ihrer zugleich »progressiven« und »regressiven« Tendenz.

Heine ist nicht der erste und nicht der letzte gewesen, der an den Ausdrucksformen im Umkreis von Humor, Witz und Komik ähnlich wie an den Träumen und den Phantasien die Funktion der Ersatzbildung bemerkt hat; die »Abwendung des Interesses von den Aufgaben des realen Lebens, die regressive Tendenz, die sich in diesen Schöpfungen ausspricht – regressiv in mehr als einem Sinne, insofern gleichzeitig ein Zurückweichen vor dem Leben und ein Zurückgreifen auf die Vergangenheit eintritt«.[36] Für Heines Gewährsmann Börne liegt der Fluchtpunkt in einem verlorenen Goldenen Zeitalter: »Einst war eine schönere Zeit, wo man den Humor nicht kannte, weil man nicht die Trauer und nicht die Sehnsucht kannte. Das Leben war ein olympisches Spiel, wo jeder durfte seine Kraft und Hurtigkeit erproben.«[37] Seine *Denkrede auf Jean Paul*, der auch diese Sätze entstammen, hat nicht nur in Heine, sondern – nach dessen eigenem Bekenntnis[38] – auch in Freud einen aufmerksamen Leser gefunden, der seine Betrachtungen über Witz, Komik und Humor als »Arbeitsweisen unseres seelischen Apparats« in die Feststellung münden läßt: »[...] alle drei kommen darin überein, daß sie Methoden darstellen, um aus der seelischen Tätigkeit eine Lust wiederzugewinnen, welche eigentlich erst durch die Entwicklung dieser Tätigkeit verlorengegangen ist. Denn die Euphorie, welche wir auf diesen Wegen zu erreichen streben, ist nichts anderes als die Stimmung einer Lebenszeit, in welcher wir unsere psychische Arbeit überhaupt mit geringem Aufwand zu bestreiten pflegten, die Stimmung unserer Kindheit, in der wir das Komische nicht kannten, des Witzes nicht fähig waren und den Humor nicht brauchten, um uns im Leben glücklich zu fühlen.«[39]

Beide Fluchtpunkte, der von Börne und der von Freud genannte, finden sich bei Heine in zentralen Motiven der *Harzreise* wieder: dem Mythos eines Goldenen Zeitalters und den Mythen der Kindheit. Eine Untersuchung der literarischen Motive und Techniken der *Harzreise* unter dem Aspekt ihrer ästhetischen und politischen Funktion kann nicht an dem Befund vorbeigehen, daß gerade die Textpassagen, in denen zeitkritische ud revolutionäre Inhalte thematisiert werden, sich einer dem christlichen oder heidnischen Volks- und Kinderglauben entstammenden Sprache und Bilderwelt bedienen, die unverkennbar regressive Züge trägt. Dies gilt nicht allein für die Träume, sondern in noch höherem Maße für die Gedichttrilogie der *Berg-Idylle*, die mit einer Fülle von Motivverbindungen auch die inneren Spannungen des gesamten Werks in sich vereinigt.[40] Mit den Träumen ist diese überaus komplexe poetische Phantasie auch durch eine strukturelle Gemeinsamkeit verknüpft: eine Überdeterminierung ihrer Symbolik, die eine Auslegung auf verschiedenen, jedoch eng aufeinander bezogenen, Ebenen des Schriftsinns notwendig macht.

Der pragmatische Zusammenhang von Gedicht und Prosa-Erzählhandlung ist in einem auf die Clausthaler Erlebnisse des Erzählers bezüglichen Passus und in einem das Gedicht einleitenden knappen Hinweis gegeben:

> Die meisten Bergarbeiter wohnen in Klausthal und in dem damit verbundenen Bergstädtchen Zellerfeld. Ich besuchte mehrere dieser wackern Leute, betrachtete ihre kleine häusliche Einrichtung, hörte einige ihrer Lieder, die sie mit der Zither, ihrem Lieblingsinstrumente, gar hübsch begleiten, ließ mir alte Bergmärchen von ihnen erzählen, und auch die Gebete hersagen, die sie in Gemeinschaft zu halten pflegen, ehe sie in den dunkeln Schacht hinunter steigen, und manches gute Gebet habe ich mit gebetet. Ein alter Steiger meinte sogar, ich sollte bei ihnen bleiben und Bergmann werden; und als ich dennoch Abschied nahm, gab er mir einen Auftrag an seinen Bruder, der in der Nähe von Goslar wohnt, und viele Küsse für seine liebe Nichte. (III 31)

Auf diese Stelle bezieht sich der die *Berg-Idylle* einleitende Passus:

> Nach einem langen Hin- und Herwandern gelangte ich zu der Wohnung des Bruders meines Klausthaler Freundes, übernachtete alldort und erlebte folgendes schöne Gedicht [...] (III 43)

Wie bei den Träumen stammt das Material der Vers-Idylle aus der Tageswirklichkeit. Die Dinge, von denen anläßlich der Beschreibung Clausthals in prosaischer Form berichtet wird – die Zither, die Bergmärchen, die Gebete, die aufgetragenen Küsse für die kleine Bergmannstochter – werden als Motive eines »erlebten Gedichts« wieder aufgenommen. Der Transformationsprozeß, den sie unter dem Einfluß der poetischen Phantasie durchmachen, entspricht dabei ganz der Art der Verarbeitung, welche die Tageseindrücke in den Träumen der *Harzreise* erfahren. Sie bedeuten nicht mehr nur sich selbst, sondern dienen zugleich der Chiffrierung eines latenten politischen Textes.

Die Verbindung zu den Träumen ist zunächst inhaltlicher Art. Mit dem ersten Traum der *Harzreise* hängt das Gedicht durch das Motiv des religiös-politischen Märtyrertums (Prometheus-Napoleon/Christus) und die euphorische Vision einer Erlösung durch Liebe und Kunst (Venus-Apollo-Lyraklänge/Zitherklang – »rechtes Wort« – Verwandlung und Vereinigung der Liebenden) zusammen. Die Märchenmotivik vom Ritter und der Prinzessin ist im zweiten Traum vorgebildet; was dort der Zensur verfiel – die Erweckung der Geliebten zu neuem Leben – wird hier poetisch ausgeführt und deutlicher politisch akzentuiert. Die verwunschene Prinzessin ist das einfache Mädchen aus dem Volk, das, noch nicht zum Bewußtsein seiner selbst erwacht, die Vorstellung eines glücklicheren Lebens nur in Bildern der volkstümlichen Überlieferung und in märchenhafter Unbestimmtheit des Wie, Wann und Wo zu denken vermag:

Doch die sel'ge Muhme sagte:
Wenn man spricht das rechte Wort,
Nächtlich zu der rechten Stunde,
Drüben an dem rechten Ort,

So verwandeln sich die Trümmer
Wieder in ein helles Schloß,
Und es tanzen wieder lustig
Ritter, Fraun und Knappentroß [...] (III 47)

Der Erzähler setzt sein Jetzt und Hier dagegen, erklärt die Gegenwart zur rechten Stunde und die Bergmannshütte zum rechten Ort, aber auf das Wie antwortet er nicht mit Taten sondern im Modus des poetischen Sprechens:

Sprech' ich jenes Wort, so dämmert
Und erbebt die Mitternacht,
Bach und Tannen brausen lauter,
Und der alte Berg erwacht.

Zitherklang und Zwergenlieder
Tönen aus des Berges Spalt,
Und es sprießt, wie'n toller Frühling,
Draus hervor ein Blumenwald;

Blumen, kühne Wunderblumen,
Blätter, breit und fabelhaft,
Duftig bunt und hastig regsam,
Wie gedrängt von Leidenschaft.

[...]

Doch wir selber, süßes Kindchen,
Sind verwandelt noch viel mehr;
Fackelglanz und Gold und Seide
Schimmern lustig um uns her.

Du, du wurdest zur Prinzessin,
Diese Hütte ward zum Schloß,
Und da jubeln und da tanzen
Ritter, Fraun und Knappentroß.

Aber ich, ich hab' erworben
Dich und alles, Schloß und Leut';
Pauken und Trompeten huld'gen
Meiner jungen Herrlichkeit! (III 48 f.)

Seine Phantasie schöpft die Bilder einer glücklicheren Zukunft aus den Überresten der Vergangenheit, den historischen des Mittelalters und den individuellen seiner Kindheit, in die er sich durch seine gegenwärtige Situation zurückversetzt sieht. Die Phantasie »schwebt gleichsam zwischen drei Zeiten, den drei Zeitmomenten unseres Vorstellens. Die seelische Arbeit knüpft an einen aktuellen Eindruck, einen Anlaß in der Gegenwart an, der imstande war, einen der großen Wünsche der Person zu wekken, greift von da aus auf die Erinnerung eines früheren, meist infantilen, Erlebnisses zurück, in dem jener Wunsch erfüllt war, und schafft nun eine auf die Zukunft bezogene Situation, welche sich als die Erfüllung jenes Wunsches darstellt, eben den Tagtraum oder die Phantasie, die nun die Spuren ihrer Herkunft vom Anlasse und von der Erinnerung an sich trägt. Also Vergangenes, Gegenwärtiges, Zukünftiges wie an der Schnur des durchlaufenen Wunsches aneinandergereiht.«[41]

Der Rekurs auf die Märchenbilder der Kindheit in den zitierten Versen aus dem dritten Teil des Gedichts trägt insofern deutlich regressive Züge, als er zwar an die Ritter-Symbolik des vorangehenden Mittelteils der Trilogie anknüpft, sie dabei jedoch der politisch-revolutionären Konnotationen entkleidet, die sich dort mit dieser Symbolik verbinden:

Tausend Ritter, wohl gewappnet,
Hat der heil'ge Geist erwählt,
Seinen Willen zu erfüllen,
Und er hat sie mutbeseelt.

Ihre teuern Schwerter blitzen,
Ihre guten Banner wehn;
Ei, du möchtest wohl, mein Kindchen,
Solche stolze Ritter sehn?

Nun, so schau mich an, mein Kindchen,
Küsse mich und schaue dreist;
Denn ich selber bin ein solcher
Ritter von dem heil'gen Geist. (III 46)

Mit dem Bild des »Ritters vom heiligen Geist« wird die Erhebung des Cola di Rienzo beschworen, der sich 1347 in Rom selbst die Würde eines »Candidatus Spiritus Sancti miles« verlieh und alle italienischen Gemeinden für frei, alle Italiener zu römischen Bürgern erklärte. Aus welcher Quelle Heine diese Anregung geschöpft hat, ist nicht restlos geklärt.[42] Denkbar wäre, daß er sich von der Darstellung im ersten Band der von Schiller herausgegebenen *Geschichte der merkwürdigsten Rebellionen und Verschwörungen aus den mittlern und neuern Zeiten* inspirieren ließ, in der auch Rienzos entscheidender politischer Auftritt beschrieben wird:

> Der Anfang war, daß dreissig Messen zu Ehren des heiligen Geists gelesen wurden, denen Rienzi mit unermüdeter Andacht von Mitternacht an bis neun Uhr der Morgens zuhörte. Den zwanzigsten May, (an diesem Tage fiel in diesem Jahre gerade die Pfingstfeier, und er hatte ihn ausdrücklich gewählt, weil er von dem heiligen Geist inspirirt zu seyn vorgab,) um 9 Uhr des Morgens trat er endlich aus der Kirche heraus. An seiner Seite gieng der Bischof von Orvieta, er selbst war in völliger Rüstung, hundert Bewafnete umringten ihn, und hinter ihm folgte mit lauten Zurufungen und unmäßigem Freudengeschrei eine ungeheure Menge Volks, die bis jetzt noch nicht wuste was vorgehen sollte. Vor ihm her wurden drey Fahnen getragen, auf welchen die Freiheit, die Gerech-

tigkeit, und der Frieden in redenden Sinnbildern vorgestellt waren.

An der Spitze dieses Zugs ging er gerade auf das Kapitol zu, bestieg da die Rednerbühne, und wandte sich gegen das Volk, um Rechenschaft von diesem außerordentlichen Schauspiele zu geben. Er verkündigte, daß er [...] alle Hindernisse überwunden hätte, welche der Freiheit der Römer bis jetzt im Wege standen, und daß von heute an Roms Fesseln durch ihn zerbrochen wären. Alsdann befahl er einem aus seinem Gefolge, die Gesetze vorzulesen, die er zu Erhaltung des guten Zustandes entworfen hatte, und über deren Erfüllung er in Zukunft wachen wollte. Diese Gesetze eröfneten dem Volke eine goldne Aussicht, und mußten es vollends berauschen; denn sie zielten alle auf Freiheit und Sicherheit der Bürger, auf feste Gründung der Eigenthumsrechte, auf Demüthigung des Adels und Abstellung aller bisherigen Misbräuche. Stadt der bisherigen Anarchie, führten sie eine völlige Demokratie ein, deren Repräsentant er blos seyn wollte.[43]

Was Heine an der Gestalt dieses frühbürgerlichen Revolutionärs faszinieren mußte, war, neben seinem Napoleons Laufbahn vergleichbaren sozialen und politischen Aufstieg[44] und seinem kühnen, spätere Entwicklungen antizipierenden Programm, vor allem die »von starken künstlerischen Instinkten gespeiste Phantasie« und »eine besondere Virtuosität [...], halb erstarrte oder vergessene Formen, Bilder und Riten antiken oder kirchlichen Erbguts aus mittelalterlichem Halbschlummer zu lebendigem Leben zu erwecken und mit dramatischer Gegenständlichkeit den Zeitgenossen neu vor die Seele zu stellen«.[45] Die Beschreibung, die in der *Geschichte der merkwürdigsten Rebellionen* von den rhetorisch-allegorischen Praktiken gegeben wird, mit denen der spätere Volkstribun die Erhebung vorbereitete, trifft Heines Technik des exoterisch-esoterischen Schriftsinns in wesentlichen Punkten:

Seine Deklamationen wurden mit jedem Tage heftiger und deutlicher. Freilich war der Grund zu der Freiheit, die man ihm ließ, alles zu sagen, nicht der schmeichelhafteste: man hielt ihn für einen Possenreisser, (buffone,) und selbst diejenigen, die er am wenigsten schonte, ergötzten sich an seinem Witz und an seiner Beredsamkeit, ohne übrigens von den Ausbrüchen seiner Narrheit etwas gefährliches zu ahnden. [...] Rienzi fing nun an, die Eindrücke, die seine Reden gemacht hatten, im strengsten Verstande zu versinnlichen. Dies geschah durch ein allegorisches Gemälde, das er öffentlich ausstellte, wo er den traurigen Zustand Roms, die verschiedenen Leiden der Einwohner, die Laster und die Verbrechen ihrer kleinen Tirannen in allerlei Sinnbildern ausgedrückt hatte. Auch hierüber lachten selbst die sich getroffen fühlten; und man übersah, daß dieser Rasende auf einen Kunstgrif gefallen war, welcher der ruhigsten, feinsten Staatskunst vielleicht entgangen wäre. Diese emblematischen Vorstellungen waren dunkel genug, um den Witz der Erklärer auf verschiedne Weise zu spannen. Jeder Bürger deutete sie auf seine eignen Beschwerden; die Beschäftigung, welche Rienzi durch seine Räthsel seinen Mitbürgern gab, schmeichelte ihrer Eitelkeit und setzte ihre Imagination in grosse Bewegung. Von dieser letzten Seite waren die Römer am besten zu fassen; und Rienzi traf sie vielleicht gerade darum, weil er selbst so sehr Römer war. Auch war diese Art sich zu äussern seiner Unbestimmtheit vorzüglich bequem, denn die letzte und richtigste Erklärung muste doch der Ausgang geben, und er konte immer so viel und so wenig damit gemeint haben, als dieser ausweisen würde.[46]

Wie für Heines »getanzte Chiffern« ist für Rienzos »allegorische Gemälde«, seine »Sinnbilder« und »emblematischen Vorstellungen« eine Mehrdeutigkeit konstitutiv, die sich erst vor dem Hintergrund der jeweiligen historischen und gesellschaftlichen Erfahrungen der Angesprochenen als individueller und aktueller Sinn auslegt. Zur politisch relevanten »Appellstruktur«[47] wird der scheinbar indifferente – weil spielerisch ästhetische – Rätselcharakter dieser Bild- oder Textkompositionen erst durch die Auswahl und Anordnung des Materials, in der auf bestimmte Publikumsgruppen abgestimmte Interpretationsmuster schon vorgebildet sind.

Daß das lyrische Ich der *Berg-Idylle* – d. h. eine der Masken des Erzählers der *Harzreise* – das Vorbild Rienzos heraufruft, ist, gerade im Hinblick auf den politischen Gehalt dieser Totenbeschwörung, mehr als nur eine historisierende Bildungsreminiszenz. Es besteht eine strukturelle Gemeinsamkeit im (bürgerlich) politischen Selbstverständnis dieser »Ritter vom heiligen Geist«

insofern, als bei beiden der revolutionäre Anspruch mit einer starken Bindung an Ideologien und Bilder der Vergangenheit nicht nur einhergeht, sondern jener sich überhaupt nur durch diese hindurch zu artikulieren vermag: »Die Tradition aller toten Geschlechter lastet wie ein Alp auf dem Gehirne der Lebenden. Und wenn sie eben damit beschäftigt scheinen, sich und die Dinge umzuwälzen, noch nicht Dagewesenes zu schaffen, gerade in solchen Epochen revolutionärer Krise beschwören sie ängstlich die Geister der Vergangenheit zu ihrem Dienste herauf, entlehnen ihnen Namen, Schlachtparole, Kostüm, um in dieser altehrwürdigen Verkleidung und mit dieser erborgten Sprache die neue Weltgeschichtsszene aufzuführen.«[48] Ob das Handeln der Akteure sich nun als Ästhetisierung der Politik darstellt oder als Politisierung des Ästhetischen: beide »erleben sich selbst als Vollstrecker einer höheren, längst existierenden Macht«[49] und tragen als Erwählte die Insignien eines säkularisierten Heilsgeschehens.

Heines »Ritter vom heiligen Geist« hat von der historischen Figur des »Candidatus Sancti Spiritus miles« mit dem Namen auch die universale heilsgeschichtliche Konzeption des Joachim von Fiore[50] geerbt, die über die Vermittlung der franziskanischen Spiritualen an Rienzo gelangt und von diesem mit der Idee einer Restauration des römischen Tribunats verschmolzen worden war. Hatte Rienzo daran geglaubt, daß mit seiner Herrschaft endgültig das von Joachim verheißene Zeitalter des heiligen Geists heraufgeführt sei, so setzt nun Heines *Ritter vom heiligen Geist,* für den nicht nur Rienzos utopischer Gedanke, sondern auch sein Scheitern geschichtliche Gegebenheit sind, das Jahr 1789 als neues Datum in die heilsgeschichtliche Konstruktion der drei Reiche des Vaters, des Sohnes und des heiligen Geistes ein. Die Französische Revolution ist die erste große geschichtliche Tat des heiligen Geistes und das Ereignis, mit dem sein Zeitalter beginnt:

> Dieser that die größten Wunder,
> Und viel größre thut er noch;
> Er zerbrach die Zwingherrnburgen,
> Und zerbrach des Knechtes Joch.

Alte Todeswunden heilt er,
Und erneut das alte Recht:
Alle Menschen, gleichgeboren,
Sind ein adliges Geschlecht.

Er verscheucht die bösen Nebel,
Und das dunkle Hirngespinst,
Das uns Lieb' und Lust verleidet,
Tag und Nacht uns angegrinst. (III 46)

Die Uminterpretation reicht noch weiter. In der *Berg-Idylle* wird Joachims typologisch-allegorische Deutung, die den Lauf der Geschichte als schrittweise Offenbarung der Trinität in drei verschiedenen Epochen faßte, nochmals typologisch auf die individuelle Lebensgeschichte eines repräsentativen modernen Ichs bezogen. Es ist das lyrische Ich der *Berg-Idylle*:

Ach, mein Kindchen, schon als Knabe,
Als ich saß auf Mutters Schoß,
glaubte ich an Gott den Vater,
Der da waltet gut und groß;

Der die schöne Erd' erschaffen,
Und die schönen Menschen drauf,
Der den Sonnen, Monden, Sternen
Vorgezeichnet ihren Lauf.

Als ich größer wurde, Kindchen,
Noch viel mehr begriff ich schon,
Und begriff, und ward vernünftig,
Und ich glaub' auch an den Sohn;

An den lieben Sohn, der liebend
Uns die Liebe offenbart,
Und zum Lohne, wie gebräuchlich,
Von dem Volk gekreuzigt ward.

Jetzo, da ich ausgewachsen,
Viel gelesen, viel gereist,

Schwillt mein Herz, und ganz von Herzen
Glaub' ich an den heil'gen Geist. (III 45 f.)

Vor dem Hintergrund der weltgeschichtlichen Ordnungen des Vaters, des Sohnes und des heiligen Geistes vollzieht sich hier der Entwicklungsgang eines zeitgenössischen Individuums, in dessen Zügen für den esoterischen Betrachter die des Autors selbst erkennbar sind: Heines jüdische Kindheit im Glauben an den Vatergott, sein »Begreifen« des Existenznotwendigen, daher »Vernünftigen«, im gesellschaftlich erzwungenen Akt der Konversion[51] zum Christentum; schließlich eine geistige Emanzipation, die auf Lebenserfahrung und der Bekanntschaft mit den fortschrittlichen Ideen der Zeit beruht. Der individuelle Bildungsgang wiederholt die Erziehung des Menschengeschlechts.

Lessings *Erziehung des Menschengeschlechts* ist in der Tat das fehlende Verbindungsstück der Traditionskette, die sich von Joachims eschatologischer Konstruktion über Cola di Rienzos politische Vision eines Reiches der Freiheit und Gerechtigkeit zu Heines Märchenidylle des *Ritters vom heiligen Geist* verfolgen läßt.[52] Aus Lessings Abhandlung stammt der didaktische Grundgedanke der *Berg-Idylle,* der erst die eigentümliche Mischung volkstümlich-märchenhafter und aufklärerisch-politischer Momente und die Zurücknahme der letzteren im dritten Teil des Gedichts verständlich macht. Die allegorische Fabel um die Figur des *Ritters vom heiligen Geist,* die den Mittelteil des Gedichts bildet, ist der Versuch, eine revolutionäre Geschichtskonstruktion in die elementaren Denk- und Sprachformen des Volkes zu übersetzen.

Die Maskierung hat hier also nicht nur die Funktion, tabuisierte politische Inhalte dem Zugriff der Zensur zu entziehen. Innerhalb der Konfiguration des Gedichts – dem Gespräch zwischen einem gebildeten Intellektuellen und einer im Aberglauben befangenen Vertreterin des einfachen Volkes – erweist sich die Regression in die Symbolsphäre von Kindheit und feudalem Mittelalter als ein Versuch lehrender Vermittlung, als die von Lessing beschriebene didaktische Technik des Elementarbuchs:

In solchen Vorübungen, Anspielungen, Fingerzeigen besteht

die *positive* Vollkommenheit eines Elementarbuchs, so wie die [...] Eigenschaft, daß es den Weg zu den noch zurückgehaltenen Wahrheiten nicht erschwere oder versperre, die *negative* Vollkommenheit desselben war [...] Setzt hierzu noch die Einkleidung und den Stil – 1) die Einkleidung der nicht wohl zu übergehenden abstracten Wahrheiten in Allegorien und lehrreiche einzelne Fälle, die als wirklich geschehen erzählet werden [...] 2) den Stil – bald plan und einfältig, bald poetisch, durchaus voll Tautologien, aber solchen, die den Scharfsinn üben, indem sie bald etwas Anders zu sagen scheinen und doch das Nämliche sagen, bald das Nämliche zu sagen scheinen und im Grunde etwas Anders bedeuten oder bedeuten können: – [...] Und Ihr habt alle gute Eigenschaften eines Elementarbuchs sowol für Kinder als für ein kindisches Volk.[53]

Mit der Übernahme und versteckten Politisierung christlicher und märchenhaft-heidnischer Ideen und Symbole wird im Mittelteil der *Berg-Idylle* der Schritt von der Offenbarung zur Aufklärung, vom mythischen zum geschichtlichen Denken angebahnt. Aber der Schritt ist zu groß; die »Anspielungen« und »Fingerzeige« werden von der kindlichen Gesprächspartnerin nicht im Sinne fortgeschrittenen (esoterischen) Verständnisses aufgenommen. Unterdrückung und Armut erscheinen ihr nicht, wie in dem Hinweis ihres Dialogpartners auf die »Zwingherrnburgen« und des »Knechtes Joch« angedeutet, als geschichtlich und gesellschaftlich bedingt, sondern als Naturzwänge, von mythischen Kräften verursacht und auch nur durch Zauber aufhebbar:

Kleines Völkchen, Wichtelmännchen,
Stehlen unser Brot und Speck,
Abends liegt es noch im Kasten,
Und des Morgens ist es weg.

Kleines Völkchen, unsre Sahne
Nascht es von der Milch und läßt
Unbedeckt die Schüssel stehen,
Und die Katze säuft den Rest.

Und die Katz' ist eine Hexe,
Denn sie schleicht, bei Nacht und Sturm,
Drüben nach dem Geisterberge,
Nach dem altverfallnen Turm.

Und:

Doch die sel'ge Muhme sagte:
Wenn man spricht das rechte Wort,
Nächtlich zu der rechten Stunde,
Drüben an dem rechten Ort,

So verwandeln sich die Trümmer
Wieder in ein helles Schloß,
Und es tanzen wieder lustig
Ritter, Fraun und Knappentroß;

Und wer jenes Wort gesprochen,
Dem gehören Schloß und Leut',
Pauken und Trompeten huld'gen
Seiner jungen Herrlichkeit. (III 47)

Von hier aus gewinnt die Zurücknahme der politischen Vision des zweiten in die poetische Phantasie des dritten Teils der *Berg-Idylle* einen neuen, geschichtlich motivierten Sinn: Die »rechte Stunde« der politischen Tat, zu der die »Ritter vom heiligen Geist« angetreten sind, ist noch nicht gekommen, weil ihre Botschaft noch nicht verstanden wird. Das war auch der verborgene Sinn des Traums vom Ritter im Brunnen. Das »rechte Wort« kann nicht unmittelbar Tat werden, sondern nur in der Ersatzbildung des poetischen Worts ein glückliches Leben antizipieren.[54] Daß der Dichter dabei auf die volkstümlichen Mythen zurückgreift, findet bei Heine seine dialektische Begründung darin, daß in ihrem primitiven Pantheismus – der »verborgenen Religion Deutschlands« (IV 224) – das elementare Glücksverlangen der Menschheit zwar verhüllt, aber doch stärker zum Ausdruck komme als in der zum System gefrorenen Vernunftreflexion des aufklärerischen Rationalismus, der in der Gestalt Saul Aschers satirisch beschworen wird: »In seinem Streben nach dem Positiven hatte der arme Mann sich alles Herrliche aus dem Leben herausphilosophiert, alle Sonnenstrahlen, allen Glauben und alle Blumen, und es blieb ihm nichts übrig als das kalte, positive Grab.« (III 40) Auch Lessing kennt diese Dialektik des Primitiven, wenn er dem »fähigeren Individuum«, das schon zum letzten Blatt des Elementarbuchs vorgedrungen ist, den Rat erteilt: »[...] kehre lieber noch einmal selbst in dieses Elementarbuch zurück und untersuche, ob das, was Du nur für Wendungen der Methode, für Lückenbüßer der Didaktik hältst, auch wol nicht etwas Mehrers ist.«[55] Die Stunde der Erlösung des Mythos aus der Unmittelbarkeit des »Anschauungslebens« (III 32) ist noch nicht gekommen. Aber in der Poesie sind die Momente des Mythischen aufgehoben, die zur Geschichte drängen.[56]

Zu den religionsgeschichtlichen, historisch-politischen und autobiographischen Sinnzusammenhängen des Textes tritt noch ein weiterer, literarisch vermittelter, hinzu, der dem Komplex der zitathaften und parodistischen Beziehungen der *Harzreise* zu Werk und Person Goethes angehört. Das Glaubensbekenntnis des *Ritters vom heiligen Geist* im Mittelteil wird durch eine Frage des Mädchens eingeleitet:

Daß du gar zu oft gebetet,
Das zu glauben wird mir schwer,
Jenes Zucken deiner Lippen
Kommt wohl nicht vom Beten her.

Jenes böse, kalte Zucken,
Das erschreckt mich jedesmal,
Doch die dunkle Angst beschwichtigt
Deiner Augen frommer Strahl.

Auch bezweifl' ich, daß du glaubest,
Was so rechter Glauben heißt,
Glaubst wohl nicht an Gott den Vater,
An den Sohn und heil'gen Geist? (III 45)

Der literarische Typus dieser Szene ist natürlich Gretchens Frage: »Nun sag, wie hast du's mit der Religion?/Du bist ein herzlich guter Mann,/Allein ich glaub', du hältst nicht viel davon.« Bei Goethe folgt auf diese Frage Fausts großes pantheistisches Gottesbekenntnis – »Wer darf ihn nennen? Und wer bekennen: Ich glaub' ihn.« –, in dem der Gedanke einer unwandelbaren Gesetzlichkeit, gewonnen aus der Anschauung der Natur, im Vordergrund steht: »Wölbt sich der Himmel nicht dadroben?/Liegt die Erde nicht hierunten fest?/Und steigen freundlich blickend/Ewige Sterne nicht herauf?«[57] Im Glaubensbekenntnis der *Berg-Idylle* wird hinter der dynamisch-geschichtlichen Auslegung der Trinität eine dialektische Geschichtsphilosophie sichtbar, die den Gedanken der Immanenz Gottes oder der göttlichen Vernunft in dieser Welt zwar festhält, ihn jedoch nicht in der Ordnung der Natur, sondern im historischen Fortschritt erkennen will: in der Weltschöpfung durch den Vater, im Liebesevangelium des Sohnes, im heiligen Geist der Französischen Revolution, mit der das erste Blatt des Dritten Testaments aufgeschlagen wurde.[58]

Auf dieser Ebene des Sinns wird die parodistische Variation der Gretchenfrage des *Faust* zur ersten grundsätzlichen und öffentlichen (wenn auch noch verhüllten) Auseinandersetzung Heines mit Goethe als dem überragenden Vertreter der »Kunstperiode«.[59] In ihr kommt zum erstenmal die objektive Differenz zur Sprache, die Heine bei aller tiefen Affinität gerade zu dem Heiden und Künstler Goethe von diesem trennt: die geschichtsfeindliche Tendenz des Goetheschen Pantheismus und der apolitische Charakter seiner Kunst. Wenn Heine an die Stelle von Fausts Hymnus auf die göttliche Ordnung der Natur das Bekenntnis des *Ritters vom heiligen Geist* zum Gott des geschichtlichen Fortschritts setzt, so ist das die vorweggenommene »esoterische« Version der Kritik, die in der *Romantischen Schule* mit unmißverständlicher Direktheit anhand einer Konfrontation Goethes und Schillers vorgetragen wird – in einer Sprache übrigens, die durch teilweise wörtliche Anklänge an die Metaphorik der *Berg-Idylle* die innere Kontinuität des Gedankens verbürgt:

> »[...] die Goethaner ließen sich [...] verleiten, die Kunst selbst als das Höchste zu proklamieren und von den Ansprüchen jener ersten wirklichen Welt, welcher doch der Vorrang gebührt, sich abzuwenden.
>
> Schiller hat sich jener ersten Welt viel bestimmter angeschlossen als Goethe, und wir müssen ihn in dieser Hinsicht loben. Ihn, den Friedrich Schiller, erfaßte lebendig der Geist seiner

Zeit, er rang mit ihm, er ward von ihm bezwungen, er folgte ihm zum Kampfe, er trug sein Banner, und es war dasselbe Banner, worunter man auch jenseits des Rheines so enthusiastisch stritt, und wofür wir noch immer bereit sind, unser bestes Blut zu vergießen.[60] Schiller schrieb für die großen Ideen der Revolution, er zerstörte die geistigen Bastillen, er baute an dem Tempel der Freiheit und zwar an jenem ganz großen Tempel, der alle Nationen gleich einer einzigen Brüdergemeinde umschließen soll; er war Kosmopolit. Er begann mit jenem Haß gegen die Vergangenheit, welchen wir in den »Räubern« sehen [...]; er endigte mit jener Liebe für die Zukunft, die schon im »Don Karlos« wie ein Blumenwald hervorblüht[61], und er selber ist jener Marquis Posa, der zugleich Prophet und Soldat ist, der auch für das kämpft, was er prophezeit [...]

Wenn Schiller sich ganz in die Geschichte stürzt, sich für die gesellschaftlichen Fortschritte der Menschheit enthusiasmiert und die Weltgeschichte besingt: so versenkt sich Goethe mehr in die individuellen Gefühle, oder in die Kunst, oder in die Natur. Goethe, den Pantheisten, mußte die Naturgeschichte endlich als ein Hauptstudium beschäftigen, und nicht bloß in Dichtungen, sondern auch in wissenschaftlichen Werken gab er uns die Resultate seiner Forschungen. Sein Indifferentismus war ebenfalls ein Resultat seiner phanteistischen Weltansicht.

Es ist leider wahr, wir müssen es eingestehn, nicht selten hat der Pantheismus die Menschen zu Indifferentisten gemacht. Sie dachten: wenn alles Gott ist, so mag es gleichgültig sein, womit man sich beschäftigt, ob mit Wolken oder mit antiken Gemmen, ob mit Volksliedern oder mit Affenknochen, ob mit Menschen oder mit Komödianten. Aber da ist eben der Irrtum: Alles ist nicht Gott, sondern Gott ist alles; Gott manifestiert sich nicht in gleichem Maße in allen Dingen, er manifestiert sich vielmehr nach verschiedenen Graden in den verschiedenen Dingen, und jedes trägt in sich den Drang, einen höheren Grad der Göttlichkeit zu erlangen; und das ist das große Gesetz des Fortschrittes in der Natur. Die Erkenntnis dieses Gesetzes, das am tiefsinnigsten von den Saint-Simonisten offenbart worden[62], macht jetzt den Pantheismus zu einer Weltansicht, die durchaus nicht zum Indifferentismus führt, sondern zum aufopferungsüchtigsten Fortstreben. Nein, Gott manifestiert sich nicht gleichmäßig in allen Dingen, wie Wolfgang Goethe glaubte, der dadurch ein Indifferentist wurde und, statt mit den höchsten Menschheitsinteressen, sich nur mit Kunstspielsachen, Anatomie, Farbenlehre, Pflanzenkunde und Wolkenbeobachtungen beschäftigte: Gott manifestiert sich in den Dingen mehr oder minder, er lebt in dieser beständigen Manifestation, Gott ist in der Bewegung, in der Handlung, in der Zeit, sein heiliger Odem weht durch die Blätter der Geschichte, letztere ist das eigentliche Buch Gottes [...] (V 252 f.)

Die Flucht aus der Gesellschaft in die Natur bildet den exoterischen, der Weg von der Natur zur Geschichte und Gesellschaft den esoterischen Text der *Harzreise*. Den Schlüssel hierzu liefern die Widersprüche, die zwischen exoterischem Thema und esoterischer Tendenz notwendig entstehen müssen und in den Träumen und Phantasien, aber auch schon den Naturschilderungen selbst zum Ausdruck kommen. Die nicht zu leugnende Klischeehaftigkeit dieser einst so bewunderten Passagen der *Harzreise* ist die Konsequenz eines Funktionswandels, den Naturbeschreibung vom Ausdruck substantieller Erfahrung zum Instrument einer poetisch-publizistischen Rhetorik erfahren hat. Ließen sich in diesem tradierten Medium die den Schriftsteller und seine Zeit bewegenden Fragen nicht mehr adäquat gestalten, so war es als harmlose, dem Publikum vertraute Form doch hervorragend geeignet, die Oberflächenstruktur eines mit politischen Tendenzen durchsetzten Textes zu bilden. Auf eine ähnliche Verschiebung von Bedeutung und literarischer Funktion deutet auch die Ambivalenz der Bildersprache in den Träumen und in der lyrischen Phantasie der *Berg-Idylle*.

Die Subjektivität der Heineschen Reiseprosa, die taktisch eingesetzte Unbestimmtheit ihrer insgeheim wirkungs- und handlungsorientierten Rhetorik, die Überdeterminierung ihrer poetisch-politischen Symbole sind nicht zufällig auch Charakteristika von Ausdrucksformen, die Hegel in einer scharfsichtigen Analyse publizistischer Kommunikationsverhältnisse der Restaurationszeit als solche der öffentlichen Meinung beschrieben hat:

Ihr Gegenstand ist das Flüchtigste, Zufälligste, Besonderste, Zufälligste des Meinens in unendlicher Mannigfaltigkeit des Inhalts und der Wendungen; über die direkte Aufforderung zum Diebstahl, Mord, Aufruhr usf. hinaus liegt die Kunst und Bildung der Äußerung, die für sich als ganz allgemein und unbestimmt erscheint, aber teils zugleich auch eine ganz bestimmte Bedeutung versteckt, teils mit Konsequenzen zusammenhängt, die nicht wirklich ausgedrückt sind und von denen es unbestimmbar ist, sowohl ob sie richtig folgen, als auch ob sie in jener Äußerung enthalten sein sollen. Diese Unbestimmbarkeit des Stoffes und der Form läßt die Gesetze darüber diejenige Bestimmtheit nicht erreichen, welche vom Gesetz gefordert wird, und macht das Urteil, indem Vergehen, Unrecht, Verletzung hier die besonderste *subjektivste* Gestalt haben, gleichfalls zu einer ganz *subjektiven* Entscheidung. Außerdem ist die Verletzung an die Gedanken, die Meinung und den Willen der anderen gerichtet, diese sind das Element, in welchem sie eine Wirklichkeit erlangt; dieses Element gehört aber der Freiheit der anderen an, und es hängt daher von diesen ab, ob jene verletzende Handlung eine wirkliche Tat ist. [...] Die *Wissenschaften* aber, da sie, wenn sie nämlich anders Wissenschaften sind, sowohl sich überhaupt nicht auf dem Boden des Meinens und subjektiver Ansichten befinden, als auch ihre Darstellung nicht in der Kunst der Wendungen, des Anspielens, halben Aussprechens und Versteckens, sondern in dem unzweideutigen, bestimmten und offenen Aussprechen der Bedeutung und des Sinnes besteht, fallen nicht unter die Kategorie dessen, was die öffentliche Meinung ausmacht [...]. – Übrigens indem, wie vorhin bemerkt, das Element, in welchem die Ansichten und deren Äußerungen als solche zu einer *ausgeführten Handlung* werden und ihre wirkliche Existenz erreichen, die Intelligenz, Grundsätze, Meinungen *anderer* sind, so hängt diese Seite der Handlungen, ihre eigentliche Wirkung und die *Gefährlichkeit* für die Individuen, die Gesellschaft und den Staat [...], auch von der Beschaffenheit dieses Bodens ab, wie ein Funke auf einen Pulverhaufen geworfen eine ganz andere Gefährlichkeit hat als auf feste Erde, wo er spurlos vergeht.[63]

Diese Sätze aus den *Grundlinien der Philosophie des Rechts* von

1821 beschreiben die Situation, der Heines in eben jenen Jahren sich herausbildende publizistische Prosa Rechnung zu tragen hatte. Sie können zugleich den geschichtlichen Sinn der Symbole erhellen, in denen Heine das Dilemma seiner kritischen, auf politisches Handeln zielenden Schriftstellerei zu fassen suchte. Die Eigentümlichkeit, daß ein an der Existenz bürgerlicher Öffentlichkeit orientiertes und mit ihrer Resonanz rechnendes literarisches Selbstverständnis sich der anachronistischen Masken des Ritters und des Harlekin (oder Hofnarren) bedient, hängt mit dem Fortleben feudaler Strukturen im bürgerlichen Deutschland der zwanziger Jahre zusammen. Ritter und Harlekin (Narr) definieren und ergänzen sich wechselseitig als Wunsch- und als Realitätssymbol: Jenes verkörpert den Wunschgedanken vom Schriftsteller als Mann der politischen Tat, dieses die Anerkenntnis einer Realität, in der öffentliche Kritik nur als Kunst, als ein ins Ästhetische zurückgenommenes Spiel, nicht als »unzweideutiges, bestimmtes und offenes Aussprechen« mit der unmittelbaren Konsequenz politischen Handelns geduldet wird. Bei aller demokratischen Tendenz bleiben Heines symbolische Masken an vorbürgerliche Denk- und Sozialstrukturen gebunden, sei es mit wiederbelebten Vorstellungen von sakraler Weihe und geistig-politischem Erlösertum, sei es mit dem Rekurs auf das Reservat der Narrenfreiheit. Ihr anachronistischer Charakter dokumentiert subjektiv Heines Schwierigkeiten bei der Ausbildung eines zeitgemäßen schriftstellerischen Rollenverständnisses, objektiv die Verspätung und die politischen Zwänge, unter denen sich in Deutschland der Übergang von repräsentativer zu bürgerlicher Öffentlichkeit vollzog.

Man kann diesen symbolisch dargestellten Rollenkonflikt wirkungsästhetisch als Ausdruck der Suche nach einem gleichermaßen literarisch und politisch interessierten Publikum unter den Bedingungen einer scharfen Zensur interpretieren. Unter den gegebenen Bedingungen kann dies nur ein Publikum sein, das am Text mehr zu erkennen vermag als seinen manifesten Inhalt, der auf die exoterischen Leser, d. h. auch die zensurierenden Instanzen, berechnet ist. Dennoch erschöpft sich der tiefere Sinn des Textes nicht in der esoterischen Beziehung auf ein kleines Publikum von Eingeweihten. Wesentlich ist, nach Auskunft des Textes selbst, daß er eine Wahrheit enthält, die, zunächst verborgen, sich geschichtlich entfaltet und »exoterisch«, d.h. allgemein und öffentlich wird. Der esoterische Sinn legitimiert sich für Heine nicht durch sich selbst, als ästhetischer, sondern durch das politisch-eschatologische Moment, das ihm innewohnt: »[...] was jetzt kärglich verschwiegen ist, wird alsdann vollauf gesagt. Am Ende kommt es auch auf eins heraus, wann und wo man etwas ausgesprochen hat, wenn man es nur überhaupt einmal ausspricht. Mögen die einzelnen Werke immerhin Fragmente bleiben, wenn sie nur in ihrer Vereinigung ein Ganzes bilden.« (III 74f.) Unverkennbar klingen diese schon anfangs zitierten Worte aus dem Epilog der *Harzreise* an biblische Verheißungen wie die des ersten Korintherbriefs an: »Denn unser Wissen ist Stückwerk, und unser Weissagen ist Stückwerk. Wenn aber kommen wird das Vollkommene, so wird das Stückwerk aufhören. Da ich ein Kind war, da redete ich wie ein Kind, und war klug wie ein Kind, und hatte kindische Anschläge; da ich aber ein Mann ward, tat ich ab, was kindisch war. Wir sehen jetzt durch einen Spiegel in einem dunkeln Wort; dann aber von Angesicht zu Angesicht. Jetzt erkenne ich es stückweise: dann aber werde ich erkennen, gleich wie ich erkannt bin.«[64] Säkularisiert stellen sich der Weg vom Verschweigen oder Verbergen zur Enthüllung der Wahrheit, der Übergang vom Fragment zum Ganzen als geschichtlicher Fortschritt dar. Für den Autor der *Reisebilder* fallen das politische und das ästhetische Moment dieser Entwicklung in der Ausbildung politisch wirksamer Formen literarischer Öffentlichkeit zusammen.

Das bedeutet nicht nur intentionale Ausrichtung, sondern auch aktive Einflußnahme der Texte auf Zeit und Publikum. Zu den kommunikativen Formen, die diesem publizistischen Ziel dienen, kann man neben dem schon erwähnten Hinweis auf »künftige Lieder« im Epilog der *Harzreise* auch die »Anmerkung« am Ende des ersten Reisebilder-Bandes rechnen, wo es im Anschluß an die Korrektur einiger Errata heißt:

> Die übrigen Verbesserungen sollen nachgeliefert werden im zweiten Theile der Reisebilder, welcher noch außerdem recht viel Hübsches enthalten wird, z.B. abgebrochene Erzählungen, halbe Ansichten der Hauptstädte Nord-Deutschland's, sogar Bemerkungen über polnische Wälder und deutsche Literatur u.s.w. – Saumseligen Freunden, die noch immer Mspte

von mir zurückhalten und vielleicht von gedruckten Bitten stärker gerührt werden, als von geschriebenen, wird recht liebevoll angedeutet: daß Briefe und Paquete, mit der Aufschrift »an Heinrich Heine, Dr. Jur., per Adresse der Herren Hoffmann und Campe in Hamburg« jederzeit richtig an mich befördert werden. (III 510)

Fragmentarismus als Programm auch hier in Verbindung mit der Ankündigung künftiger Werke; dazu der Versuch, den Kontakt zu einem Publikum herzustellen, das – einstweilen offenbar noch zum guten Teil aus »Freunden« bestehend – als kooperierendes angesprochen wird. Die von dem Heine des ersten Reisebilder-Bandes unmittelbar anvisierte Zielgruppe ist nicht schwer zu rekonstruieren: Neben einer Anzahl von Verwandten und von Freunden aus dem Umkreis der Universität und des »Vereins für Kultur und Wissenschaft der Juden« kommen vor allem die (in der *Harzreise* mehrfach apostrophierten) Berliner Salons in Frage, insbesondere der Kreis um Rahel und Karl August Varnhagen von Ense. Daß die *Reisebilder* gerade in ihrem Prosateil, der scheinbar naturnahen und gesellschaftsfernen *Harzreise*, ohne den Berliner Salon als Leitbild und Adressaten nicht zu denken sind, hat Varnhagen als einer der Angesprochenen in seiner Rezension des Buches scharfsichtig bemerkt:

Der Verfasser geht von Göttingen aus und besucht den Harz, hat aber dabei beständig auch Berlin vor der Seele. Diesen Zusammenhang von reichen, treffenden Naturbildern, feinen Beobachtungen, schalkhaften, witzigen, beißenden Scherzen, persönlichen Feindseligkeiten, weichen Gefühlen, reizenden Liedern, tollen Fratzen, unglaublichen Verwegenheiten usw. können wir hier nicht zergliedern; wir überlassen dem Leser selbst, daran sich ärgerlich und liebevoll, wie er kann, zu ergötzen [...][65]

Unter den Bedingungen der Restaurationsperiode konnte sich Heines poetisch-publizistischer Vorgriff auf eine literarisch-politische Öffentlichkeit nur an deren halböffentlicher Vorform, dem liberalen literarisch-politischen Salon orientieren.[66] Ihm können im Formalen die charakteristischen kommunikativen Strukturen der *Harzreise*: das assoziative Verfahren, der Konversationston, die Anspielungstechnik zugeordnet werden, aber auch inhaltliche Momente wie der den Text durchziehende poli-

tische Liberalismus, die erstaunliche Fülle verarbeiteter historischer und literarischer Bildung, schließlich die nahezu allgegenwärtige zitierende oder parodistische Bezugnahme auf Goethe, dem die von Heine nicht immer widerspruchslos akzeptierte Verehrung des Varnhagenschen Kreises galt.
Die Affinität von Heines früher Prosa zur Salonkultur der Restaurationsperiode bezeichnet den bürgerlichen Ausgangspunkt seines politischen Engagements, von dem er sich trotz zeitweiliger Radikalisierung seiner Position und Hinwendung zu »plebejischen« Stoffen nie wirklich entfernt hat. Es war im wesentlichen auch das gebildete Bürgertum, das als Publikum seinem Werk – in Bewunderung wie in Haß – verbunden blieb. Heine hat nie ernsthaft versucht, den Zugang zu anderen Leserschichten zu finden wie später Büchner[67] und Weidig mit ihrem auf die Bauern und Handwerker berechneten *Hessischen Landboten*, der religiöse Gehalte in unvergleichlich schärferer Form zur politischen Waffe umschmiedet, oder, weniger entschieden, Wilhelm Sauerwein, dessen *ABC-Buch der Freiheit für Landeskinder* nicht nur Heines Didaktik des politischen *Elementarbuchs* aufgreift, sondern auf der ersten Seite sogar zwei Verse der *Berg-Idylle* mit revolutionären Untertönen zitiert.[68]
Heines Reisebilder-Prosa meidet auch da, wo sie politisch ist, die Sprache der Agitation. Ihr Autor wählte nicht, wie die Verfasser der hessischen Flugschriften, den kompromißlosen Weg der Illegalität; er zog den esoterischen Weg der komplizierten literarischen Vermittlungen vor, um sein Publikum zu erreichen. Auch später bleibt er, selbst in der Kritik und Abwehr, den prägenden Instanzen seiner frühen Periode verpflichtet: den ästhetischen Forderungen der Kunstperiode und den stilbildenden Zwängen der Zensur. Es liegt ein Moment von Wahrheit in der ironischen Klage Heines anläßlich der kurzfristigen Aufhebung der Zensur im März 1848: »Ach! ich kann nicht mehr schreiben, ich kann nicht, denn wir haben keine Zensur! Wie soll ein Mensch ohne Zensur schreiben, der immer unter Zensur gelebt hat? Aller Stil wird aufhören, die ganze Grammatik, die guten Sitten.«[69]
In dieser Haltung künstlerischen Aristokratismus oder Ästhetizismus erblicken zu wollen, würde Heines historischer Position und Leistung ebenso wenig gerecht wie der umgekehrte Versuch, ihn durch Isolierung inhaltlicher Momente seines Werks zum

Begründer und Vorkämpfer einer antibürgerlich-plebejischen Literaturbewegung zu stilisieren. Dem Doppelanspruch – und Widerspruch – von Ästhetik und Politik, von Poesie und Publizistik nicht ausgewichen zu sein, ihn vielmehr in seiner historischen Besonderheit thematisiert und in der Komplexität seiner Inhalte und Formen entfaltet zu haben, macht den Rang dieser Prosa aus.

Heine hat die Entwicklungen beschworen, aber nicht erlebt, von denen er hoffte, sie würden alles literarische Stückwerk zum Ganzen fügen, die verdrängte oder verschwiegene esoterische Wahrheit exoterisch machen und schließlich das Zeitalter einer befreiten und glücklichen Menschheit heraufführen. Die gesellschaftlichen Veränderungen, die sich während der dreißiger und vierziger Jahre in der Phase einer gesteigerten publizistischen Aktivität Heines vollzogen, waren nicht dazu angetan, den Glauben an den politischen Sinn eines Durchbruchs zur Öffentlichkeit zu stärken. Die Revolution von 1830 hatte nicht einem qualitativ Neuen, sondern allenfalls einer neuen Generation den Weg bereitet, die den Älteren fremd gegenüberstand und sie an den engeren Kreis derer zurückverwies, mit denen sie gemeinsame Erfahrung verband – das, was Heine immer wieder als sein und seiner Altersgenossen »eigentliches Geheimnis« bezeichnet und was die Kehrseite seiner virtuosen öffentlichen Rhetorik bildet. Er hat dieses »Geheimnis«, den Anteil sprachloser und nur durch Leiden vermittelter Verständigung an der Kommunikation mit seinen Zeitgenossen nie eindrucksvoller und mit tieferer Skepsis beschrieben als in den Worten, die er anläßlich des Todes der ihm befreundeten Rosa Maria Assing im Februar 1840 an ihren Bruder Varnhagen von Ense richtete. In ihnen erscheint der lebendige geschichtliche Sinn des esoterischen Sprechens, den die *Reisebilder* verkündeten, als »unenträtselbare Hieroglyphe« (B XXI 345 f.) zum Schrift- und Mahnmal erstarrt – sicher nicht das letzte Wort, aber doch der Ausdruck einer Erfahrung, die in hohem Maße Heines Prosa und Lyrik der Jahre nach 1848 bestimmt:

> Ich habe die Hingeschiedene sehr gut gekannt, sie zeigte mir immer die liebreichste Theilnahme, war Ihnen so ähnlich in der Besonnenheit und Milde, und obgleich ich sie nicht allzu oft sah, so zählte ich sie doch zu den Vertrauten, zu dem heim-

lichen Kreise, wo man sich versteht ohne zu sprechen – Heilger Gott, wie ist dieser Kreis, diese stille Gemeinde, allmählig geschmolzen, seit den letzten zehn Jahren! Einer nach dem anderen geht heim – Unfruchtbare Thränen weinen wir ihnen nach – bis auch wir abgehn – Die Thränen die alsdann für uns fließen, werden nicht so heiß seyn, denn die neue Generazion weiß weder was wir gewollt, noch was wir gelitten! Und wie sollten sie uns gekannt haben? Unser eigentliches Geheimniß haben wir nie ausgesprochen, und werden es auch nie aussprechen, und wir steigen ins Grab mit verschlossenen Lippen! Wir, wir verstanden einander durch bloße Blicke, wir sahen uns an und wußten, was in uns vorging – diese Augensprache wird bald verloren seyn, und unsere hinterlassenen Schriftmähler, z. B. Rahels Briefe, werden für die Spätergeborenen doch nur unenträthselbare Hieroglifen seyn – das weiß ich, und daran denk ich bey jedem neuen Abgang und Heimgang.

Die verlorene Augensprache

Marginalien zum Problem der »Wirkung« Heinescher Texte

Im Februar 1840 schreibt Heine an Karl August Varnhagen von Ense zum Tode Rosa Maria Assings, der Schwester Varnhagens:

> So eben erfahre ich von dem neuen Verluste der Sie betroffen, und obgleich betäubt und nicht wissend was ich sagen soll, eile ich Ihnen zu schreiben. Lieber Himmel, hier hört ja alle Macht des Wortes auf, und das Beste wäre ein stummer Händedruck. Ich fühle ganz was Sie jetzt leiden werden, armer Freund, nachdem kaum die früheren Heimsuchungen überstanden! Ich habe die Hingeschiedene sehr gut gekannt, sie zeigte mir immer die liebreichste Theilnahme, war Ihnen so ähnlich in der Besonnenheit und Milde, und obgleich ich sie nicht allzu oft sah, so zählte ich sie doch zu den Vertrauten, zu dem heimlichen Kreise, wo man sich versteht ohne zu sprechen – Heiliger Gott, wie ist dieser Kreis, diese stille Gemeinde, allmählich geschmolzen, seit den letzten zehn Jahren! Einer nach dem anderen geht heim – Unfruchtbare Thränen weinen wir ihnen nach – bis auch wir abgehn – Die Thränen die alsdann für uns fließen, werden nicht so heiß seyn, denn die neue Generazion weiß weder was wir gewollt, noch was wir gelitten!
>
> Und wie sollten sie uns gekannt haben? Unser eigentliches Geheimnis haben wir nie ausgesprochen, und werden es auch nie aussprechen, und wir steigen ins Grab mit verschlossenen Lippen! Wir, wir verstanden einander durch bloße Blicke, wir sahen uns an und wußten, was in uns vorging – diese Augensprache wird bald verloren sein, und unsere hinterlassenen Schriftmähler, z. B. Rahels Briefe, werden für die Spätergeborenen doch nur unenträthselbare Hieroglifen seyn – das weiß ich, und daran denk ich bey jedem neuen Abgang und Heimgang. (B XXI 345 f.)[1]

Ein erstaunliches und wenig beachtetes Dokument, und gewiß das Nachdenklichste, was Heine jemals zur Wirkung seiner Werke geäußert hat. Die neuere wirkungs- oder rezeptionsästhetisch orientierte Heine-Forschung[2] hat keine Notiz von ihm genommen, vielleicht in der Überzeugung, daß es sich bei dem Brief nur um den Ausdruck einer vorübergehenden Stimmung handelte. Symptom einer momentanen Depression? Selbst als solches gibt die Äußerung Fragen auf, die eine vorwiegend auf »Sekundärtexte« fixierte Diskussion beunruhigen sollten.

Einiges scheint hier rätselhaft. Ein Autor, dem seit Beginn seiner Laufbahn an öffentlicher Wirkung gelegen war und dem diese – sei es als Feindschaft literarischer Autoritäten und staatlicher Instanzen, sei es als Gefolgschaft literarischer und politischer Sympathisanten – nicht versagt geblieben ist, ein Autor, dessen Bücher zur Zeit der Abfassung des Briefs trotz behördlicher Verbote zum guten Teil schon in zweiter und dritter Auflage, in deutscher und französischer Sprache, vertrieben werden, spricht hier von einem immer mehr zusammenschmelzenden »heimlichen Kreise«, einer »stillen Gemeinde« als seinem eigentlichen Publikum. Dieser »Kreis« ist durch ein nie ausgesprochenes »Geheimnis« und die Vertrautheit mit einer stummen »Augensprache« verbunden, die zur Verständigung von Person zu Person und zum Verstehen ihrer »Schriftmähler« unerläßlich ist, deren Kenntnis jedoch mit den Sprechern dahingeht.

Zu den »Unwissenden« rechnet Heine nicht nur das breitere Publikum, sondern auch die »neue Generazion«, diejenigen also, die den Angehörigen des »Kreises« immerhin nahe genug stehen, um ihnen bei ihrem Heimgang eine Träne nachzuweinen. Ihr Nichtwissen enthält zwei – offenbar miteinander verknüpfte – Momente: Unkenntnis des von den Älteren erfahrenen Leids, Nichtverstehen ihrer Intentionen. Die Skepsis bezieht sich also keineswegs nur auf die dem Autor und seinem Werk feindselig oder gleichgültig gegenüberstehenden Zeitgenossen, sie trifft ebensosehr die – sei es politisch, sei es literarisch – sympathisierenden Leser, insofern sie »Spätergeborene« sind.

»Was wir gewollt«, »was wir gelitten« meint nicht private Wünsche und privaten Schmerz. Das »wir« deutet auf einen Komplex gemeinsamer Ziele und gemeinsamer Erfahrung des Scheiterns, der die Bedeutungen innerhalb eines Zeichensystems determiniert, das als – generations- und gruppengebundene – »Augensprache« die Kommunikation innerhalb eines »Kreises« sichert, außerhalb seiner in Frage stellt. Das Bewußtsein davon, daß gemeinsames Wollen und gemeinsames Leiden zu einer Erinnerung

werden, die sich der Mitteilung und Überlieferung in immer höherem Maße versagt, ist selbst Bestandteil dieses Leidens.
So korrespondiert dem geschichtlichen Vorgang, der sich im Hinblick auf den Leser als Abbruch einer spezifischen Form der Kommunikation mit dem Werk, als Verlust einer nichtdiskursiven »Augensprache«, darstellt, auf der Seite der Werke ein Prozeß der Erstarrung lebendiger Botschaften zu hieroglyphischen »Schriftmälern«, die den Nachgeborenen so unenträtselbar bleiben wie die steinernen Inschriften ägyptischer Grabstätten. Die metaphorische Verdichtung, die der Gedanke am Ende erfährt, evoziert einen literarischen eher als einen psychologischen Kontext, der Heines exponierte Äußerung aus ihrer Vereinzelung löst. Der äußere Anlaß der düsteren Reflexion – der »Heimgang« eines befreundeten Menschen – mag zufällig sein, nicht aber die innere Logik, mit der hier der Gedanke an das Fortleben der Werke, einem Totengedächtnis entspringend, unter dem melancholischen Blick des Betrachtenden zum allegorischen Bild gerinnt: zu einem jener »Schriftmäler«, die ihren Sinn in einer stummen »Augensprache« versiegeln.

Der Gedanke, daß die Werke sich verschiedener Sprachen bedienen und nur für den Leser wirklich zu sprechen beginnen, der an ihnen eine Dimension nichtdiskursiver Zeichen wahrzunehmen und zu entziffern weiß, findet sich schon in Heines frühesten Schriften. In den *Briefen aus Berlin* erscheint er in einer noch unentfalteten Form als Option des Autors für die Darstellungsmittel »Assoziation der Ideen« und »Andeutung« gegenüber den abzulehnenden Prinzipien »Systematie« und »Ausmalung«:

> Nur verlangen Sie von mir keine Systematie; das ist der Würgengel aller Korrespondenz. Ich spreche heute von den Redouten und den Kirchen, morgen von Savigny und den Possenreißern, die in seltsamen Aufzügen durch die Stadt ziehen, übermorgen von der Giustinianischen Galerie, und dann wieder von Savigny und den Possenreißern. Assoziation der Ideen soll immer vorwalten. Alle 4 oder 6 Wochen soll ein Brief folgen. Die zwei ersten werden unverhältnismäßig lang werden; da ich doch vorher das äußere und das innere Leben Berlins andeuten muß. Nur andeuten, nicht ausmalen. (II, 10)

Man kann die Ablehnung von »Systematie« als Abgrenzung gegenüber dem wissenschaftlichen oder philosophischen Diskurs verstehen, der auf Klassifikation, Abstraktion, Bildung gedanklicher Hierarchien zielt, das Verwerfen jeder »Ausmalung« als Weigerung, konventionell epische Verfahren der Deskription in den Dienst seiner publizistischen Prosa zu stellen.

Heines Begriff und Technik der Ideenassoziation knüpfen an die von Kant und Hegel[3] kritisierten Theorien der englischen Empiristen an. Ein Blick auf Humes Analyse des Prinzips der Ideenassoziation kann auch seine literarische Adaptation in ein helleres Licht rücken:

> Es gibt offenbar ein Prinzip der Verknüpfung (connexion) verschiedener Gedanken oder Vorstellungen des Geistes, und wenn sie im Gedächtnis oder in der Einbildungskraft erscheinen, führt eine die andere gewissermaßen methodisch und regelmäßig ein. Beim ernsthaften Denken oder Gespräch ist das so auffallend, daß jeder einzelne Gedanke, der die regelmäßige Folge oder Kette der Vorstellungen unterbricht, sofort bemerkt und abgewiesen wird. Selbst in unseren abenteuerlichsten und schwärmerischsten Träumereien, ja in unseren wirklichen Träumen, werden wir finden, sofern wir auf sie reflektieren, daß die Einbildungskraft nicht völlig planlos verlief, sondern daß es zwischen den verschiedenen aufeinanderfolgenden Vorstellungen doch noch eine Verknüpfung gab. Würde man das zwangloseste und freieste Gespräch niederschreiben, so würde man sofort etwas feststellen, das es in allen seinen Übergängen verknüpfte. Wo dieses fehlte, könnte derjenige, der den Faden des Gesprächs unterbrach, doch angeben, daß sich in seinem Geiste unmerklich eine Gedankenfolge abgewickelt habe, die ihn allmählich vom Gesprächsthema abgelenkt habe. [...]
>
> Für mich ergeben sich [...] drei Prinzipien der Vorstellungsverknüpfung, nämlich Ähnlichkeit (Resemblance), raum-zeitliche Berührung (Contiguity) und Ursache oder Wirkung (Cause or Effect).
>
> Daß diese Prinzipien der Vorstellungsverknüpfung dienen, wird – wie ich meine – kaum bezweifelt werden. Ein Bild lenkt unsere Gedanken naturgemäß auf das Original (Ähnlichkeit); die Erwähnung eines der Wohnräume in einem Gebäude

bringt selbstverständlich die Frage oder das Gespräch auf die anderen (Berührung); und wenn wir an eine Wunde denken, können wir den Gedanken an den ihr folgenden Schmerz kaum vermeiden (Ursache und Wirkung).[4]

Ideenassoziation erzeugt den Schein der Willkür; durch Reflexion läßt sich jedoch eine Gesetzlichkeit rekonstruieren, der selbst die wirrsten psychischen Produktionen, die Träume, unterliegen.

Heines literarisches Verfahren macht sich diese Einsichten in der Weise zunutze, daß Eindrücke, Vorstellungen, Ideen aneinandergereiht werden, das Prinzip, dem die Assoziation folgt (raumzeitliche Nähe, Ähnlichkeit/Kontrast, Ursache/Wirkung), in der Regel jedoch ausgespart oder höchstens als »Andeutung« signalisiert wird.[5] Es ist vom Leser zu ergänzen; in seine Verantwortung fällt es, wenn er in der Assoziation Savignys mit den Possenreißern ein anderes als das Verknüpfungsprinzip der raum-zeitlichen Nähe, etwa das der Ähnlichkeit, wirksam sieht.

Verknüpfungen dieser Art können überdeterminiert sein, d.h. unterschiedlichen Assoziationsgesetzen zugleich gehorchen. Mit der Zahl der Überlagerungen wächst auch die semantische Dichte des Textes. Daß das Verfehlen einer Verknüpfungsebene zugleich den Sinn einer Stelle ins Gegenteil verkehren kann, hat Hermand an einer Passage der *Briefe aus Berlin* gezeigt:

> Hier stehn wir auf dem Schloßplatz, dem breitesten und größten Platze in Berlin. Das königliche Palais ist das schlichteste und unbedeutendste von allen diesen Gebäuden. Unser König wohnt hier. Einfach und bürgerlich. Hut ab! da fährt der König selbst vorbei. Es ist nicht der prächtige Sechsspänner; der gehört einem Gesandten. Nein, er sitzt in dem schlechten Wagen mit zwei ordinären Pferden. Das Haupt bedeckt eine gewöhnliche Offiziersmütze, und die Glieder umhüllt ein grauer Regenmantel. Aber das Auge des Eingeweihten sieht den Purpur unter diesem Mantel und das Diadem unter dieser Mütze. (II, 13 f.)

Auf den ersten Blick handelt es sich um ein Stück serviler Hofberichterstattung; der Eindruck ist unvermeidlich, wenn die Sequenz von Beobachtungen und Gedanken als lineare Erzählfolge, d.h. als ein lediglich der Verknüpfung nach dem Gesetz der Kontiguität gehorchendes Assoziieren aufgefaßt wird. Wenn der Leser jedoch weiß, daß »sich zwei Jahre vorher die Berliner unter den Linden geweigert hatten, bei der Vorbeifahrt des Königs die Hüte abzunehmen« und es deshalb »zu Unruhen gekommen war«[6], wird das »Hut ab!« als Hinweis auf die erzwungene Reverenz, d. h. als Assoziation nach dem Gesetz von Ursache und Wirkung, entzifferbar. Die Anspielung auf Geßlers Hut in Schillers *Wilhelm Tell* stellt eine zusätzliche Verknüpfung nach dem Gesetz der Ähnlichkeit her. Durch die völlige Umwertung dieses Textelements wird erst der Hintersinn des Satzes erkennbar, der den Passus abschließt: Sah es zunächst so aus, als werde der König als ein einfacher Bürger dargestellt, der den Insignien königlicher Würde, Purpur und Diadem, abgeschworen habe, so wird dem »Eingeweihten« nun deutlich, daß Offiziersmütze und grauer Regenmantel nur die Realität, die Restauration des alten Herrschaftsprinzips, verdecken.

Das Beispiel beleuchtet die grundsätzliche Schwierigkeit einer adäquaten Rezeption solcher Texte. Die »Einweihung« des Lesers, der Schritt von der exoterischen zur esoterischen Lektüre, ist an eine Reihe von Kompetenzen gebunden, die nicht leicht zu erwerben sind. Es bedarf einer literarischen Kompetenz zur Entschlüsselung von Anspielungen, (zum Teil kryptischen) Zitaten, Motti, Parodien, die den Text erst als einen vielfach auf andere Texte bezogenen transparent macht. Es bedarf einer biographischen Kompetenz im Hinblick auf die private Lebensgeschichte des Autors, der seine Individualität materiell (etwa durch Anspielung auf Lebensdaten wie seine jüdische Herkunft oder seine frühen Liebesbeziehungen) und formal (durch Einsatz einer spezifischen, vom Leser erst nachzubildenden Assoziationstechnik) dem Text integriert. Es bedarf schließlich einer historisch-politischen Kompetenz zur Dechiffrierung von Anspielungen auf zeitgenössische Zustände und Personen, auf historische Hintergründe. Die Bezugspunkte zahlloser Werkelemente liegen außerhalb des Werks. Durch den Text scheinen andere Texte hindurch, die mitentziffert werden müssen: die literarische Tradition, das Leben des Autors, die Geschichte seiner Zeit.

Heines assoziatives Verfahren ist nur scheinbar subjektivistisch. Die höheren – nicht vom Gesetz der Kontiguität bestimmten – Formen der Assoziation enthalten bereits eine objektive Qualität, insofern bei ihnen die Verknüpfung weder auf der Zufälligkeit eines äußeren Zusammentreffens, noch auf einer voraussetzungslosen Kombinationstätigkeit des Autorenhirns beruht, sondern als Aufdeckung verborgener Strukturanalogien oder Kausalzusammenhänge im Bereich der Realität erscheint. Schon in der *Harzreise* wird diese Vorstellung einer Korrelation zwischen den Ebenen subjektiven Bewußtseins (die solche des Unbewußten mitumfassen) und den überlieferten Objektivationen menschlicher Gattungsgeschichte in der Metapher des Palimpsests gefaßt. Der Gedanke entwickelt sich aus der Beschreibung eines Frauengesichts:

> Ihr Auge verriet einen krankhaft schwärmerischen Tiefsinn, um ihren Mund lag strenge Frömmigkeit, doch schien mirs, als ob er einst sehr schön gewesen sei, und viel gelacht und viele Küsse empfangen und viele erwidert habe. Ihr Gesicht glich einem Codex palimpsestus, wo, unter der neuschwarzen Mönchsschrift eines Kirchenvatertextes, die halberloschenen Verse eines altgriechischen Liebesdichters hervorlauschen. (II, 144)

An anderer Stelle – in der *Reise von München nach Genua* – ist von den Geschichtsstätten Herkulanum und Pompeji die Rede als von »Palimpsesten der Natur, wo jetzt wieder der alte Steintext hervorgegraben wird« (II, 364). Individual- und Menschheitsgeschichte sind Texte, die sich überlagern und auf die der Autor seinen neuen Text schreibt. Die Aufgabe des Lesers ist es nicht nur, die bis zur Unkenntlichkeit verblichenen Stellen wieder lesbar zu machen, sondern auch die Schichten des Textes so voneinander abzuheben, daß sie sich wechselseitig interpretieren und einen gemeinsamen Sinn ergeben.

Baudelaire hat die Metapher aufgegriffen und auf seine Weise entfaltet. Das Gedächtnis des Autors wie das des Lesers sind ihm ein Palimpsest, der alle Ideen, Bilder und Gefühle als lebensgeschichtliche Spuren bewahrt und nach den Gesetzen des individuellen Temperaments zu einem inkommensurablen aber harmonischen Ganzen ordnet, während der Palimpsest, den die Menschheitsgeschichte schreibt, ein Konglomerat heterogener Teile bleibt:

> Was ist wohl das menschliche Gehirn anderes, als ein unermeßlicher natürlicher Palimpsest, und das deine ebenfalls,

Leser. Unzählige Schichten von Vorstellungen, Bildern, Empfindungen sind nacheinander auf dein Gehirn niedergesunken, so linde wie das Licht. Es ist, als habe eine jede ihre Vorgängerin begraben. In Wirklichkeit jedoch ist keine umgekommen. – Doch es besteht ein Unterschied zwischen dem Palimpsest, das übereinandergeschichtet eine griechische Tragödie, eine mönchische Legende und eine Rittergeschichte trägt, und dem göttlichen, vom Herrn erschaffenen Palimpsest, welches unser unvergleichliches Gedächtnis ist: Beim ersten handelt sich's um ein phantastisches, groteskes Chaos, um ein Aneinandergeraten heterogener Elemente, während im zweiten die innere Notwendigkeit, die aus dem Temperament sich ergibt, mit starkem Griff eine Harmonie unter den verschiedenartigsten Elementen herstellt. Wie unzusammenhängend eine Existenz auch sein mag, die menschliche Einheit wird dadurch nicht getrübt. Könnte man alle Echos des Gedächtnisses gleichzeitig auferwecken, sie bildeten ein Konzert, ob nun angenehm oder schmerzlich, so doch logisch und ohne Dissonanzen.[7]

Heine kennt nicht die Differenz zwischen einem Palimpsest individueller Erinnerung, dessen sinnvolle Organisation und Harmonie sich göttlicher Schöpfung verdanken, und einem Palimpsest geschichtlicher Überlieferung, auf dem die heterogenen Textproduktionen der Menschheit als phantastisch-groteskes Chaos erscheinen. In seiner Sicht überlagern sich beide in einer Weise, die es nicht mehr erlaubt, den Text individueller Erinnerung und Einbildungskraft unabhängig vom Text der Geschichte zu lesen. Der esoterische Leser muß dem Autor kongenial werden, indem er die Arbeit des Autors, der selbst immer zugleich Entziffernder und Schreibender ist, als »palimpsestisches« Überschreiben bestehender (literarischer, geschichtlicher, autobiographischer) Texte mit einem neuen Text rekonstruiert.

Wer ist dieser Leser? Und was ist das Schicksal der Werke, die diesen Leser nicht finden? Heines eingangs zitierter Brief verweist auf den »heimlichen Kreis« der mit der »Augensprache« Vertrauten und endet in Skepsis. Spuren dieser Skepsis gibt es schon in früheren Zeugnissen, und gerade in solchen, die im euphorischen Bewußtsein des beginnenden öffentlichen Erfolgs geschrieben sind. Im Juni 1827 schreibt Heine anläßlich des Erscheinens des zweiten Bandes der *Reisebilder* aus London an den Berliner Freund Moses Moser:

> Vor meiner Abreise von Hamburg habe ich Sorge getragen daß Dir mein Buch geschickt wurde. Ich dachte Du wirst es als einen Brief betrachten. Du wirst daraus ersehen haben was ich im letzten Jahr gedacht und gefühlt und gelitten. Ich denke der Legrand wird Dir gefallen haben; alles übrige im Buche, die Gedichte ausgenommen, ist Futter für die Menge, die es auch mit vielem Appetit verzehrt. Ich habe durch dieses Buch einen ungeheuren Anhang und Popularität in Deutschland gewonnen; wenn ich gesund werde kann ich jetzt viel thun; ich habe jetzt eine weitschallende Stimme. Du sollst sie noch oft hören, donnernd gegen Gedankenschergen und Unterdrücker heiligster Rechte (B XX, 291)

Hier sind schon alle Elemente des späteren Briefs an Varnhagen versammelt, nur ohne dessen düsteren Unterton: die Unterteilung des Publikums in einen inneren Kreis von Freunden und eine exoterische Leserschaft, der auf der Seite des Werks die Unterscheidung zwischen »Brief« und »Futter für die Menge« korrespondiert. Auch hier ist die Erfassung dessen, was der Autor »gedacht und gefühlt«, verknüpft mit der Fähigkeit zum Nachvollzug dessen, »was er gelitten«. Die Freude über die neu erworbene »ungeheure Popularität« fällt nicht zusammen mit dem Glauben an eine adäquate Rezeption des Werks durch das Publikum.[8]

Heine hat mit seiner Reserve recht behalten, und wohl nirgends in höherem Maße als beim *Buch Le Grand*, das im Zentrum des zweiten *Reisebilder*-Bandes steht. Es ist wohl auch kein Zufall, daß der Text, der zumindest unter Heines frühen Werken das auf ein esoterisches Publikum zielende assoziative und »palimpsestische« Verfahren in höchster Vollendung ausgebildet hat, in mehr als hundert Jahren nur einen Leser gefunden hat, der ihn als einen über Texte geschriebenen Text zu entziffern verstand: Heines Freund Varnhagen von Ense. Ein Blick auf die Rezeptionsgeschichte zeigt, daß Varnhagens Rezension des zweiten *Reisebilder*-Bandes von 1827 Einsichten enthält, die im Laufe des 19. Jahrhunderts (und bis in die erste Hälfte des 20. Jahrhunderts hinein) völliger Vergessenheit anheimgefallen sind. Was den späteren Interpreten bestenfalls als »Tohuwabohu von bunten Einfällen«[9] erscheint, an dem in erster Linie der autobiographische Anstrich oder der »romantische« Sprachzauber einiger Partien genossen werden kann, stellt sich dem ästhetisch und geschichtsphilosophisch geschärften Blick eines »eingeweihten« Zeitgenossen noch als eine den »Lebensgehalt europäischer Menschen« mit innerer »Notwendigkeit« repräsentierende »poetische Welt« dar:

> [...] Seine poetische Welt, anhebend von der Betrachtung seiner individuellen Zustände, breitet sich mehr und mehr aus, sie ergreift Allgemeineres, wird endlich universell; und dies nicht nur in den Stoffen, die notwendig so erscheinen müssen, sondern auch in denjenigen, welche sich recht gut in einer gewissen Besonderheit behandeln lassen und fast immer nur so behandelt werden, in allem nämlich, was die Gefühlsstimmung überhaupt und alles Gesellschaftsverhältnis im Allgemeinen betrifft. Es ist, als ob nach einem großen Sturme, der den Ozean aufgewühlt, die Sonne mit ihren glänzenden Strahlen die Küsten beleuchtete, wo die Trümmer der jüngsten Schiffbrüche umherliegen, Kostbares mit Unwerthem vermischt, des Dichters eigener ehemaliger Besitz und die Güter eines geistigen Gemeinwesens, dem er selber angehört, Alles untereinander. Das Talent unsres Dichters ist wirklich ein beleuchtendes; die Gegenstände, mögen sie noch so dunkel liegen, weiß er mit seinen Strahlen plötzlich zu treffen, und sie, wenigstens im Fluge, wenigstens von *einer* Seite, hell glänzen zu lassen. Der Lebensgehalt europäischer Menschen, wie er sich als Wunsch, als Seufzer, als Verfehltes, Unerreichtes, als Genuß und Besitz, als Treiben und Richtung aller Art darstellt, ist hier in gediegenen Auszügen ans Licht gebracht. Die Ironie, die Satyre, die Grausamkeit und Rohheit, mit welcher jener Lebensgehalt behandelt wird, sind selbst ein Teil desselben, so gut wie die Süßigkeit, die Feinheit und Anmuth, welche sich dazwischen durchwinden; und so haben jene Härten, die man dem Dichter so gern wegwünscht, in ihm dennoch zuletzt eine größere Nothwendigkeit, als man ihnen anfangs zugesteht. [...] (II, 784 f.)

Varnhagen betont den expansiven Charakter der Heineschen Darstellungsform, deren Logik er in einem Fortschreiten vom

Individuellen zum Allgemeineren und schließlich Universellen erblickt: einer sich erweiternden Perspektivik, von der alle Stoffe bis zum Persönlichsten hin erfaßt werden. Der Schauplatz, auf dem diese Stoffe präsentiert werden, ist das Trümmerfeld jüngster Schiffbrüche, die Gestalt, unter der sie erscheinen, die von Bruchstücken, an denen in dem perspektivisch verschärften Licht, das der Autor auf sie fallen läßt, nur noch fragmentierter Sinn aufblitzt. Ist es Zufall, daß Varnhagens Rezension dort, wo sie ihre entscheidenden Einsichten erreicht, von der diskursiven Rede zu einer bildlichen Darstellung übergeht, in der sich die besprochene »poetische Welt« als allegorisches Panorama abbildet?[10] Die hier versammelten Trümmer, »des Dichters eigener ehemaliger Besitz und die Güter eines geistigen Gemeinwesens, dem er selber angehört«, sind nicht mehr als organische Bestandteile eines lebendigen Traditionszusammenhangs gesehen, der ihren Sinn garantiert, auch nicht als Symbole, die im Einzelnen ein Ganzes zu repräsentieren beanspruchen können. Sie verweisen auf Katastrophen, aus denen der geistige Besitz des Einzelnen und der Gemeinschaft nicht unbeschädigt hervorgegangen ist. Indiz für den Wandel im Verhältnis zur Tradition sind die Formen, die der Autor für seine Behandlung des »Lebensgehalts europäischer Menschen« wählt: Sein Verfahren ist zitierend (»Auszüge«), ironisch, satirisch bis zum Grausamen und Rohen, aber insofern die Erfahrung der »Schiffbrüche« wesentlich zum kulturellen Bewußtsein des gegenwärtigen Menschen gehört, sind diese Züge selbst Momente des dargestellten Lebensgehalts und Entwürfe einer Ästhetik der Moderne. Varnhagen sieht die Entstehung der neuen ästhetischen Erfahrung an traumatische Erlebnisse gebunden – wie Heine die Fähigkeit esoterischer Kommunikation mit Personen und Texten an die Kenntnis des Leidens, dem sie entsprangen.

Varnhagens bis heute nicht übertroffene Interpretation enthält neben vielen anderen Gesichtspunkten auch einen Hinweis auf Heines Technik der »exzerpierenden« Textverarbeitung. Das »palimpsestische« Verfahren greift hier auf die vorliegenden Texte von Autobiographie, Geschichte und Literatur zurück, die in »Auszügen« dem neuen Text integriert werden. Nicht nur das Fremde, literarisch oder geschichtlich Überlieferte, erscheint als Zitat, sondern auch der eigene ehemalige – das heißt: fremd gewordene – Besitz. Autobiographische Fragmente werden als Szenen eines »alten Stücks« (Kapitel I, II, XX) zitiert, durch die die älteren Texte des Petrarcaschen *Canzoniere* (Kapitel XVIII), des Shakespeareschen *Hamlet* (Kapitel II), des Goetheschen *Werther* (Kapitel II, XX), des Heineschen *Almansor* (Kapitel II) – neben zahllosen anderen (vgl. Kapitel III) – hindurchschimmern. Die Napoleon-Szenen können nur vor dem Hintergrund überlieferter Geschichtstexte – den monumentalen Viten römischer Imperatoren (Kapitel VIII), der Passionsgeschichte Christi (Kapitel VIII, IX) – entziffert werden. Der Darstellung des von der Französischen Revolution bis zur Restauration reichenden Geschichtsabschnitts liegt der Text barocker Haupt- und Staatsaktionen zugrunde (Kapitel XI). Die Erfahrung des »Schiffbruchs« ist auf allen Ebenen: als biographische Identitätskrise, als Zweifel am Sinn der Geschichte, als Bruch der literarischen Tradition wirksam. Zur Konstruktion seiner poetischen Welt greift der Autor auf überlieferte Texte zurück, deren für ihn disparat gewordene Elemente er durch Zitat seinem Text integrieren und durch Allegorisieren mit neuem, mit durch Brechung verändertem und mehrfach facettiertem Sinn anreichern kann.

Varnhagens Rezension ist auch darin vereinzelt geblieben, daß sie Heines Werk als Dokument einer umfassenden Sinnkrise interpretiert, ohne der scharfsichtig erfaßten Konsistenz der formalen Organisation und des geschichtsphilosophischen Gehalts schon den Status einer neuen »ganzheitlichen« Sinngebung zu unterschieben. Alle späteren Versuche, dem »Tohuwabohu« des Textes eine verbindliche ästhetische, politische oder autobiographische Botschaft zu entlocken, sind mehr oder weniger subtilen Reduktionismen verfallen.[11]

Es gehört zu den von Heine antizipierten Ironien der Wirkungsgeschichte, daß einer der verdientesten Heine-Philologen des 19. und 20. Jahrhunderts, der Schöpfer einer noch heute unentbehrlichen Werkausgabe, Ernst Elster, mehr zum Mißverstehen des *Buchs Le Grand* beigetragen hat als die vereinte Phalanx der Feinde und Verleumder Heines. Er schreibt sechzig Jahre nach Varnhagens Rezension in der biographischen Einleitung seiner Ausgabe:

> Das Werk ist ein Tohuwabohu von bunten Einfällen, aber es lassen sich doch auch feste Punkte aus der Menge der wirren

Associationen herausgreifen. Zunächst ist es leicht ersichtlich, daß einen Hauptgegenstand des Werkes die poetisch verschleierte Darstellung von dem Lebensgange des Dichters abgibt: die Heimat, die kleinen Freunde und Freundinnen, das Leben in der Schule, vor allem die politischen Veränderungen, die Franzosenzeit, der Tambour Le Grand und Napoleon, treten hier am deutlichsten hervor. Ferner ist die Schrift eine Sammlung von staunenerregendem Wissen, von Anspielungen auf zahlreiche Dinge, deren Kenntnis keineswegs weit verbreitet war und ist, und die doch Heine, der sich scherzhaft wiederholt einen der gelehrtesten Männer seiner Zeit nannte, so viel uns bekannt aus keiner der damals bekannten Encyklopädien hätte abschreiben können. Man erinnert sich dabei der Worte Salomon Heines, des ziemlich wenig gebildeten reichen Emporkömmlings, über seinen Neffen: ›Hätte der dumme Junge was gelernt, so brauchte er nicht zu schreiben Bücher.‹ Man hielt ihn in Hamburg für geistig bankrott, für unwissend, zerfahren; er wollte jetzt die Unrichtigkeit dieser Annahme beweisen, indem er seiner Gelehrsamkeit die Zügel schießen ließ. Ferner hörte er in der Familie des Oheims fort und fort die Klagen über sein schlechtes Haushalten und über seine Unfähigkeit zum Erwerb; er wollte nun scherzend einmal darstellen, wie er aus den Narren, die ihm begegneten, Kapital zu schlagen vermöchte. Diese drei Züge: Lebensschilderung, Beweis seiner Gelehrsamkeit und Hindeutung auf seine Erwerbsfähigkeit, treten als besonders beachtenswerte Merkmale in dem *Buch Le Grand* hervor. Anfang und Ende der Schrift klagen von unglücklicher Liebe: das Motto ›Sie war liebenswürdig, und er liebte sie, er aber war nicht liebenswürdig, und sie liebte ihn nicht‹ deutet auf Zweck und Ziel dieser persönlichen Huldigungsschrift hin. Der Anfang, der von Selbstmordgedanken über unglückliche Liebe berichtet, bezieht sich auf Amalie; die rettende Schöne, die dem verzweifelnden Dichter begegnet, ist Therese Heine. [...] Hiernach nehmen wir an, daß Heine durch die Schilderung seines Liebesunglücks rühren, durch die Schilderung seines Lebens geistvoll anziehen, durch die Darlegung seiner Kenntnisse und den Hinweis auf seine Erwerbsfähigkeit Vorurteilen begegnen, durch den Humor und ausgelassenen Witz des Ganzen die

Herzen vollends gefangen nehmen wollte. [...] Das verwirrende Durcheinander der Schrift, das bald anzieht, bald wieder abstößt, dürfte nunmehr besser und leichter zu durchschauen sein, wenn man die festen Punkte, um die sich das bunte Gewirre der Gedanken herumzieht, scharf im Auge behält. Man wird gestehen müssen, daß die humoristisch sprudelnde Schilderung mit zu dem Eigentümlichsten gehört, was wir von Heine besitzen, und man wird um so eher zur Schätzung der Schrift geneigt sein, je mehr man erkennt, daß diese scheinbare Gedankenflucht der Darstellung durch feste Grundzüge geregelt ist.[12]

Diese sorgfältige Verschüttung des Sinns hat Methode: Es ist die Methode des literaturwissenschaftlichen Positivismus. Elster kennt nur noch einen Text: den autobiographischen, der alle anderen aufsaugt und zu bloßen Vehikeln einer pragmatischen Strategie des Autors degradiert, die sich mit lückenloser Kausalität aus den Bedingungen seines Privatlebens und seines familiären Milieus ableiten läßt. Der geistige Besitz des Autors, in dessen Gefährdung Varnhagen das entscheidende Motiv erkannt hatte, erscheint hier als durchaus gesichertes Kapital, seine Umwandlung in klingende Münze und gesellschaftliches Prestige als das einzige Problem, das den Verfasser der Schrift bewegt. Alles Übrigbleibende ist »poetische Verschleierung« des »Hauptgegenstandes«.

In einer fast vierzig Jahre später geschriebenen Einleitung zum *Buch Le Grand* ist dieser massive Biographismus zumindest in den Formulierungen gemildert. Dennoch wird selbst die absurde These, Heine habe mit den polyhistorischen Exkursen des XIII. Kapitels seinen Onkel beeindrucken wollen, in leicht verwässerter Form aufrechterhalten, trotz Erich Loewenthals[13] Nachweis, daß es sich bei dieser Stelle um montierte Zitate aus einer curieusen Gelehrtenhistorie des 18. Jahrhunderts handelt. Die Wandlungen der literaturwissenschaftlichen Methodik werden aber in einer stärkeren Betonung formaler Gesichtspunkte greifbar; nun »beruht die Bedeutung des Werkes [...] auf den unvergleichlichen Vorzügen des Stiles der Darstellung«:

Durch diese Verbindung von Ernst und Scherz, durch das Schillernde und Verschwimmende des Stils gewinnt Heines Buch einen eigenartigen Zauber; es gibt Stellen darin, wo man

> tatsächlich im Zweifel sein kann, ob man den Dichter beim Worte nehmen darf oder nicht. Beachtet man des weiteren die ungewöhnlichen Sprünge der Gedanken, ferner die nicht selten fast verblüffenden Witzworte, so versteht man einigermaßen, worauf der prickelnde Reiz dieser Stilgebung beruht.[14]

Die Verlagerung des Interesses auf den formalen Aspekt bedeutet keinerlei Gewinn; im Gegenteil: Von den Einsichten Varnhagens, der Heines Techniken der Stilmischung und der ironisch-satirischen Verfremdung in geschichtsphilosophischer Perspektive interpretiert, ist hier nichts übriggeblieben. Die Textsequenzen, in denen der Betrachter von 1827 Trümmer einer zerfallenden Bildungstradition, perspektivisch beleuchtete »Auszüge« aus den Texten erblickt, die den »Lebensgehalt europäischer Menschen« bildeten, verwandeln sich dem Stilinterpreten von 1925 in rosig umwölkte Bilderfolgen von rein ornamentaler Funktion:

> An der Stelle, wo das erste Erlebnis düster ausklingt, sich aber das neue Herzensglück wie der erste Strahl der Morgenröte bereits am Himmel verrät, da setzt (im 3. Kapitel) der Lobgesang auf das Leben und seine unvergängliche Schönheit ein; und dieser Lobgesang wird noch weihevoll gesteigert, als der Dichter (im 4. Kapitel) beteuert, daß er noch als Greis ein Lied singen werde von den Blumen der Brenta, d.h. den Schönen der Elbe, Amalie und Therese [...]. Dann bricht die Liebesgeschichte ab, und in den Kapiteln 5 bis 17 folgen die tausend Einzelheiten aus dem bewegten Leben des Knaben und des Jünglings [...]. Aber den Anfang und Abschluß dieser Darstellungen des großen Mittelstückes bilden die äußerst zierlichen Schilderungen des trauten Lebens mit den kleinen Freundinnen des Dichters, erst in Andernach, später in Godesberg; so sind Eingang und Ende dieses Mittelstückes, dieses packenden Berichts von der jugendlichen Weltfahrt des Dichters gleichsam von rosigen Wolken umwoben; es sind Engelgestalten, die des Lebens Wirklichkeit nur leise berühren, unter ihnen die lieblichste und rätselhafteste, die Gestalt der kleinen Veronika. Aber auch diese Bilder der jugendlich zarten Mädchen werden noch eigenartig überstrahlt von den Klängen aus Indiens Wunderwelt (in Kapitel 5), die dann noch einmal gegen Ende (in Kapitel 19) hervorbrechen.[15]

Der abgeleitete, zitathafte Charakter dieser Szenen, auf den schon Heines Motto »Altes Stück« verweist, wird als »ursprüngliche« Poesie rezipiert – eine Verkennung der Textintention, der gegenüber scharf ablehnende Reaktionen wie die Wilhelm Scherers oder Karl Kraus'[16] immerhin den Vorzug der richtigen Wahrnehmung des Phänomens (wenn auch nicht den seiner richtigen Einschätzung) besitzen.

Die Beispiele ließen sich vervielfältigen, die Rezeptionsgeschichte bis zu den Arbeiten der sechziger Jahre weiterführen, die erstmals wieder an die in Vergessenheit geratenen Einsichten Varnhagens anknüpfen (ohne sie doch interpretativ auszuschöpfen). Aber schon die Konfrontation zweier – dem Werk Heines in verschiedener Weise eng verbundener – Leser, eines Zeitgenossen und eines »Spätgeborenen«, kann Anlaß sein, die in Heines eingangs zitierter brieflicher Äußerung liegende Frage nochmals aufzunehmen. Heine sieht das Verstehen seiner Werke an die Kenntnis einer »Augensprache« geknüpft, deren Substrat eine generations- und gruppenspezifische Erfahrung bildet: die von Varnhagen beschworene Erfahrung des Schiffbruchs, des Zerbrechens der Kontinuität von Individual- und Menschheitsgeschichte wie des Zerfalls kultureller Traditionen. Was die Verständlichkeit noch der Werke der Goetheschen »Kunstperiode« in Heines Sicht garantierte, war ihre Distanz zum Leben und die Verbindlichkeit eines an geltenden Normen des Geschmacks, des Stils, der Gattung orientierten ästhetischen Codes. Der Geheimcode der »Augensprache«, der nach dem Zerbrechen der literarischen Tradition für Heine die überlieferte Formensprache als Medium der Kommunikation ablöst, kann nicht wie diese exoterisch werden, weil er einem »Wollen« und »Leiden« entstammt, das konkret geschichtlich: politisch motiviert ist.
Man kann das Dilemma der Heineschen Position als Interferenz dieser beiden Codes beschreiben: Die Schwerverständlichkeit seiner Werke liegt in der Verwendung einer esoterischen »Augensprache« begründet, ihre Mißverständlichkeit in der exoterischen – nur zitathaften – Mitverwendung der überlieferten klassisch-romantischen Formensprache. Wäre Heine reiner Esoteriker gewesen, so hätten seine Werke nur dem Schicksal verfallen können, das er ihnen prognostizierte: zu unenträtselbaren Hieroglyphen zu erstarren. Da er mit seinen esoterischen Inten-

tionen jedoch eine exoterische Praxis verband, ist ihnen Schlimmeres widerfahren, nämlich für beredt gehalten zu werden, wo sie in Wirklichkeit längst verstummt waren.

Es scheint, daß Heines Leser der Erfahrung einiger weiterer Schiffbrüche bedurften, bevor sie an seinen Werken die Sprache wiederentdeckten, die den meisten Interpreten des späteren 19. und frühen 20. Jahrhunderts unverständlich geworden war.[17] In dieser Sprache spricht sich sein Leiden am sinnwidrigen Lauf der Geschichte von der Revolution zur Restauration aus; ein anderes Leid als das – durchaus reale – private Leid der Liebesgeschichten, die als »maskierender« Text den ersten überlagern. Maskierung ist dieser Text nicht nur insofern, als er das Scheitern einer privaten Beziehung in einer Folge von Szenen darstellt, die »alten Stücken«, die dem literarischen Fundus von Petrarcas Gedichten bis zu Goethes *Werther* entnommen sind, sondern vor allem darin, daß der durch dieses traumatische Erlebnis hervorgerufene intensive Schmerz (»Zahnweh«) die tieferliegende Wurzel des »Elends«, das eigentlich lebensbedrohende Trauma der »Brustwunde«, verdeckt:

> Madame, wenn ein Mensch sich totschießen will, so hat er dazu immer hinlängliche Gründe. Darauf können Sie sich verlassen. Aber ob er selbst diese Gründe kennt, das ist die Frage. Bis auf den letzten Augenblick spielen wir Komödie mit uns selber. Wir maskieren sogar unser Elend, und während wir an einer Brustwunde sterben, klagen wir über Zahnweh. (II, 308; Kapitel XX)

»Unsre Krankengeschichte ist allein unsre Geschichte«, schreibt Rahel Varnhagen, eine »Vertraute« und strenge Leserin, im September 1830 an Heine. Diese Geschichte muß aus individuellen Geschichten und ihren Maskierungen rekonstruiert werden, wenn die Werke wieder verständlich werden sollen. In demselben Brief, der unter dem Eindruck der Julirevolution entstanden ist, in deren Freiheitsrufe sich auch das Hep-Hep-Geschrei antisemitischer Unruhen mischte, wird auf diesen unter der Schminke der Konventionen und Bildungsgüter verborgen liegenden Text verwiesen:

> [...] – gemelkt fühlt' ich mein Herz. Unfähig meinen Körper. Seitdem hab' ich gelacht, geredet, gedacht, die Honneurs der Tage gemacht, wie immer. Und bin durch nichts in meinen

Ansichten und Meinungen gestört. Hepp ist mir so wenig unvermuthet, als alle andre Unducht. Kein großer Trumeau, kein ›Jungfernkranz‹, kein Elephant über Theaterbrücken; keine Wohlthätigkeitsliste, kein Vivat, keine Herablassung; keine gemischte Gesellschaft, kein neues Gesangbuch, kein bürgerlicher Stern, nichts, nichts konnte mich je beschwichtigen. Die Pockenmaterie muß raus; Schminke hilft nichts; und wäre sie mit Hausanstreichpinseln aufgeklext! Nur Despoten können uns helfen; die Einsicht haben: *oder* – so gesagt, so geschehn! Unversehens hab' ich Sie hier gegrüßt, mit allem was ich jetzt, über jetzt zu sagen weiß. *Sie* werden dies herrlich, elegisch, fantastisch, einschneidend, äußerst scherzhaft, immer gesangvoll, anreizend, oft hinreißend sagen; nächstens sagen. Aber der Text aus meinem alten beleidigten Herzen wird doch dabei der Ihrige bleiben müssen.[18]

Die Bilder der Revolution

Literarische Totenbeschwörung 1789-1848

Von Bildern der Revolution soll in diesem Diskussionsbeitrag die Rede sein, nicht von Begriffen und Theorien, deren sich Akteure und Zuschauer der revolutionären Epoche von 1789 bis 1848 bedienten, um sich die unerhörten Ereignisse faßlich zu machen, die vor ihren Augen abrollten. Theorien der Revolution bringen ihren Gegenstand auf den Begriff; in den Bildern, den Symbolen und Mythen aber ist etwas überliefert, was kein Begriff mit vergleichbarer Komplexität und sinnlicher Prägnanz zu bewahren vermag: revolutionäre Erfahrung; Erkenntnis, an der noch Hoffnung, Angst, Verzweiflung und die Spuren überwundener oder fortdauernder Selbsttäuschung haften.

Die Bildersprache der Revolution ist eine Sprache der Ambivalenzen und Widersprüche. Ihre Brüchigkeit ist von niemand schärfer gesehen und unerbittlicher bloßgelegt worden als von dem prominentesten revolutionären Kopf des vorigen Jahrhunderts, von Karl Marx, anläßlich eines Rückblicks auf die Revolutionen von 1789, 1830 und 1848:

> Die Menschen machen ihre eigene Geschichte, aber sie machen sie nicht aus freien Stücken, nicht unter selbstgewählten, sondern unter unmittelbar vorgefundenen, gegebenen und überlieferten Umständen. Die Tradition aller toten Geschlechter lastet wie ein Alp auf dem Gehirne der Lebenden. Und wenn sie eben damit beschäftigt scheinen, sich und die Dinge umzuwälzen, noch nicht Dagewesenes zu schaffen, gerade in solchen Epochen revolutionärer Krise beschwören sie ängstlich die Geister der Vergangenheit zu ihrem Dienste herauf, entlehnen ihnen Namen, Schlachtparole, Kostüm, um in dieser altehrwürdigen Verkleidung und mit dieser erborgten Sprache die neue Weltgeschichtsszene aufzuführen. So maskierte sich Luther als Apostel Paulus, die Revolution von 1789-1814 drapierte sich abwechselnd als römische Republik und als römisches Kaisertum, und die Revolution von 1848 wußte nichts Besseres zu tun, als hier 1789, dort die revolutionäre Überlieferung von 1793-1795 zu parodieren. So übersetzt der Anfänger, der eine neue Sprache erlernt hat, sie

immer zurück in seine Muttersprache, aber den Geist der neuen Sprache hat er sich nur angeeignet, und frei in ihr zu produzieren vermag er nur, sobald er sich ohne Rückerinnerung in ihr bewegt und die ihm angestammte Sprache in ihr vergißt.[1]

In den Augen dieses Betrachters sind die Parolen und Bilder der bürgerlichen Revolutionen Symptome einer großen Selbsttäuschung, der kollektiven Verdrängung dessen, was den wahren Inhalt dieser Revolutionen ausmacht:

> [...] ihre Gladiatoren fanden in den klassisch strengen Überlieferungen der römischen Republik die Ideale und die Kunstformen, die Selbsttäuschungen, deren sie bedurften, um den bürgerlich beschränkten Inhalt ihrer Kämpfe sich selbst zu verbergen und ihre Leidenschaft auf der Höhe der großen geschichtlichen Tragödie zu halten. So hatten auf einer andern Entwicklungsstufe, ein Jahrhundert früher, Cromwell und das englische Volk dem Alten Testament Sprache, Leidenschaften und Illusionen für ihre bürgerliche Revolution entlehnt. Als das wirkliche Ziel erreicht, als die bürgerliche Umgestaltung der englischen Gesellschaft vollbracht war, verdrängte Locke den Habakuk.[2]

Was Marx den Revolutionen des 17. und des 18. Jahrhunderts noch zubilligt: daß sie mit den Selbsttäuschungen auch den Heroismus und die Kraft zur Bewältigung der Aufgaben ihrer Zeit aus der Beschwörung der Bilder längst vergangener Zeiten gewannen, gesteht er den Revolutionen des 19. Jahrhunderts nicht mehr zu:

> Die Totenerweckung in jenen Revolutionen[3] diente [...] dazu, die neuen Kämpfe zu verherrlichen, nicht die alten zu parodieren, die gegebene Aufgabe in der Phantasie zu übertreiben, nicht vor ihrer Lösung in der Wirklichkeit zurückzuflüchten, den Geist der Revolution wiederzufinden, nicht ihr Gespenst wieder umgehen zu machen. 1848-1851 ging nur das Gespenst der alten Revolution um [...]. Ein ganzes Volk, das sich durch eine Revolution eine beschleunigte Bewegungskraft gegeben zu haben glaubt, findet sich plötzlich in eine verstorbene Epoche zurückversetzt, und damit keine Täuschung über den Rückfall möglich ist, stehen die alten Data wieder auf, die alte Zeitrechnung, die alten Namen, die alten Edikte, die

> längst der antiquarischen Gelehrsamkeit verfallen, und die alten Schergen, die längst verfault schienen.[4]

Die überlieferten Bilder der Revolution, aus denen noch die Protagonisten und selbst die Chargen der großen Französischen Revolution ihren Heroismus schöpften, sind zu toten Formeln erstarrt. Eine lange Tradition poetisch-revolutionärer Bildersprache ist an ihr Ende gelangt; ihr semantisches Potential, ihre Kreativität sind erschöpft, die »Rückerinnerung« wirkt lähmend, nicht mehr befeuernd:

> Die soziale Revolution des neunzehnten Jahrhunderts kann ihre Poesie nicht aus der Vergangenheit schöpfen, sondern nur aus der Zukunft. Sie kann nicht mit sich selbst beginnen, bevor sie allen Aberglauben an die Vergangenheit abgestreift hat. Die früheren Revolutionen bedurften der weltgeschichtlichen Rückerinnerungen, um sich über ihren eigenen Inhalt zu betäuben. Die Revolution des neunzehnten Jahrhunderts muß die Toten ihre Toten begraben lassen, um bei ihrem eigenen Inhalt anzukommen.[5]

Der Marx von 1852 traut der künftigen Revolution noch bilderschaffende Potenzen zu, aber er gibt keine eindeutige Auskunft darüber, ob die Revolution, die den Aberglauben an die Vergangenheit abgestreift und alle Toten begraben hat, ob die Revolution des wissenschaftlichen Sozialismus der Poesie noch *bedarf*.

Als Analytiker der bürgerlichen Gesellschaft und Theoretiker der kommenden sozialen Revolution konnte Marx die Frage ohne Beunruhigung stellen und offenlassen. Das Brüchigwerden einer jahrhundertealten Tradition revolutionärer Symbolik konnte dem, der diesen Vorgang geschichtsphilosophisch als Symptom des Endes einer Epoche *bürgerlicher* Revolutionen begriff, nur willkommen sein; die für das Jahrhundert entscheidenden Schlachten wurden schließlich nicht auf dem Felde der Sprache geschlagen.

Für die Künstler unter den Zeitgenossen dieser Epoche stellte sich das Problem mit ganz anderer Schärfe. Die angestammte Sprache zu vergessen und sich ohne Rückerinnerungen frei produzierend in einer neuen zu bewegen, konnte allenfalls eine Forderung, vielleicht eine Hoffnung sein, gewiß aber kein Rezept für die Gegenwart. Der Künstler, der von und mit Symbolen lebt, erfuhr das Dahinwelken der Bilder weniger als objektiven geschichtlichen Prozeß der Emanzipation vom »Aberglauben an die Vergangenheit« denn als persönliches Schicksal des Sprachverlusts.

Ich zitiere eine Stimme unter vielen, die Stimme eines Schriftstellers, der 1831, zwanzig Jahre vor Marx' Schrift über den achtzehnten Brumaire des Louis Bonaparte, anläßlich einer Gemäldeausstellung in Paris noch unter dem Eindruck der Julirevolution die weltgeschichtliche Krise als Künstlerdilemma beschreibt:

> Die jetzige Kunst muß zu Grunde gehen, weil ihr Prinzip noch im abgelebten, alten Regime, in der heiligen römischen Reichsvergangenheit wurzelt. Deshalb, wie alle welken Überreste dieser Vergangenheit, steht sie im unerquicklichsten Widerspruch mit der Gegenwart. [...] Indessen, die neue Zeit wird auch eine neue Kunst gebären, die mit ihr selbst in begeistertem Einklang sein wird, die nicht aus der verblichenen Vergangenheit ihre Symbolik zu borgen braucht, und die sogar eine neue Technik, die von der seitherigen verschieden, hervorbringen muß. [...]
>
> Oder hat es überhaupt mit der Kunst und mit der Welt selbst ein trübseliges Ende? Jene überwiegende Geistigkeit, die sich jetzt in der europäischen Literatur zeigt, ist sie vielleicht ein Zeichen von nahem Absterben, wie bei Menschen, die in der Todesstunde plötzlich hellsehend werden und mit verbleichenden Lippen die übersinnlichsten Geheimnisse aussprechen? Oder wird das greise Europa sich wieder verjüngen, und die dämmernde Geistigkeit seiner Künstler und Schriftsteller ist nicht das wunderbare Ahnungsvermögen der Sterbenden, sondern das schaurige Vorgefühl einer Wiedergeburt, das sinnige Wehen eines neuen Frühlings?[6]

Der Grundton dieser Situationsbeschreibung von 1831 ist hoffnungsvoll, aber auch nicht frei von Beunruhigung über das Kommende. Der Künstler, der Poet, der hier spricht, kann gar nicht anders, als Kunst und Welt in eins zu denken: Sie werden gemeinsam wiedergeboren werden oder zusammen ein trübseliges Ende nehmen. Jahre später, sechs Jahre nach der Revolution von 1848 und drei Jahre nach dem von Marx kommentierten achtzehnten Brumaire des Louis Bonaparte, hat sich die Unruhe zur Vision einer bilderlosen Zukunft verdichtet[7], einer Zukunft, die, wie der Sprecher im gleichen Atem betont, nach den Gesetzen historischer Logik und Gerechtigkeit den nunmehr ins Licht tretenden Vorkämpfern der sozialen Gleichheit, den Kommunisten, gehört:

> In der Tat, nur mit Grauen und Schrecken denke ich an die Zeit wo jene dunklen Ikonoklasten zur Herrschaft gelangen werden: mit ihren rohen Fäusten zerschlagen sie alsdann alle Marmorbilder meiner geliebten Kunstwelt, sie zertrümmern alle jene phantastischen Schnurrpfeifereien, die dem Poeten so lieb waren; sie hacken mir meine Lorbeerwälder um, und pflanzen darauf Kartoffeln; die Lilien, welche nicht spannen und arbeiteten, und doch so schön gekleidet waren wie König Salomon, werden ausgerauft aus dem Boden der Gesellschaft, wenn sie nicht etwa zur Spindel greifen wollen; den Rosen, den müßigen Nachtigallbräuten, geht es nicht besser; die Nachtigallen, die unnützen Sänger, werden fortgejagt, und ach! mein »Buch der Lieder« wird der Krautkrämer zu Tüten verwenden, um Kaffee oder Schnupftabak darin zu schütten für die alten Weiber der Zukunft.[8]

Es ist Heinrich Heine, der hier spricht, ein Schriftsteller, dessen Werk wie kaum ein anderes die revolutionäre Problematik seiner Epoche in ihren politischen, sozialen, geschichtsphilosophischen, ästhetischen Brechungen reflektiert – immer aber in Bildern, und wenn in Begriffen, dann in solchen, die sich ihm unter der Hand wieder in Bilder verwandeln. Wenn wir den Bildern der Revolution in der Literatur seiner Zeit nachgehen und den Hoffnungen und Ängsten der Epoche, die sich in ihnen verdichten, so wird uns der Weg nicht zufällig von anderen Autoren immer wieder zu ihm zurückführen.

Ich greife aus der Fülle dieser Bilder, mit denen die Phantasie der Zeitgenossen ihrer Erfahrung der Revolution zur Sprache zu verhelfen suchte, einige wenige heraus. Ein großer Komplex bleibt dabei ganz unberücksichtigt, der Bereich der Naturmetaphorik[9], die Bilder des Erdbebens und der Sintflut, der Feuersbrunst und der vulkanischen Eruption, der Pest und des Mahlstroms, in denen das Doppelgesicht der Revolution anschaulich wird: einerseits der Modellfall emanzipierten geschichtlichen Handelns zu sein, auf der anderen Seite Schulbeispiel der Verselbständigung solchen Handelns zum unkontrollierbaren Naturvorgang – ein Widerspruch, den Georg Forster im Oktober des Revolutionsjahres 1793 noch in einem Gleichnis von planetarischen Dimensionen zu rationalisieren versuchte, als er aus Paris schrieb:

> Die öffentliche Meinung ist [...] bei uns in Absicht auf die Natur der Revolution jetzt so weit im Klaren, daß man es für Wahnsinn halten würde, ihr Einhalt thun oder Gränzpfähle stecken zu wollen. Eine Naturerscheinung, die zu selten ist, als daß wir ihre eigenthümlichen Gesetze kennen sollten, läßt sich nicht nach Vernunftregeln einschränken und bestimmen, sondern muß ihren freien Lauf behalten. Etwas ganz Anderes, ganz davon Unabhängiges ist es aber, daß diejenigen, die von diesem Strudel ergriffen sind, ihr *eigenes* Betragen, nach wie vor, vernunftgemäß einzurichten suchen. Daß die Erde um die Sonne kreiselt und den Mond mit sich fortreißt, das hindert ihn ja nicht, sich stets um die Erde zu drehen.[10]

Ich beschränke mich bei meinen Überlegungen auf den von Marx mit dem Bild der Totenerweckung bezeichneten Bereich der historischen Bildreminiszenzen, und hier wiederum auf Beispiele der revolutionären Evokation einer christlichen und einer antik-griechischen Vorvergangenheit.[11] *Vor*vergangenheit, nicht Vergangenheit: denn der Rückgriff auf Bilder der Vorzeit entspringt der Absage an das unmittelbar Vergangene, entspringt einem revolutionären Traditionalismus, der die Kontinuität von Geschichte – bewußt oder unbewußt – negiert. »Jahrhunderte werden nach rückwärts übersprungen, um Vorvergangenes zu finden, mit dessen Hilfe man das Vergangene entthronen kann. Das Traditionsbewußtsein von Revolutionären steht im Plusquamperfekt.«[12]

Walter Benjamin hat in seinen Thesen *Über den Begriff der Geschichte* diesen Sachverhalt in Anlehnung an Marx' Analyse revolutionärer Gestik und Rhetorik, dabei dessen Sicht leise korrigierend, in einer eindrucksvollen Metapher neu gefaßt:

> Die Geschichte ist Gegenstand einer Konstruktion, deren Ort nicht die homogene und leere Zeit sondern die von Jetztzeit erfüllte bildet. So war für Robespierre das antike Rom eine mit Jetztzeit geladene Vergangenheit, die er aus dem Kontinuum der Geschichte heraussprengte. Die Französische Revolution verstand sich als ein wiedergekehrtes Rom. Sie zitiert das alte

Rom genau so wie die Mode eine vergangene Tracht zitiert. Die Mode hat die Witterung für das Aktuelle, wo immer es sich im Dickicht des Einst bewegt. Sie ist der Tigersprung ins Vergangene.[13]

Benjamins Hinweis auf die Analogie zur Mode und deren zitierendem Verfahren trifft ein wesentliches Moment der Bildersprache bürgerlicher Revolutionen: ihren Synkretismus, der im gleichen Maße wie der revolutionäre Impetus von religiösen Ideen und Symbolen sich ablöst und sich säkularisiert, den Charakter des Willkürlichen, wenn nicht gar beliebigen Verfügens über einen kulturell tradierten Bildfundus gewinnt. Schon bei Cola di Rienzo, den man als ersten bürgerlichen Revolutionär bezeichnet hat[14], in der Mitte des 14. Jahrhunderts also, verbinden sich Reminiszenzen an das Tribunat der römischen Republik mit cäsaristischen Ambitionen zur Wiederherstellung des römischen Imperiums und der geschichtstheologischen Symbolik eines »Rittertums vom Heiligen Geist«, das in der Tradition Joachims von Fiore ein von urchristlichen Idealen geprägtes neues Zeitalter heraufführen will. Cola di Rienzo ist einer der Begründer des revolutionär-synkretistischen Bilderkultus; kein Wunder, daß er nicht nur seinen illustren Mitlebenden Petrarca zu der Kanzone *Spirto gentil* und zur Beschwörung altrömischer Glorie befeuerte, sondern auch die Phantasie der Poeten des Revolutionszeitalters, von Lord Byron, der im 4. Gesang von *Childe Harold's Pilgrimage* Rienzi als »redeemer of dark centuries of shame«, »friend of Petrarch« und »last of Romans«[15] preist, über Heine, der im Mittelteil seines Gedichts *Berg-Idylle* des »Ritters vom Heiligen Geist« gedenkt[16], bis zum frühen, noch revolutionär gesinnten Richard Wagner mit seinem »Rienzi«. Nichts kann die andauernde Faszination dieser Gestalt und der von ihr geschaffenen Bilderwelt besser belegen als eine alte Überlieferung, der zufolge Napoleon nach Waterloo in seinem Fluchtgepäck die zuerst 1733 erschienene und danach mehrfach neu aufgelegte Rienzi-Biographie des Jesuiten Du Cerceau bei sich getragen haben soll.[17]

Napoleon soll unser erster Anknüpfungspunkt sein. Um seine Gestalt und seinen Weg, den Aufstieg aus den Kämpfen der Revolution, sein Konsulat, seine imperiale Apotheose, schließlich seinen Sturz, seine Wiederkehr und seinen Tod in der Verbannung kristallisieren sich in der uns interessierenden Epoche nahezu alle der revolutionären Tradition entstammenden Bildkomplexe neu. Ob man seine historische Rolle als die des Retters oder die des Liquidators der Großen Revolution ansieht: Napoleon ist der Vollender und Erbe ihrer Symbole und derjenige, aus dessen Hand die nachrevolutionäre Generation diese Bildtradition empfing – zusammen mit dem Bewußtsein ihres Endes.

Auch Heine ist das Bild der Revolution zuerst in der Gestalt Napoleons entgegengetreten. Das *Buch Le Grand* von 1827 bewahrt diese Begegnung in einem Diptychon auf, das Heines Erfahrung, stellvertretend für eine ganze Generation zweifach, als Euphorie und als Trauma, in Bildern antiken Imperatorenund christlichen Märtyrertums fixiert.

Napoleons Einzug in Düsseldorf (von dem wir übrigens wissen, daß er im November, und bei trübem Wetter stattfand):

> Aber wie ward mir erst, als ich ihn selber sah, mit hochbegnadigten, eignen Augen, ihn selber, Hosiannah! den Kaiser.
> Es war [...] in der Allee des Hofgartens zu Düsseldorf. [...] Und der Kaiser mit seinem Gefolge ritt mitten durch die Allee die schauernden Bäume beugten sich vorwärts, wo er vorbeikam, die Sonnenstrahlen zitterten furchtsam neugierig durch das grüne Laub, und am blauen Himmel oben schwamm sichtbar ein goldner Stern. Der Kaiser trug seine scheinlose grüne Uniform und das kleine, welthistorische Hütchen. [...] Nachlässig, fast hängend, saß der Kaiser, die eine Hand hielt hoch den Zaum, die andere klopfte gutmütig den Hals des Pferdchens – Es war eine sonnig-marmorne Hand, eine mächtige Hand, eine von den beiden Händen, die das vielköpfige Ungeheuer der Anarchie gebändigt und den Völkerzweikampf geordnet hatten – und sie klopfte gutmütig den Hals des Pferdes. Auch das Gesicht hatte jene Farbe, die wir bei marmornen Griechen- und Römerköpfen finden, die Züge desselben waren ebenfalls edel gemessen, wie die der Antiken, und auf diesem Gesichte stand geschrieben: Du sollst keine Götter haben außer mir.[18]

Von den Elementen dieser eklektischen Bild- und Zitatmontage: dem Bild vom Einzug des Messias in Jerusalem, dem Gestus antiker Imperatoren, dem Hinweis auf das Ausschließlichkeitsgebot Jehovas, wird im Gegenstück des Diptychons nur noch das christliche Motiv eingesetzt:

> Der Kaiser ist tot. Auf einer öden Insel des indischen Meeres ist sein einsames Grab, und Er, dem die Erde zu eng war, liegt ruhig unter dem kleinen Hügel, wo fünf Trauerweiden gramvoll ihre grünen Haare herabhängen lassen und ein frommes Bächlein wehmütig klagend vorbeirieselt. Es steht keine Inschrift auf seinem Leichensteine; aber Klio, mit dem gerechten Griffel, schrieb unsichtbare Worte darauf, die wie Geistertöne durch die Jahrtausende klingen werden. [...]
>
> [...] Sankt Helena ist das heilige Grab, wohin die Völker des Orients und Okzidents wallfahrten in buntbewimpelten Schiffen, und ihr Herz stärken durch große Erinnerung an die Taten des weltlichen Heilands, der gelitten unter Hudson Lowe, wie es geschrieben steht in den Evangelien Las Cases, O'Meara und Antommarchi.[19]

Heines blasphemische Bildphantasie kann einmal als Replik auf die apokalyptischen Bilder vom Antichristen Nepoleon verstanden werden, von denen es in den nationalen Pamphleten der Befreiungskriege wimmelt; so heißt es zum Beispiel in Ernst Moritz Arndts *Katechismus für den deutschen Kriegs- und Wehrmann*:

> Und es ist ein Ungeheuer geboren und ein blutgefleckter Greuel aufgestanden.
>
> Und heißt sein Name Napoleon Bonaparte, ein Name des Jammers, ein Name des Wehs, ein Name des Fluchs der Witwen und Waisen [...].
>
> Doch haben viele ihn angebetet und zum Götzen ihrer Herzen und Gedanken gemacht und haben ihn genannt Heiland und Retter und Befreier und den Mann, der da kömmt im Namen des Herrn, daß er die Welt erlöse.
>
> Und doch kenne ich ihn nicht, spricht Gott, und habe ihn verworfen und werde ihn verwerfen [...].
>
> Und ich rufe es aus mit starker Stimme, mit Worten des Grimms, die Feuerflammen sind; ich rufe es aus zu den Völkern über dem Meer und zu denen, die in fernen Landen wohnen:
>
> Auf, ihr Völker! Diesen erschlaget, denn er ist verfluchet von mir [...].[20]

Die sakrale Inspiration des Heineschen Passionsbildes steht jedoch auch in einer Tradition revolutionären Bilderkults: der mit der Ermordung Marats einsetzenden quasi christlichen Märtyrerverehrung der Französischen Revolution. Das eindrucksvollste Dokument dieses Kults besitzen wir in Jacques-Louis Davids Bild des ermordeten Marat von 1793, das den Toten mit dem Ausdruck und in der Haltung des Schmerzensmannes zeigt.[21] David, der Freund Robespierres, hatte schon anläßlich der öffentlichen Aufbahrung Marats dafür gesorgt, daß die Analogien zum christlichen Kultus ins Auge fielen: Man stellte die Wanne, in der der schreibende Marat erdolcht worden war, zusammen mit seinem Schreibzeug und anderen Reliquien zur Schau und verbrannte Weihrauch zu seinen Ehren. Von den Cordeliers wurde ein besonderer Kult des Herzens Marats mit entsprechendem Ritual ins Leben gerufen; anläßlich der Einweihung von Büsten des Opfers, die in Prozessionen einhergetragen wurden, errichtete man Altäre auf den Straßen. Heines aus den Berichten der »Evangelisten« Las Cases, O'Meara und Antommarchi geschöpftes Credo hat Vorläufer in blasphemischen Glaubensbekenntnissen aus der Revolutionszeit:

> Ich glaube an Marat den Allmächtigen, Schöpfer der Freiheit und der Gleichheit, unsere Hoffnung, den Schrecken der Aristokraten, der hervorgegangen ist aus dem Herzen der Nation und offenbart ist in der Revolution, der ermordet ist von den Feinden der Republik, der ausgegossen hat über uns seinen Gleichheitsatem, der niedergefahren ist zu den Elyseischen Feldern, von dannen er eines Tages kommen wird zu richten und zu verdammen die Aristokraten.[22]

Es ist ein Zeichen für die Fungibilität dieses Bilderkults, daß er sich nicht nur Marats, sondern auch seiner Mörderin Charlotte Corday angenommen hat – als einer Heiligen und Märtyrerin der Revolution; der von Marat und seinen Gesinnungsgenossen verratenen und im Blut ertränkten Revolution. So sieht es zum Beispiel Jean Paul, der der am 17. Juli 1793 Hingerichteten sechs Jahre nach ihrem Tod einen Dialog gewidmet hat.[23] Das Gespräch zwischen dem Dichter, seinem Gastgeber – dem regierenden Grafen von -ß, der »nach seinem weltlichen Heiligenkalender die Geburts-, Todes- und Thatenfeste großer Menschen« zu begehen pflegt – und dessen Regierungspräsidenten geht in eine

Gedächtnisfeier über, als deren Ort der Graf »den freien Himmel und einen in zwei Lindenbäume eingebauten Altar« vorschlägt, um den Untergang der Heldin und der Sonne »vereinigt stärker anzuschauen«[24], und in deren Verlauf die »Passion Charlotte Cordays [...] als Legende durch den Poeten [...] zur Vorlesung«[25] kommt. Die Heiligenlegende ist jedoch nur als »gattungshafte Grundfigur«[26] erhalten, in die, als heterogene Gehalte, das säkularisierte Denken des Aufklärungsjahrhunderts und die antiken Leitbilder der Revolution eingehen:

> Griechen und Römer und die großen Schriftsteller der neuen Zeit hatten sie erzogen und sie (nach ihrer Aussage) zu einer Republikanerin vor der Republik gemacht. Sie war kühn, bis sogar in die Religion hinüber. Als das Revolutions-Tribunal sie fragte: »Haben Sie einen Beichtvater?« so antwortete sie: »Keinen.« – Es fragte: »Halten Sie es mit den vereideten Priestern oder mit den unvereideten?« – Sie antwortete: »Ich verachte Beide.« [...]
>
> Den Brief an Barbaroux endigte sie mit den Worten: »Morgen um 5 Uhr fängt mein Prozeß an, und ich hoffe an demselben Tage ins Elysium mit Brutus und einigen anderen Alten zusammenzukommen; denn die Neuern reizen, da sie so schlecht sind, mich nicht.«[27]

Im Gedanken des Opfers sind die Heroen der antiken, der christlichen und der revolutionären Tradition, die Kinder des Prometheus, die Kinder Christi und die Kinder des Zeitalters der Emanzipation einander verbunden – Heilige und Märtyrer im philosophischen und politischen Kalender:[28]

> Welcher Unterschied: *an* etwas sterben und *für* etwas sterben! O, sie sollen immer hinziehen unter ihre Opferthore, auf ihre Blutgerüste, auf ihre Tarpejischen Felsen, jene großen Seelen über der Erde; schwingt Euch kühn auf die schwarzen Flügel des Todesengels, sie entglimmen bald farbig und glänzend, Ihr, Sokrates, Leonidas, Morus und [...] Du, edle Corday [...]![29]

Auch hier sind es nicht die Begriffe, nicht die Lehren, Ideologien und Programme, sondern die Bilder, die wahrhaft nachleben, indem ihnen nachgelebt wird. Aber schon hier, am Ende des revolutionären Jahrzehnts, tritt neben die handelnde Wiederholung eines in Bildern angeschauten heroischen Lebens als Möglichkeit die bloß historische Wiederholung; vielleicht darf man verschärfend sagen, die ästhetische Wiederholung, deren Faszination, wie Jean Paul unbestechlich erkennt, sich gerade der geschichtlichen Distanz zum Urbild verdankt:

> »Sie« – die großen Seelen – sind schon [...] auf diesem breitesten Hügel, der Alles wegträgt, davongeflogen; aber uns sind Heiligen-Bilder auf Altären zurückgeblieben zum Anbeten und zum Erleuchten mit Altarlichtern. Das schönste Beleuchten ist wohl die Wiederholung ihres Lebens, wär's auch bloß die historische; das Leben wird nur angeschaut, nicht begriffen. Die Begriffe – die ihrer Natur nach schon aus den gemeinsten Wesen das Lebendige niederschlagen – lassen vollends aus ungemeinen, zum Vortheil des Allgemeinen, gerade das Köstlichste fallen und bewahren höchstens aus ihnen die Muttermäler, indem immer die Mannichfaltigkeit der Irrwege den Begriff mehr bereichert als die lebendige Einheit der Recht-Bahn. Ein historisches Zusammenleben mit einem Heros kann oft ein wirkliches darum übertreffen, warum die Schimmerfarben eines Vogels nicht auf seinen zum Fluge ausgebreiteten Flügeln erscheinen, sondern auf seinem zur Ruhe zusammengelegten Gefieder.[30]

Auch Heines Napoleon-Kult setzt den Tod des Helden voraus: ohne Golgatha kein Evangelium.[31] Doch kommt etwas Neues hinzu. Heines Rückgriffe auf das revolutionäre Bildrepertoire stehen immer in einem Kontext, der sie mit ihrem geschichtsphilosophischen Index versieht. Daß an seiner pathetischen Inszenierung der Napoleonischen Passion bereits die Ironie zu zehren beginnt, deuten die sarkastischen Sätze an, die dem Credo unmittelbar folgen und das Kapitel auf einer ganz anderen Note beschließen:

> Seltsam! die drei größten Widersacher des Kaisers hat schon ein schreckliches Schicksal getroffen: Londonderry hat sich die Kehle abgeschnitten, Ludwig XVIII. ist auf seinem Throne verfault, und Professor Saalfeld[32] ist noch immer Professor in Göttingen.[33]

Im übernächsten Kapitel folgt die endgültige Demontage der Kulissen. Sie wird in einem wahrhaft genialen Einfall mit einem Wort Napoleons selbst begründet, das dieser 1812 auf der Flucht aus Rußland seinem Gesandten de Pradt gegenüber äußerte und das der Erzähler sich nun in seinem Dialog mit einer fiktiven »Madame« als geschichtsphilosophisch-ästhetische Maxime zu eigen gemacht:

> Du sublime au ridicule il n'y a qu'un pas, Madame!
> Aber das Leben ist im Grunde so fatal ernsthaft, daß es nicht zu ertragen wäre ohne solche Verbindung des Pathetischen mit dem Komischen. Das wissen unsere Poeten. Die grauenhaftesten Bilder des menschlichen Wahnsinns zeigt uns Aristophanes nur im lachenden Spiegel des Witzes, den großen Denkerschmerz, der seine eigne Nichtigkeit begreift, wagt Goethe nur in den Knittelversen eines Puppenspiels auszusprechen, und die tödlichste Klage über den Jammer der Welt legt Shakespeare in den Mund eines Narren, während er dessen Schellenkappe ängstlich schüttelt.
> Sie habens alle dem großen Urpoeten abgesehen, der in seiner tausendaktigen Welttragödie den Humor aufs höchste zu treiben weiß, wie wir es täglich sehen: – nach dem Abgang der Helden kommen die Clowns und Graziosos mit ihren Narrenkolben und Pritschen, nach den blutigen Revolutionsszenen und Kaiseraktionen kommen wieder herangewatschelt die dicken Bourbonen mit ihren alten abgestandenen Späßchen und zartlegitimen Bonmots, und graziöse hüpft die alte Noblesse mit ihrem verhungerten Lächeln, und hintendrein wallen die frommen Kapuzen mit Lichtern, Kreuzen und Kirchenfahnen; – sogar in das höchste Pathos der Welttragödie pflegen sich komische Züge einzuschleichen, der verzweifelte Republikaner, der sich wie ein Brutus das Messer ins Herz stieß, hat vielleicht zuvor daran gerochen, ob auch kein Hering damit geschnitten worden, und auf dieser großen Weltbühne geht es auch außerdem ganz wie auf unseren Lumpenbrettern, auch auf ihr gibt es besoffene Helden, Könige, die ihre Rolle vergessen, Kulissen, die hängen geblieben, hervorschallende Souffleurstimmen, Tänzerinnen, die mit ihrer Lendenpoesie Effekt machen, Costümes, die als Hauptsache glänzen – Und [...] der liebe Gott sitzt ernsthaft in seiner großen Loge, und langweilt sich vielleicht, oder rechnet nach, daß dieses Theater sich nicht lange mehr halten kann, weil der eine zu viel Gage und der andre zu wenig bekommt, und alle viel zu schlecht spielen.

Du sublime au ridicule il n'y a qu'un pas, Madame![34]

Das Ende der heroisch-revolutionären Epoche von 1789 bis 1815, Revolution und Empire umfassend, ist gekommen und mit ihm das Ende der pathetischen Bilderwelt antiker oder christlicher Provenienz, die ihr das Gepräge gab. Die großen Auftritte sind nicht mehr spielbar, allenfalls parodierbar.[35]

Nicht alle Zeitgenossen sind den Weg Heines gegangen und haben dem Pathos abgeschworen. Die Bilderwelt der Revolution überlebt die Restaurationszeit nicht nur in der Parodie, als einer Form der Totenerweckung, die eher einer Bestattung ehrwürdiger Leichen gleichkommt, sondern auch in der Totenbeschwörung als einem Akt des Eingedenkens. Auch diese Bilder sind gebrochen, aber ihre Trübung verdankt sich dem Reflexionsmedium der Melancholie, nicht dem der Ironie.

Die Treue zum Pathos des Märtyrertums hat nicht viele bedeutende Werke hervorgebracht; die wenigen dieser Art, die noch nicht – wie die politische Poesie der Herwegh und Freiligrath – ganz im Staub versunken oder der Lächerlichkeit anheimgefallen sind, gehören fast ausschließlich der österreichischen Literatur an. Das mag damit zusammenhängen, daß ihre Autoren weniger als Heine und andere oppositionelle Autoren Deutschlands von der Geschichtsphilosophie Hegels geprägt waren, zugleich aber aus einer nicht durch Theatralik kompromittierten, zum Teil heimischen Tradition christlichen Ketzer- und Rebellentums schöpfen konnten. Wenn Lenau, Moritz Hartmann und Alfred Meißner in Gedichten oder lyrischen Epen die Gestalten des Jan Hus und des Hussitenführers Žižka beschworen, so beruhte diese Wahl nicht auf Willkür oder bloßem antiquarischem Interesse. Das Schicksal von Hus und Žižka stand für das Schicksal eines über Jahrhunderte unterdrückten und geschundenen Volkes, das einst den anderen nicht nur mit der Botschaft religiöser Erneuerung vorangegangen war, sondern auch mit freiheitlichen und sozialrevolutionären Forderungen:

> Vom Scheiterhaufen, der den Huß verzehrt,
> Entbrannten Luther, Hutten ihre Fackel –[36]

heißt es bei Alfred Meißner, und weiter:

> Der Kelch für alle! Dieses Donnerwort,
> Es trat von hier aus in die Weltgeschichte,

Bald braust' es durch der Erde Lande fort
Und rief der Herrschaft Sclaven zu Gerichte.
Die Trommel Ziska's bracht' es in die Welt.
Und sieben Jahre trug es Procop weiter,
Wie ein glühroter Stern am Himmelszelt
Macht' es am Schlachtfeld jeden Knecht zum Streiter.
Ob halbverstanden es im Geist geruht,
Die Welt erschrak vor dem gewalt'gen Schalle:
Nicht jener Kelch allein mit Christi Blut,
Der Kelch des Lichts und Lebens sei für Alle![37]

Das gebrochene Pathos der Klage und Anklage ersetzt den heroischen Gestus des revolutionären Täters und hebt selbst Verse eines zweitrangigen Poeten wie Alfred Meißner über den Durchschnitt der politischen Tagesdichtung hinaus:

Und nun das Land so stumm – ein Todesanger,
Auf den die flücht'ge Wolke niederweint,
Ein Land, in dem die Seele bang' und banger
In einem Kerker sich verzaubert meint,
Ein Land verschloss'ner Herzen, stummer Blicke,
Wo Knabenfrohsinn trägt schon graues Haar,
Wo Jugend stumm daherschleicht an der Krücke,
Wo freier Geist ist ein gefangner Aar,
Ein Land, wo in des Bauers Schmerzgebärde
Die ganze, alte Leidenschronik lebt,
Und wo, wie rost'ge Waffen aus der Erde,
Der Forscher stumm die alten Sagen gräbt.

Das Land des Huß – und doch voll Wahn und Pfaffen!
Des Ziska Land – und doch voll Druck und Noth!
Des Friedhofs Stille; wo einst Klang der Waffen,
Wo volles Leben einst, erstarrter Tod!
Doch nicht genug! Die Trauer in den Lüften
Ist nicht das Aergste, nicht der Klagen Born –
Wie viele Völker wohnen nicht auf Grüften,
In Gottes Scheuer ein verlornes Korn –
Das Aergste ist, daß vor den großen Todten
Dem Land wie vor unsel'gen Ketzern graut,

Und daß es auf sein Kämpfen mit Despoten
Entsetzt, wie auf fluchwürd'ge Gräuel, schaut! –

Dort weilt ein greiser Pflüger, schmerzverhalten
Mit seinem Pfluggespann im Abendschein –
Die Pflugschar, die den harten Grund gespalten,
hat aufgeworfen menschliches Gebein,
Gebein von Helden, nutzlos hingesunken
Im höchsten Kampf für Freiheit und für Recht,
Im Kampf, der todt bis auf den letzten Funken,
Todt wie das alte, trotzige Geschlecht.
Wo einst die Taboritenschlacht gewettert
Für's Recht der Armen, geht der Robotpflug,
Hoch in den Lüften eine Lerche schmettert,
Daß Alles gut sei – Herr, des Hohns genug![38]

In Moritz Hartmanns *Hussitenlied* verwandeln sich die Bilder in eine Revolutionspoesie des Todes von beklemmender Suggestivität, wenn der Bauer gemeinsam mit Frau und Kind von seinem Haus Abschied nimmt:

Du friedliche Egge, du glänzender Pflug,
Genosse des Abends, du irdener Krug:
Ich scheide von euch, ich greife zum Schwert,
Ich sehe euch wieder zerschlagen, verheert,
Für Gott! für Gott!
[...]
Wir sind nicht wie Schwalben, die glücklich ziehn,
Wo andere schöne Lenze blühn;
Wir ziehen wie Raben nach Leichen aus,
Die ganze Welt ist ein Todtenhaus.
Das Beten ist worden ein alter Brauch –
Man betet mit Morden und Sterben auch
Zu Gott! zu Gott![39]

Anastasius Grün hat einer seiner frühen Gedichtsammlungen den Titel *Schutt* gegeben. Es sind Elegien auf Europa, auf diese Welt begrabener revolutionärer Hoffnungen –

Rings Trümmer, Asch' und Staub und Trümmer wieder
Und Schutt auf Schutt, soweit das Auge schaut![40]

– eine Welt, deren heutige Bewohner der Dichter mit der Grußformel

Ihr aber, Franken und Germanen, Briten
Und sonst all dieser Trümmerwelt Nomaden[41],

apostrophiert. Das bezeichnet den unverwechselbaren Beitrag Österreichs zur politischen Poesie des Vormärz: eine Optik der Negativität, in der die Bilder der Revolution eben noch als versprengte und verschüttete Fragmente einer Trümmerwelt sichtbar werden, die nur noch Heimatlose beherbergt.
In Lenaus Albigenser-Epos hat diese revolutionäre Melancholie ihren sublimsten Ausdruck gefunden, und für sich selbst ein unvergeßliches Gleichnis: Sie ist ein Geier; nicht sanft, sondern ein Raubvogel, der sich von Leichen ernährt, ewig lauernd, scharfäugig und mit Klauen bewehrt.

Drüben dort ein Geier streicht
Hoch und still mit wildem Lauern;
O wie diesem Vogel gleicht
Um der Menschheit Los mein Trauern!

Rauhe Krallen führt mein Schmerz,
Scharfe Augen, rasch Gefieder,
Heißes Blut wie Geiers Herz,
Plötzlich stoßt er auf mich nieder.

Ringsum ist die Welt verheert,
Alles öd und still geworden,
Düster schweigt, in sich gekehrt,
Wer entronnen diesem Morden. [...]

Noch die Freiheit war es nicht;
Dunklen Gruß, verworrne Kunde
Brachte nur von ihrem Licht
Die vorausgeeilte Stunde [...]

Ach! es war ein schöner Klang,
Dem die Welt so sehnend lauschte;
Wie ein himmlischer Gesang,
Der im Schlachtgefild verrauschte.

Manche, krank ins tiefste Mark,
Selbst am ewigen Geist verzagen;
Andre haben, still und stark,
Ihren Gott hindurchgetragen.

Tiefer schmerzt, als das Geroll
Zeit und Tod zu meinen Füßen,
Daß ich nicht erleben soll,
Wie sich Welt und Freiheit grüßen.

Doch der Geist, der bald den Riß
Enden wird durch diese Hülle,
Lebt in andern einst gewiß
Seine Freiheit, Macht und Fülle.[42]

Das Ketzerthema hat Lenau über lange Jahre beschäftigt. Nach der Vollendung seines *Savonarola* im Jahre 1837 plante er eine epische Trilogie, in deren Mittelpunkt Hus, Žižka, Hutten und die revolutionären Bewegungen ihrer Zeit stehen sollten; auch die Französische Revolution sollte den Gegenstand einer eigenen Dichtung bilden. Weder dieser Plan noch die schon weitgehend konzipierte und durch intensives Quellenstudium abgesicherte Trilogie wurden vollendet, doch ist uns von der Beschäftigung mit dem Hussitenkomplex als Fragment der Zyklus der Žižka-Romanzen erhalten. Auch der Schluß des Albigenser-Epos, dem sich Lenau dann, immer weiter in die Geschichte christlichen Rebellentums hinabsteigend, zuwandte, entfaltet noch einmal ein Jahrtausendpanorama europäischer Geschichte, aber nicht einer Geschichte der Sieger, sondern einer von der offiziellen Geschichtsschreibung und vom öffentlichen Bewußtsein verdrängten oder verleumdeten Geschichte der Besiegten, einer blutigen und düsteren abendländischen Ketzerhistorie:

Wozu begrabnes Leid lebendig singen
Und gegen Tote Haß dem Herzen bringen?
Hat unsre Zeit nicht Leids genug für Klagen?
Hat Haß nicht manchen, der da lebt, zu schlagen?

Doch weile auf der Vorwelt unser Blick,
Die Vorwelt soll uns tief im Herzen wühlen,
Daß wir uns recht mit ihr zusammenfühlen
In *ein* Geschlecht, *ein* Leben, *ein* Geschick.
Der Wandrer gibt dem Freund, der nach ihm schreitet,
Wo sich der Scheideweg im Walde spreitet,
Den Weg, den er gewandelt, treulich kund,
Er streut ihm grüne Reiser auf den Grund;
So ließen uns die alten Kämpfer Zeichen:
Die Trümmer ihres Glücks und ihre Leichen.

Geteiltes Los mit längstentschwundnen Streitern
Wird für die Nachwelt unsre Brust erweitern,
Daß wir im Unglück uns prophetisch freuen
Und Kampf und Schmerz, sieglosen Tod nicht scheuen.
So wird dereinst in viel beglücktern Tagen
Die Nachwelt auch nach unserm Leide fragen. [...]

Das Licht vom Himmel läßt sich nicht versprengen,
Noch läßt der Sonnenaufgang sich verhängen
Mit Purpurmänteln oder dunklen Kutten;
Den Albigensern folgen die Hussiten
Und zahlen blutig heim, was jene litten;
Nach Hus und Ziska kommen Luther, Hutten,
Die dreißig Jahre, die Cevennenstreiter,
Die Stürmer der Bastille, und so weiter.[43]

Ernst Fischer hat diesen Versen in seinem großen Lenau-Essay bewundernde Worte gewidmet. »Selten in der Weltliteratur«, sagt er, »hat revolutionärer Optimismus Worte von solcher Kraft und Knappheit gefunden wie das ›Und so weiter‹, das hier aus alltäglicher Redensart zu einem aufrüttelnden Bekenntnis gesteigert wird, zu einem Bekenntnis des tiefsten Glaubens an die unendlich fortschreitende revolutionäre Entwicklung des Menschengeschlechtes.« Und: »Aus all den infernalischen Bildern der entfesselten Konterrevolution, mit der Kraft eines Dante gemalt«, steige unbesiegbar »der von Hegels Philosophie genährte Glaube an die künftige Freiheit [...].«
Ich kann in dieser aus Passionsbildern zusammengefügten Ge-

gengeschichte keine Hegelsche Dialektik entdecken, auch keine Spur, die von dort zum dialektisch-materialistischen Geschichtsdenken des Marxismus führt; viel eher schon eine Linie, die bis zum anarchistischen Humanismus eines Gustav Landauer und seiner ebenfalls als Ketzer- und Leidenshistorie konstruierten revolutionären Geschichtsphilosophie reicht.[45]

Und ich höre auch die Schlußworte, das berühmte »Und so weiter«, anders: nicht als kraftvollen Ausdruck eines revolutionären Optimismus. Ist es nicht eher so, daß hier gegen den diskursiven Sinn des »Und so weiter«, der einem optimistischen Fortschrittsglauben das Wort zu reden scheint, und vielleicht sogar gegen die Intention des Autors selbst, eine objektive, unbewußte Wahrheit der Sprache sich durchsetzt, die besagt: »Und so weiter« ohne Ende? So gesehen sind diese Verse Ausdruck eines verzweifelten Willens zur Hoffnung eher als der Hoffnung oder gar der Zuversicht selbst. Ergreifend ist dieses Ende nicht durch seinen revolutionären Optimismus, sondern durch eine wahrhaft abgründige Ambivalenz, vor der es, wie mir scheint, unentscheidbar bleiben muß, ob das abschließende »Und so weiter« die zuvor beschworenen Bilder der Revolution aufleuchten oder verlöschen macht. Die Wahrheit dieser Worte wird erst in dem von revolutionärer Melancholie erzeugten Zwielicht sichtbar.

Lenaus Bilder entstammen einer christlichen Tradition des Aufbegehrens, aber für ihn leben sie nicht mehr aus einem ihre Kraft unaufhörlich erneuernden Glauben, sondern nur noch als Zeichen, als Opfermale der Geschichte, die das säkularisierte Bewußtsein einer nachrevolutionären Epoche zitierend heraufruft, um nicht gänzlich der Verzweiflung anheimzufallen.

Was Zuversicht, was ungebrochener revolutionärer Glaube an die erlösende Kraft der Bilder bedeutet, mag ein Briefzeugnis belegen, das der von Lenau, Hartmann und Meißner beschworenen böhmischen Ketzertradition entstammt. Aus seinem Kerker in Konstanz schreibt der schon seiner Verbrennung entgegensehende Hus an einen der wenigen ihm noch verbliebenen Freunde unter denen, die ihn zum Konzil begleiteten, an den böhmischen Baron Jan von Chlum:

> Deutet mir den Traum der vergangenen Nacht: Ich sah, daß sie in Bethlehem[46] alle Bilder Christi zerstören wollten und zerstörten. Am anderen Tage stand ich auf und sah viele Maler,

die noch schönere und noch mehr Bilder herstellten, die ich voll Freude ansah.

Und die Maler sprachen mitsamt vielem Volk: »Mögen doch die Bischöfe und Priester kommen und sie uns zerstören!« Darüber freuten sich die vielen Leute in Bethlehem und ich mit ihnen. Und als ich erwachte, bemerkte ich, wie ich lachte [...].[47]

Ich kehre noch einmal zu einem früheren Punkt der Überlegungen zurück, zu Heine und seiner hegelianisch begründeten Überführung des heroischen Revolutionspathos in die Prosa der Restaurations- und Juste-Milieu-Periode, um noch einen Blick auf die Entwicklung der aus griechisch-antiker Tradition stammenden Bildkomplexe zu werfen. Auch hier verfolge ich nur eine Linie, die Jacques-Louis David, den Maler der Revolution und des Empire[48], mit Heine, dem Dichter und Kritiker der nachheroischen Bürgerperiode, verbindet.

Ein Spartanermotiv Jacques-Louis Davids hat Heines ironisch-poetische Bildphantasie mehrfach in Bewegung gesetzt: das Bild »Leonidas verteidigt die Thermopylen«, dem schon ein bemerkenswertes Schicksal zuteil geworden war, bevor Heine – und er keineswegs als erster Schriftsteller der Epoche zwischen den Revolutionen[49] – sich seiner annahm. 1799 von David begonnen und in der Konzeption noch ganz vom revolutionär-patriotischen Geist der neunziger Jahre geprägt, wurde das Bild erst 1814 vollendet, in einer Zeitspanne also, die etwa vom achtzehnten Brumaire des Revolutionsgenerals Bonaparte bis zum Sturz des Kaisers Napoleon reicht.

Napoleon war auch der Anlaß, daß David schon 1800 die Arbeit an dem Gemälde unterbrach. Bei einem Besuch in Davids Atelier hatte er den Entwurf betrachtet und kritisiert, daß der Meister seine Kraft darauf verwende, Besiegte zu malen, von denen nichts als der Name auf die Nachwelt gekommen sei.[50] David hatte nicht die Schlacht selbst, sondern ihren Vorabend zum Motiv genommen, an dem die Kämpfer sich auf den Tod vorbereiten, einige mit Kränzen geschmückt oder in Waffen tanzend, andere in einsame Gedanken versunken oder den eigenen Epitaph – »Wanderer kommst du nach Sparta [...]« – mit dem Schwert in die Felswand eingravierend. Auch diese Wendung des Motivs konnte dem erfolgreichen Feldherrn Bonaparte nicht zusagen. David verteidigte sich mit dem Hinweis auf den höheren Sinn dieses Opfers und die Unsterblichkeit des spartanischen Kriegerethos, aber er ließ sich doch dazu bewegen, von dem Sujet einstweilen Abstand zu nehmen und statt dessen »Napoleon auf dem St. Bernhard« zu malen.

Nach der Vollendung des »Leonidas« im Jahre 1814 erfüllte sich das wechselvolle Schicksal des Gemäldes in einer ironischen Pointe. David, der sich während der Hundert Tage noch einmal öffentlich zu Napoleon bekannt hatte, mußte ins belgische Exil gehen; das Bild wurde 1819 für 50000 Francs angekauft – von Ludwig XVIII.[51]

Ein Revenant schon zu Lebzeiten Jacques-Louis Davids, seines Schöpfers, feiert dieses Bild eine gespenstische Wiederkehr in den Alpträumen des deutschen Exilanten Heine, dem in den »funkelnden Gassen Babylons«, des Paris von 1840, schon die eigenen revolutionären Erinnerungen von 1830 wie Bilder der Vorzeit erscheinen:

> Gewöhnlich, in meinen Träumen, sitze ich auf einem Eckstein der Rue Laffitte an einem feuchten Herbstabend, wenn der Mond auf das schmutzige Boulevardpflaster herabstrahlt mit langen Streiflichtern, so daß der Kot vergoldet scheint, wo nicht gar mit blitzenden Diamanten übersät [...] Die vorübergehenden Menschen sind ebenfalls nur glänzender Kot: Stockjobbers, Spieler, wohlfeile Skribenten, Falschmünzer des Gedankens, noch wohlfeilere Dirnen, die freilich nur mit dem Leibe zu lügen brauchen, satte Faulbäuche, die im Café de Paris gefüttert worden und jetzt nach der Académie de Musique hinstürzen, nach der Kathedrale des Lasters, wo Fanny Elßler tanzt und lächelt [...] Dazwischen rasseln auch die Karossen und springen die Lakaien, die bunt wie Tulpen und gemein wie ihre gnädige Herrschaft [...] Und wenn ich nicht irre, in einer jener frechen goldnen Kutschen sitzt der ehemalige Zigarrenhändler Aguado, und seine stampfenden Rosse bespritzen von oben bis unten meine rosaroten Trikotkleider [...] Ja, zu meiner eigenen Verwunderung, bin ich ganz in rosaroten Trikot gekleidet in ein sogenanntes fleischfarbiges Gewand, da die vorgerückte Jahrzeit und auch das Klima keine völlige Nacktheit erlaubt wie in Griechenland, bei den Thermopylen wo der König Leonidas mit seinen dreihundert

Spartanern, am Vorabend der Schlacht, ganz nackt tanzte, ganz nackt das Haupt mit Blumen bekränzt [...] Eben wie Leonidas auf dem Gemälde von David bin ich kostümiert, wenn ich in meinen Träumen auf dem Eckstein sitze, an der Rue Laffitte, wo der verdammte Kutscher von Aguado mir meine Trikothosen bespritzt [...] Der Lump, er bespritzt mir sogar den Blumenkranz, den schönen Blumenkranz den ich auf meinem Haupte trage, der aber unter uns gesagt, schon ziemlich trocken und nicht mehr duftet [...] Ach! es waren frische freudige Blumen, als ich mich einst damit schmückte, in der Meinung, den anderen Morgen ginge es zur Schlacht, zum heiligen Todessieg für das Vaterland – Das ist nun lange her, mürrisch und müßig sitze ich an der Rue Laffitte und harre des Kampfes und unterdessen welken die Blumen auf meinem Haupte, und auch meine Haare färben sich weiß, und mein Herz erkrankt mir in der Brust [...] Heiliger Gott! was wird einem die Zeit so lange bei solchem tatenlosen Harren, und am Ende stirbt mir noch der Mut [...] Ich sehe wie die Leute vorbeigehen, mich mitleidig anschauen und einander zuflüstern: der arme Narr![52]

In Heines Traum ist die gesamte Epoche seit 1789 zum Bild verdichtet, mit einem Scharfblick für die Signaturen der Zeit, das physiognomische Detail, die Requisiten und Kostüme der Gegenwart, der jede theoretische Analyse in den Schatten stellt. Verschiedene Zeit- und Bildebenen spielen ineinander: die aktuelle Realität der Julimonarchie, die zwar den endgültigen Sieg des Bürgertums gebracht, die Geburtsaristokratie jedoch nur durch die neue Geldaristokratie ersetzt hat, wie sie der ehemalige Zigarrenhändler und jetzige Großbankier Aguado mit seiner goldenen Kutsche repräsentiert; dann Erinnerungen an die Zeit der Julirevolution, deren Ausbruch Heine noch in Deutschland erlebte, jenen Tag, da man »sich schmückte in der Meinung, den anderen Morgen ginge es zur Schlacht, zum heiligen Todessieg für das Vaterland«; dann schließlich, durch die Erinnerung an diese heroische Periode des Befreiungskampfes ausgelöst, die topischen Reminiszenzen an das antike Heldentum des Leonidas und seiner Mitkämpfer, deren Bild jedoch nicht unmittelbar vor Augen tritt, sondern in der Gestaltung des Motivs durch David, den Maler der Französischen Revolution von 1789. Davids Ent-

scheidung, nicht die Schlacht selbst, sondern deren Vorabend darzustellen, gewinnt aus der Sicht von 1840 einen fatalen symbolischen Hintersinn: Es gibt keinen Opfertod mehr, es finden keine Entscheidungsschlachten mehr statt; die Welt des juste milieu läßt die Helden lieber leben als sterben und hat ihnen sogar eine auskömmliche Existenz anzubieten – die des ewig wartenden Narren mit dem welken Kranz auf dem Haupt.
Heines Kritik am antikisierenden Pathos der Revolutionäre von 1830 ist auch eine Selbstkritik, die sich wiederum nur in Bildern artikuliert: Die Nacktheit seines Traum-Ich, Zeichen der »Emanzipation des Fleisches«, der sinnlichen Befreiung, die nach den Vorstellungen der Jungdeutschen mit der politischen einhergehen sollte, ist nicht die authentische Nacktheit der alten Griechen, sondern Kostüm, dazu ein Kostüm aus zweiter Hand, nämlich der Jacques-Louis Davids. Das fleischfarbene Trikot, in dem sich Heine auf dem Eckstein der Rue Laffitte sitzen sieht, ist ein Narrengewand; es entlarvt die revolutionäre Beschwörung antiker Freiheit und Sinnenfreiheit als Anachronismus, als leere Illusion. Auch David zeigte seinen Leonidas übrigens in nachdenklicher Haltung, halb sitzend, halb stehend, mit leicht angehobenem Bein an einen großen Stein gelehnt – Heines Demontage des Bildes ist Präzisionsarbeit.
Eben dies kann man einem oppositionellen Poeten wie Georg Herwegh nicht nachsagen, der noch 1841, ein Jahr nach Heines Traum von seinen Thermopylen an der Ecke der berühmtesten Bankenstraße von Paris, in dem Gedicht »Zuruf« unbekümmert reimt:

Junge Herzen, unverzagt!
Bald erscheint der neue Täufer,
Der Messias, der die Käufer
Und Verkäufer aus dem Tempel jagt.

Und die Götter nicht allein,
Schon der Mensch wird heilig leben,
Priester nur wird's fürder geben,
Und kein Laie mehr auf Erden sein.

Doch wie Donner ist sein Gang,
Und er naht nicht unter Psalmen,

Und man streut ihm keine Palmen,
Der Messias kommt mit Schwerterklang.

Darum legt die Harfen ab!
Laßt darin die Windsbraut spielen!
Unser warten Thermopylen,
Perser – und im Schatten manch ein Grab.[53]

Das Bild von den Jünglingen an den Thermopylen hat Heine noch ein letztes Mal aufgegriffen, in den zwei Jahre vor seinem Tod erschienenen *Geständnissen* – vielleicht, weil eine letzte Transformation des Bildes noch ausstand. Was noch zu tun blieb, hat wiederum Marx in seinem *Achtzehnten Brumaire des Louis Bonaparte* beschrieben, wo er die zu sich selbst gekommene bürgerliche Gesellschaft beim endgültigen Abräumen der antikisierend-revolutionären Erinnerungsbilder ihrer Jugend zeigt:

> Die neue Gesellschaftsformation einmal hergestellt, verschwanden die vorsündflutlichen Kolosse und mit ihnen das wieder auferstandene Römertum – die Brutusse, Gracchusse, Publicolas, die Tribunen, die Senatoren und Cäsar selbst. Die bürgerliche Gesellschaft in ihrer nüchternen Wirklichkeit hatte sich ihre wahren Dolmetscher und Sprachführer erzeugt in den Says, Cousins, Royer-Collards, Benjamin Costants und Guizots, ihre wirklichen Heerführer saßen hinter dem Kontortisch, und der Speckkopf Ludwigs XVIII. war ihr politisches Haupt. Ganz absorbiert in die Produktion des Reichtums und in den friedlichen Kampf der Konkurrenz begriff sie nicht mehr, daß die Gespenster der Römerzeit ihre Wiege gehütet hatten.[54]

In Heines Pariser Thermopylentraum sind die alten Helden immer noch kenntlich: als Narren zwar, aber doch als Überlebende, die sich, Außenseiter einer dem Mammon huldigenden bürgerlichen Gesellschaft, merklich von den Herren der neuen Ära unterscheiden. In diesen jedoch sind die Helden des modernen Zeitalters herangewachsen. Ihr Heroismus bewährt sich im ewig ungewissen ökonomischen Konkurrenzkampf, und ihr Thermopylae heißt: Bankerott.

So läßt Heine die Helden ein letztes Mal auftreten – in seiner Schilderung des Schicksals der Pariser Zeitschrift *Europe litté-*

raire, die 1833 von Victor Bohain auf Aktienbasis begründet worden war, an der Heine sich mit einer Artikelserie beteiligt und die schon Anfang 1834 ein vorzeitiges Ende gefunden hatte:

> [...] die Europe littéraire war eine vortreffliche Konzeption, ihr Erfolg schien gesichert, und ich habe ihren Untergang nie begriffen. Noch den Vorabend des Tages, wo die Stockung begann, gab Victor Bohain in den Redaktions-Sälen des Journals einen glänzenden Ball, wo er mit seinen dreihundert Aktionären tanzte, ganz so wie einst Leonidas mit seinen dreihundert Spartanern den Tag vor der Schlacht bei den Thermopylen. Jedesmal, wenn ich in der Galerie des Louvre das Gemälde von David sehe, welches diese antik heroische Szene darstellt, denke ich an den erwähnten letzten Tag des Victor Bohain; ganz ebenso wie der todesmutige König des Davidischen Bildes stand er auf einem Beine; es war dieselbe klassische Stellung. – Wanderer! wenn du in Paris die Chaussée d'Antin nach den Boulevards herabwandelst, und dich am Ende bei einem schmutzigen Tal, das die rue basse du rempart geheißen, befindest, wisse! du stehst hier vor den Thermopylen der Europe littéraire, wo Victor Bohain heldenkühn fiel mit seinen dreihundert Aktionären![55]

Keine antiken Gewänder mehr und auch keine fleischfarbigen Narrentrikots, die noch an griechische Nacktheit gemahnen könnten! Hier tanzen die Helden am Vorabend des Bankerotts im bürgerlichen Gesellschaftsanzug, dem ihnen und ihrem Schicksal angemessenen Kostüm. Es ist das Kostüm, von dem Baudelaire acht Jahre zuvor in dem Kapitel »De l'héroisme de la vie moderne« seines *Salon de 1846* als von einem Symbol der Epoche gesprochen hatte:

> Quant à l'habit, la pelure du héros moderne, – [...] n'a-t-il pas sa beauté et son charme indigène, cet habit tant victimé? N'est-il pas l'habit nécessaire de notre époque, souffrante et portant jusque sur ses épaules noires et maigres le symbole d'un deuil perpétuel? Remarquez bien que l'habit noir et la redingote ont non-seulement leur beauté politique, qui est l'expression de l'egalité universelle, mais encore leur beauté poétique, qui est l'expression de l'âme publique; – une immense défilade de croque-morts, croque-morts politiques,

croque-morts amoureux, croque-morts bourgeois. Nous célébrons tous quelque enterrement.[56]

Das Fazit: Heinrich Heine, der noch 1831 auf eine »neue Symbolik« als Ausdruck einer »neuen Zeit« gehofft hatte, schöpft bis ans Ende seines Lebens aus den überlieferten Bildwelten. Er macht die schon erstarrten Formeln noch einmal beredt, indem er ihre Brüche und Widersprüche artikuliert, er gibt dem fad und flächig gewordenen Pathos noch einmal eine Tiefendimension: die der Ironie.

Auch bei einem Dichter der Melancholie wie Lenau leuchten die alten Bilder noch einmal auf, aber nur, weil sie vor einem Hintergrund namenloser Trauer erscheinen. Jan Hus' Glaube an die unerschöpfliche Fähigkeit des Menschen, zerstörte Bilder neu, und immer schöner, zu malen, steht Lenau so wenig mehr zu Gebote wie dem Dichter Heine der heroische Gestus der Leonidas, Marat, Corday oder Napoleon Bonaparte. Eben darin tritt ein Problembewußtsein zutage, neben dem das ungebrochene Revolutionspathos der politischen Sänger vom Schlage Herweghs fast als naive Traditionspflege, als revolutionäres Biedermeier erscheint.

Von den beiden ästhetisch und geschichtsphilosophisch bedeutsamen Versuchen der künstlerischen Bewältigung einer geschichtlichen Krisenerfahrung, als deren Paradigmen ich hier zuletzt Heine und Lenau herangezogen habe, scheint mir der ironisch-parodistische Weg Heines bei weitem der skeptischere zu sein. Lenaus melancholisch-revolutionäre Bilderbeschwörung läßt noch den Glauben zu, daß die vergangenen Freiheitsbewegungen äußerer Gewalt zum Opfer fielen, Heines ironische Destruktion der Revolutionsbilder ist dagegen ein künstlerisches Verfahren, das der Einsicht in Widersprüche entspringt, die der Revolution selbst innewohnen und sie zur Selbstzerstörung treiben.

Dem heutigen Betrachter dieser Bilder und ihrer Transformationen könnte der beunruhigende Gedanke aufsteigen, Heines frühe – später zurückgenommene – Prophezeiung einer neuen Symbolik, die sich mit der neuen Zeit im Einklang befinden werde, Baudelaires ästhetisches Programm eines Heroismus des modernen Lebens und Marx' Ankündigung einer Poesie der Zukunft, die der Rückerinnerungen nicht mehr bedürfe, hätten sich in neuerer Zeit nur einmal erfüllt, wenn auch anders als ursprünglich, in revolutionärem Geist, gedacht und erhofft: in der Bilderwelt Franz Kafkas, wo sich Schergen und Opfer als Herren im dunklen Anzug begegnen.

Chiffre, Hieroglyphe, Palimpsest

Vorformen tiefenhermeneutischer und intertextueller Interpretation im Werk Heines

I.

Es mag überraschen, im Zusammenhang von Überlegungen zur Texthermeneutik den Namen Heines genannt zu sehen. Bei dem folgenden Versuch kann es auch nicht darum gehen, Heines verstreuten hermeneutischen Reflexionen den Rang einer konsistenten Theorie zuzuschreiben und ihren Autor auf eine Ebene etwa mit Schleiermacher zu heben. Es soll aber am Beispiel Heines die Frage gestellt werden, ob innerhalb der quantitativ und qualitativ eindrucksvollen Methodendiskussion der letzten zehn Jahre die historische Ausbildung hermeneutischer Problemstellungen nicht zu ausschließlich unter dem Aspekt systematischer Theoriebildung, der Methodologie theologischer und philologischer Schriftauslegung, betrachtet worden ist, statt zumindest *auch* unter dem Aspekt der Entwicklung poetischer Praktiken und literarästhetischer Begriffsbildung. Was für die romantische Generation, insbesondere für Friedrich Schlegel und Novalis, schon erkannt und in letzter Zeit verstärkt untersucht worden ist[1], bedarf für die nachromantische Generation noch der Aufhellung: der – auch theoriegeschichtlich folgenreiche – hermeneutische Gehalt ihrer Poesie und Poetologie.

Unter den deutschen Autoren bietet sich Heine nicht nur deshalb zur Untersuchung an, weil sein kritisches und poetisches Werk besonders reich an unmittelbar textbezogenen – d. h. selbstreflexiven – hermeneutischen Explikationen und Implikationen ist. Er wird für eine historische Rekonstruktion texthermeneutischer Konzeptionen durch eine Eigenschaft besonders interessant, die ihn in den Augen streng systematischer Theoretiker der Hermeneutik diskreditieren muß: durch seinen Eklektizismus und die Abneigung, seinen hermeneutischen Reflexionen einen anderen Status zuzugestehen als den eines heuristischen Instru-

1 Angaben im Text (Band und Seitenzahl) beziehen sich auf: Heinrich Heine, *Sämtliche Schriften,* hg. v. K. Briegleb, Bd. 1-6, München 1968-76.

mentariums poetischer Produktion. Dieser hermeneutische Dilettantismus hat nämlich nicht verhindern können, daß ausgerechnet Heine, der scharfe Kritiker der romantischen Schule, zum wohl einflußreichsten Vermittler ihrer poetologischen Hermeneutik an die folgenden Generationen geworden ist, und darüber hinaus zum bedeutenden Anreger der drei Theoretiker, die mehr als alle anderen – wenn auch auf unterschiedlichen Wegen – die traditionelle Hermeneutik revolutioniert haben: Marx, Nietzsche und Freud. Es gibt eine erstaunlich starke, allerdings meist subkutane, Wirkung Heines, die sich bis zu den von Marx, Nietzsche und Freud geprägten französischen Theorien der Intertextualität verfolgen ließe. Sie ist nicht Gegenstand dieses Beitrags, der sich darauf beschränkt, diejenigen kritischen und poetologischen Reflexionen Heines im Zusammenhang zu untersuchen, die trotz ihres kasuistischen Charakters auf eine umfassende Hermeneutik kultureller Phänomene zielen.[2]

II. Fragment und neue Offenbarung: Entwurf einer eschatologischen Hermeneutik

Schon Heines frühe Texte belegen mit einer Fülle von Beispielen, daß den außerordentlich vielfältigen poetischen Funktionen hermeneutischer Motive in seinem Werk ein bemerkenswertes Desinteresse an den seit dem 18. Jahrhundert erzielten Fortschritten der philologischen und theologischen Hermeneutik als strenger Wissenschaft vom Text entspricht. Alle Verlautbarungen des Respekts, ja der Bewunderung für den Beitrag der protestantischen Schriftauslegung und der historischen Bibelkritik zur Aufklärung und politischen Emanzipation können nicht über die Faszination hinwegtäuschen, die für Heine von den vorreformatorischen Modellen der allegorischen und typologischen Interpretation ausgeht. Frühester Beleg ist das Gedichttriptychon, das den Mittelpunkt der *Harzreise* bildet und 1827 unter dem Titel *Berg-Idylle* in das *Buch der Lieder* aufgenommen wurde:

Ach, mein Kindchen, schon als Knabe,
Als ich saß auf Mutters Schoß,
Glaubte ich an Gott den Vater,
Der da waltet gut und groß;

Der die schöne Erd erschaffen,
Und die schönen Menschen drauf,
Der den Sonnen, Monden, Sternen
Vorgezeichnet ihren Lauf.

Als ich größer wurde, Kindchen,
Noch viel mehr begriff ich schon,
Und begriff, und ward vernünftig,
Und ich glaub auch an den Sohn;

An den lieben Sohn, der liebend
Uns die Liebe offenbart,
Und zum Lohne, wie gebräuchlich,
Von dem Volk gekreuzigt ward.

Jetzo, da ich ausgewachsen,
Viel gelesen, viel gereist,
Schwillt mein Herz, und ganz von Herzen
Glaub ich an den heilgen Geist.

Dieser tat die größten Wunder,
Und viel größre tut er noch;
Er zerbrach die Zwingherrnburgen,
Und zerbrach des Knechtes Joch.

Alte Todeswunden heilt er,
Und erneut das alte Recht:
Alle Menschen, gleichgeboren,
Sind ein adliges Geschlecht.

Er verscheucht die bösen Nebel,
Und das dunkle Hirngespinst,
Das uns Lieb und Lust verleidet,
Tag und Nacht uns angegrinst. (II 133)

Das joachimitische Auslegungsmodell, das die Konkordanz des Alten und des Neuen Testaments auf eine neue Offenbarung, ein kommendes »ewiges Evangelium« hin öffnet und den Zeitaltern des Vaters und Sohnes ein drittes Zeitalter des heiligen Geistes folgen läßt, wird hier im Hinblick auf den durch die Französische Revolution als Angelpunkt eines neuen Heilsgeschehens eingeleiteten Befreiungsprozeß politisch-chiliastisch ausgedeutet. Zugleich bildet es den weltgeschichtlichen Interpretationsraster für den Entwicklungsgang eines zeitgenössischen Individuums, in dessen Zügen die des Autors selbst erkennbar sind: Heines jüdische Kindheit im Glauben an den Vatergott, sein »Begreifen« des Existenznotwendigen, daher »Vernünftigen«, im gesellschaftlich erzwungenen Akt der Konversion zum Christentum; schließlich seine intellektuelle Emanzipation durch wachsende Welterfahrung und Bekanntschaft mit den fortschrittlichen Ideen der Zeit.[3]

Man kann diesen Rückgriff Heines nicht allein aus einer poetisch motivierten Vorliebe für den bildhaften Charakter der mittelalterlichen Figuraldeutung erklären. Daß der Autor des Gedichts geschichtsphilosophisch hinter Hegel auf eine (allerdings politisierte) Geschichtstheologie, hermeneutisch hinter den schon im 18. Jahrhundert erreichten Stand einer historisch-kritisch verfahrenden Schriftexegese zurückgeht, hat in erster Linie einen polemischen Sinn. Heine setzt gegen Hegel das chiliastische Moment der Geschichtsphilosophie, den Gedanken der noch ausstehenden Erfüllung wieder frei,[4] gegen die Auslegungstheorien der Aufklärung und des Historismus die aktualistische Hermeneutik einer am Horizont der unerlösten Wirklichkeit sich erst abzeichnenden neuen Offenbarung. Der Schlußteil der *Harzreise* skizziert denn auch ganz konsequent eine »eschatologische Ästhetik«[5] (und Hermeneutik) der Andeutung und des Fragments:

> Die ›Harzreise‹ ist und bleibt Fragment, und die bunten Fäden, die so hübsch hineingesponnen sind, um sich im Ganzen harmonisch zu verschlingen, werden plötzlich, wie von der Schere der unerbittlichen Parze, abgeschnitten. Vielleicht verwebe ich sie weiter in künftigen Liedern, und was jetzt kärglich verschwiegen ist, wird alsdann vollauf gesagt. Am Ende kommt es auch auf eins heraus, wann und wo man etwas ausgesprochen hat, wenn man es nur überhaupt einmal ausspricht. Mögen die einzelnen Werke immerhin Fragmente bleiben, wenn sie nur in ihrer Vereinigung ein Ganzes bilden. (II 162)

Hier wird nicht nur auf die Entstehungsgeschichte des Textes von der Zeitschriften- zur Buchfassung Bezug genommen – die *Harzreise ist* und *bleibt* Fragment –, es wird zugleich ein wirkungsgeschichtlicher Prozeß antizipiert, in den der Text als Moment eines erst sich herstellenden »Ganzen« eintreten soll. Als Moment des noch nicht realisierten »Ganzen« trägt er den Charakter eines »Fragments«, doch kann dieses Verhältnis von Stückwerk und Ganzem als ein geschichtlicher Zusammenhang von Verheißung und Erfüllung gedeutet werden, als Entfaltung der Wahrheit, die jetzt noch »kärglich verschwiegen« ist. Unverkennbar klingen die Worte des Epilogs an biblische Verheißungen wie die des ersten Korintherbriefs an:

> Denn unser Wissen ist Stückwerk, und unser Weissagen ist Stückwerk. Wenn aber kommen wird das Vollkommene, so wird das Stückwerk aufhören. Da ich ein Kind war, da redete ich wie ein Kind, und war klug wie ein Kind, und hatte kindische Anschläge; da ich aber ein Mann ward, tat ich ab, was kindisch war. Wir sehen jetzt durch einen Spiegel in einem dunkeln Wort; dann aber von Angesicht zu Angesicht. Jetzt erkenne ich es stückweise; dann aber werde ich erkennen, gleich wie ich erkannt bin.[6]

Heines Korrelation von eschatologischer Ästhetik und typologischer Interpretation impliziert eine doppelte Beziehung des Textes: seine Anknüpfung an die Vergangenheit, insofern er als Einlösung oder Steigerung früherer Verheißungen betrachtet, seine futurische Ausrichtung, insofern der emphatisch hervorgehobene Fragmentcharakter als Verweis auf künftige Erfüllung verstanden werden kann.

Die *Reisebilder* insgesamt transportieren dieses hermeneutische Modell gewissermaßen mit, indem sie es in wechselnden Formen und mit einer Fülle von Querverweisen ästhetisch integrieren. So impliziert der biblische Titel *Das Buch Le Grand* eine typologische Relation Le Grand (Napoleon) – Christus, innerhalb derer das *Buch Le Grand* als Quellenschrift des neuen weltlichen Evangeliums fungiert, dessen aktueller Sinn dann im VIII. und IX. Kapitel entfaltet wird; Napoleons Einzug in Düsseldorf folgt dem Einzug Christi in Jerusalem, und die Berichte über sein Leiden und Sterben auf St. Helena bilden den Kanon einer neuen Offenbarung:

> Und Sankt Helena ist das heilige Grab, wohin die Völker des Orients und Okzidents wallfahrten in buntbewimpelten Schiffen, und ihr Herz stärken durch große Erinnerung an die Taten des weltlichen Heilands, der gelitten unter Hudson Lowe, wie es geschrieben steht in den Evangelien Las Cases, O'Meara und Antommarchi. (II 276)[7]

Am Schluß der *Reisebilder*, im Kapitel »Die Befreiung« der *Englischen Fragmente* wird das typologische Verfahren zu einem System figuraler Verweisungen ausgestaltet, das sich durchaus mit den exegetischen Subtilitäten einiger Kirchenväter vergleichen kann. Es werden nicht nur der Bergprediger Jesus und die Vertreter der Bergpartei, die Dreifaltigkeit und die Trikolore, der Gedanke der christlichen Wiedergeburt und die Idee einer revolutionären Umgestaltung der Gesellschaft im Sinne von Verheißung und Erfüllung aufeinander bezogen, sondern auch das auserwählte Volk Israel und die Franzosen, Jerusalem und Paris, der Jordan und der Rhein, die Philister und die Deutschen:

> Die tiefste Wahrheit erblüht nur der tiefsten Liebe, und daher die Übereinstimmung in den Ansichten des älteren Bergpredigers, der gegen die Aristokratie von Jerusalem gesprochen, und jener späteren Bergprediger, die von der Höhe des Konvents zu Paris ein dreifarbiges Evangelium herabpredigten, wonach nicht bloß die Form des Staates, sondern das ganze gesellschaftliche Leben, nicht geflickt, sondern neu umgestaltet, neu begründet, ja neu geboren werden sollte.
>
> Ich spreche von der französischen Revolution, jener Weltepoche, wo die Lehre der Freiheit und Gleichheit so siegreich emporstieg aus jener allgemeinen Erkenntnisquelle, die wir Vernunft nennen, und die, als eine unaufhörliche Offenbarung, welche sich in jedem Menschenhaupte wiederholt und ein Wissen begründet, noch weit vorzüglicher sein muß, als jene überlieferte Offenbarung, die sich nur in wenigen Auserlesenen bekundet, und von der großen Menge nur geglaubt werden kann. [...]
>
> Ja, ich wiederhole die Worte, womit ich diese Blätter eröffnet: die Freiheit ist eine neue Religion, die Religion unserer Zeit. Wenn Christus auch nicht der Gott dieser Religion ist, so ist er doch ein hoher Priester derselben, und sein Name strahlt beseligend in die Herzen der Jünger. Die Franzosen sind aber das

auserlesene Volk der neuen Religion, in ihrer Sprache sind die ersten Evangelien und Dogmen verzeichnet, Paris ist das neue Jerusalem, und der Rhein ist der Jordan, der das geweihte Land der Freiheit trennt von dem Lande der Philister. (II 598 ff.)

Nicht überall ist das Verfahren so forciert und überpointiert wie an dieser Stelle. Wenn Heine es bei seinem Lessing-Portrait im 2. Buch der Schrift *Zur Geschichte der Religion und Philosophie in Deutschland* verwendet, so findet dies seine sachliche Legitimation in der Tatsache, daß Lessing selbst sich mit seiner *Erziehung des Menschengeschlechts* in die Tradition der joachimitischen Geschichtstheologie gestellt hatte, und zwar an die gleiche Stelle, an der ihn Heine sieht – an die Schwelle vom zweiten zum dritten Testament:

[...] seit Luther hat Deutschland keinen größeren und besseren Mann hervorgebracht, als Gotthold Ephraim Lessing. Diese beiden sind unser Stolz und unsere Wonne. In der Trübnis der Gegenwart schauen wir hinauf nach ihren tröstenden Standbildern und sie nicken eine glänzende Verheißung. Ja, kommen wird auch der dritte Mann, der da vollbringt was Luther begonnen, was Lessing fortgesetzt, und dessen das deutsche Vaterland so sehr bedarf, – der dritte Befreier! – Ich sehe schon seine goldne Rüstung, die aus dem purpurnen Kaisermantel hervorstrahlt, ›wie die Sonne aus dem Morgenrot‹!

[...]

Lessing war nur der Prophet, der aus dem zweiten Testamente ins dritte hinüberdeutete. (III 585 ff.)

Das hier auf Lessing projizierte Auslegungsschema ist auch das hermeneutische Grundmuster der gesamten Schrift: Heines progressistische Interpretation der deutschen Geistesgeschichte ist der historischen Abfolge »pantheistische Volksreligion – Reformation – Philosophie des Idealismus – künftige Revolution« als einer Kette typologischer Relationen aufkonstruiert.

Heine ist allerdings weit davon entfernt, sich völlig der hier skizzierten eschatologischen Ästhetik und Hermeneutik zu verschreiben. Seine Überzeugung, daß Gott sich mehr als in der Natur »in der Bewegung, in der Handlung, in der Zeit« manifestiere und daß die Geschichte »das eigentliche Buch Gottes« (III 394 f.) sei, verbindet sich mit der Einsicht, daß der Text der Geschichte die

Regeln seiner Auslegung nicht schon in sich trägt – »Das Buch der Geschichte findet mannigfaltige Auslegungen« (III 21) –, sondern sich gerade dadurch auszeichnet, daß er unterschiedliche hermeneutische Optionen beim »Leser« provoziert. In einem Anfang der dreißiger Jahre geschriebenen geschichtsphilosophischen Fragment geht er auf Distanz gegenüber *beiden* herrschenden hermeneutischen Auffassungen innerhalb der zeitgenössischen Historiographie: gegenüber dem »elegischen Indifferentismus« (III 23) jener Anhänger der »historischen Schule«, die »in allen irdischen Dingen nur einen trostlosen Kreislauf« sehen, wie gegenüber der »Schwärmerei der Zukunftbeglücker«, für die »alle irdischen Dinge einer schönen Vervollkommenheit entgegenreifen, und die großen Helden und Heldenzeiten nur Staffeln sind zu einem höheren gottähnlichen Zustande des Menschengeschlechtes« (III 21 ff.). Heines eigene Position ist allerdings nicht bloß eine andere »Lesart«, sondern verschiebt das Problem auf eine andere Ebene:

> Beide Ansichten, wie ich sie angedeutet, wollen nicht recht mit unseren lebendigsten Lebensgefühlen übereinklingen; wir wollen auf der einen Seite nicht umsonst begeistert sein und das Höchste setzen an das unnütz Vergängliche; auf der anderen Seite wollen wir auch, daß die Gegenwart ihren Wert behalte, und daß sie nicht bloß als Mittel gelte, und die Zukunft ihr Zweck sei. Und in der Tat, wir fühlen uns wichtiger gestimmt, als daß wir uns nur als Mittel zu einem Zweck betrachten möchten; es will uns überhaupt bedünken, als seien Zweck und Mittel nur konventionelle Begriffe, die der Mensch in die Natur und in die Geschichte hineingegrübelt, von denen aber der Schöpfer nichts wußte, indem jedes Erschaffnis sich selbst bezweckt und jedes Ereignis sich selbst bedingt, und alles, wie die Welt selbst, seiner selbst willen da ist und geschieht. – Das Leben ist weder Zweck noch Mittel; das Leben ist ein Recht. Das Leben will dieses Recht geltend machen gegen den erstarrenden Tod, gegen die Vergangenheit, und dieses Geltendmachen ist die Revolution. (III 22 f.)

Die dritte Position konkurriert mit den anderen nicht unter dem Anspruch, die einzig richtige Auslegung des »Buchs der Geschichte« zu sein, das heißt, ein Interpretationsmodell, das die Gesetzmäßigkeit der Geschichte im Ganzen, ihren Ursprung und ihr Ziel, zu erfassen in der Lage wäre. Es wird immer wieder übersehen, daß Heine mit keinem Wort behauptet, die Theorien der historischen Schule oder der »Zukunftbeglücker« seien falsch, sondern nur, sie wollten »nicht recht mit unseren lebendigsten Lebensgefühlen übereinklingen«. Kriterium des Urteils und Motiv der eigenen Option ist das Recht des gegenwärtigen Lebens, das von der einen Schule in seiner Aktivität, in seinem Streben nach politischer und sozialer Veränderung gehemmt, von der anderen zugunsten eines künftigen Idealzustandes entwertet oder beschnitten wird. Zyklentheorie wie Fortschrittstheorie sind denkbare – weder verifizierbare noch falsifizierbare – Auslegungen des »Buchs der Geschichte«; da über ihre Richtigkeit keine verbindliche Aussage möglich ist, bleibt als Kriterium ihre Wirkung in der Praxis. Dabei sind die Interessen der Gegenwart insofern betroffen, als bestimmte Geschichtsinterpretationen, wie am Beispiel Rankes und seiner Förderung durch die preußische Regierung dargelegt wird, unabhängig von ihrer Plausibilität politische Auswirkungen haben können. Während diese Auswirkungen im Falle der historischen Schule schon erkennbar sind und von Heine bekämpft werden[8], sieht er im Hinblick auf die Fortschrittsschule erst künftige Konflikte voraus, für den Fall nämlich, daß ihre »Schwärmerei« konkrete politische Folgen zeitigen und »das zunächst zu verfechtende Menschenrecht, das Recht zu leben« (III 23) in Frage stellen wird: »Wenn wir sie einst bekämpfen, so geschehe es mit dem kostbarsten Ehrenschwerte, während wir einen rankenden Knecht nur mit der wahlverwandten Knute abfertigen werden.« (III 22)

Daß Heine hier nicht die Absicht verfolgt, den vorhandenen Geschichtsauslegungen eine neue hinzuzufügen, erhellt auch aus der Tatsache, daß er die Metaphorik der »Auslegung des Buchs der Geschichte« für den eigenen Standpunkt nicht aufnimmt. Für die Fatalisten wie für die Zukunftbeglücker ist die Geschichte ein bereits ausgelegter, wenn faktisch noch nicht abgeschlossener, so doch in seinem Sinn bereits erkannter Text. Darauf antwortet Heine, indem er nicht für eine hermeneutische Alternative, sondern für eine aktivistisch-anarchistische Wendung zum »Leben« optiert: Geschichte ist nicht auszulegen, sondern zu schreiben, das heißt, handelnd fortzusetzen, wobei

Theorien der Geschichte allenfalls motivierend wirken können, zur politischen Praxis sich aber letztlich kontingent verhalten.
In einer Hinsicht zumindest ist diese Position allerdings doch wieder eine Synthese aus den von Heine kritisierten Denkmodellen: Mit Ranke und der historischen Schule teilt Heine die Auffassung, daß jede Epoche unmittelbar zu Gott sei, doch zieht er aus der Tatsache, daß dies auch für die Gegenwart gelten muß, eine eher der »Schwärmerei der Zukunftbeglücker« entsprechende revolutionäre Konsequenz. Eine Geschichtsphilosophie im strengen Sinne ist von dieser Position aus nicht mehr zu denken und soll auch gar nicht mehr gedacht werden; Heines Interesse an Geschichte artikuliert sich als ein Interesse an Geschichtsschreibung in praktischer Absicht.
Die Eingangspassagen des ersten Buches der Schrift *Zur Geschichte der Religion und Philosophie in Deutschland* formulieren diese praktische Hermeneutik in drei Prämissen zur Methode: Die Darstellung verfolgt eine popularisierende Absicht: »Was helfen dem Volke die verschlossenen Kornkammern, wozu es keinen Schlüssel hat? Das Volk hungert nach Wissen und dankt mir für das Stückchen Geistesbrot, das ich ehrlich mit ihm teile.« (III 514) – Die Darstellung ist selektiv unter dem Gesichtspunkt der »sozialen Wichtigkeit«: »Ich werde daher nur von den großen Fragen handeln, die in der deutschen Gottesgelahrtheit und Weltweisheit zur Sprache gekommen, ich werde nur ihre soziale Wichtigkeit beleuchten [...].« (III 514) – Die Darstellung ist vergleichend, das heißt, sie berücksichtigt die Phasenverschiebung in der gesellschaftlichen Entwicklung Frankreichs und Deutschlands, welch letzteres sich noch in derselben Lage befindet wie Frankreich »vor der Revolution, als das Christentum im untrennbarsten Bündnisse stand mit dem alten Regime« (III 515). In Kategorien der älteren hermeneutischen Tradition bedeutet dies eine klare Favorisierung der subtilitates explicandi und applicandi gegenüber der subtilitas intellegendi.
Die enge Bindung der Geschichtsauffassung an die »lebendigsten Lebensgefühle« erzeugt jedoch nicht nur die Euphorien einer »Philosophie der Tat«; sie hat auch ihre dunkle Kehrseite. Wird das »lebendigste Lebensgefühl«, das Recht des gegenwärtigen Lebens (und damit auch das Unrecht, das ihm geschieht) zum Kriterium, so zerfällt Geschichtsphilosophie in

Bilder überlieferter und erfahrener Geschichte, deren theoretischer Stellenwert ambivalent bleibt, und in ein »Sichgeltendmachen« der Individualität, das die Gestalt der Revolte, aber auch der resignativen Melancholie annehmen kann. Was an Heines politischen Einsichten wie an seinen poetischen Produktionen Originalität und künstlerischen Rang beanspruchen kann, entspringt der Erfahrung dieses Bruchs und trägt seine Zeichen.

Als Konstellation poetischer Bilder ist diese Ambivalenz schon Jahre vor der Niederschrift des Fragments über *Verschiedenartige Geschichtsauffassung* nachweisbar. Schon im *Buch Le Grand* tritt neben die Bilder eines revolutionär-bonapartistischen Chiliasmus die Metapher eines absurd-korrupten Welttheaters, auf dem eine tausendaktige Haupt- und Staatsaktion abläuft und nach dem »Abgang der Helden [...] die Clowns und Graziosos mit ihren Narrenkolben und Pritschen« (II 282), die Vertreter abgelebter Epochen, immer wieder ihr Unwesen treiben. In den *Französischen Malern* entwickeln sich aus der Konfrontation zweier Bilder – es handelt sich um Delaroches Darstellung Cromwells am Sarge Karls I. und Roberts Apotheose der heimkehrenden Schnitter – zwei konfligierende Perspektiven der Geschichtsbetrachtung: »Weltgeschichte« – »jene Geschichte [...], die sich so närrisch herumrollt in Blut und Kot, oft jahrhundertelang blödsinnig stillsteht, und dann wieder unbeholfen hastig aufspringt, und in die Kreuz und in die Quer wütet« (III 68) – steht gegen »Geschichte der Menschheit«, eine »Geschichte ohne Anfang und ohne Ende, die sich ewig wiederholt und so einfach ist wie das Meer, wie der Himmel, wie die Jahrszeiten; eine heilige Geschichte, die der Dichter beschreibt und deren Archiv in jedem Menschenherzen zu finden ist« (III 68). Das Kapitel »Constanze« in dem Essay über *Shakespeares Mädchen und Frauen* enthält einen Traum, der drei Typen der Geschichtsbetrachtung – den fatalistisch-organizistischen der historischen Schule, den skeptisch-entlarvenden der aufklärerischen Historiographie und den mystisch-geschichtstheologischen der katholisierenden Romantik – parodistisch vorführt, die eigene Position jedoch ausspart (IV 215 ff.). Das zweite Buch der Börne-Denkschrift oszilliert zwischen chiliastischer Exegese des Johannes-Evangeliums[9] und fatalistischer

Auslegung des Buchs der Natur[10]; die gleiche Konstellation reproduziert sich im Zyklus *Seraphine* der *Neuen Gedichte* zwischen der saint-simonistisch umgedeuteten joachimitischen Geschichtstheologie des VII. Gedichts[11] und der in den Nummern XIII und XIV des Zyklus gestalteten Idee einer ewigen Wiederkehr des Gleichen.[12]

Das eschatologische Interpretationsmodell wird schon seit den zwanziger Jahren depotenziert und relativiert zum Teilmoment einer mehrfach gebrochenen Perspektivik der Auslegung, die die Propagierung eines geschichtsphilosophischen oder politischen Programms nicht mehr erlaubt, in umso höherem Maße aber das komplexe Lebensgefühl einer nachrevolutionären Epoche zu artikulieren vermag.

Ein prägnantes Beispiel für diesen konsequenten Perspektivismus, in dem die hermeneutischen Voraussetzungen der Urteilsbildung ständig mitreflektiert werden, ist das Doppelportrait Goethes und Schillers in der *Romantischen Schule,* das die in der zeitgenössischen Kritik übliche Konfrontation klischierter Bilder – Heine spricht von der »Manie, die Produkte beider Dichter zu vergleichen« (III 391) – in ein dynamisches Spiel möglicher »Hinsichten« auf den Gegenstand auflöst:

> Schiller hat sich jener ersten [wirklichen] Welt viel bestimmter angeschlossen als Goethe, und wir müssen ihn in dieser Hinsicht loben. Ihn, den Friedrich Schiller, erfaßte lebendig der Geist seiner Zeit, er rang mit ihm, er ward von ihm bezwungen, er folgte ihm zum Kampfe, er trug sein Banner, und es war dasselbe Banner worunter man auch jenseits des Rheines so enthusiastisch stritt, und wofür wir noch immer bereit sind, unser bestes Blut zu vergießen. Schiller schrieb für die großen Ideen der Revolution, er zerstörte die geistigen Bastillen, er baute an dem Tempel der Freiheit [...], er selber ist jener Marquis Posa, der zugleich Prophet und Soldat ist, der auch für das kämpft was er prophezeit [...].
>
> Wenn Schiller sich ganz in die Geschichte stürzt, sich für die gesellschaftlichen Fortschritte der Menschheit enthusiasmiert und die Weltgeschichte besingt: so versenkt sich Goethe mehr in die individuellen Gefühle, oder in die Kunst, oder in die Natur. Goethe, den Pantheisten, mußte die Naturgeschichte endlich als ein Hauptstudium beschäftigen, und nicht bloß in

Dichtungen, sondern auch in wissenschaftlichen Werken gab er uns die Resultate seiner Forschungen. Sein Indifferentismus war ebenfalls ein Resultat seiner pantheistischen Weltansicht. [...] Freilich, auch Goethe besang einige große Emanzipationsgeschichten, aber er besang sie als Artist. Da er nämlich den christlichen Enthusiasmus, der ihm fatal war, verdrießlich ablehnte, und den philosophischen Enthusiasmus unserer Zeit nicht begriff, oder nicht begreifen wollte, weil er dadurch aus seiner Gemütsruhe herausgerissen zu werden fürchtete: so behandelte er den Enthusiasmus überhaupt ganz historisch, als etwas Gegebenes, als einen Stoff, der behandelt werden soll, der Geist wurde Materie unter seinen Händen, und er gab ihm die schöne gefällige Form. So wurde er der größte Künstler in unserer Literatur, und alles was er schrieb wurde ein abgerundetes Kunstwerk. [...]

[...] die [...] Goetheschen Meisterwerke [...] zieren unser teueres Vaterland, wie schöne Statuen einen Garten zieren, aber es sind Statuen. Man kann sich darin verlieben, aber sie sind unfruchtbar: die Goetheschen Dichtungen bringen nicht die Tat hervor, wie die Schillerschen. Die Tat ist das Kind des Wortes, und die Goetheschen schönen Worte sind kinderlos. Das ist der Fluch alles dessen, was bloß durch die Kunst entstanden ist. [...]

[...] wir tadelten die Unfruchtbarkeit seines Wortes, das Kunstwesen, das durch ihn in Deutschland verbreitet wurde, das einen quietisierenden Einfluß auf die deutsche Jugend ausübte, das einer politischen Regeneration unseres Vaterlandes entgegenwirkte. Der indifferente Pantheist wurde daher von den entgegengesetztesten Seiten angegriffen; um französisch zu sprechen, die äußerste Rechte und die äußerste Linke verbanden sich gegen ihn; und während der schwarze Pfaffe mit dem Kruzifixe gegen ihn losschlug, rannte gegen ihn zu gleicher Zeit der wütende Sansculotte mit der Pike. [...]

Nichts ist törigter als die Geringschätzung Goethes zu Gunsten des Schiller, mit welchem man es keineswegs ehrlich meinte, und den man von jeher pries um Goethe herabzusetzen. Oder wußte man wirklich nicht, daß jene hochgerühmten hochidealischen Gestalten, jene Altarbilder der Tugend und Sittlichkeit, die Schiller aufgestellt, weit leichter zu verfertigen waren als jene sündhaften, kleinweltlichen, befleckten Wesen, die uns Goethe in seinen Werken erblicken läßt? (III 393 ff.)

Heine umkreist sein Problem unter dauernder Verschiebung des Blickpunktes. Diese interpretatorische Bewegung setzt die dialektische Einsicht frei, daß Goethes pantheistischer Indifferentismus und sensualistischer Egoismus im Künstlerischen dem »Sichgeltendmachen« des individuellen Lebens gerechter wird als Schillers zukunftsgerichtete Hingabe an die Geschichte als Prozeß der Emanzipation. Goethes »Statuen« gewinnen mit einemmal Leben, während Schillers engagierte Helden unversehens zu »Altarbildern« erstarren. In den Metaphern – nicht in den verwendeten Begriffen – ist schon der spätere Antagonismus von Hellenen und Nazarenern antizipiert.

In der Börne-Denkschrift wird dieses Verfahren nochmals dadurch potenziert, daß das schreibende Subjekt selbst als Objekt der Darstellung in das Doppelportrait eintritt:

[...] ich liefere hier weder eine Apologie noch eine Kritik des Mannes, womit sich diese Blätter beschäftigen. Ich zeichne nur sein Bild, mit genauer Angabe des Ortes und der Zeit, wo er mir saß. Zugleich verhehle ich nicht, welche günstige oder ungünstige Stimmung mich während der Sitzung beherrschte. Ich liefere dadurch den besten Maßstab für den Glauben, den meine Angaben verdienen.

Ist aber einerseits dieses beständige Konstatieren meiner Persönlichkeit das geeignetste Mittel, ein Selbsturteil des Lesers zu fördern, so glaube ich andererseits zu einem Hervorstellen meiner eigenen Person in diesem Buche besonders verpflichtet zu sein, da, durch einen Zusammenfluß der heterogensten Umstände, sowohl die Feinde wie die Freunde Börnes nie aufhörten, bei jeder Besprechung desselben, über mein eigenes Dichten und Trachten mehr oder minder wohlwollend oder böswillig zu räsonieren. (IV 128)

Mit dieser Perspektivierung wird eine entscheidende interpretatorische Dimension hinzugewonnen. Was als Darstellung eines typologischen Antagonismus von Spiritualismus und Sensualismus, von »kleinem Nazarener« (Börne) und »großem Griechen« (Goethe-Heine) beginnt (IV 17), geht über in die Analyse eines Konflikts innerpsychischer Tendenzen und der ihr entspringenden poetischen Produktivität:

> Am glücklichsten sind wohl die Toten, die im Grabe liegen, auf dem Père-Lachaise, wie du, armer Börne!
> Ja glücklich sind diejenigen, welche in den Kerkern der Heimat, glücklich die, welche in den Dachstuben des körperlichen Elends, glücklich die Verrückten im Tollhaus, am glücklichsten die Toten! Was mich betrifft, den Schreiber dieser Blätter, ich glaube mich am Ende gar nicht so sehr beklagen zu dürfen, da ich des Glückes aller dieser Leute gewissermaßen teilhaft werde, durch jene wunderliche Empfänglichkeit, jene unwillkürliche Mitempfindung, jene Gemütskrankheit, die wir bei den Poeten finden und mit keinem rechten Namen zu bezeichnen wissen. Wenn ich auch am Tage wohlbeleibt und lachend dahinwandle durch die funkelnden Gassen Babylons, glaubt mirs! sobald der Abend herabsinkt, erklingen die melancholischen Harfen in meinem Herzen, und gar des Nachts erschmettern darin alle Pauken und Zimbeln des Schmerzes, die ganze Janitscharenmusik der Weltqual, und es steigt empor der entsetzlich gellende Mummenschanz [...]. (VI 125)

Die Börne-Denkschrift ist das Zeugnis einer Neuorientierung Heines, die auch seine hermeneutische Konzeption einschneidend verändert hat. Seine Interpretationen geschichtlicher und künstlerischer Phänomene sind in den frühen und mittleren Jahren durchweg von einer spannungsvollen Konstellation prozeßhafter und zyklischer Konzeptionen geprägt, wobei die eschatologische Komponente am stärksten in den Werken der frühen dreißiger Jahre (besonders in Teilen der *Englischen Fragmente*, in der Einleitung zu *Kahldorf über den Adel* und der Schrift *Zur Geschichte der Religion und Philosophie in Deutschland*) zur Geltung kommt. Im Spätwerk tritt neben die Perspektivierung immer stärker eine Negativierung des eschatologischen Moments. Schon in der Börne-Denkschrift ist aus den typologischen Relationen die Spannung von Verheißung und Erfüllung weitgehend entwichen; aus dem Fortgang einer innerweltlichen Heilsgeschichte wird »ein Hader, welcher, alt wie die Welt, sich in allen Geschichten des Menschengeschlechts kund gibt und am grellsten hervortrat in dem Zweikampfe, welchen der judäische Spiritualismus gegen hellenische Lebensherrlichkeit führte, ein Zweikampf, der noch immer nicht entschieden ist und vielleicht nie ausgekämpft wird« (IV 17). Für den Bewohner der

Matrazengruft wird die eigene Existenz in der typologischen Nachfolge des Lazarus und des aussätzigen Liederdichters der Limburger Chronik zum Beleg eines trostlosen Wiederholungszwangs und eines Plagiats Gottes »an hoch sich selber« (VI/1 500). Heilsgeschichte verkehrt sich in Verfalls- und Krankheitsgeschichte. Stand der Begriff der Zeit zuvor für Fortschritt, so jetzt für Zerstörung; dem Betrachter und Interpreten erscheint die Tradition, das Gesamt der Hervorbringungen des menschlichen Geistes nicht mehr als Wegekarte des Aufstiegs zur Humanität, sondern als Trümmerfeld:

Gebrochen auf dem Boden liegen rings
Portale, Giebeldächer mit Skulpturen,
Wo Mensch und Tier vermischt, Zentaur und Sphinx,
Satyr, Chimäre – Fabelzeitfiguren.

Auch manches Frauenbild von Stein liegt hier,
Unkrautumwuchert in dem hohen Grase;
Die Zeit, die schlimmste Syphilis, hat ihr
Geraubt ein Stück der edlen Nymphennase. (VI/1 345)

Die Ruinenlandschaften des Heineschen Spätwerks[13] bezeichnen diese Negativierung der Eschatologie; die »Wendung von Geschichte in Natur«[14], die ihr korrespondiert, erscheint im Bild eines die »basrelief gemeißelten Gestalten« des Dichtersarkophags überwuchernden Efeus:

Die Gegensätze sind hier grell gepaart,
Des Griechen Lustsinn und der Gottgedanke
Judäas! Und in Arabeskenart
Um beide schlingt der Efeu seine Ranke. (VI/1 345 f.)

Heines allegorischer Blick läßt hinter den »Ruinen aus der Zeit der Renaissance« (VI/1 345) die jüdisch-christliche wie antike Vorgeschichte durchscheinen, und hinter dieser die »Geschichte in allem was sie Unzeitiges, Leidvolles, Verfehltes von Beginn an hat«: die »Geschichte als Leidensgeschichte der Welt«.[15] Sein Spätwerk ist im Poetischen wie Prosaischen allegorische Auslegungskunst: Verarbeitung von Text- und Bildfragmenten, die sich bei näherem Hinsehen fast ausnahmslos als Anordnung vorgegebenen historischen und literarischen Materials, als Zitat, Anspielung, Kontrafaktur zu erkennen geben.[16] Die poetologischen und hermeneutischen Konzeptionen dieser Phase beruhen auf einer Technik der »allegorischen Verweisungen«.[17] Sie haben ihre Entsprechung in einer immer deutlicher hervortretenden Auffassung der Geschichte als eines vorgegebenen Textes[18], demgegenüber kollektives wie individuelles Leben und Handeln nur noch die Qualität der Parodie oder des Plagiats besitzen – ein Vorwurf, der schon in den *Schöpfungsliedern* von Satan gegen Gott selbst und seine Weltschöpfung erhoben wird:

> Ei, der Herr kopiert sich selber!
> Nach dem Bilde seiner Ochsen
> Macht er noch am Ende Kälber! (IV 356)

III. Signatur, Chiffre, Hieroglyphe
Romantische Parabolik und politische Esoterik

Heines Hermeneutik ist den »lebendigsten Lebensgefühlen« der Gegenwart viel zu sehr verpflichtet, als daß sie sich die philologische Strenge und den gelassenen Blick des Historismus hätte zu eigen machen können. Eingespannt zwischen die revolutionäre Ungeduld des Chiliasten und die todverfallene Trauer des Allegorikers entziffert er die Gebilde, Gestalten und Texte der Tradition als Chiffren der Verheißung oder des Fluchs. Gerade in dieser Sicht ist er der Romantik in tiefer Affinität verbunden: In kaum einem Autor des 19. Jahrhunderts lebt die spekulativ-eschatologische Tradition der Romantik, die sich den der gleichen Quelle entspringenden historistischen Filiationen der Epoche polemisch entgegenstellt, mit größerer Intensität und Authentizität weiter als in ihm.

Schon Heines erste publizierte Prosaarbeit, der Aufsatz *Die Romantik*, macht den Zusammenhang deutlich:

> Im Altertum, das heißt eigentlich bei Griechen und Römern, war die Sinnlichkeit vorherrschend. Die Menschen lebten meistens in äußern Anschauungen, und ihre Poesie hatte vorzugsweise das Äußere, das Objektive, zum Zweck und zugleich zum Mittel der Verherrlichung. Als aber ein schöneres und

milderes Licht im Orient aufleuchtete, als die Menschen anfingen zu ahnen, daß es noch etwas Besseres gibt als Sinnenrausch, als die unüberschwenglich beseligende Idee des Christentums, die Liebe, die Gemüter zu durchschauern begann: da wollten auch die Menschen diese geheimen Schauer, diese unendliche Wehmut und zugleich unendliche Wollust mit Worten aussprechen und besingen. Vergebens suchte man nun durch die alten Bilder und Worte die neuen Gefühle zu bezeichnen. Es mußten jetzt neue Bilder und neue Worte erdacht werden, und just solche, die, durch eine geheime, sympathetische Verwandtschaft mit jenen neuen Gefühlen, diese letztern zu jederzeit im Gemüte erwecken und gleichsam herauf beschwören konnten. So entstand die sogenannte romantische Poesie, die in ihrem schönsten Lichte im Mittelalter aufblühete, späterhin vom kalten Hauch der Kriegs- und Glaubensstürme traurig dahin welkte, und in neuerer Zeit wieder lieblich aus dem deutschen Boden aufsproßte und ihre herrlichsten Blumen entfaltete. Es ist wahr, die Bilder der Romantik sollten mehr erwecken als bezeichnen. Aber nie und nimmermehr ist dasjenige die wahre Romantik, was so viele dafür ausgeben; nämlich: ein Gemengsel von spanischem Schmelz, schottischen Nebeln und italienischem Geklinge, verworrene und verschwimmende Bilder, die gleichsam aus einer Zauberlaterne ausgegossen werden, und durch buntes Farbenspiel und frappante Beleuchtung seltsam das Gemüt erregen und ergötzen. Wahrlich, die Bilder, wodurch jene romantischen Gefühle erregt werden sollen, dürfen eben so klar und mit eben so bestimmten Umrissen gezeichnet sein, als die Bilder der plastischen Poesie. Diese romantischen Bilder sollen an und für sich schon ergötzlich sein; sie sind die kostbaren, goldenen Schlüssel, womit, wie alte Märchen sagen, die hübschen, verzauberten Feengärten aufgeschlossen werden. [...] Viele aber, die bemerkt haben, welchen ungeheuren Einfluß das Christentum, und in dessen Folge das Rittertum, auf die romantische Poesie ausgeübt haben, vermeinen nun beides in ihren Dichtungen einmischen zu müssen, um denselben den Charakter der Romantik aufzudrücken. Doch glaube ich, Christentum und Rittertum waren nur Mittel, um der Romantik Eingang zu verschaffen [...] (I 399 ff.)

Heines Rekonstruktion des romantischen Prinzips bewegt sich zunächst durchaus in Schlegelschen Bahnen[19]; der Aufgang der romantischen Poesie ist eng verbunden mit dem Sieg des Christentums, im Mittelalter erreicht die romantische Poesie ihre schönste Blüte. Aber Heine trennt scharf zwischen der Idee des Christentums als der Wurzel des Romantischen einerseits, Christentum und Rittertum als institutionalisierter gesellschaftlicher Macht von »Pfaffen« und »adeligen Herrscherlingen« (I 401) andrerseits, wobei die letzteren nur »Mittel« waren, um der Romantik Eingang zu verschaffen. Der Begriff des Romantischen wird von den historisch-gesellschaftlichen Inhalten und Formen christlicher und feudaler Ideologie abgelöst, mit denen er wohl genetisch, nicht aber wesenhaft verbunden ist.

Das Spezifische romantischer Poesie liegt vielmehr darin, daß sie der symbolische Modus des Ausdrucks neuer Bedürfnisse und Erfahrungen ist, die sich in den überlieferten Formen der klassischen Antike nicht mehr artikulieren lassen. Die Wirklichkeitserfahrung des antiken Menschen fiel mit der sinnlichen Erfahrung der Gegenstände dieser Welt zusammen; so war für den antiken Menschen (und insbesondere den Künstler) die Erfahrung der Welt auch vollkommen in konkreten, sinnlichen Bildern: »plastisch« darstellbar. Die neuen Bedürfnisse der Menschheit, über deren Ursachen keine Auskunft gegeben wird, die sich aber historisch in der Idee des Christentums verdichten, zielen über bloß sinnliche Erfahrung hinaus auf einen spirituellen Zusammenhang hinter den Phänomenen dieser Welt, auf den diese nur mehr verweisen, ohne ihn noch unmittelbar repräsentieren zu können.

Aus diesen veränderten Bedürfnissen und diesem neuen Modus der Erfahrung ergibt sich die Notwendigkeit einer neuen Symbolsprache. Ihre Struktur ist bestimmt von der Erfahrung des Hiatus zwischen Zeichen und Bezeichnetem und einer daraus entspringenden grundsätzlichen Ambiguität der Bilder: Die »Bilder der Romantik sollten mehr erwecken als bezeichnen«, und sie *mußten* es, weil die neue Erfahrung eben darin bestand, daß die eigentliche Wirklichkeit nicht mehr als eine in den sinnlichen Erscheinungen faßbare, sondern als eine in unsinnlichen und mehrschichtigen Beziehungen zwischen oder hinter diesen Erscheinungen liegende empfunden wurde.

Die Spannung von Buchstabe und Geist, von manifestem und latentem Sinn, von exoterischer und esoterischer Bedeutung: der parabolische Charakter ist das wesentliche Merkmal, durch das sich die romantischen Kunstwerke von denen der klassischen Antike (und ihrer modernen Renaissancen) unterscheiden. Parabolische Textstruktur und eine Hermeneutik des mehrfachen Schriftsinns sind das romantische Erbe der christlichen Tradition, ein Erbe, das für Heine seine Fruchtbarkeit gerade auch dort erweist, wo es sich seiner spezifisch christlichen Gehalte entledigt hat und nur als *formales* Prinzip poetischer Gestaltung oder Textauslegung erhalten bleibt. Sein Funktionieren wird in der *Romantischen Schule* am Beispiel der christlich-mittelalterlichen Kunst anschaulich beschrieben:

> Der Unterschied [zwischen klassischer und romantischer Poesie] besteht darin, daß die plastischen Gestalten in der antiken Kunst ganz identisch sind mit dem Darzustellenden, mit der Idee die der Künstler darstellen wollte, z. B. daß die Irrfahrten des Odysseus gar nichts anders bedeuten als die Irrfahrten des Mannes, der ein Sohn des Laertes und Gemahl der Penelopeia war und Odysseus hieß; daß ferner der Bacchus, den wir im Louvre sehen, nichts anders ist als der anmutige Sohn der Semele mit der kühnen Wehmut in den Augen und der heiligen Wollust in den gewölbt weichen Lippen. Anders ist es in der romantischen Kunst; da haben die Irrfahrten eines Ritters noch eine esoterische Bedeutung, sie deuten vielleicht auf die Irrfahrten des Lebens überhaupt; der Drache der überwunden wird, ist die Sünde; der Mandelbaum der dem Helden aus der Ferne so tröstlich zuduftet, das ist die Dreieinigkeit, Gott Vater und Gott Sohn und Gott Heiliger Geist, die zugleich eins ausmachen, wie Nuß, Faser und Kern dieselbe Mandel sind. Wenn Homer die Rüstung eines Helden schildert, so ist es eben nichts anders als eine gute Rüstung, die so und so viel Ochsen wert ist; wenn aber ein Mönch des Mittelalters in seinem Gedichte die Röcke der Muttergottes beschreibt, so kann man sich darauf verlassen, daß er sich unter diesen Röcken eben so viele verschiedene Tugenden denkt, daß ein besonderer Sinn verborgen ist unter diesen heiligen Bedeckungen der unbefleckten Jungfrauschaft Mariä, welche auch, da ihr Sohn der Mandelkern ist, ganz vernünftigerweise als Mandelblüte be-

sungen wird. Das ist nun der Charakter der mittelalterlichen Poesie, die wir die romantische nennen.

Die klassische Kunst hatte nur das Endliche darzustellen, und ihre Gestalten konnten identisch sein mit der Idee des Künstlers. Die romantische Kunst hatte das Unendliche und lauter spiritualistische Beziehungen darzustellen oder vielmehr anzudeuten, und sie nahm ihre Zuflucht zu einem System traditioneller Systeme, oder vielmehr zum Parabolischen, wie schon Christus selbst seine spiritualistischen Ideen durch allerlei schöne Parabeln deutlich zu machen suchte. (III 367)

Das Verfahren der in patristischer Tradition stehenden Exegese nach dem mehrfachen Schriftsinn – die von der die eschatologische Spannung festhaltenden typologischen Exegese der gleichen Tradition zu unterscheiden ist[20] – und der ihr entsprechende komplexe Textbegriff werden von Heine säkularisiert und in ihren ästhetischen und politischen Dimensionen entfaltet. Wie das formale Prinzip einer nach dem Buchstaben und den verschiedenen geistigen Dimensionen der Schrift gestaffelten Auslegung auf profane Texte angewendet werden kann, illustrieren am besten Heines Bemerkungen zum *Don Quijote* anläßlich seiner Besprechung der Tieckschen Übersetzung in der *Romantischen Schule*:

Spaßhaft genug ist es, daß gerade die romantische Schule uns die beste Übersetzung eines Buches geliefert hat, worin ihre eigne Narrheit am ergötzlichsten durchgehechelt wird. Denn diese Schule war ja von demselben Wahnsinn befangen, der auch den edlen Manchaner zu allen seinen Narrheiten begeisterte; auch sie wollte das mittelalterliche Rittertum wieder restaurieren; auch sie wollte eine abgestorbene Vergangenheit wieder ins Leben rufen. Oder hat Miguel de Cervantes Saavedra in seinem närrischen Heldengedichte auch andere Ritter persiflieren wollen, nämlich alle Menschen, die für irgend eine Idee kämpfen und leiden? Hat er wirklich in seinem langen, dürren Ritter die idealische Begeisterung überhaupt, und in dessen dicken Schildknappen den realen Verstand parodieren wollen? Immerhin, letzterer spielt jedenfalls die lächerlichere Figur; denn der reale Verstand mit allen seinen hergebrachten gemeinnützigen Sprichwörtern, muß dennoch, auf seinem ruhigen Esel, hinter der Begeisterung einher trottieren; trotz seiner bessern Einsicht muß er und sein Esel alles Ungemach teilen, das dem edlen Ritter so oft zustößt: ja, die ideale Begeisterung ist von so gewaltig hinreißender Art, daß der reale Verstand, mitsamt seinen Eseln, ihr immer unwillkürlich nachfolgen muß.

Oder hat der tiefsinnige Spanier noch tiefer die menschliche Natur verhöhnen wollen? Hat er vielleicht in der Gestalt des Don Quixote unseren Geist, und in der Gestalt des Sancho Pansa unseren Leib allegorisiert, und das ganze Gedicht wäre alsdenn nichts anders als ein großes Mysterium, wo die Frage über den Geist und die Materie in ihrer gräßlichsten Wahrheit diskutiert wird? (III 430f.)

Die Interpretation folgt bis in die Details des Auslegungsschemas und der Diktion dem Muster der patristischen Exegese. Auf der ersten Stufe der Allegorese orientiert sich die Auslegung noch am buchstäblichen, am historischen Sinn des Werkes, das auf dieser Ebene als vom Autor intendierte Satire auf die spätmittelalterlichen Ritterromane in der Art des *Amadis* verstanden wird. Der nächste Interpretationsschritt arbeitet einen allgemeineren moralischen Sinn heraus, indem das Verhältnis Don Quijote – Sancho Pansa als Persiflage des Idealismus, das heißt, Don Quijote als Verkörperung der immer scheiternden »idealischen Begeisterung«, Sancho Pansa als Inkarnation des vorsichtigen »realen Verstandes« betrachtet wird. Auf der dritten Stufe wird diese Konstellation zur Allegorie der Dichotomie von Geist und Materie, die einen auf die letzten Fragen menschlichen Heils oder Unheils zielenden »mystischen« Sinn entbindet. Dieser mystische Sinn ist bei Heine allerdings nicht mehr auf die christlichen Heilswahrheiten, etwa auf die Lehre von Sündenfall und Erlösung, bezogen, sondern auf seine anthropologische Konzeption eines Dualismus von Spiritualismus und Sensualismus, wobei die Nutzanwendung am Ende eine durchaus materialistische Wendung nimmt: »Wirklich, der Leib scheint oft mehr Einsicht zu haben, als der Geist, und der Mensch denkt oft viel richtiger mit Rücken und Magen, als mit dem Kopf.« (III 431)

Die Interpretation entfernt sich zunehmend von dem, was als Intention des Autors Cervantes plausibel gemacht werden könnte. Heines Verfahren strebt nicht die Eingrenzung eines historisch objektivierbaren Sinns an, sondern die Erweiterung und Anreicherung des Textsinns aus der Sicht des Interpreten.

Im gleichen Maße jedoch, wie der Textsinn von der Intention des Autors abgelöst und zur Funktion des vom Interpreten eingenommenen Standpunktes wird, werden die historisch-autobiographischen Erfahrungen, die die Perspektive des Interpreten bestimmen, präzisiert und objektiviert. In Heines Einleitung zu einer illustrierten Ausgabe des *Don Quijote* verwandelt sich die Interpretation in eine Rekonstruktion der Bedeutungsveränderungen, die der Text in der Sicht des Betrachters durchlaufen hat; sie endet mit einer politischen Bestandsaufnahme, die aus dem Roman einen aktuellen Sinn herausschlägt:

> Ich war damals der Meinung, die Lächerlichkeit des Donquixotismus bestehe darin, daß der edle Ritter eine längst abgelebte Vergangenheit ins Leben zurückrufen wollte, und seine armen Glieder, namentlich sein Rücken, mit den Tatsachen der Gegenwart in schmerzliche Reibungen gerieten. Ach, ich habe seitdem erfahren, daß es eine eben so undankbare Tollheit ist, wenn man die Zukunft allzu frühzeitig in die Gegenwart einführen will und bei solchem Ankampf gegen die schweren Interessen des Tages nur einen sehr mageren Klepper, eine sehr morsche Rüstung und einen eben so gebrechlichen Körper besitzt. Wie über jenen, so auch über diesen Donquixotismus schüttelt der Weise sein vernünftiges Haupt. (IV 153 f.)

Das Verfahren kann auch der Rekonstruktion des umgekehrten Vorgangs dienen: Die Interpretation wird zur Darstellung des Sinnverlustes, den ein Text angesichts wechselnder Erfahrungen erleidet. Besonders deutlich wird das markiert in Heines Auseinandersetzung mit Uhland, wo verschiedene Rezeptionsphasen dargestellt werden, von der bedingungslosen Identifikation des jungen Heine mit Uhlands Gedichten bis zur Entfremdung des Pariser Emigranten von der einst so geliebten Poesie:

> Ich darf die Gedichtesammlung des Herrn Ludwig Uhland nicht unbesprochen lassen, und denoch befinde ich mich in einer Stimmung, die keineswegs solcher Besprechung günstig ist. Schweigen könnte hier als Feigheit oder gar als Perfidie erscheinen, und ehrlich offne Worte könnten als Mangel an Nächstenliebe gedeutet werden. [...] Aber ich bitte Euch, Zeit

> und Ort, wo ich dieses niederscheibe, gehörig zu ermessen. Vor zwanzig Jahren, ich war ein Knabe, ja damals, mit welcher überströmenden Begeisterung hätte ich den vortrefflichen Uhland zu feiern vermocht! Damals empfand ich seine Vortrefflichkeit vielleicht besser als jetzt; er stand mir näher an Empfindung und Denkvermögen. Aber so vieles hat sich seitdem ereignet! (III 483 f.)

Die ursprüngliche Begeisterung wird durch ein zunächst noch nicht artikulierbares Gefühl der Unangemessenheit – versinnbildlicht im komischen Pathos der den Rezitator Heine nachäffenden Nixen (III 485) – getrübt und verschärft sich zu der Erkenntnis, daß dem imitierten Mittelalter des Gedichts keine Erfahrung im Leser mehr korrespondiert; Heines Zitattechnik, die einzelne Gedichtzeilen mit immer neuen historischen und privaten Erfahrungen konfrontiert, macht diesen Prozeß der Sinnentleerung unbarmherzig sichtbar:

> Dasselbe Buch habe ich wieder in Händen, aber zwanzig Jahre sind seitdem verflossen, ich habe unterdessen viel gehört und gesehen, gar viel, ich glaube nicht mehr an Menschen ohne Kopf, und der alte Spuk wirkt nicht mehr auf mein Gemüt. Das Haus, worin ich eben sitze und lese, liegt auf dem Boulevard Mont-Martre; und dort branden die wildesten Wogen des Tages, dort kreischen die lautesten Stimmen der modernen Zeit [...] – Ist das nun der Ort, wo man Uhlands Gedichte lesen kann? (III 485 f.)

Erst in der Retrospektive ist der Betrachter in der Lage, diese subjektive Erfahrung als objektiven Befund, das heißt, als Kritik an der Brüchigkeit des Textes selbst zu formulieren – und als Selbstkritik:

> Schärferen Blicken als den meinigen will es nicht entgangen sein, daß das hohe Ritterroß, mit seinen bunten Wappendecken und stolzen Federbüschen, nie recht gepaßt habe zu seinem bürgerlichen Reiter, der an den Füßen, statt Stiefeln mit goldenen Sporen, nur Schuh mit seidenen Strümpfen, und auf dem Haupte, statt eines Helms, nur einen Tübinger Doktorhut getragen hat. Sie wollen entdeckt haben, daß Herr Ludwig Uhland niemals mit seinem Thema ganz übereinstimmen konnte; daß er die naiven, grauenhaft kräftigen Töne des Mittelalters nicht eigentlich in idealisierter Wahrheit wiedergibt,

sondern sie vielmehr in eine kränklich sentimentale Melancholie auflöst: daß er die starken Klänge der Heldensage und des Volkslieds in seinem Gemüte gleichsam weich gekocht habe, um sie genießbar zu machen für das moderne Publikum. (III 487 f.)

Heines antihistorische Hermeneutik faßt in erster Linie die bewegliche Konstellation Werk – Leser, nicht so sehr die als »Intention« fixierbare feste Relation von Autor und Werk ins Auge; ihr Interesse gilt dem autonomen Fortleben oder Absterben der Werke, dem Drama der Entfaltung oder des Verlusts von Sinn. Ihre Legitimation bezieht diese Sicht nicht zuletzt aus der These, daß der Sinn des einmal geschaffenen Gebildes seinem Schöpfer selbst in keinem höheren Maße zugänglich, das heißt, unter Umständen ebenso unzugänglich ist wie jedem anderen Interpreten. Metapher dieser auf einer Theorie der teilweise unbewußten Produktion beruhenden Auffassung des Kunstwerks ist der orientalische Selam:

Es dünkt mir [...] des höchsten Preises wert, wenn die Symbole, womit der Künstler seine Idee ausspricht, abgesehen von ihrer innern Bedeutsamkeit, noch außerdem an und für sich die Sinne erfreuen, wie Blumen eines Selams, die, abgesehen von ihrer geheimen Bedeutung, auch an und für sich blühend und lieblich sind und verbunden zu einem schönen Strauße. Ist aber solche Zusammenstimmung immer möglich? Ist der Künstler so ganz willensfrei bei der Wahl und Verbindung seiner geheimnisvollen Blumen? Oder wählt und verbindet er nur, was er muß? Ich bejahe diese Frage einer mystischen Unfreiheit. Der Künstler gleicht jener schlafwandelnden Prinzessin, die des Nachts in den Gärten von Bagdad, mit tiefer Liebesweisheit, die sonderbarsten Blumen pflückte und zu einem Selam verband, dessen Bedeutung sie selbst gar nicht mehr wußte, als sie erwachte, da saß sie nun des Morgens in ihrem Harem, und betrachtete den nächtlichen Strauß, und sann darüber nach, wie über einen vergessenen Traum, und schickte ihn endlich dem geliebten Kalifen. Der feiste Eunuch, der ihn überbrachte, ergötzte sich sehr an den hübschen Blumen, ohne ihre Bedeutung zu ahnen. Harun Alraschid aber, der Beherrscher der Gläubigen, der Nachfolger des Propheten, der Besitzer des salomonischen Rings, dieser erkannte gleich

> den Sinn des schönen Straußes, sein Herz jauchzte vor Freude, und er küßte jede Blume, und er lachte, daß ihm die Tränen herabliefen in den langen Bart (III 45 f.)

Zwischen dem sinnlich Schönen und der inneren Bedeutsamkeit besteht im Kunstwerk der Moderne (seit dem Aufgang der romantischen Kunst) kein notwendiger Zusammenhang mehr. Das sinnliche Moment der Symbole kann sich auch »abgesehen von ihrer geheimen Bedeutung«, es kann sich »außerdem an und für sich« zur Geltung bringen. Allerdings legt der Fortgang des Gleichnisses vom Selam den Schluß nahe, daß die bloße Wahrnehmung des sinnlichen Moments auf dem Niveau einer Eunuchen-Hermeneutik verharrt, während Genuß der Schönheit *und* Erkennen des Sinns ein Privileg derjenigen ist, die den Ring Salomonis besitzen.

Es wäre jedoch zu einfach, darin nur eine irrationalistische Ästhetik und Hermeneutik des Genies sehen zu wollen. In dem der zitierten Stelle vorangehenden Passus heißt es:

> Jeder Genius muß studiert und nur nach dem beurteilt werden, was er selbst will. Hier gilt nur die Beantwortung der Fragen: hat er die Mittel, seine Idee auszuführen? hat er die richtigen Mittel angewendet? Hier ist fester Boden. Wir modeln nicht mehr an der fremden Erscheinung nach unsern subjektiven Wünschen, sondern wir verständigen uns über die gottgegebenen Mittel, die dem Künstler zu Gebote stehen bei der Veranschaulichung seiner Idee. In den rezitierenden Künsten bestehen diese Mittel in Tönen und Worten. In den darstellenden Künsten bestehen sie in Farben und Formen. Töne und Worte, Farben und Formen, das Erscheinende überhaupt, sind jedoch nur Symbole der Idee, Symbole, die in dem Gemüte des Künstlers aufsteigen, wenn es der heilige Weltgeist bewegt, seine Kunstwerke sind nur Symbole, wodurch er andern Gemütern seine eigenen Ideen mitteilt. Wer mit den wenigsten und einfachsten Symbolen das Meiste und Bedeutendste ausspricht, der ist der größte Künstler. (III 45)

Die Frage nach dem, was das Genie »selbst will«, kann weder aus der bloßen Intuition des Interpreten, noch vom Künstler – dem der Sinn des in »mystischer Unfreiheit«, aber bei technischer Beherrschung der »Mittel« geschaffenen Werkes nach seiner Vollendung selbst entgleitet – zulänglich beantwortet werden, sondern nur aus einer Analyse dessen, was der Künstler in der Anwendung seiner Mittel[21] als Gebilde objektivieren konnte. Dieses Gebilde ist Bestandteil einer symbolischen Kommunikation zwischen Künstler und Publikum auf der einen, Künstler und »heiligem Weltgeist« auf der andern Seite. Symbole steigen im Gemüt des Künstlers nicht von selber auf, sondern nur wenn der Weltgeist es bewegt.

Daß dieser Kommunikationsvorgang, dessen Mittelglied der Künstler bildet, nicht als »Begeisterung« im platonischen Sinne[22], sondern als geschichtlich begriffen werden muß, ergibt sich aus den näheren Bestimmungen der Begriffe, mit denen Heine die Objektivationen beider Kommunikationsvorgänge bezeichnet: Die Spur des bewegenden Weltgeistes im Werk ist seine »Signatur«[23], die »Mitteilung« des Künstlers an die »anderen Gemüter« besitzt die Struktur der »Chiffre«.

Heines Vorliebe für den Begriff der Signatur ist schon mehrfach bemerkt[24], die Doppelstruktur des mit ihm Gemeinten aber nicht immer berücksichtigt worden. Er bezeichnet einmal ein Zeitspezifisches, das sich den Werken gewissermaßen als Wappen der gesellschaftlich herrschenden Kräfte aufprägt und vom Betrachter in den Formen noch mehr als in den Gehalten als nichtdiskursive Zeichen- oder Symptomkonstellation aufgespürt werden muß, wie Heine dies angesichts des Pariser Salons von 1843 versucht:

> Ich quäle mich vergebens, dieses Chaos im Geiste zu ordnen und den Gedanken der Zeit darin zu entdecken, oder auch nur den verwandtschaftlichen Charakterzug, wodurch diese Gemälde sich als Produkte unsrer Gegenwart kundgeben. Alle Werke einer und derselben Periode haben nämlich einen solchen Charakterzug, das Malerzeichen des Zeitgeistes. Z.B. auf der Leinwand des Watteau, oder des Boucher, oder des Vanloo, spiegelt sich ab das graziöse gepuderte Schäferspiel, die geschminkte, tändelnde Leerheit, das süßliche Reifrockglück des herrschenden Pompadourtums: überall hellfarbig bebänderte Hirtenstäbe, nirgends ein Schwert. In entgegengesetzter Weise sind die Gemälde des David und seiner Schüler nur das farbige Echo der republikanischen Tugendperiode, die in den imperialistischen Kriegsruhm überschlägt, und wir sehen hier eine forcierte Begeisterung für das marmorne Modell,

einen abstrakten frostigen Verstandesrausch, die Zeichnung korrekt, streng, schroff, die Farbe trüb, hart, unverdaulich: Spartanersuppen. Was wird sich aber unsern Nachkommen, wenn sie einst die Gemälde der heutigen Maler betrachten, als die zeitliche Signatur offenbaren? Durch welche gemeinsame Eigentümlichkeiten werden sich diese Bilder gleich beim ersten Blick als Erzeugnisse aus unsrer gegenwärtigen Periode ausweisen? Hat vielleicht der Geist der Bourgeoisie, der Industrialismus, der jetzt das ganze soziale Leben Frankreichs durchdringt, auch schon in den zeichnenden Künsten sich dergestalt geltend gemacht, daß allen heutigen Gemälden das Wappen dieser neuen Herrschaft aufgedrückt ist? Besonders die Heiligenbilder, woran die diesjährige Ausstellung so reich ist, erregen in mir eine solche Vermutung. Da hängt im langen Saal eine Geißelung, deren Hauptfigur, mit ihrer leidenden Miene, dem Direktor einer verunglückten Aktiengesellschaft ähnlich sieht, der vor seinen Aktionären steht und Rechnung ablegen soll; ja letztere sind auch auf dem Bilde zu sehen, und zwar in der Gestalt von Henkern und Pharisäern, die gegen den Ecce homo schrecklich erbost sind und an ihren Aktien sehr viel Geld verloren zu haben scheinen. Der Maler soll in der Hauptfigur seinen Oheim porträtiert haben. Die Gesichter auf den eigentlich historischen Bildern, welche heidnische und mittelalterliche Geschichten darstellen, erinnern ebenfalls an Kramladen, Börsenspekulation, Merkantilismus, Spießbürgerlichkeit. (V 480 f.)

Was der Weltgeist im Gemüt des Künstlers als Symbol aufsteigen läßt, materialisiert sich im Werk als Signatur des Zeitgeistes. Signatur der Werke des Salons von 1843 etwa ist jedoch nicht die religiöse Motivik, sondern der von ihr zugedeckte »Merkantilismus«. Signatur sind also nicht die ins Auge springenden stofflichen oder thematischen Epiphänomene, sondern die unter ihnen verborgen liegenden und sie oft dementierenden Züge. Es ist vor allem die Signatur der Gegenwart, die sich der Interpretation entzieht, während die Signaturen vergangener Epochen mit zunehmender Deutlichkeit auch für den oberflächlicheren Blick erkennbar werden.

Es entspricht der von Heine behaupteten Dialektik von technischer Materialbeherrschung und mystischer Unfreiheit im

Schaffen des Künstlers, wenn der Begriff der Signatur nicht nur die passive Prägung der Autoren und Werke durch ihre Zeit, sondern auch die Fähigkeit des menschlichen Geistes meinen kann, der Welt seine Signatur einzuzeichnen:

> Der Gedanke will Tat, das Wort will Fleisch werden. Und wunderbar! der Mensch, wie der Gott der Bibel, braucht nur seinen Gedanken auszusprechen, und es gestaltet sich die Welt, es wird Licht oder es wird Finsternis, die Wasser sondern sich von dem Festland, oder gar wilde Bestien kommen zum Vorschein. Die Welt ist die Signatur des Wortes. (III 593)

Auch im Hinblick auf die Relation von Werk und Leser erschöpft sich Heines Konzeption nicht in der Propagierung einer Genie-Hermeneutik, die ein angemessenes Verstehen der Chiffre Kunstwerk nur den Besitzern des salomonischen Rings einräumen will. Die Unterscheidung von exoterischen und esoterischen Lesern ist zwar schon für den frühen Heine fundamental, aber in seinen Überlegungen zu der Frage, worauf die Fähigkeit zur Deutung der Kunstwerke beruhe, kommen auch andere Gesichtspunkte zur Geltung als der einer elitären Kunstkompetenz.

Die früheste Formulierung des Gedankens einer esoterischen Hermeneutik findet sich in einer ironischen Passage der *Harzreise*, in der der Erzähler einem begriffsstutzigen Burschenschafter aus Berlin die »diplomatische Bedeutung des Balletts« erläutert:

> Mit Mühe zeigte ich ihm, wie in Hoguets Füßen mehr Politik sitzt als in Buchholz' Kopf, wie alle seine Tanztouren diplomatische Verhandlungen bedeuten, wie jede seiner Bewegungen eine politische Beziehung habe, so z. B., daß er unser Kabinett meint, wenn er, sehnsüchtig vorgebeugt, mit den Händen weit ausgreift; daß er den Bundestag meint, wenn er sich hundertmal auf einem Fuße herumdreht, ohne vom Fleck zu kommen; daß er die kleinen Fürsten im Sinne hat, wenn er wie mit gebundenen Beinen herumtrippelt; daß er das europäische Gleichgewicht bezeichnet, wenn er wie ein Trunkener hin und her schwankt; daß er einen Kongreß andeutet, wenn er die gebogenen Arme knäuelartig in einander verschlingt, [...] daß er unsern allzugroßen Freund im Osten darstellt, wenn er in allmählicher Entfaltung sich in die Höhe hebt, in dieser Stellung lange ruht und plötzlich in die erschrecklichsten

> Sprünge ausbricht. Dem jungen Manne fielen die Schuppen von den Augen [...] Beim Apis! wie groß ist die Zahl der exoterischen, und wie klein die Zahl der esoterischen Theaterbesucher! Da steht das blöde Volk und gafft und bewundert Sprünge und Wendungen, und studiert Anatomie in den Stellungen der Lemiere, und applaudiert die Entrechats der Röhnisch, und schwatzt von Grazie, Harmonie und Lenden – und keiner merkt, daß er in getanzten Chiffern das Schicksal des deutschen Vaterlandes vor Augen hat. (II 147 f.)

Der Kontext ist hier eindeutig politisch, das Verfahren eine die Technik der Allegorese zu satirischen Zwecken nicht nur implizierende, sondern gleich auch explizierende Deutung des Kunsttanzes. Der esoterische Sinn konstituiert sich nach den die Episode abschließenden Worten des Erzählers in der deutenden Vermittlung von ästhetischer und historisch-gesellschaftlicher Erfahrung, wobei jedoch die überlieferten Vorstellungen von den Voraussetzungen einer kunstverständigen Interpretation umgekehrt werden: Als exoterischer Betrachter erscheint hier – wie später in dem bereits zitierten Passus aus den *Französischen Malern* der Eunuch – der nur ästhetisch Genießende, dem »Grazie, Harmonie und Lenden« Gegenstand der Bewunderung sind, als Esoteriker derjenige, dem die kunstvollen »Sprünge und Wendungen« zu »getanzten Chiffern« der politischen Zusammenhänge werden, von denen er selbst betroffen ist.

Die im Ballett-Gleichnis angelegte politisch-esoterische Konzeption kann nicht als witziger Einfall abgetan werden, da sie von Heine vielfach wiederaufgenommen und um neue Gesichtspunkte bereichert wird. Auch ihre Bedeutung in diesem frühen Text wird nur sichtbar, wenn man sie in den Zusammenhang der eschatologischen Ästhetik stellt, die der Epilog der *Harzreise* mit den Worten andeutet, was »jetzt kärglich verschwiegen« sei, werde in einer erhofften, allerdings unbestimmten Zukunft »vollauf gesagt« werden. Der tiefere Sinn des Textes erschöpft sich also nach Auskunft des Textes selbst nicht in der esoterischen Beziehung auf ein kleines Publikum von »Eingeweihten«.[25] Wesentlich ist, daß er eine Wahrheit enthält, die, zunächst verborgen, sich geschichtlich entfaltet und exoterisch, allgemein und öffentlich, wird. Der esoterische Sinn legitimiert sich weder als bloß ästhetischer, noch als kritisches Bewußtsein einer kleinen Gemeinde, sondern durch das politisch-eschatologische Moment, das ihm innewohnt. Säkularisiert stellt sich der Weg vom Verschweigen oder Verbergen zum Enthüllen, der Übergang vom Fragment zum Ganzen als geschichtlicher Fortschritt dar. Für den Autor der *Reisebilder* fallen das politische und ästhetische Moment dieser Entwicklung noch weitgehend in der Ausbildung politisch wirksamer Formen der Öffentlichkeit zusammen. Die Auslegung hat dementsprechend das Moment der Aktualität des Textes wie das seiner Potentialität ins Auge zu fassen.[26] Daß esoterisches Schreiben und Lesen durch äußeren Druck erzwungen sein können, schlägt keineswegs nur negativ zu Buche, wird vielmehr zum Ausgangspunkt einer ästhetischen und hermeneutischen Maieutik, die aus der Ermittlung der »Wahrheit« des Textes, aus dem Vorgang interpretativer Arbeit, einen zusätzlichen Erkenntnis- und Lustgewinn zieht.[27]

Heines schöpferischer Beitrag zur Tradition einer esoterischen Hermeneutik liegt allerdings nicht in der Politisierung christlich-romantischer Exegese; er folgt hier in vielem Autoren der Aufklärung wie Shaftesbury, Diderot und Herder, die zumindest bereits Ansätze zu einer Theorie der politisch chiffrierten »Sklavensprache« (durch humoristische, oder allegorisch-emblematische Kommunikation) entwickelt hatten.[28] Ein neuer und weiterführender Aspekt deutet sich zuerst im dritten Teil der *Reisebilder* in seiner Interpretation der italienischen opera buffa an:

> [...] um die heutige italienische Musik zu lieben und durch die Liebe zu verstehn, muß man das Volk selbst vor Augen haben, seinen Himmel, seinen Charakter, seine Mienen, seine Leiden, seine Freuden, kurz seine ganze Geschichte, von Romulus, der das heilige römische Reich gestiftet, bis auf die neueste Zeit, wo es zu Grunde ging, unter Romulus Augustulus II. Dem armen geknechteten Italien ist ja das Sprechen verboten, und es darf nur durch Musik die Gefühle seines Herzens kund geben. All sein Groll gegen fremde Herrschaft, seine Begeisterung für die Freiheit, sein Wahnsinn über das Gefühl der Ohnmacht, seine Wehmut bei der Erinnerung an vergangene Herrlichkeit, dabei sein leises Hoffen, sein Lauschen, sein Lechzen nach Hülfe, alles dieses verkappt sich in jene Melodieen, die von grotesker Lebenstrunkenheit zu elegischer

> Weichheit herabgleiten, und in jene Pantomimen, die von schmeichelnden Karessen zu drohendem Ingrimm überschnappen.
> Das ist der esoterische Sinn der Opera Buffa. Die exoterische Schildwache, in deren Gegenwart sie gesungen und dargestellt wird, ahnt nimmermehr die Bedeutung dieser heiteren Liebesgeschichten, Liebesnöten und Liebesneckereien, worunter der Italiener seine tödlichsten Befreiungsgedanken verbirgt, wie Harmodius und Aristogiton ihren Dolch verbargen in einem Kranze von Myrten. Das ist halt närrisches Zeug, sagt die exoterische Schildwache, und es ist gut, daß sie nichts merkt. (II 353)

Das formale Schema der esoterischen Interpretation hat sich gegenüber der Ballett-Episode der *Harzreise* nicht verändert. Auch hier ist der agierte Text nur dem esoterischen Betrachter verständlich, der den Kontext von Geschichte und Gesellschaft berücksichtigt, aber deutlicher als bisher zeichnet sich ab, daß der Code, durch den die esoterische Verständigung erst möglich wird, nicht so sehr in Bildungswissen als in Erfahrung begründet ist. Diese Erfahrung wird als gemeinsame Erfahrung des Leids verstanden, eines Leids, das hier noch als Ergebnis politischer Unterdrückung, in späteren Texten aber zunehmend als Symptom tieferliegender Verdrängungs- und Deformationsprozesse erscheint.

Die Veränderung der Perspektive läßt sich mit keinem Text besser ins Licht rücken als mit einer zweiten Ballett-Episode, die als vertiefte Wiederaufnahme der entsprechenden Episode in der *Harzreise* betrachtet werden kann. In den *Florentinischen Nächten* wird der Tanz der Mademoiselle Laurence, eines jungen Mädchens, beschrieben:

> Tanz und Tänzerin nahmen fast gewaltsam meine ganze Aufmerksamkeit in Anspruch. Das war nicht das klassische Tanzen, das wir noch in unseren großen Balletten finden, wo, eben so wie in der klassischen Tragödie, nur gespreizte Einheiten und Künstlichkeiten herrschen; das waren nicht jene getanzten Alexandriner, jene deklamatorischen Sprünge, jene antithetischen Entrechats, jene edle Leidenschaft, die so wirbelnd auf einem Fuße herumpirouettiert, daß man nichts sieht als Himmel und Trikot, nichts als Idealität und Lüge! [...]

Mademoiselle Laurence war keine große Tänzerin, ihre Fußspitzen waren nicht sehr biegsam, ihre Beine waren nicht geübt zu allen möglichen Verrenkungen, sie verstand nichts von der Tanzkunst wie sie Vestris lehrt, aber sie tanzte wie die Natur den Menschen zu tanzen gebietet: ihr ganzes Wesen war im Einklang mit ihren Pas, nicht bloß ihre Füße, sondern ihr ganzer Leib tanzte, ihr Gesicht tanzte [...] sie wurde manchmal blaß, fast totenblaß, ihre Augen öffneten sich gespenstisch weit, um ihre Lippen zuckten Begier und Schmerz, und ihre schwarzen Haare, die in glatten Ovalen ihre Schläfen umschlossen, bewegten sich wie zwei flatternde Rabenflügel. Das war in der Tat kein klassischer Tanz, aber auch kein romantischer Tanz, in dem Sinne wie ein junger Franzose von der Eugène Renduelschen Schule sagen würde. Dieser Tanz hatte weder etwas Mittelalterliches, noch etwas Venezianisches, noch etwas Bucklichtes, noch etwas Makabrisches, es war weder Mondschein darin noch Blutschande [...] Es war ein Tanz, welcher nicht durch äußere Bewegungsformen zu amüsieren strebte, sondern die äußeren Bewegungsformen schienen Worte einer besonderen Sprache, die etwas Besonderes sagen wollte. Was aber sagte dieser Tanz? Ich konnte es nicht verstehen, so leidenschaftlich auch diese Sprache sich gebärdete. Ich ahnte nur manchmal, daß von etwas grauenhaft Schmerzlichem die Rede war. Ich der sonst die Signatur aller Erscheinungen so leicht begreift, ich konnte dennoch dieses getanzte Rätsel nicht lösen, und daß ich immer vergeblich nach dem Sinn desselben tappte, daran war auch wohl die Musik Schuld, die mich gewiß absichtlich auf falsche Fährten leitete, mich listig zu verwirren suchte und mich immer störte (I 592 f.)

Alle aus dem reichen Bildungsfundus des Betrachters geschöpften Zuordnungs- und Klassifikationsversuche werden nach seiner eigenen Einsicht dem Spezifischen dieses Tanzes nicht gerecht; der Schlüssel zu diesem »getanzten Rätsel« liegt, wie angedeutet wird, in »etwas grauenhaft Schmerzlichem«, das nicht Gegenstand überlieferten Wissens sein kann und sich diskursiver Mitteilung entzieht. Nur wenn zum Wissen als Aufschluß gemeinsame Erfahrung des Leids hinzuträte, würde eine Auslegung möglich, die mehr wäre als ein ratloses »Tappen nach

dem Sinn«; fehlt dieses Verbindende, so erstarrt für den Interpreten die Chiffre zur Hieroglyphe.
Daß die Hieroglyphe spätestens seit dem Ende der dreißiger Jahre für Heine zum Symbol einer tiefreichenden und nicht nur individuellen hermeneutischen Krise, nämlich der Erfahrung eines zunehmenden Kommunikations- und Sinnverlustes wird, läßt sich mit zahlreichen Beispielen, am eindrucksvollsten aber mit dem Brief belegen, den Heine am 5. Februar 1840 an seinen Freund Karl August Varnhagen von Ense schreibt, um ihm zum Tode seiner Schwester Rosa Maria Assing zu kondolieren:

> So eben erfahre ich von dem neuen Verluste der Sie betroffen, und obgleich betäubt und nicht wissend was ich sagen soll, eile ich Ihnen zu schreiben. Lieber Himmel, hier hört ja alle Macht des Wortes auf, und das Beste wäre ein stummer Händedruck. Ich fühle ganz was Sie jetzt leiden werden, armer Freund, nachdem kaum die früheren Heimsuchungen überstanden! Ich habe die Hingeschiedene sehr gut gekannt, sie zeigte mir immer die liebreichste Theilnahme, war Ihnen so ähnlich in der Besonnenheit und Milde, und obgleich ich sie nicht allzu oft sah, so zählte ich sie doch zu den Vertrauten, zu dem heimlichen Kreise, wo man sich versteht ohne zu sprechen – Heilger Gott, wie ist dieser Kreis, diese stille Gemeinde, allmählig geschmolzen, seit den letzten zehn Jahren! Einer nach dem anderen geht heim – Unfruchtbare Thränen weinen wir ihnen nach – bis auch wir abgehn – Die Thränen die alsdann für uns fließen, werden nicht so heiß seyn, denn die neue Generazion weiß weder was wir gewollt, noch was wir gelitten! Und wie sollten sie uns gekannt haben? Unser eigentliches Geheimniß haben wir nie ausgesprochen, und werden es auch nie aussprechen, und wir steigen ins Grab mit verschlossenen Lippen! Wir, wir verstanden einander durch bloße Blicke, wir sahen uns an und wußten, was in uns vorging – diese Augensprache wird bald verloren sein, und unsere hinterlassenen Schriftmähler, z.B. Rahels Briefe, werden für die Spätergeborenen doch nur unenträthselbare Hieroglifen seyn – das weiß ich, und daran denk ich bey jedem neuen Abgang und Heimgang.[29]

Die Erstarrung der Werke zu »Schriftmälern«, zu »unenträthselbaren Hieroglifen« ist die Umkehrung der im Epilog der *Harzreise* angedeuteten Perspektive einer Hermeneutik der Erfüllung: Nicht von Entfaltung, sondern von Verdunkelung des Sinns, nicht von Erweiterung des Kreises der esoterischen Leser, sondern von schrittweiser Auslöschung des »heimlichen Kreises«, der »stillen Gemeinde« der Verstehenden ist hier die Rede. Das entscheidend Neue dieser Hermeneutik der Negativität ist die Tatsache, daß sie in keinen Zusammenhang mehr mit Kommunikationsbeschränkungen unter den Bedingungen politischer Repression gebracht wird. Zwar geht die Ausbildung einer generations- und gruppengebundenen »Augensprache« noch auf solche Erfahrungen der Unterdrückung zurück; die Formel »was wir gewollt«, »was wir gelitten« meint mehr als private Wünsche und privaten Schmerz, deutet auf einen Komplex gemeinsamer Ziele und gemeinsamer Erfahrung des Scheiterns. Aber die »Unwissenden« sind nicht mehr nur das gleichgültige breitere Publikum und die Feindseligen unter den Zeitgenossen, sondern auch – und ganz besonders – die Angehörigen der neuen Generation, diejenigen also, die den Angehörigen des »Kreises« immerhin nahe genug stehen, um ihnen bei ihrem Heimgang eine Träne nachzuweinen. Ihr Nichtwissen enthält zwei – offenbar miteinander verknüpfte – Momente: Unkenntnis des von den Älteren erfahrenen Leids, Nichtverstehen ihrer Intentionen. Je größer der Anteil solcher aus gemeinsamer Erfahrung erwachsener »Augensprache« an der Sprache der Werke, um so radikaler ihr Verstummen für diejenigen Leser, die zunächst keinen anderen Mangel haben als den, »Spätergeborene« zu sein. In den Augen Heines ist es aber gerade das Wesentliche an der Botschaft der Werke, das sich so der Mitteilung und Überlieferung in immer höherem Maße versagt.

Der Abbruch dieser spezifischen Kommunikation des Lesers mit den Werken im Medium einer nichtdiskursiven »Augensprache« verwandelt lebendige Botschaften in »Schriftmäler«, Gedenksteine des eigenen Absterbens, die »erhaben und unzerstörbar« stehen bleiben, »bewundert« – aber unverstanden – »von den spätesten Enkeln« (IV 139). Ergebnis dieser Verwandlung von Chiffren in Hieroglyphen ist ihre Monumentalisierung und die Vertiefung ihrer Rätselstruktur. Die Erstarrung erzeugt eine Ambiguität, die sich nicht mehr einer Intention der Verschlüsselung, sondern der Aura der Fremdheit und eines Heil oder Fluch verbergenden Geheimnisses verdankt:

> Wer enträtselt diese Stimme der Vorzeit, diese uralten Hieroglyphen? Sie enthalten vielleicht keinen Fluch, sondern ein Rezept für die Wunde unserer Zeit! O wer lesen könnte! Wer sie ausspräche, die heilenden Worte, die hier eingegraben [...] Es steht hier vielleicht geschrieben, wo die verborgene Quelle rieselt, woraus die Menschheit trinken muß, um geheilt zu werden, wo das geheime Wasser des Lebens, wovon uns die Amme in den alten Kindermärchen so viel erzählt hat, und wonach wir jetzt schmachten als kranke Greise. – Wo fließt das Wasser des Lebens? Wir suchen und suchen [...]. (IV 140)

IV. Der Palimpsest: Tiefenhermeneutik und Intertextualität

Die Börne-Denkschrift, der dieser Passus entnommen ist, gibt auch an anderen Stellen Hinweise darauf, was vor einem weiteren als nur politischen Horizont unter dem Arcanum verstanden werden soll, dessen Wissen mit dem Tod der Mitglieder des »heimlichen Kreises« und dem Verstummen ihrer »Augensprache« dahingeht. Die Wiederaufnahme der Formel von der »stillen Gemeinde« und die zeitliche Nähe der Börne-Denkschrift zum Brief an Varnhagen legen jedenfalls eine Verknüpfung der beiden Texte nahe:

> Es ist höchst merkwürdig, wie lange und unter welchen Vermummungen sich die schönen Wesen der griechischen Fabelwelt in Europa erhalten haben. – Und im Grunde erhielten sie sich ja bei uns bis auf den heutigen Tag, bei uns, den Dichtern. Letztere haben, seit dem Sieg der christlichen Kirche, immer eine stille Gemeinde gebildet, wo die Freude des alten Bilderdienstes, der jauchzende Götterglaube sich fortpflanzte von Geschlecht auf Geschlecht, durch die Tradition der heiligen Gesänge [...] Aber ach! die Ecclesia pressa, die den Homeros als ihren Propheten verehrt, wird täglich mehr und mehr bedrängt, der Eifer der schwarzen Familiaren wird immer bedenklicher angefacht. Sind wir bedroht mit einer neuen Götterverfolgung? Furcht und Hoffnung wechseln ab in meinem Geiste, und mir wird sehr ungewiß zu Mute. (IV 49)

Heines Interpretation der abendländischen Geschichte als eines fortwährenden, aber aus dem Bewußtsein verdrängten Konflikts zwischen der offiziellen Herrschaft des Christentums und der weiterexistierenden »Ecclesia pressa« der Homeranbeter setzt am gleichen Punkt ein wie schon der Romantik-Aufsatz von 1821, in dem das Erbe der Antike aber nicht im Sinne des subkutanen Fortwirkens einer unterdrückten Dimension des Menschlichen, sondern nur als ästhetisches Postulat einer Integration antiker Plastik in christlich-romantische Geistigkeit erschien. Seine Analyse und Kritik der geschichtlichen Formen des Christentums als Herrschaftsformen geht dabei von völlig anderen Voraussetzungen aus als die aufklärerische Kirchen- und Dogmenkritik etwa Voltaires, von dem Heine bei allem Respekt meint, er habe »immer nur das Zeitliche und Unwesentliche« (III 535) angegriffen. Die Geschichte des Christentums wird von ihm nicht so sehr als eine Geschichte der Mißbräuche und Pervertierungen der christlichen Idee, denn als eine Symptomatik tieferliegender Vorgänge gelesen.

Man kann bei dieser symptomatischen Analyse, die Religions-, Philosophie-, Sozial- und Literaturgeschichte mit einem Blick zu umfassen sucht, zwei Ansätze von unterschiedlicher Reichweite unterscheiden, die sich ergänzen und stellenweise ineinander übergehen. Der eine nimmt zunächst nicht den Konflikt Christentum–Heidentum, sondern eine immanente Analyse der christlichen Ideen und Institutionen zum Ausgangspunkt. Das Spezifische dieses Ansatzes liegt in seiner Perspektive: Der Gegenstand wird aus der Sicht der unterdrückten und verfolgten häretischen Bewegungen, nicht aus der Sicht des siegreichen Dogmas anvisiert. Die *Harzreise* mit ihren Anspielungen auf Cola di Rienzo und die Lehre Joachims von Fiore ist das früheste Beispiel für Heines Interesse an dieser Tradition und ihren politischen Konsequenzen; schon hier, wie auch in seiner Darstellung der Theologen des deutschen Bauernkrieges, geht er über die von Gottfried Arnold in seiner *Unparteiischen Kirchen- und Ketzerhistorie* begründete Geschichtsschreibung »gegen den Strich« hinaus. Die Interpretation wird zum Lesen von »Spuren«, die nicht nur vergangenes Leid bezeugen, sondern auch auf künftige Freiheitsbewegungen hindeuten.

> Mit der Bibel in der einen Hand und mit dem Schwerte in der anderen, zogen die Bauern durch das südliche Deutschland,

> und der üppigen Bürgerschaft im hochgetürmten Nüremberg ließen sie sagen: es solle künftig kein Haus im Reiche stehen bleiben, das anders aussähe als ein Bauernhaus. So wahr und tief hatten sie die Gleichheit begriffen. Noch heutigen Tags, in Franken und Schwaben, schauen wir die Spuren dieser Gleichheitslehre, und eine grauenhafte Ehrfurcht vor dem Heiligen Geiste überschleicht den Wanderer, wenn er im Mondschein die dunkeln Burgtrümmer sieht aus der Zeit des Bauernkriegs. Wohl dem, der, nüchternen Sinns, nichts anderes sieht, ist man aber ein Sonntagskind – und das ist jeder Geschichtskundige – so sieht man auch die hohe Jagd, die der deutsche Adel, der roheste der Welt, gegen die Besiegten geübt, man sieht wie tausendweis die Wehrlosen totgeschlagen, gefoltert, gespießt und gemartert wurden, und aus den wogenden Kornfeldern sieht man sie geheimnisvoll nicken die blutigen Bauernköpfe, und drüber hin hört man pfeifen eine entsetzliche Lerche, rachegellend, wie der Pfeifer vom Helfenstein. (II 596)

In seiner Schrift *Zur Geschichte der Religion und Philosophie in Deutschland* begnügt sich Heine jedoch nicht mehr mit der politisch-chiliastischen Interpretation dieser Phänomene; hinter den religiösen und politischen Ansprüchen werden tiefere Antriebe sichtbar, deren Zusammenspiel mit den bewußten Handlungsmotiven so verwirrend komplex ist, »daß man über die Intentionen nichts Sicheres mehr sagen kann« (III 536):

> Ich habe oben geäußert, daß es eigentlich der Spiritualismus war, welcher bei uns den Katholizismus angriff. Aber dieses gilt nur vom Anfang der Reformation; sobald der Spiritualismus in das alte Kirchengebäude Bresche geschossen, stürzte der Sensualismus hervor mit all seiner lang verhaltenen Glut, und Deutschland wurde der wildeste Tummelplatz von Freiheitsrausch und Sinnenlust. Die unterdrückten Bauern hatten in der neuen Lehre geistliche Waffen gefunden, mit denen sie den Krieg gegen die Aristokratie führen konnten; die Lust zu einem solchen Kriege war schon seit anderthalb Jahrhundert vorhanden. Zu Münster lief der Sensualismus nackt durch die Straßen, in der Gestalt des Jan van Leiden, und legte sich mit seinen zwölf Weibern in jene große Bettstelle, welche noch heute auf dem dortigen Rathause zu sehen ist. [...] Ja, die äußere Geschichte jener Zeit besteht fast aus lauter sensuali-

schen Emeuten; wie wenig Resultate davon geblieben, wie der Spiritualismus jene Tumultuanten wieder unterdrückte, wie er allmählig im Norden seine Herrschaft sicherte, aber durch einen Feind, den er im eigenen Busen erzogen, nämlich durch die Philosophie, zu Tode verwundet wurde, sehen wir später. Es ist dieses eine sehr verwickelte Geschichte, schwer zu entwirren. (III 535 f.)

Heines typologisches Verfahren, das mit den Begriffspaaren Sensualismus – Spiritualismus, später dann Hellenentum – Nazarenentum operiert, hat den Status einer Tiefenhermeneutik, in deren Perspektive sich die politischen und konfessionellen Fronten der vergangenen und gegenwärtigen Geschichte zu neuen Konstellationen gruppieren. Es werden nicht nur politisch konträre Positionen wie die des orthodoxen Christentums und des Jakobinismus Robespierrescher Prägung als historische Ausformungen der gleichen (nazarenischen) Grundstruktur interpretiert; es wird auch deutlich, daß diese tiefenhermeneutische Typologie quer zu dem Modell einer eschatologischen Typologie liegt, deren traditionelle Grundspannung von Verheißung und Erfüllung der junge Heine mit politisch-chiliastischen Gehalten gefüllt hatte.

Man kann den Beginn dieser Verschiebung schon in einem bedeutsamen Passus von Heines Rezension der Menzelschen Literaturgeschichte (1828) erkennen, der – in klarem Widerspruch zu Heines politischen Sympathien – die reaktionären Vertreter eines katholisch-romantischen »Mystizismus« als Erben und Wegbereiter einer heterodoxen, subversiven, über Jahrhunderte immer wieder verdrängten Freiheitsidee hinstellt:

Weit eher dürfen wir Heil vom Mystizismus erwarten. In seiner jetzigen Erscheinung mag er immerhin widerwärtig und gefährlich sein; in seinen Resultaten kann er heilsam wirken. Dadurch, daß der Mystiker sich in die Traumwelt seiner innern Anschauung zurückzieht und in sich selbst die Quelle aller Erkenntnis annimmt: dadurch ist er der Obergewalt jeder äußern Autorität entronnen, und die orthodoxesten Mystiker haben auf diese Art in der Tiefe ihrer Seele jene Urwahrheiten wiedergefunden, die mit den Vorschriften des positiven Glaubens im Widerspruch stehen, sie haben die Autorität der Kirche geleugnet und haben mit Leib und Leben ihre Meinung vertreten. Ein Mystiker aus der Sekte der Essäer war jener Rabbi, der in sich selbst die Offenbarung des Vaters erkannte und die Welt erlöste von der blinden Autorität steinerner Gesetze und schlauer Priester; ein Mystiker war jener deutsche Mönch, der in seinem einsamen Gemüte die Wahrheit ahnte, die längst aus der Kirche verschwunden war; – und Mystiker werden es sein, die uns wieder vom neueren Wortdienst erlösen und wieder eine Naturreligion begründen, eine Religion, wo wieder freudige Götter aus Wäldern und Steinen hervorwachsen und auch die Menschen sich göttlich freuen. Die katholische Kirche hat jene Gefährlichkeit des Mystizismus immer tief gefühlt; daher, im Mittelalter, beförderte sie mehr das Studium des Aristoteles als des Plato; daher im vorigen Jahrhundert ihr Kampf gegen den Jansenismus; und zeigt sie sich heut zu Tage sehr freundlich gegen Männer wie Schlegel, Görres, Haller, Müller etc., so betrachtet sie solche doch nur wie Guerillas, die man in schlimmen Kriegszeiten, wo die stehenden Glaubensarmeen etwas zusammengeschmolzen sind, gut gebrauchen kann und späterhin in Friedenszeit gehörig unterdrücken wird. (I 451 f.)

In dieser Sicht – die manches von dem antizipiert, was spätere Interpreten wie Landauer, Bloch und Benjamin an politisch reaktionären Vertretern der Romantik als latenter Utopismus faszinierte – ist ein Interpretationsmodell vorgebildet, das dann in der Schrift *Zur Geschichte der Religion und Philosophie in Deutschland* zentralen Stellenwert gewinnt. Dort nämlich werden die manifesten Intentionen des romantischen Restaurationsdenkens verstanden als Rationalisierung eines unbewußten Instinks, der anderen Antrieben gehorcht und andere Ziele verfolgt, als den Ideologen der Romantik selbst bewußt ist:

In der Tat, unsere ersten Romantiker handelten aus einem pantheistischen Instinkt, den sie selbst nicht begriffen. Das Gefühl, das sie für Heimweh nach der katholischen Mutterkirche hielten, war tieferen Ursprungs als sie selbst ahnten, und ihre Verehrung und Vorliebe für die Überlieferungen des Mittelalters, für dessen Volksglauben, Teufeltum, Zauberwesen, Hexerei [...] alles das war eine bei ihnen plötzlich erwachte aber unbegriffene Zurückneigung nach dem Pantheismus der alten Germanen, und in der schnöde beschmutzten und boshaft verstümmelten Gestalt liebten sie eigentlich nur die vorchristliche Religion ihrer Väter. [...] Sie wollten das katholische Wesen des Mittelalters restaurieren, weil sie fühlten, daß von den Heiligtümern ihrer ältesten Väter, von den Herrlichkeiten ihrer frühesten Nationalität, sich noch manches darin erhalten hat; es waren diese verstümmelten und geschändeten Reliquien, die ihr Gemüt so sympathetisch anzogen, und sie haßten den Protestantismus und den Liberalismus, die dergleichen mitsamt der ganzen katholischen Vergangenheit zu vertilgen streben. (III 619).

Bei diesem weitergehenden, tiefenhermeneutischen Verfahren der Interpretation kultureller Phänomene geht es nicht mehr darum, ketzerische Gegentraditionen gegen offizielle Geschichtsversionen aufzubieten, sondern darum, in den Manifestationen des offiziellen Christen- und Kirchentums selbst, in den herrschenden Philosophien bis hin zur preußischen Staatsphilosophie Hegels[30] den latenten Geist der Rebellion zu erfassen. Dieses unbewußte revolutionäre Potential kann zwar in seinen historischen Gestalten politischen Charakter annehmen; es ist jedoch fundiert in dem problematischen »Verhältnis des Christen zur Natur« (III 521), zur sinnlichen Natur außerhalb seiner und in ihm.

Hier wird der Stellenwert des wachsenden Interesses erkennbar, das Heine neben der Geschichte der christlichen Idee den historischen Schicksalen der heidnischen (antiken wie germanischen) Mythen entgegenbringt. Die Begegnung der christlichen Idee mit dem Heidentum in Europa und die Verarbeitung des daraus entstandenen Konflikts werden zum Angelpunkt seiner philosophie-, kunst- und literarhistorischen Interpretationen wie auch seiner politischen Konzeptionen, insbesondere seiner Revolutionstheorie.[31] Die Begegnung zwischen Christentum und Heidentum hat sich in Europa unter kulturell verschiedenen Bedingungen und mit entsprechend unterschiedlichen Konsequenzen vollzogen. Im ersten Buch von *Zur Geschichte der Religion und Philosophie in Deutschland* heißt es dazu:

Vorläufig kann ich nur bemerken, daß französische Schriftsteller, mißleitet durch deutsche Autoritäten, in großem Irrtum sind, wenn sie annehmen, der Volksglauben sei während des Mittelalters überall in Europa derselbe gewesen. Nur über das gute Prinzip, über das Reich Christi, hegte man in ganz Europa dieselben Ansichten; dafür sorgte die römische Kirche, und wer hier von der vorgeschriebenen Meinung abwich, war ein Ketzer. Aber über das böse Prinzip, über das Reich des Satans, herrschten verschiedene Ansichten in den verschiedenen Ländern, und im germanischen Norden hatte man ganz andere Vorstellungen davon, wie im romanischen Süden. Dieses entstand dadurch, daß die christliche Priesterschaft die vorgefundenen alten Nationalgötter nicht als leere Hirngespinste verwarf, sondern ihnen eine wirkliche Existenz einräumte, aber dabei behauptete, alle diese Götter seien lauter Teufel und Teufelinnen gewesen, die durch den Sieg Christi ihre Macht über die Menschen verloren und sie jetzt durch Lust und List zur Sünde verlocken wollen. Der ganze Olymp wurde nun eine luftige Hölle, und wenn ein Dichter des Mittelalters die griechischen Göttergeschichten noch so schön besang, so sah der fromme Christ darin doch nur Spuk und Teufel. [...]

Der Nationalglaube in Europa, im Norden noch viel mehr als im Süden, war pantheistisch, seine Mysterien und Symbole bezogen sich auf einen Naturdienst, in jedem Element verehrte man wunderbare Wesen, in jedem Baume atmete eine Gottheit, die ganze Erscheinungswelt war durchgöttert; das Christentum verkehrte diese Ansicht, und an die Stelle einer durchgötterten Natur trat eine durchteufelte. (III 521 ff.)

Die Entfaltung der christlichen Kultur in Europa kann nach dieser Darstellung nicht als Sieg der christlichen über die heidnische Idee beschrieben werden, sondern nur als ein Vorgang der Kompromißbildung. Die Techniken und Formen der Kompromißbildung – Heine spricht von einem »Konkordat« (III 531), einem »System von Zugeständnissen« (III 531) oder »Konzessionen« (III 534) im Verhältnis von Geist und Materie, Spiritualismus und Sensualismus, Christentum und Heidentum – sind vielfältiger Art. Während die christliche Kultur der Romania sich die Gestalten der antiken Mythologie ohne wesentliche Deformationen assimilierte, vollzog sich die Kompromißbildung im germanisch-deutschen Bereich als Anerkennung der Existenz heidnischer Mächte durch Verteufelung, das heißt, durch Entstellung, um eine Kategorie aufzugreifen, die später Freud zur

Bezeichnung einer zentralen Technik der Traumarbeit verwenden sollte. Verdrängung und Entstellung der Repräsentanten des sinnenfrohen heidnischen Pantheismus erzeugen pathologische Symptome, wie etwa die gemeinchristlichen Greuel der Hexenverfolgung:

> Diese Greul entstanden nicht direkt durch die christliche Kirche, sondern indirekt dadurch, daß diese die altgermanische Nationalreligion so tückisch verkehrt, daß sie die pantheistische Weltansicht der Deutschen in eine pandämonische umgebildet, daß sie die früheren Heiligtümer des Volks in häßliche Teufelei verwandelt hatte. Der Mensch läßt aber nicht gern ab von dem, was ihm und seinen Vorfahren teuer und lieb war, und heimlich krämpen sich seine Empfindungen daran fest, selbst wenn man es verderbt und entstellt hat. Daher erhält sich jener verkehrte Volksglaube vielleicht noch länger als das Christentum in Deutschland, welches nicht wie jener in der Nationalität wurzelt. (III 529 f.)

Das Pandämonium des kollektiven Unbewußten ist nicht nur von den entstellten Elementargeistern des altgermanischen Volksglaubens bevölkert, sondern noch von anderen Gestalten: »Transformation[en] der altheidnischen Götter«, die »nach dem Siege Christi sich zurückziehen mußten in die unterirdische Verborgenheit, wo sie, mit den übrigen Elementargeistern zusammenhausend, ihre dämonische Wirtschaft treiben« (III 691). Venus und Apoll, Bacchus und Hermes leben weiter im Exil des christlichen Abendlands, das sie ihrer Macht und Schönheit beraubt hat, oder beraubt zu haben glaubt. Verkleidet und bis zur Unkenntlichkeit entstellt, überleben sie, teilweise im innersten Machtbereich des Christentums selbst, wie Heine an den volkstümlichen Sagen und Legenden zu zeigen versucht.[32]
Dämonisierung der Repräsentanten menschlicher Triebnatur ist jedoch nicht der einzige Weg der Kompromißbildung. Neben das Prinzip der Entstellung tritt ein anderes, das als Ableitung oder Verschiebung der sinnlichen Energien bezeichnet werden kann. Es findet seine eindrucksvollste historische Ausprägung im Kunstsinn und Bilderkult des Katholizismus, dessen tieferer Sinn den protestantischen Reformatoren unzugänglich blieb.

> Luther hatte nicht begriffen, daß die Idee des Christentums, die Vernichtung der Sinnlichkeit, gar zu sehr in Widerspruch

war mit der menschlichen Natur, als daß sie jemals im Leben ganz ausführbar gewesen sei; er hatte nicht begriffen, daß der Katholizismus gleichsam ein Konkordat war zwischen Gott und dem Teufel, d.h. zwischen dem Geist und der Materie, wodurch die Alleinherrschaft des Geistes in der Theorie ausgesprochen wird, aber die Materie in den Stand gesetzt wird alle ihre annullierten Rechte in der Praxis auszuüben. [...] Leo von Medicis, wie mußte er lächeln über den armen, keuschen, einfältigen Mönch, der da wähnte, das Evangelium sei die Charte des Christentums, und diese Charte müsse eine Wahrheit sein! Er hat vielleicht gar nicht gemerkt, was Luther wollte, indem er damals viel zu sehr beschäftigt war mit dem Bau der Peterskirche, dessen Kosten eben mit den Ablaßgeldern bestritten wurden, so daß die Sünde ganz eigentlich das Geld hergab zum Bau dieser Kirche, die dadurch gleichsam ein Monument sinnlicher Lust wurde, wie jene Pyramide, die ein ägyptisches Freudenmädchen für das Geld erbaute, das sie durch Prostitution erworben. (III 531 f.)

Im Sinnlich-Schönen der religiösen Kunstwerke hat eine Verschiebung der heidnisch-sensualistischen Energien nach der Seite des herrschenden Spiritualismus hin stattgefunden, so daß das künstlerische Produkt zwei einander ausschließenden Ansprüchen genügt: Seine Schönheit kann als Verherrlichung des spiritualistischen Prinzips, aber auch als Ersatzbildung für die aus dem Leben ausgetriebene sensualistische Komponente betrachtet werden. Als ästhetisches Objekt ist das Werk zugleich Gegenstand des Genusses und Symptom einer kollektiven Krankheitsgeschichte; im Sinne von Heines Tiefenhermeneutik muß es als ambivalentes Zeichen der Verdrängung von Sinnlichkeit aus dem Leben und ihrer Errettung im Gebilde zugleich interpretiert werden.

Heine bezieht nicht nur das Ergebnis der künstlerischen Formgebung, die sinnliche Gestalt des Kunstwerks, auf diesen Grundgedanken der ins Exil gedrängten Natur des Menschen, sondern schon die Stoffwahl. So zeugt es für ihn »von Goethes unbewußtem Tiefsinn, von seinem Genie[33], das immer das Nächste und Rechte zu ergreifen wußte« (III 400), daß er im Falle des *Faust* gerade »diesen Stoff herausgesucht aus den Volkssagen«; daß sich seine Phantasie entzündete an der Gestalt des ersten modernen Menschen, »welcher nicht bloß die Erkenntnis der Dinge, sondern auch die reellsten Genüsse vom Teufel verlangt« (III 401). Anders als bei Tiecks kunstgewerblicher Neubelebung alter Volksbücher (III 426) ist hier ein alter Stoff getroffen, dessen Konfliktkonstellation eine geschichtlich noch nicht eingelöste Problematik umschreibt. Es ist diese besondere Qualität der stofflichen Vorlage, die Goethes Bearbeitung zur »Bibel der Deutschen« (III 400) werden ließ: »denn das deutsche Volk ist selber jener gelehrte Doktor Faust, es ist selber jener Spiritualist, der mit dem Geiste endlich die Ungenügbarkeit des Geistes begriffen und nach materiellen Genüssen verlangt, und dem Fleische seine Rechte wiedergibt« (III 402).

Heines Ansatz nimmt wesentliche Momente der Moralkritik Nietzsches und der Freudschen Kulturkritik vorweg, bis hin zur Formel vom *Unbehagen in der Kultur*: »Der Versuch einer Ausführung dieser Idee [des Christentums] hat in der Geschichte unendlich viel herrliche Erscheinungen hervorgebracht, und die Poeten aller Zeiten werden noch lange davon singen und sagen. Der Versuch, die Idee des Christentums zur Ausführung zu bringen, ist jedoch, wie wir endlich sehen, aufs kläglichste verunglückt, und dieser unglückliche Versuch hat der Menschheit Opfer gekostet, die unberechenbar sind, und trübselige Folge derselben ist unser jetziges soziales Unwohlsein in ganz Europa.« (III 567)

Neben die volkstümlichen Überlieferungen und die Werke der Kunst tritt als dritter Gegenstand tiefenhermeneutischer Interpretation der Traum. Er ist sogar das eigentliche Paradigma der Heineschen Kulturtheorie, denn die Mythen und Kunstwerke sind die Formen, in denen die Träume vergangener Epochen überleben.[34] Der Traum ist die psychische Urform jener Kompromißbildungen, die die Grundstruktur der Mythen und Kunstwerke des christlichen Abendlands und der Moderne bilden:

> Und der Traum? Warum fürchten wir uns vor dem Schlafengehn nicht weit mehr als vor dem Begrabenwerden? Ist es nicht furchtbar, daß der Leib eine ganze Nacht leichentot sein kann, während der Geist in uns das bewegteste Leben führt, ein Leben mit allen Schrecknissen jener Scheidung, die wir eben zwischen Leib und Geist gestiftet? Wenn einst, in der Zukunft,

> beide wieder in unserem Bewußtsein vereinigt sind, dann gibt es vielleicht keine Träume mehr, oder nur kranke Menschen, Menschen deren Harmonie gestört, werden träumen. Nur leise und wenig träumen die Alten; ein starker, gewaltiger Traum war bei ihnen wie ein Ereignis und wurde in die Geschichtsbücher eingetragen. Das rechte Träumen beginnt erst bei den Juden, dem Volke des Geistes, und erreichte seine höchste Blüte bei den Christen, dem Geistervolk. Unsere Nachkommen werden schaudern, wenn sie einst lesen, welch ein gespenstisches Dasein wir geführt, wie der Mensch in uns gespalten war und nur die eine Hälfte ein eigentliches Leben geführt. Unsere Zeit – und sie beginnt am Kreuze Christi – wird als eine große Krankheitsperiode der Menschheit betrachtet werden. (I 545)

Auch Träume sind Krankheitssymptome, nicht so sehr individual- als sozialpsychologischer Natur: Anzeichen einer Art kollektiver Neurose, mit der die christliche Gesellschaft für ihre asketisch-spiritualistische Unterdrückung der Triebe bezahlt. Die Symptomatik der Träume ist dabei historischer Art und muß geschichtsphilosophisch interpretiert werden: Wie der volkstümliche Mythos und die Kunst hat der Traum von der Antike zur christlichen Ära einen tiefgehenden Struktur- und Funktionswandel erfahren, der ihn vom Lebensvorgang (»Ereignis«) zum Lebensersatz werden ließ. Den epochalen Sinn der Träume belegt Heine an späterer Stelle, in der *Lutezia*, nochmals mit einem angeblichen Ausspruch seines »großen Lehrers, des seligen Hegel«: »Wenn man die Träume aufgeschrieben hätte, welche die Menschen während einer bestimmten Periode geträumt haben, so würde einem aus der Lektüre dieser gesammelten Träume ein ganz richtiges Bild vom Geiste jener Periode aufsteigen.« (V 490)

Der Traum im christlichen Abendland markiert den Rückzug der Sinnlichkeit ins schützende Exil der Psyche. Die Innerlichkeit der nachantiken Seelenkultur und ihrer Produkte erscheint somit als ein sekundärer Krankheitsgewinn; ihre sublimsten Formen sind immer auch Formen der Sublimierung:

> Und doch, welche süße Träume haben wir träumen können! Unsere gesunden Nachkommen werden es kaum begreifen. Um uns her verschwanden alle Herrlichkeiten der Welt, und

wir fanden sie wieder in unserer inneren Seele – in unsere Seele flüchtete sich der Duft der zertretenen Rosen und der lieblichste Gesang der verscheuchten Nachtigallen – (I 545)

Die Börne-Denkschrift faßt das Verhältnis der bewußten und unbewußten psychischen Anteile als ein pathologisches, in dem »die nächtlichen Träume das Treiben des Tages verhöhnen« (IV 125). Der Spannung, die die Kranken in den »Dachstuben des körperlichen Elends« und die »Verrückten im Tollhaus« quält, wird der Künstler in besonderem Maße »teilhaft« (IV 124f.); ihm, als dem Angehörigen dieser »kranken alten Welt« (III 593) und ständigen Bewohner des »leiblichen und geistigen Exils« (vgl. IV 124), wird sie zugleich zum Stigma und zum Stimulus der Produktion. Was sein bewußtes Denken an Modellen und Strategien der Weltinterpretation und Weltveränderung konzipiert, ist nur *eine* Schicht der Erfahrung und des Wissens, eben die der Tagesgedanken, der Begriffssprache. Neben sie tritt, dissonant, eine andere, die vor allem durch die Träume und die Bilder der Phantasie repräsentiert ist. Sie sind psychische Produktionen, die mit anderen Mitteln als denen der diskursiven Sprache Erkenntnisse vermitteln. Das poetische Sprechen, als ein aus geschichtlichen Krankheitserfahrungen gebildetes und gespeistes Zeichensystem, erfaßt eine Realität, die vom bewußten Denken verdrängt, von seiner Begriffssprache gar nicht erst erreicht wird:

In greller Bilderschrift zeigt mir der Traum das große Leid, das ich mir gern verhehlen möchte, und das ich kaum auszusprechen wage in den nüchternen Begriffslauten des hellen Tages – – – (IV 141)

Heines Sicht der Mythen, Träume und Kunstwerke impliziert eine unlösliche Verknüpfung von Verdrängung und Sublimierung, Entstellung und Formgebung, die sich dem Wirken einer internalisierten Zensur verdankt und Gebilde von größter Komplexität hervorbringt. Eine Interpretation, die den »eigentlichen« Text in einem Zustand der Ursprünglichkeit vor dem Wirken der Zensur finden will, verfehlt seinen Sinn, da der Text in seiner Eigenart sich erst mit der und durch die Zensur konstituiert. Was Heine in ironischer Pointierung 1848 anläßlich der zeitweiligen Aufhebung der politischen Zensur in einem Gespräch äußert, gilt in noch höherem Maße von der inneren Zensur:

> Ach! ich kann nicht mehr schreiben, ich kann nicht, denn wir haben keine Censur! Wie soll ein Mensch ohne Censur schreiben, der immer unter Censur gelebt hat? Aller Styl wird aufhören, die ganze Grammatik, die guten Sitten.[35]

Gegenstand der Interpretation ist nicht ein hypothetischer, zu rekonstruierender Urtext, sondern der Text als Kompromiß verschiedener Tendenzen. Kompromiß meint jedoch nur im Ausnahmefall Harmonie oder Ganzheit. Vor allem der späte Heine richtet seinen Blick auf die Spannungen und Brüche, nimmt die Werke als »Monumente«, »Geistesobelisken« (IV 139) oder »Ruinen« (VI/I 345) wahr, die »in greller Bilderschrift« zum späteren Betrachter sprechen.[36] Was den Text auszeichnet, ist sein Schriftcharakter, in dem die Antagonismen des äußeren und inneren Lebens zur Form – oder Unform[37] – geronnen sind; was einmal wirkender Geist oder »lebendigstes Lebensgefühl« war, das sich unmittelbar kommunizieren ließ, muß nun als Muster aus Buchstaben und Bildzeichen entziffert, muß aus seiner hieroglyphischen Erstarrung erlöst werden.

Der Interpret hat jedoch nicht nur jene Rätselstruktur aufzubrechen, die sich aus dem Verlust eines erfahrungsbezogenen Codes – der »Augensprache« literarischer Botschaften – ergibt. Seine Entzifferungsarbeit hat auch mit dem Phänomen der Überlagerung älterer durch neuere, der verwirrenden Transparenz neuerer Texte für ältere zu tun. Heines kulturtheoretisches Konzept der Verdrängung und Kompromißbildung verdichtet sich textästhetisch und texthermeneutisch in der Metapher des Palimpsests. Sie tritt, gewissermaßen antizipierend, als poetisches Bild in seinem Werk schon auf, bevor die tiefenhermeneutische Begrifflichkeit der dreißiger und vierziger Jahre sich ausgebildet hat, zuerst in der physiognomischen Beschreibung der älteren von zwei Frauen, die dem Erzähler der *Harzreise* auf dem Brokken begegnen:

> Jene ältere Dame war die Mutter der jüngeren, und auch sie besaß die vornehmsten Formen. Ihr Auge verriet einen krankhaft schwärmerischen Tiefsinn, um ihren Mund lag strenge Frömmigkeit, doch schien mirs, als ob er einst sehr schön gewesen sei, und viel gelacht und viele Küsse empfangen und viele erwidert habe. Ihr Gesicht glich einem Codex palimpsestus, wo, unter der neuschwarzen Mönchsschrift eines Kir-

> chenvatertextes, die halberloschenen Verse eines altgriechischen Liebesdichters hervorlauschen. (II 144)

Urtext und neuer Text konstituieren erst in ihrem Ineinandergreifen den Reiz und das Unverwechselbare dieser Physiognomie; es gibt keine Identität des Wesens und keinen Sinn des Textes außerhalb des Zusammenspiels der sich überlagernden Textschichten. Wie nahe die Konstitution solcher Texte dem Vorgang der Verschüttung und partiellen Zerstörung, die zu leistende »intertextuelle« Entzifferungsarbeit dem Vorgehen des Archäologen kommt, deutet ein Passus der *Reise von München nach Genua* an, wo von Herkulanum und Pompeji die Rede ist als von »jenen Palimpsesten der Natur, wo jetzt wieder der alte Steintext hervorgegraben wird« (II 364).[38] Andere Implikationen enthält ein Passus der *Französischen Maler*, wo der die sich überlagernden Schichten des Palimpsests simultan in ihrer Spannung erfassende Blick kritische Energien freisetzt:

> Von jener unermeßlichen Bedeutung des Salons von 1831 habe ich mich dieses Jahr vollauf überzeugen können, als die Säle des Louvre, welche während zwei Monat geschlossen waren, sich den ersten April wieder öffneten, und uns die neuesten Produkte der französischen Kunst entgegengrüßten. Wie gewöhnlich hatte man die alten Gemälde, welche die Nationalgalerie bilden, durch spanische Wände verdeckt, und an letzteren hingen die neuen Bilder, so daß zuweilen hinter den gotischen Abgeschmacktheiten eines neuromantischen Malers gar lieblich die mythologischen altitalienischen Meisterwerke hervorlauschten. Die ganze Ausstellung glich einem Codex palimpsestus, wo man sich über den neubarbarischen Text um so mehr ärgerte, wenn man wußte, welche griechische Götterpoesie damit übersudelt worden (III 77)

Heines tiefenhermeneutisches Verfahren impliziert einen nicht nur außerordentlich komplexen, sondern auch einen wesentlich erweiterten Textbegriff. Jeder Schreibende produziert Palimpseste, in die nicht nur die Texte der literarischen Tradition, sondern auch die Texte von Geschichte und Autobiographie in wechselnden Formen der Konstellation und Überlagerung – als Zitat, Motto, Anspielung, Parodie, Plagiat: als bewußte oder unbewußte Engramme[39] – eingehen. Seine Tätigkeit ist damit in hohem Maße immer auch hermeneutische Aktivität, ein Rezipieren, Verarbeiten, Verzehren bereits existierender Texte. In diesem Sachverhalt, der ein wesentliches Moment der modernen Ästhetik bezeichnet, liegt auch das stärkste Argument für die Notwendigkeit einer Problemgeschichte der Hermeneutik als Literaturgeschichte, genauer noch: als Textgeschichte.

Heines Entzifferungskunst begnügt sich nicht mit einer Hermeneutik des manifesten Sinns, weil er schon in der literarischen Überlieferung kein Arsenal immer zugänglicher, in ihrem Sinn gesicherter Botschaften erblickt, sondern eine »große Morgue, wo jeder seine Toten aufsucht« (III 372) und die Hieroglyphen ihrer hinterlassenen Schriftmäler auf seine Gegenwart und Zukunft hin zu deuten versucht. Auch die individuelle und kollektive Selbstinterpretation hat nur zur Schrift erstarrte und oft entstellte Erinnerungen zur Verfügung, die ihren Sinn nicht offen mit sich tragen. Die Fremdheit der Texte ist nur die Allegorie der Fremdheit des Ich[40] im Spiegel einer rätselhaften Welt und im Reflex eines Bewußtseins, das sich nicht mehr als Identität versteht, sondern immer mehr als Medium sich überlagernder, doch nie einander ganz auslöschender Niederschriften.

Ästhetik des Arrangements

Zu Heines »Buch der Lieder«

Im März 1852 schreibt Heine aus Paris an seinen Verleger Campe: *»Sie wissen wie der ordnende Geist zu meinen Haupt Eigenschaften gehört. Sie werden es noch jüngst bei der Herausgabe des Romanzero bemerkt haben, der gewiß unendlich verloren hätte, wenn ich nicht der äußern Anordnung viel Zeit und Nachdenken schenkte. Die Gedichtesammlung so vieler deutschen Dichter würde das Publikum mehr anziehn, wenn sie nicht durch Anarchie der Anordnung den barbarischen Geist ihrer Verfasser verriethe.«*[1] Eine Äußerung vom August des gleichen Jahres bestätigt diese Selbsteinschätzung mit dem Hinweis: »*Sie wissen, ich bin ein großer Meister in der Anordnung* und identifizierte die eigene *Kunst der Form und des Stiles* weitgehend mit solch *glänzender* Virtuosität des Arrangements.«[2]

Die Belege ließen sich vermehren.[3] Daß man sie nicht zur Kenntnis nahm, genauer gesagt: daß man aus dem Sachverhalt, den sie beschreiben, keine Konsequenzen zog, hat Heine im kritischen Urteil der Nachwelt auf lange Sicht vielleicht mehr geschadet als die Verdikte und Verleumdungen seiner Gegner. Für den Lyriker Heine jedenfalls hat die Kanonisierung einzelner Gedichte wie *Ein Fichtenbaum steht einsam, Du bist wie eine Blume* oder *Ich weiß nicht, was soll es bedeuten* durch ein Heer gedankenloser Literarhistoriker und Anthologisten fatale Folgen gehabt; ein guter Teil der ernstzunehmenden neueren Kritik an Heine – von Kraus und Borchardt bis zu Adorno und Killy[4] – trifft weniger sein poetisches Verfahren selbst als ein vom 19. Jahrhundert geschaffenes dichterisches Image.

Schon ein erster Blick auf die Publikationsgeschichte von Heines Lyrik zeigt, daß die Kunst der *»Anordnung«* keine späte Errungenschaft des Autors war. Von den frühesten Drucken an treten die Gedichte fast nie einzeln an die Öffentlichkeit, sondern in Gruppen von mindestens zwei oder drei Gedichten, meist zusammengefaßt zu kleinen Zyklen mit eigenen Überschriften; sie erschienen vor dem *Buch der Lieder* in Zeitschriften oder Almanachen: *Zwei Lieder der Minne* (1817), *Poetische Ausstellungen, Sonetten-Kranz an Aug. Wilh. v. Schlegel* (1821), *Zwei Lieder, Zwei*

Traumbilder, Traum-Bilder. Neuer Cyklus, Fünf Frühlingslieder, Lieder, Vierzehn Lieder (1822), *Lieder, Siebzehn Lieder* (1823), *Drei und dreißig Gedichte, Lieder* (1824), *Kleine Gedichte* (1825), *Seebilder* (1827). Schon beim jungen Heine ist das eigentliche poetische Ereignis der Zyklus, nicht das Einzelgedicht.
Mit den ersten Buchpublikationen tritt dieses Prinzip des zyklischen Arrangements noch mehr in den Vordergrund. Es werden nicht nur Gedichte zu Zyklen zusammengefaßt, sondern diese wiederum mit Dramen (*Tragödien, nebst einem lyrischen Intermezzo,* 1823), Prosatexten (*Reisebilder* I, 1826, und II, 1827) oder weiteren Gedichtzyklen (*Reisebilder* I und *Buch der Lieder,* 1827) zu komplexeren Mischformen kombiniert.[5] Daß hierbei auch buchhändlerische und zensurtaktische Erwägungen eine Rolle spielten, berechtigt nicht zu dem Schluß, es sei müßig, hinter der »Anordnung« dieser Bände künstlerische Intentionen zu vermuten. Heine schafft Textkonstellationen, in denen die Spannung äußerer und kunstimmanenter Faktoren artistisch fixiert wird; eine gegenstandsadäquate Interpretation wird diese Technik des Arrangements als ästhetische Transformation pragmatischer Bedürfnisse und Zwänge durch Fortentwicklung traditioneller zyklischer Kompositionsverfahren zu begreifen suchen. In welchem Maße die Konstellation, in die ein Text eintritt, für seine künstlerische Logik bestimmend wird, ist etwa an der von Klaus Briegleb vermerkten Tatsache abzulesen, daß Heine die letzte, für die 2. Auflage des ersten Teils der *Reisebilder* (1830) erarbeitete Fassung des *Heimkehr*-Zyklus »nie in spätere Auflagen des *Buchs der Lieder* übernommen«, sondern dort die »Anordnung« von 1827 beibehalten hat.[6] Was für den Zyklus als Ganzes im Kontext des Bandes gilt, trifft auch auf das Einzelgedicht als Bestandteil des Zyklus zu.
Gemessen an dem Niveau ästhetischer Reflexion, das mit den *Reisebildern I* und *II* und dem *Buch der Lieder* in der Organisation des einzelnen Zyklus wie des gesamten Bandes erreicht ist, repräsentieren die *Gedichte* von 1822, Heines erste Buchveröffentlichung,[7] noch den konventionellen Typus der Gedichtsammlung, die bereits vorliegende Gedichte nach bestimmten Gesichtspunkten in Abteilungen zusammenstellt. Die Gesichtspunkte sind in der Regel thematisch *(Liebeslieder, Geistliche Lieder)*, formal *(Sonette, Antiker Form sich nähernd)* oder

biographisch *(Iuvenilia)*; innerhalb dieser Gruppierungen beleuchten die Gedichte sich allenfalls durch Ähnlichkeit, Kontrast oder als Momente einer individuellen Entwicklung, doch bewahrt jedes einzelne ein hohes Maß an Eigenständigkeit, da die Integration in einen größeren Zusammenhang sich auf eine lokkere Zuordnung unter den genannten Aspekten beschränkt. Heines Abteilungen *Traumbilder, Minnelieder, Romanzen, Sonette und vermischte Gedichte* halten sich an die gängigen Kategorien; für den lebens- und werkgeschichtlichen Aspekt, der im *Buch der Lieder* eine zentrale Rolle spielt, fehlt in der Sammlung von Ende 1821 noch die Grundlage. Das Ganze wird letztlich vom Namen des Autors zusammengehalten; Gedichtsammlungen dieses Typus sind wenig mehr als die pragmatische Konsequenz aus der Tatsache, daß das lyrische Gebilde zwar individuell aufgenommen werden will, als vereinzeltes aber nicht überlieferungsfähig ist.

Der Zyklus als Überlieferungsform läßt sich am besten von seiner höchstentwickelten Stufe her beschreiben, die Heine nach der Vorübung des *Lyrischen Intermezzo* erstmals mit der *Heimkehr* erreicht. Im Zyklus ist das Gedicht nicht herauslösbarer Teil, sondern Moment eines komplexen Zusammenhangs. Es bezieht sich nicht nur formal oder motivisch auf das den Zyklus als Ganzes bestimmende Thema, sondern steht auch zu den es umgebenden Gedichten in einem mehr oder weniger stark ausgeprägten Verhältnis des Exponierens, Weiterführens, Vertiefens, Wiederaufnehmens, Revozierens. Im Idealfall provoziert die »Idee« des entstehenden Zyklus oder die von bereits vorliegenden Gedichten exponierte Situation weitere Gedichte, wird das neue Gedicht von vornherein als Ausfüllung einer bei der zyklischen Anordnung vorhandener Gedichte erkennbar werdenden Lücke konzipiert. In der zyklischen Beziehung zwischen den Gedichten kann ein dynamisch-dialogisches (d.h. ein Gedicht aus dem anderen entwickelndes) oder ein konstruktives (d.h. das Ganze vorweg planendes) Prinzip vorherrschen; entscheidend ist nur, daß neben der paradigmatischen (vertikalen) Relation zur gemeinsamen – thematischen oder formalen – »Idee« die syntagmatische Wechselbeziehung der Gedichte in ihrer (horizontalen) Folge kompositorisch realisiert ist.

Mit der durchgeführten zyklischen Konzeption verbinden sich

einige Konsequenzen, die auch methodisch, im Hinblick auf das interpretierende Vorgehen, von Belang sind. Aus der doppelten, vertikal-thematischen und horizontal-konsekutiven Orientierung des Einzelgedichts entspringt zwangsläufig ein Moment der lyrischen Selbstreflexion. Das Gedicht erscheint nicht mehr – im Sinne der frühen goetheschen Erlebnislyrik – als individueller Ausdruck eines erfüllten Augenblicks, sondern paradigmatisch als Variation eines Themas,[8] syntagmatisch als Antwort auf eine vorangegangene und als Exposition einer folgenden Situation. Es wäre vorschnell, die Überlagerung oder – im Extremfall – Ablösung des Erlebnisausdrucks durch ein distanzierendes Reflexionsmoment als Verlust der lyrischen Autonomie interpretieren zu wollen. In Wirklichkeit handelt es sich um eine funktionale Umbesetzung. Die Bindung des Textes an die Erlebnisstruktur eines (außerliterarischen) Subjekts wird ersetzt durch den (innerliterarischen) Bezug auf andere Texte, der in Heines lyrischen Zyklen meist die Form des selbstkritischen oder poetologischen Kommentars in Versen annimmt.

Diese Umbesetzung, der in den *Neuen Gedichten* und im *Romanzero* weitere folgen,[9] vollzieht sich beim *Buch der Lieder* nicht als schmerzloser Vorgang. Heine hat die Sammlung, die schon mit der Konstellation von *Buch* und *Lied* im Titel eine nicht auflösbare Spannung markiert, selbst als Gestalt gewordenes Paradoxon verstanden. Am prägnantesten ist dies in der Vorrede zur 2. Auflage von 1837 formuliert:

> Nicht ohne Befangenheit übergebe ich der Lesewelt den erneueten Abdruck dieses Buches. [...] Bei seinem Anblick erwachte in mir all jenes Unbehagen, das mir einst vor zehn Jahren, bei der ersten Publikation, die Seele beklemmte. Verstehen wird diese Empfindung nur der Dichter oder Dichterling, der seine ersten Gedichte gedruckt sah. Erste Gedichte! Sie müssen auf nachlässigen, verblichenen Blättern geschrieben sein, dazwischen, hie und da, müssen welke Blumen liegen, oder eine blonde Locke, oder ein verfärbtes Stückchen Band, und an mancher Stelle muß noch die Spur einer Träne sichtbar sein [...] Erste Gedichte aber, die gedruckt sind, grell schwarz gedruckt auf entsetzlich glattem Papier, diese haben ihren süßesten, jungfräulichsten Reiz verloren und erregen bei dem Verfasser einen schauerlichen Mißmut.[10]

Ausgangspunkt ist noch das Erlebnisgedicht, Grund der Irritation die Tilgung aller nichtliterarischen Kontextspuren, die auf die ursprüngliche Verankerung des Gedichts in einer einmaligen (privaten) Produktions- und Rezeptionssituation deuten, im Augenblick seines Drucks und seiner Weitergabe an ein anonymes Publikum. Heines *Unbehagen* bezieht sich jedoch ausdrücklich nur auf den Druck *erster Gedichte*, die noch nicht unter rein literarischen Prämissen produziert wurden, in erster Linie also auf die in der Abteilung *Junge Leiden* gesammelten »Lieder, die in jenen früheren Jahren gedichtet worden, als die ersten Küsse der deutschen Muse in meiner Seele brannten«.[11] Eine genauere Analyse der lyrischen Produkte dieser Phase würde allerdings zeigen, daß das »Erlebnismodell der Liebesdichtung«[12] schon dort nur noch zitiert und nicht mehr praktiziert wird: Es ist mit den schon früh sich ausbildenden petrarkistischen und zyklischen Tendenzen nicht vereinbar. Man darf deshalb auch vermuten, daß der in der Vorrede von 1837 artikulierte »schauerliche Mißmut«[13] angesichts der gedruckten Iuvenilia weniger dem (von Heine bei Goethe durchaus geschätzten!) Erlebnischarakter der Gedichte als solchem gilt, sondern vielmehr ihrer Unentschiedenheit zwischen Ausdrucksunmittelbarkeit und zyklischer Konstruktion.

Unter dem Aspekt dieses Paradigmenwechsels stellt der erste *Reisebilder*-Band von 1826 ein interessantes Übergangsphänomen dar. Er enthält neben den voll ausgearbeiteten Zyklen der *Heimkehr* und der *Nordsee I* einige in die Prosa der *Harzreise* eingestreute Gedichte, die im *Buch der Lieder* dann unter dem Titel *Aus der Harzreise* zu einer eigenen Abteilung zusammengefaßt wurden. Die Form der Vers-Prosa-Erzählung, für die Heine auf Vorbilder bei Thümmel und den Romantikern zurückgreifen konnte[14], erlaubte insofern einen Kompromiß zwischen den divergierenden Tendenzen, als der narrative Kontext der Prosa die Herstellung einer fingierten Unmittelbarkeit, d.h. die Verankerung der Gedichte in einer erzählten Lebenssituation ermöglicht. Heine hat sich dieser Lösung nur einmal, nur auf dieser Übergangsstufe seiner zyklischen Konzeption, bedient; künftig treten nur noch geschlossene lyrische Zyklen mit Prosatexten oder anderen Zyklen in Konstellationen ein.

Die ersten Überlegungen zum *Buch der Lieder* fallen in das Jahr 1826. In einem Brief an Varnhagen vom 24. Oktober ist von »der großen Sammlung meiner sämtlichen Gedichte, die ich doch bald ediren werde« die Rede. Weiter heißt es: »Meine ersten Flegeljahrgedichte, das Intermezzo, die Heimkehr, und zwey Abtheilungen von Seebilder werden einen hübschen Band ausmachen, der Anfang und Ende meines lyrischen Jugendlebens enthält.«[15] Deutlich ist hier schon die dokumentierende Tendenz, die Absicht, das vorliegende lyrische Werk als Zeugnis einer abgeschlossenen Lebensepoche zusammenzustellen. Es liegt in der Konsequenz dieses Gedankens, auch dem Minderwertigen, den »Flegeljahrgedichten«, einen Platz einzuräumen, da es zur Dokumentation der dichterischen Entwicklung unentbehrlich ist.

Zur gleichen Zeit melden sich aber auch schon andere Gesichtspunkte. In einem Brief an Merckel vom 16. November 1826 heißt es:

> Einige Freunde dringen darauf, daß ich eine auserlesene Gedichtesammlung, chronologisch geordnet und streng gewählt, herausgeben soll, und glauben, daß sie eben so populär wie die Bürgersche, Göthesche, Uhlandsche u.s.w. werden wird. [...] dieses Buch würde mein Hauptbuch seyn und ein psychologisches Bild von mir geben, – die trüb-ernsten Jugendgedichte, das »Intermezzo« mit der »Heimkehr« verbunden, reine blühende Gedichte, z.B. die aus der »Harzreise«, und einige neue, und zum Schluß die sämmtlichen colossalen Epigramme.[16]

Die dokumentierende Intention wird zwar aufrechterhalten und präzisiert: Es soll ein psychologisch-chronologisches Porträt des Autors gegeben werden. Doch tritt ein qualitativer Gesichtspunkt, der der strengen Selektion, hinzu, der nicht ohne weiteres mit dem Plan einer biographisch-psychologischen Charakteristik zur Deckung zu bringen ist. Gerade wenn er sich auf den Erfolg der Bürgerschen, Goetheschen und Uhlandschen Gedichtsammlungen berief, mußte Heine das Prekäre seiner psychologisierenden Konzeption bewußt sein; hatte doch Schiller Bürgers *Gedichte* von 1789 ausdrücklich als Produkte eines mißverstandenen Begriffs von »Popularität« und unter Hinweis auf einen unangemessen hohen Anteil kruder biographischer Elemente[17] einer vernichtenden Kritik unterzogen.

Die Anlage des *Buchs der Lieder* beweist, daß Heine sich des Problems bewußt war. Zwar ließ sich der Widerspruch zwischen dem Streben nach biographisch-psychologischer Authentizität auf der einen, den literarisch-kompositionellen Ansprüchen auf der andern Seite im logischen Sinne nicht auflösen, wohl aber ließ sich ein künstlerischer Weg aus dem Dilemma finden, der mehr als ein Ausweg war, d. h. sich auf dem Niveau einer fortgeschrittenen ästhetischen Reflexion befand: Der Widerspruch selbst mußte thematisiert und zu einem formbestimmenden Moment des zyklischen Arrangements erhoben werden. Die Form, in der sich diese Intention realisieren ließ, war nicht mehr die Gedichtsammlung des alten, »additiven« Typs, sondern die Gedichtsammlung als Zyklus von Zyklen.
Mit seiner Konzeption einer lyrischen Dialektik von autobiographisch-psychologischer Selbstdarstellung und distanzierender Artistik, deren schrittweise Eroberung als eine Art von »Formprozeß« in die Makrostruktur des *Buchs der Lieder* – von den *Jungen Leiden* zu den *Nordsee*-Zyklen eingegangen ist, konnte Heine an ein großes Vorbild anknüpfen: an Goethes *West-östlichen Divan*. Als Modell für den Einzelzyklus bot sich das *Buch Suleika* an, und dies nicht nur wegen seiner Liebesthematik, sondern vor allem wegen der hier schon mit höchstem Raffinement praktizierten Brechung der lyrischen Unmittelbarkeit. Man braucht nur an das von Goethe etwa in der Mitte des *Buchs Suleika* plazierte vierzeilige Gedicht zu denken, das den gesamten Zyklus in kritisch-poetologischer Pespektive reflektiert, sich zugleich aber auch durch seine erotische Komponente dem emotionalen Verlauf des Zyklus einfügt:

Ich möchte dieses Buch wohl gern zusammenschürzen,
Daß es den andern wäre gleich geschnürt.
Allein wie willst du Wort und Blatt verkürzen,
Wenn Liebeswahnsinn dich ins Weite führt?[18]

Die Verse reflektieren die quantitative Disproportion des *Buchs Suleika* im Vergleich mit den übrigen Zyklen des *Divans*, finden jedoch zugleich eine innere Begründung für dieses Überwuchern in der Eigenart der zyklischen Thematik. Man hat diesen Vierzeiler wiederholt als einen die emotionale Einheit des Zyklus störenden Fremdkörper gerügt und diese Sicht zusätzlich mit der

Tatsache begründet, daß er dem Zyklus erst 1827, in der zweiten Auflage des *Divans,* eingefügt wurde.[19] Weder das strukturelle, noch das genetische Argument sind jedoch stichhaltig. Das Gedicht akzentuiert nur eine Tendenz, die dem Zyklus schon von Anfang an – auch in der Phase der Entstehung vor seiner Erstpublikation 1819 – innewohnt, nämlich die Literarisierung alles Autobiographischen an der Liebesbeziehung, die er thematisch umkreist. In eben dieser Tendenz liegt auch das formal Neue an Goethes Verfahren, das ästhetisch weiterführende Moment.

Mit ihrer zyklischen Struktur und der durchgehaltenen – thematisierten – Spannung zwischen individuellem Erlebnisausdruck und literarischer Reflexion konnte Goethes späte Lyrik für Heine paradigmatische Bedeutung gewinnen. Aber die Konzeption des *Buchs der Lieder* stellt schon eine Radikalisierung des reflexiven Moments im *West-östlichen Divan* dar: Es nimmt hier die Form einer nicht nur lebens-, sondern auch literaturgeschichtlichen Historisierung der eigenen Produktion an, die in allen wesentlichen Phasen – von der noch vorzyklischen Stufe der *Jungen Leiden* über das *Lyrische Intermezzo*, die *Heimkehr* und die ursprünglich in den Kontext einer narrativen Prosa eingebettete Gedichtgruppe *Aus der Harzreise* bis zu den über die Stufe des *Buchs der Lieder* schon hinausweisenden *Nordsee*-Zyklen – repräsentiert ist.

Retrospektion, allerdings noch in individualgeschichtlicher Perspektive, ist schon das Thema des ersten Gedichts im *Buch der Lieder*, das zugleich den Subzyklus der *Traumbilder* innerhalb der *Jungen Leiden* eröffnet: »Du bliebst, verwaistes Lied! Verweh jetzt auch [...]/Dem luftgen Schatten send ich luftgen Hauch.«[20] Dem korrespondiert das Schlußgedicht der *Traumbilder* mit den Anfangszeilen: »Da hab ich viel blasse Leichen/ Beschworen mit Wortesmacht [...].«[21] Die Begräbnisthematik wird im Schlußgedicht des zweiten Subzyklus *Lieder* forciert (»Mit Rosen, Zypressen und Flittergold/Möcht ich verzieren, lieblich und hold,/Dies Buch wie einen Totenschrein,/Und sargen meine Lieder hinein«)[22] und mit dem letzten Gedicht der *Romanzen* literarkritisch gewendet:

> Wenn der Sänger zwei süße Äuglein sieht,
> Dann quellen ihm Lieder aus tiefem Gemüt;

Doch Lieder und Sterne und Blümelein,
Und Äuglein und Mondglanz und Sonnenschein,
Wie sehr das Zeug auch gefällt,
So machts doch noch lang keine Welt.[23]

Dem Zyklus *Lyrisches Intermezzo* ist ein Prolog vorangestellt, der den Anachronismus der privaten Liebespoesie betont und mit den Versen endet: »Der Ritter sitzt wieder ganz einsam zu Haus, / In dem düstern Poetenstübchen«[24]; das Schlußgedicht nimmt die Grabesmetaphorik noch einmal auf: »Die alten, bösen Lieder, / Die Träume schlimm und arg, / Die laßt uns jetzt begraben, / Holt einen großen Sarg.«[25]

Das Eröffnungsgedicht der *Heimkehr* führt diese selbstkritisch-poetologische Linie weiter und ein neues Motiv ein: den Hinweis auf die psychische Funktion der Entlastung, die von der literarischen Bearbeitung des Erlebten ausgeht, auch – und gerade – dort, wo (wie im folgenden naturmythischen *Lore-Ley*-Gedicht) die destruktive Seite gestaltet wird. Die Umwandlung von Angst in Trauer (»Ich weiß nicht was soll es bedeuten, / Daß ich so traurig bin«) und die in der Schlußstrophe mit den Worten »Ich glaube, die Wellen verschlingen / Am Ende Schiffer und Kahn« angedeutete Depotenzierung des Mythischen durch seine Auffassung als »Text«, als literarische Vorlage, gewinnt ihr Profil erst vor dem Hintergrund der Eingangsverse des Zyklus:

Wenn die Kinder sind im Dunkeln,
Wird beklommen ihr Gemüt,
Und um ihre Angst zu bannen,
Singen sie ein lautes Lied.

Ich, ein tolles Kind, ich singe
Jetzo in der Dunkelheit;
Klingt das Lied auch nicht ergötzlich,
Hats mich doch von Angst befreit.[26]

Die Technik der reflexiven und historisierenden Brechungen tritt an den hier herangezogenen Eingangs- und Schlußgedichten nur besonders deutlich hervor; sie prägt aber auch – sei es direkt oder durch »sekundäre« Einwirkung – alle übrigen Elemente des Zyklus.[27] Sie kulminiert im abschließenden Gedicht der *Heim-*

kehr, das die retrospektive, verabschiedende Tendenz auch im Formalen unmittelbar realisiert:

»Sag, wo ist dein schönes Liebchen,
Das du einst so schön besungen,
Als die zaubermächtgen Flammen
Wunderbar dein Herz durchdrungen?«

Jene Flammen sind erloschen,
Und mein Herz ist kalt und trübe,
Und dies Büchlein ist die Urne
Mit der Asche meiner Liebe.[28]

Das Gedicht besteht aus zwei Strophen, von denen die erste als Frage, die zweite als Antwort konstruiert ist. Die Vorgeschichte der Verse zeigt jedoch, daß die Anführungszeichen der ersten Strophe nicht nur das dialogische Moment, sondern auch den Zitat- bzw. Parodiecharakter des Vierzeilers markieren. Das Gedicht steht nämlich in leicht abweichender Form schon in einem Brief Heines an seinen Vetter Christiani vom 4. September 1824. Dort heißt es über Heines und Christianis gemeinsamen Freund Heinrich Straube:

> Mich hat er enthousiastisch gelobt – das will bey ihm viel sagen! Er hatte zwar die Tragödien schon gelesen, dennoch versprach ich ihm dieselben von hier aus zu schicken; und dies that ich diese Tage mit folgenden Versen, in deren erste Hälfte ich den Straubischen Ton kopiere:

»Sag, wo ist dein schönes Liebchen,
Das du einst so schön besungen,
Als die schmerzlich süßen Flammen
Wunderbar dein Herz durchdrungen?«

Längst hat Liebchen mich verlassen,
Und das Herz ist kalt und trübe
Und dies Büchlein ist die Urne
Mit der Asche meiner Liebe. –[29]

Die erste Strophe ist also Stilparodie; Parodie des epigonal-romantischen Tons, der von Straube gepflegt wurde und von dem sich Heine hier als von einer eigenen literarischen Manier verabschiedet. Der lyrische Ausdruck des Erlebnisses enttäuschter Liebe wird überlagert durch die selbstkritisch akzentuierte Stilkopie. Die schon im ursprünglichen Text unüberhörbare Distanzierung wird durch minimale Veränderungen verschärft: Es heißt in der *Heimkehr* nicht mehr »Längst hat Liebchen mich verlassen«, sondern, vom autobiographischen Ereignis abstrahierend und auf die Veränderung des Bewußtseins deutend: »Jene Flammen sind erloschen«. Das kompositorische Kalkül wird auch an der Integration der ursprünglich auf die Gedichte des *Lyrischen Intermezzo* gemünzten Widmungsverse in den Kontext der *Heimkehr* deutlich.

Reflexivität und Historisierung definieren sich jedoch nicht nur als retrospektiv; aus ihnen entfaltet sich auch eine vorwärtsgewandte Tendenz. Für die doppelte Perspektive auf das lyrische Sammelwerk als ein zugleich gewordenes und werdendes scheint wiederum das Vorbild Goethes maßgebend gewesen zu sein. Dieser hatte den lyrischen Zyklen des *West-östlichen Divans* prosaische *Noten und Abhandlungen* beigegeben, die Material zum Verständnis der Gedichte bereitstellen und dem Leser Einblick in den der Arbeit an den Büchern des *Divans* vorangehenden und sie begleitenden Vorgang der Aneignung östlicher Kultur geben. Das Werk erscheint dabei aber nicht nur, in der Rückschau, als Dokument einer abgeschlossenen Arbeitsperiode, sondern, unter dem Blickwinkel einer prospektiven »Historisierung«, als ein sich in Richtung auf einen »künftigen Divan« hin entwickelndes ästhetisches Gebilde. »Künftiger Divan« heißt ein zentrales Kapitel der *Noten und Abhandlungen*, das für jedes Buch des *West-östlichen Divans* Perspektiven der Vervollkommnung und Ergänzung skizziert. Die Fiktion des selbstgenügsamen, unveränderlichen Kunstwerks ist aufgegeben; das Werk ist zwar geprägte Form, aber noch in der Entfaltung begriffen: Moment eines unabgeschlossenen und grundsätzlich nicht abzuschließenden Prozesses der Aneignung von Wissen, von literarischen Techniken und nicht zuletzt von geschichtlicher Erfahrung. Daß dieses Programm später nicht eingelöst wurde – die Änderungen in der zweiten Auflage des *West-östlichen Divans* von 1827 halten sich in bescheidenen Grenzen[30] –, ändert nichts an der grundsätzlichen Bedeutung der hier bezogenen künstlerischen Position.

Bei Heine ist diese prospektive Historisierung insofern radikalisiert, als dem Werk bereits im Werk selbst durch das lyrisch reflektierende Ich der Totenschein ausgestellt wird: Ein »künftiges« *Buch der Lieder* wird nicht durch Wachstum, sondern durch einen Neuansatz zustandekommen. Vor allem die Gedichtsequenz XLII–XLIV der *Heimkehr* macht deutlich, daß der durch die Masken des lyrischen Ich sich artikulierende Autor neue Produktivität nicht im Vertrauen auf die Kontinuität der eigenen Kraft antizipiert, auch nicht allein als Reaktion auf eigenes Unbehagen an der bisher geübten poetischen Praxis, sondern erklärtermaßen in Auseinandersetzung mit von außen kommenden Stimmen der literarischen Kritik. Auf die Anfrage des Gedichtes XLII:

»Teurer Freund! Was soll es nützen,
Stets das alte Lied zu leiern?
Willst du ewig brütend sitzen
Auf den alten Liebes-Eiern?...«

folgt in Nr. XLIII die Replik:

Werdet nur nicht ungeduldig,
Wenn von alten Leidensklängen
Manche noch vernehmlich tönen
In den neuesten Gesängen.

Wartet nur, es wird verhallen
Dieses Echo meiner Schmerzen,
Und ein neuer Liederfrühling
Sprießt aus dem geheilten Herzen.[31]

Daß Heine in einer Reihe von Gedichten des *Buchs der Lieder* bereits auf Argumente der öffentlichen Kritik reagiert, legen verschiedene Äußerungen aus diesen Jahren nahe. Schon am 24. Dezember 1822 hatte er betroffen auf die Diagnose Bezug genommen, die ihm Immermann in einer Rezension der *Gedichte* von 1822 gestellt hatte: »Tief ergriffen haben mich die bedeutungsvollen Worte die Sie im Anzeiger über meine Gedichte ausgesprochen; ich gesteh es, Sie sind bis jetzt der Einzige der die Quelle meiner dunkelen Schmerzen geahndet.« Die gelegentlich geäußerte Vermutung, es bestehe zwischen Immermann und ihm ein Rivalitätsverhältnis, sei schon deshalb absurd, weil »der schöne klarleuchtende Diamant nicht verglichen werden kann mit dem schwarzen Stein, der bloß wunderlich geformt ist, und woraus der Hammer der Zeit böse wilde Funken schlägt«.[32] Was die Formel vom »Hammer der Zeit« andeutet, nämlich den nicht nur privaten Ursprung des Schmerzes in Heines früher Liebeslyrik, hatte Immermann schon in seiner Besprechung vom Mai 1822 zur Erklärung der Tatsache herangezogen, daß

> ein Jüngling unter 58 Gedichten auch nicht ein einziges zu geben vermochte, aus dem Freude und Heiterkeit spricht: Bleibt man bei den Worten stehn, so ist diese trübe Stimmung durch ein gestörtes Liebesverhältniß erzeugt. Dringen wir etwas tiefer, so scheint es mir, daß ein Herberes, als jener Liebesverdruß, die Brust des Dichters bewegt habe [...]. Mit dem, worüber er unmittelbar sich beklagt, würde er leichter und harmonischer fertig geworden seyn, läge nicht das [...] Bewußtseyn eines tiefern Zwiespaltes in seiner Seele.[33]

Die lyrische Replik »Werdet nur nicht ungeduldig« interpretiert den gegenwärtigen Zustand der eigenen literarischen Produktion als einen des Übergangs, sie objektiviert die subjektive Erfahrung des Leidens. Daß es sich bei dieser Erfahrung um ein epochales Phänomen handelt, wird in dem dritten Gedicht der Sequenz offenbar, das nach der Authentizität nicht nur des poetischen Ausdrucks von Leiden, sondern des Erlebens selbst fragt:

Nun ist es Zeit, daß ich mit Verstand
Mich aller Torheit entledge;
Ich hab so lang als ein Komödiant
Mit dir gespielt die Komödie.

Die prächtgen Kulissen, sie waren bemalt
Im hochromantischen Stile,
Mein Rittermantel hat goldig gestrahlt,
Ich fühlte die feinsten Gefühle.[34]

Das epochale Bewußtsein erscheint hier nicht nur als Adaptation des bereits konventionalisierten »hochromantischen Stiles« als eines leicht verfügbaren Ausdrucksvehikels, sondern als ein die Erlebnisstruktur selbst bestimmendes, jede Unmittelbarkeit aufhebendes Reflexionsmoment: »Ich fühlte die feinsten Gefühle.« Das Problem besteht also nicht darin, eine äußerliche Ausdruckskonvention abzustreifen – sich »mit Verstand aller Torheit« zu entledigen. Die bloße Erkenntnis der Historizität des Erlebens, der literarischen Vermitteltheit des scheinbar privatesten und intimsten Gefühls bedeutet noch keine Lösung: Das Ich, das den »tollen Tand« säuberlich abgelegt hat, fühlt sich nach diesem Willensakt ebenso elend wie zuvor, weil es die Erfahrung machen muß, daß die Kulissen und Masken, in denen es sich spielend bewegte, seine geschichtliche Wahrheit sind:

Und nun ich mich gar säuberlich
Des tollen Tands entledge,
Noch immer elend fühl ich mich,
Als spielt ich noch immer Komödie.

Ach Gott! im Scherz und unbewußt
Sprach ich was ich gefühlet;
Ich hab mit dem Tod in der eignen Brust
Den sterbenden Fechter gespielet.[35]

Das objektiv Verhärtete der Subjektivität, das gesellschaftlich und literarisch Hergestellte der Gefühle und ihres Ausdrucks tritt hervor; aber die Form, in der es dem Bewußtsein erscheint, ist wieder die der subjektiven Erfahrung: des Leidens am Klischeecharakter des Leids.

Komplizierte Vermittlungen dieser Art sind bestimmend für den größten Teil der Gedichte des Zyklus. Die Auseinandersetzung mit der abweisenden Geliebten ist fast ausnahmslos zugleich Auseinandersetzung mit eingespielten Formen des Fühlens und lyrischen Sprechens; unter dem arrangierenden Zugriff des Zyklen-Konstrukteurs, der den emotionalen Situationen des Einzelgedichts immer schon weit voraus ist, erstarrt das erotische Erlebnis zur Allegorie der Kämpfe, die ein kritisches Bewußtsein mit der spröden Wirklichkeit seiner Gegenwart ausficht. Ein humoristischer Passus des *Buchs Le Grand* aus dem Erscheinungsjahr des *Buchs der Lieder* bringt diese Tendenz, in Anspielung auf patristische Techniken der Exegese, auf den Begriff:

> Aber ich hab nun mal diese unglückliche Passion für die Vernunft! Ich liebe sie, obgleich sie mich nicht mit Gegenliebe beglückt. Ich gebe ihr alles, und sie gewährt mir nichts. Ich kann nicht von ihr lassen. Und wie einst der jüdische König Salomon im Hohenliede die christliche Kirche besungen, und zwar unter dem Bilde eines schwarzen, liebeglühenden Mädchens, damit seine Juden nichts merkten; so habe ich in unzähligen Liedern just das Gegenteil, nämlich die Vernunft, besungen, und zwar unter dem Bilde einer weißen, kalten Jungfrau, die mich anzieht und abstößt, mir bald lächelt, bald zürnt, und mir endlich gar den Rücken kehrt. Dieses Geheimnis meiner unglücklichen Liebe, das ich niemandem offenbare, gibt Ihnen, Madame, einen Maßstab zur Würdigung meiner Narrheit [...]. Lesen Sie meinen »Ratcliff«, meinen »Almansor«, mein »lyrisches Intermezzo« – Vernunft! Vernunft! nichts als Vernunft! – und Sie erschrecken ob der Höhe meiner Narrheit.[36]

Schon für Heines frühe, das Thema Liebe umkreisende Zyklen ist charakteristisch, daß die einzelnen Gedichte sich nicht als Momente einer Erlebnisfolge – im Sinne eines »lyrischen Liebesromans« – aufeinander beziehen, sondern als »Texte« zueinander in Beziehung treten. Das gilt für das Verhältnis der Zyklen des *Buchs der Lieder* untereinander, für das Arrangement der Gedichte innerhalb der Zyklen, aber auch für die »intertextuellen« Relationen zwischen dem einzelnen Gedicht und dem literarischen Sprach- und Formenmaterial, auf das es sich implizit oder explizit bezieht. Es ist vor allem diese dritte Dimension, die den spezifisch »literarischen« Charakter des *Buchs der Lieder* bestimmt.

Wenn im 44. Gedicht der *Heimkehr* die »hochromantische« Stilattitüde den literarischen Bezugspunkt bildet, so ist es bei anderen Gedichten das gleichfalls von den Romantikern literaturfähig gemachte Volkslied. Nr. 61 etwa ist eine negative, das Sehnsuchtsmotiv ins Sadistische hinüberspielende Variation dieser Form: »Und hast du zum nächtlichen Schlummer / Geschlossen die Augen kaum, / So wird dich mein Wort verfolgen / Bis in den tiefsten Traum.«[37] Wie wenig von einer naiven Adaptation dieses Musters die Rede sein kann, belegt schon die satirische Volksliedkontrafaktur im 53. Gedicht des *Lyrischen Intermezzo*, das keine Gefühlsqualität mehr vermittelt, die nicht schon durch kritische Reflexion auf das literarische Ausdrucksmedium gebrochen wäre: »Ich steh auf des Berges Spitze,/Und werde sentimental./›Wenn ich ein Vöglein wäre!‹/Seufz ich viel tausendmal.«[38]

Zu den literarischen Paradigmen, auf die parodistisch Bezug genommen wird, gehört auch Goethes Liebeslyrik. Vor Heine hatte sich schon Eichendorff des berühmten *Nachtgesangs* in dieser Hinsicht angenommen, aber seine Parodie des Gedichts im fünften Kapitel des zweiten Buchs von *Ahnung und Gegenwart* wirkt wie ein harmloser Ulk, vergleicht man sie mit Heines die geschichtliche Distanz scharf akzentuierendem Gegengesang im 62. Gedicht der *Heimkehr*:

Du hast Diamanten und Perlen,
Hast alles, was Menschenbegehr,
Und hast die schönsten Augen –
Mein Liebchen, was willst du mehr?

Auf deine schönen Augen
Hab ich ein ganzes Heer
Von ewigen Liedern gedichtet –
Mein Liebchen, was willst du mehr?

Mit deinen schönen Augen
Hast du mich gequält so sehr,
Und hast mich zu Grunde gerichtet –
Mein Liebchen, was willst du mehr?[39]

Was bei Goethe noch als Einheit gesehen wird: Erlebnis (»die ewigen Gefühle«), Kunst (»bei meinem Saitenspiele«) und kosmische Harmonie (»segnet der Sterne Heer«), bricht bei Heine auseinander. Die metaphysische Perspektive ist durch eine skeptisch-materialistische ersetzt (»Du hast Diamanten und Perlen«), an die Stelle des Einklangs der »ewigen Gefühle« mit »der Sterne Heer« tritt der selbstkritisch-ironische Verweis auf eine

inflationäre literarische Produktion und Reproduktion (»ein ganzes Heer/Von ewigen Liedern«), an die Stelle der Erhebung »aus irdischem Gewühle« ein mit illusionsloser Schärfe umrissener gesellschaftlicher und literarhistorischer Kontext.
Es bedarf nicht immer eines derart ausgearbeiteten parodistischen Bezugs, um die lyrische Innerlichkeit durch eine gesellschaftliche oder geschichtliche Perspektivierung aufzubrechen. Oft genügt ein kurzes sprachliches Signal, um diese Wirkung zu erzielen, wie im 25. Gedicht des Zyklus:

Die Jahre kommen und gehen,
Geschlechter steigen ins Grab,
Doch nimmer vergeht die Liebe,
Die ich im Herzen hab.

Nur einmal noch möcht ich dich sehen,
Und sinken vor dir aufs Knie,
Und sterbend zu dir sprechen:
Madame, ich liebe Sie![40]

Die letzte Zeile hebt das als »zeitlos« exponierte Erlebnis auf, indem sie durch den Wechsel der Anredeform die Konventionalität und Historizität der emotionalen Situation (wie auch der sprachlichen Realisierung) in ein grelles Licht rückt.
Heine war sich über den literarisch-reflexiven Charakter seiner zyklischen Lyrik und über die eigene künstlerische Entwicklungstendenz schon vor der Zusammenstellung und Publikation des *Buchs der Lieder* im klaren. Am 7. Juni 1826 schreibt er an Wilhelm Müller (dessen Liedern nach Heines eigenem Urteil das *Lyrische Intermezzo* »seinen geheimsten Tonfall [...] verdankt«[41]): »Wie rein, wie klar sind Ihre Lieder und sämmtlich sind es Volkslieder. In meinen Gedichten hingegen ist nur die Form einigermaßen volksthümlich, der Inhalt gehört der conventionellen Gesellschaft.«[42] Der gleiche Brief enthält auch das Bekenntnis, daß es mit ihm als »Liederdichter wol ein Ende« habe, und verweist auf den ersten *Nordsee*-Zyklus im ersten Teil der *Reisebilder*, der erkennen lasse, »welche neue Töne ich anschlage und in welchen neuen Weisen ich mich ergehe«.[43]
Die Apostrophe, mit der dieser Zyklus in dem prologischen Ge-

dicht *Krönung* eröffnet wird, markiert den Neueinsatz: »Ihr Lieder! Ihr meine guten Lieder! Auf, auf! und wappnet euch!«[44] Lieder kann nur die lyrische Form meinen, die in den vorangegangenen Zyklen dominiert; die »gewappneten« Vertreter der neuen lyrischen Generation sind nicht mehr Lieder im alten Sinne, sondern freirhythmische Verse, die sich von der Manier der kleinen Volksliedstrophe lösen.

Daß diese kleine Form thematische Beschränkungen mit sich brachte, hat Heine schon früh empfunden. Ihr Gesetz war Variation eines begrenzten Motivrepertoires, Kunst der literarischen Konzentration. Was der Stoff an Welthaltigkeit und Vielfalt nicht hergab, konnte nur durch Reflexion auf das Medium, durch immer neue Brechung der emotionalen Bewegung, durch Ausschöpfung aller Techniken der Perspektivierung wettgemacht werden. Schon im Juni 1823 heißt es in einem Brief an Immermann:

> Ich will Ihnen gern eingestehen den Hauptfehler meiner Poesien, durch dessen Vorwurf Sie mich wahrscheinlich zu verletzen glauben: – es ist die große Einseitigkeit die sich in meinen Dichtungen zeigt, in dem sie alle nur Variazionen desselben kleinen Themas sind. Niemanden kann dieses leichter auffallen als Ihnen, dessen Poesie die ganze große Welt mit ihren unzähligen Mannigfaltigkeiten zum Thema hat. [...] Sie haben das mit Shakespearen gemein daß Sie die ganze Welt in sich aufgenommen, und wenn Ihre Poesien einen Fehler haben, so besteht er darinn daß Sie Ihren großen Reichthum nicht zu konzentrieren wissen [...]. Bey mir war die Kunst des Conzentrirens leichter auszuüben, eben weil ich nur ein Stückchen Welt, nur ein einziges Thema, darzustellen hatte. Ich habe seitdem, besonders diesen Winter, im Zustand der Krankheit, mehr in mich aufgenommen, und in der Tragödie, die ich vielleicht in einigen Jahren liefere, mag es sich zeigen, ob ich, der ich bisher nur die Historie von Amor und Psyche in allerley Grouppirungen gemalt habe, ebensogut den Troyanischen Krieg malen kann.[45]

Die ganze große Welt, »der trojanische Krieg« anstelle der tausendfach variierten Liebesepisode: als Paradigmen des angestrebten Ziels werden die epischen und dramatischen Welten

Homers und Shakespeares beschworen. Die geplante Tragödie, die offensichtlich einen anderen, expansiveren Tragödientypus repräsentieren sollte als die bereits vorliegenden Dramen *Almansor* und *Ratcliff*, ist nicht zustandegekommen, aber die Intention, die dem Plan zugrundelag, ist in den das *Buch der Lieder* zugleich abschließenden und transzendierenden *Nordsee*-Zyklen weitgehend eingelöst. Sie eröffnen gegenüber den vorangegangenen Abteilungen der Sammlung ein unvergleichlich weiteres Panorama, in dem privates Erleben, elementare Naturerfahrung, Evokation großer geschichtlicher Bewegungen und kollektiver mythischer Vorstellungen zu einer Totalität zusammentreten, die sich in dem turbulenten Synkretismus des vorletzten Gedichts *Im Hafen* auch noch den Hegelschen Weltgeist einverleibt:

Alles erblick ich im Glas,
Alte und neue Völkergeschichte,
Türken und Griechen, Hegel und Gans,
Zitronenwälder und Wachtparaden,
Berlin und Schilda und Tunis und Hamburg,
Vor allem aber das Bild der Geliebten,
Das Engelköpfchen auf Rheinweingoldgrund.
[...]
Du braver Ratskellermeister von Bremen!
Siehst du, auf den Dächern der Häuser sitzen
Die Engel und sind betrunken und singen;
Die glühende Sonne dort oben
Ist nur eine rote, betrunkene Nase,
Die Nase des Weltgeists;
Und um die rote Weltgeistnase
Dreht sich die ganze, betrunkene Welt.[46]

Das letzte Wort ist allerdings schlichter. Der *Epilog* beschwört das einfache Leben, die einfache Liebe und das »schöne Unkraut« der Liebespoesie:

Wie auf dem Felde die Weizenhalmen,
So wachsen und wogen im Menschengeist
Die Gedanken.
Aber die zarten Gedanken der Liebe
Sind wie lustig dazwischenblühende,
Rot und blaue Blumen.[47]

Das Gedicht führt in eine arkadische Welt und damit weit hinter die Welt zurück, aus deren Perspektive die Zyklen des *Buchs der Lieder* entworfen sind. Als Regression kann diese Schlußwendung schon deshalb nicht betrachtet werden, weil die kräftigen Farben dieser Idylle nur für einen Augenblick vor dem Hintergrund einer düster getönten Reflexionspoesie aufleuchten. Es ist nur der kurze Blick in eine imaginierte Welt, wo die Poesie wie die Liebe keiner anderen Legitimation bedürfte als der, schön zu sein und zu beglücken: eine bunte Blume, die der »mürrische Schnitter [...] als nutzlos verwirft«.[48] Auch diese Welt steht unter einem Vorbehalt; der *Epilog* fingiert keine reine Positivität, sondern entwirft eine Perspektive auf die anderen Gedichte hin, nicht mehr.

Heine hat den Zyklus als dialektische Form lyrischen Sprechens ausgebildet. In oder an jedem einzelnen Gedicht wiederholt sich, in der immer erneuten Spannung von individuellem lyrischen Ereignis und zyklischer Anordnung, der Vorgang von Setzung und Negation. Die komplexeste Formel dieser Ästhetik des Arrangements wird erst in den *Schöpfungsliedern* entwickelt, die im Zentrum des Zyklus *Verschiedene* der *Neuen Gedichte* von 1844 stehen. Dieser poetologische Subzyklus exponiert eine moderne Produktionsästhetik, indem er – in Anlehnung an den widersprüchlichen Bericht[49] der Bibel von der Erschaffung des Menschen – »Schöpfung« dialektisch interpretiert: als kulturellen Prozeß, an dem die ursprüngliche Schöpfung aus einem amorphen Grundstoff (»vorgefundenem Urweltsdreck«) und die geschichtlich höhere Stufe der Weiterbildung (»Entfaltung«) bereits gestalteten Materials unterschieden werden können.[50] So gesehen wäre es legitim, die künstlerische Tendenz des *Buchs der Lieder* nicht nur – wie hier versucht – aus der eigenen Mikro- und Makrostruktur zu rekonstruieren, sondern sie auch von den späteren Zyklen und Sammlungen her noch einmal ins Auge zu fassen: von den Stadien der lyrischen Produktion her also, auf die das *Buch der Lieder* mit seinem Grundgestus der Selbstaufhebung und der Antizipation immer wieder verweist.

Die exilierte Natur

Kulturtheoretische Reflexion im Werk Heines

»Nur verlangen Sie von mir keine Systematie; [...] Assoziation der Ideen soll immer vorwalten«: Bei dem Versuch, »Theoretisches« aus Heines Werk zu extrahieren, wird man sich diese in den *Briefen aus Berlin* ausgesprochene Warnung vor Augen halten müssen.[1] Von einer Kulturtheorie im strengen Sinne kann bei Heine keine Rede sein, so wenig wie von einer systematischen Ästhetik oder einer geschlossenen politischen Philosophie. Dies schließt nicht aus, daß Reflexionsfiguren, die aus heutiger Sicht als kulturtheoretisch (avant la lettre) gelten können, für ihn bereits eine zentrale Rolle spielen. Es handelt sich dabei um Gedankengänge, die von paradigmatischen Oppositionen wie Antike – Moderne, Natur – Geschichte, Individuum – Gesellschaft bestimmt sind und sich – wie schon bei Heines Vorgängern Vico, Voltaire, Rousseau, Herder, Schiller, bei den Philosophen des deutschen Idealismus und bei den Mythologen der Romantik – an den Berührungs- und Kollisionspunkten von theologischer Anthropologie, Ästhetik, Staatstheorie und Geschichtsphilosophie kristallisieren.

Heines Reflexionen vermeiden »Systematie«; dennoch läßt sich in seinem Werk die schrittweise Herausbildung eines Verfahrens typologisch-symptomatologischer Interpretation kultureller Phänomene beobachten, das auf eine Integration ästhetischer, politisch-gesellschaftstheoretischer, sozialpsychologischer und geschichtsphilosophischer Ansätze zielt. Es geht dabei nicht um begriffliche Synthese. Heines Umgang mit der philosophischen Tradition ist vorwiegend von politisch-praktischen und von künstlerischen Motiven bestimmt, er beruft sich auf bürgerliche und poetische Freiheiten und sucht für seine eklektisch-kombinatorischen, oft ironisch-spielerischen Gedankenexperimente mit Philosophemen unterschiedlichster Herkunft keine theoretische Legitimation. Die Form dieses »kulturtheoretischen« Diskurses bildet eine gegen den Methodenzwang aufbegehrende subjektive Erfahrung nach und trägt in sich die Spannungen von kritischem und poetischem Präsentationsmodus, Begriff und Bild, rationaler und mythischer Weltdeutung aus. Heines Hermeneutik verbindet mythenkritische Analyse und mythopoetischen Entwurf; nicht zuletzt deshalb nimmt sie eine Schlüsselstellung innerhalb der Entwicklung ein, die von Schelling und der Romantik zu Nietzsche und Freud führt.[2]

Ausgangspunkt der Überlegungen ist auch für Heine das erstmals in der Querelle des Anciens et des Modernes grundsätzlich aufgeworfene Problem des Verhältnisses der modernen (christlichen) zur antiken (heidnischen) Kultur. Seine Konzeption bewegt sich zunächst noch in konventionellen Bahnen. Heine argumentiert als Schüler und Apologet August Wilhelm Schlegels, wenn er 1820 in seinem Aufsatz *Die Romantik* schreibt:

> Im Altertum, das heißt eigentlich bei Griechen und Römern, war die Sinnlichkeit vorherrschend. Die Menschen lebten meistens in äußern Anschauungen, und ihre Poesie hatte vorzugsweise das Äußere, das Objektive, zum Zweck und zugleich zum Mittel der Verherrlichung. Als aber ein schöneres und milderes Licht im Orient aufleuchtete, als die Menschen anfingen zu ahnen, daß es noch etwas Besseres gibt als Sinnenrausch, als die unüberschwenglich beseligende Idee des Christentums, die Liebe, die Gemüter zu durchschauern begann, da wollten auch die Menschen diese geheimen Schauer, diese unendliche Wehmut und zugleich unendliche Wollust mit Worten aussprechen und besingen.[3]

Die »romantische, d.h. eigentümlich moderne, nicht nach den Mustern des Altertums gebildete«[4] Poesie ist zwar auch bei Heine unlöslich mit dem Aufgang des Christentums verbunden, für ihre Geltung ist jedoch nur die Affinität zur »Idee« des Christentums wesentlich, nicht der historische Zusammenhang mit seinen Dogmen und Institutionen: »Christentum und Rittertum waren nur Mittel, um der Romantik Eingang zu verschaffen.«[5] Die Abgrenzung hat eine aktuelle politische Pointe. Sie stellt den Versuch dar, die Romantik gegen Kritiker in Schutz zu nehmen, die in ihr nur eine Legitimationsideologie von »Pfaffen [...] und adeligen Herrscherlingen«[6] zu erblicken vermögen. Zugleich antizipiert sie aber auch schon ein kulturtheoretisches Denkmodell, das sich seit den dreißiger Jahren in Heines Schriften entfaltet: den anthropologischen Dualismus von Sensualismus und Spiritualismus, der dem welthistorischen Antagonismus von Heidentum und Christentum als »Tiefenstruktur« zugrundeliegt, aber auch innerhalb der Epochen als Gegensatz zwischen einem »hellenischen« und einem »nazarenischen« Menschentypus in Erscheinung tritt. Bereits in dem Essay von 1820 impliziert Heines Theorie des Romantischen über den kunstphilosophischen Aspekt hinaus eine Theorie sinnlicher Erfahrung und sinnlicher Bedürfnisse, die das seit dem Sieg des Christentums immer problematischer werdende Verhältnis von Natur und Kultur in den Mittelpunkt des Interesses rückt. Das Wesentliche romantischer Poesie liegt für ihn darin, daß sie der symbolische Modus des Ausdrucks neuer Erfahrungen und Bedürfnisse ist, die sich in den überlieferten Formen der klassischen Antike nicht mehr artikulieren lassen. War für den antiken Künstler die Erfahrung der Welt noch vollkommen in konkreten, sinnlichen Bildern darstellbar, so richtet sich die Intention des romantischen auf einen spirituellen Zusammenhang hinter den Phänomenen dieser Welt, den diese nur evozieren, nicht in sich verkörpern können.

Die veränderten Bedürfnisse und der neue Modus der Erfahrung fordern eine neue Symbolsprache: »Vergebens suchte man nun durch die alten Bilder und Worte die neuen Gefühle zu bezeichnen. Es mußten jetzt neue Bilder und neue Worte erdacht werden, und just solche, die, durch eine geheime, sympathetische Verwandtschaft mit jenen neuen Gefühlen, diese letztern zu jederzeit im Gemüte erwecken und gleichsam herauf beschwören konnten.« Die »Bilder der Romantik sollten mehr erwecken als bezeichnen«[7]; sie mußten es, wenn sie der neuen Erfahrungsform entsprechen sollten, die das »Wirkliche« nicht mehr in den sinnlichen Erscheinungen, sondern in abstrakten Beziehungen zwischen und hinter den Erscheinungen fassen zu können meinte. In Heines Formulierung »geheime Schauer«, »unendliche Wehmut« und »unendliche Wollust« ist zwar schon angedeutet, daß die Spiritualisierung der Selbst- und Welterfahrung statt Auslöschung Verschiebung oder Transformation des im heidnischen »Sinnenrausch« wirksamen Lustprinzips zur Folge hat; die Gegenwärtigkeit der Antike in der modernen Kultur wird aber noch nicht als unbewußte Präsenz des Vergangenen, als Wiederkehr des Verdrängten, als Latenz (statt Renaissance) heidnischer Elemente im Christentum gefaßt. Seine kulturkritischen Vorstellungen beschränken sich noch auf eine kunsttheo-

retische Kompromißformel, die den »Streit [...] zwischen Romantikern und Plastikern« schlichten soll: »Wahrlich, die Bilder, wodurch jene romantischen Gefühle erregt werden sollen, dürfen eben so klar und mit eben so bestimmten Umrissen gezeichnet sein, als die Bilder der plastischen Poesie.«[8]
Daß dieses Postulat einen Widerspruch impliziert, daß »Klarheit und Bestimmtheit der Umrisse« des ästhetischen Zeichens mit den erweckenden, heraufbeschwörenden, andeutenden Funktionen, die das Wesentliche einer Semiotik der romantischen Moderne ausmachen, nur um den Preis einer Lockerung des Zusammenhangs von Zeichen und Bezeichnetem zu erreichen sind, wird Heine zunehmend bewußt. Die für klassische Kunst konstitutive Identität von Idee und sinnlich-schöner Materialität des Zeichens wird fraglich, schließlich ganz preisgegeben. Schon im *Romantik*-Aufsatz von 1820 heißt es: »Diese romantischen Bilder sollen an und für sich schon ergötzlich sein; sie sind die kostbaren, goldenen Schlüssel, womit, wie alte Märchen sagen, die hübschen, verzauberten Feengärten aufgeschlossen werden.«[9] Die *Französischen Maler* von 1833 skizzieren drei Konsequenzen, die gezogen werden können, wenn der moderne Künstler sich des Hiatus zwischen Sinn und Erscheinung bewußt geworden ist, der romantischer Kunstpraxis, wenn auch unreflektiert, von Anbeginn zugrunde lag. Es handelt sich um postromantische Optionen, die in künstlerischen Bewegungen der Epoche, aber auch in Heines Werk selbst repräsentiert sind:
– *Die Option eines antimimetischen Symbolismus und Ästhetizismus*. Der Künstler begreift sich als »Supernaturalist«, der »nicht alle seine Typen in der Natur auffinden kann«, dem vielmehr »die bedeutendsten Typen, als eingeborene Symbolik eingeborner Ideen, gleichsam in der Seele geoffenbart werden«. Dem Kritiker, der »die Natur vermißt«, kann er »getrost antworten: daß er ganz märchentreu gemalt und ganz nach innerer Traumanschauung«.[10] Die Verbindung zwischen den »an und für sich schon ergötzlichen Zeichen« und dem von ihnen evozierten Sinn kann dem Künstler selbst unbewußt bleiben; wird vom Betrachter allerdings nicht nur die äußere Schönheit der Zeichen wahrgenommen, sondern auch die innere Gesetzlichkeit erkannt, die den Künstler in seiner »mystischen Unfreiheit« bestimmte, so entsteht tiefere, geistig-sinnliche Lust:

Der Künstler gleicht jener schlafwandelnden Prinzessin, die des Nachts in den Gärten von Bagdad, mit tiefer Liebesweisheit, die sonderbarsten Blumen pflückte und zu einem Selam verband, dessen Bedeutung sie selbst gar nicht mehr wußte, als sie erwachte. Da saß sie nun des Morgens in ihrem Harem, und betrachtete den nächtlichen Strauß, und sann darüber nach, wie über einen vergessenen Traum, und schickte ihn endlich dem geliebten Kalifen. Der feiste Eunuch, der ihn überbrachte, ergötzte sich sehr an den hübschen Blumen, ohne ihre Bedeutung zu ahnen. Harun Alraschid aber, der Beherrscher der Gläubigen, der Nachfolger des Propheten, der Besitzer des salomonischen Rings, dieser erkannte gleich den Sinn des schönen Straußes, sein Herz jauchzte vor Freude, und er küßte jede Blume, und er lachte, daß ihm die Tränen herabliefen in den langen Bart.[11]

Das Modell impliziert produktionsästhetisch eine Theorie unbewußten Schaffens, werkästhetisch eine Autonomisierung der poetischen Zeichen, rezeptionsästhetisch (hermeneutisch) eine Form kultureller Kommunikation, die beim Empfänger nicht nur die Kenntnis eines esoterischen künstlerischen Codes, sondern auch sinnliche »Potenz«, eine unzerstörte Triebnatur, voraussetzt.

– *Die Option eines anarchischen Subjektivismus.* Der Künstler bekennt sich, in Erwartung einer künftigen Zeit, die mit neuen Bedeutungen auch neue Zeichen und Zeichentechniken hervorbringen wird, zur ungezügelten Manifestation seiner Individualität. Diese vermag sich selbst noch keinen neuen Sinn zu schaffen, trägt aber dazu bei, den Untergang des Abgelebten zu beschleunigen: »[...] die neue Zeit wird auch eine neue Kunst gebären, die mit ihr selbst in begeistertem Einklang sein wird, die nicht aus der verblichenen Vergangenheit ihre Symbolik zu borgen braucht, und die sogar eine neue Technik, die von der seitherigen verschieden, hervorbringen muß. Bis dahin möge, mit Farben und Klängen, die selbsttrunkenste Subjektivität, die weltentzügelte Individualität, die gottfreie Persönlichkeit mit all ihrer Lebenslust sich geltend machen, was doch immer ersprießlicher ist, als das tote Scheinwesen der alten Kunst.«[12] Eine Sinngebung wird hier nicht von innerpsychischen Offenbarungen erwartet, sondern von gesellschaftlichen Umwälzungen, die das kulturelle Zeichensystem als Ganzes erneuern. Es handelt sich um einen revolutionär umgestülpten Traditionalismus, der sich von der neuen Symbolik die gleiche kollektive Verbindlichkeit erhofft, die der brüchig gewordenen Überlieferung einst eignete. Die entfesselte »Subjektivität«, »Individualität«, »Persönlichkeit« versteht sich nur als interimistische Instanz von antizipatorischer, nicht normsetzender Kompetenz.

– *Die Option einer Preisgabe der nicht mehr lebensfähigen Kunst.* Der Künstler interpretiert die zunehmende Spiritualisierung der modernen Kunst als »ein Zeichen von nahem Absterben«, erfährt die »dämmernde Geistigkeit« der »Künstler und Schriftsteller« als »das wunderbare Ahnungsvermögen der Sterbenden«, die »in der Todesstunde plötzlich hellsehend werden und mit verbleichenden Lippen die übersinnlichsten Geheimnisse aussprechen«. Die Frage »Oder hat es überhaupt mit der Kunst und mit der Welt selbst ein trübseliges Ende?« indiziert, daß der Niedergang der Kunst hier als Symptom eines allgemeinen Verfallsprozesses, »Tod« oder »Wiedergeburt« als *gemeinsames* Schicksal von Kunst und Welt begriffen wird.[13]

Hegel, dessen *Ästhetik* zwar erst 1835 veröffentlicht wurde, durch Vorlesungsnachschriften und mündliche Berichte aber lange vorher dem Publikum bekanntgeworden war, hatte aus der gleichen Beobachtung andere Schlüsse gezogen. Ihm war »der Geist unserer heutigen Welt [...] über die Stufe hinaus, auf welcher die Kunst die höchste Weise ausmacht, sich des Absoluten bewußt zu sein«.[14] Sie vermag das »Ganze« der dem Menschen erfahrbaren Welt nicht mehr im sinnlichen Bilde darzustellen. Was ihr an unmittelbarer Evidenz mangelt, muß sie durch die Bezugnahme auf begriffliche Konstruktionen von Sinn ersetzen. So wird der naive Kunstgenuß von ästhetischer Reflexion überlagert: »Was durch Kunstwerke jetzt in uns erregt wird, ist außer dem unmittelbaren Genuß zugleich unser Urteil, indem wir den Inhalt, die Darstellungsmittel des Kunstwerks und die Angemessenheit und Unangemessenheit beider unserer denkenden Betrachtung unterwerfen. Die *Wissenschaft* der Kunst ist darum in unserer Zeit noch viel mehr Bedürfnis als zu den Zeiten, in welchen die Kunst für sich als Kunst schon volle Befriedigung gewährte. Die Kunst lädt uns zur denkenden Betrachtung ein, und zwar nicht zu dem Zwecke, Kunst wieder hervorzurufen, sondern, was die Kunst sei, wissenschaftlich zu erkennen.«[15] Da die Reflexion sich »auch der Künstler bemächtigt« hat, ist das »Gebundensein an einen besonderen Gehalt und eine nur für diesen Stoff passende Art der Darstellung [...] für den heutigen Künstler etwas Vergangenes und die Kunst dadurch ein freies Instrument geworden, das er nach Maßgabe seiner subjektiven Geschicklichkeit in bezug auf jeden Inhalt, welcher Art er auch sei, gleichmäßig handhaben kann«. Solche Freiheit des künstlerischen Bewußtseins ist erkauft durch die Willkür, die den bewußt »gemachten« Kunstwerken der Moderne anhaftet; der Künstler schöpft aus »einem Vorrat von Bildern, Gestaltungsweisen, früheren Kunstformen, die ihm, für sich genommen, gleichgültig sind und nur wichtig werden, wenn sie ihm gerade für diesen oder jenen Stoff als die passendsten erscheinen«.[16] Für Hegel hat die Kunst keine Zukunft, nicht etwa, weil sie »mit der Welt selbst ein trübseliges Ende« nimmt, sondern weil sie »nach der Seite ihrer höchsten Bestimmung« – dem Absoluten zur Erscheinung zu verhelfen – »für uns ein Vergangenes« ist.[17]

Hegels Diagnose: »Der Gedanke und die Reflexion hat die schöne Kunst überflügelt«[18], ist auch die Heines, aber er gibt eine konträre Interpretation des Befundes. Jenes »Überflügeln«, das Hegel als »Aufhebung«, d. h. als ein Moment des Fortschreitens der Menschheit im Bewußtsein der Freiheit begreift, erscheint in Heines Optik als Akt der Unterdrückung in einem langwährenden Prozeß der Disziplinierung menschlicher Natur. Was Hegel »Synthese« nennt, meint für Heine bestenfalls Kompromiß, in der Regel Exilierung und Deformation. Das Schicksal der Kunst ist nur Teil eines alle Lebensbereiche tangierenden Vorgangs von weltgeschichtlichem Ausmaß: eines Fortschritts im Geiste, für den die Menschheit mit der Wiederkehr des Verdrängten in entstellter Form bezahlt. Neben die Kunst als die kulturell höchstentwickelte Objektivation des Konflikts von Geist und Sinnlichkeit treten dabei als weitere Paradigmen der Traum und der volkstümliche Mythos.

Ein novellistisches Fragment aus den dreißiger Jahren, *Aus den Memoiren des Herren von Schnabelewopski*, stellt den Traum als psychische Produktion vor, durch die die unterdrückte, aber nicht zerstörte sinnliche Natur des Menschen über Jahrhunderte christlich-asketischer Selbstzerfleischung hinweg sich unter den

Zwängen einer internalisierten Zensur zum Ausdruck zu verhelfen wußte:

> Und der Traum? Warum fürchten wir uns vor dem Schlafengehn nicht weit mehr als vor dem Begrabenwerden? Ist es nicht furchtbar, daß der Leib eine ganze Nacht leichentot sein kann, während der Geist in uns das bewegteste Leben führt, ein Leben mit allen Schrecknissen jener Scheidung, die wir eben zwischen Leib und Geist gestiftet? Wenn einst, in der Zukunft, beide wieder in unserem Bewußtsein vereinigt sind, dann gibt es vielleicht keine Träume mehr, oder nur kranke Menschen, Menschen deren Harmonie gestört, werden träumen. Nur leise und wenig träumten die Alten; ein starker, gewaltiger Traum war bei ihnen wie ein Ereignis und wurde in die Geschichtsbücher eingetragen. Das rechte Träumen beginnt erst bei den Juden, dem Volke des Geistes, und erreichte seine höchste Blüte bei den Christen, dem Geistervolk. Unsere Nachkommen werden schaudern, wenn sie einst lesen, welch ein gespenstisches Dasein wir geführt, wie der Mensch in uns gespalten war und nur die eine Hälfte ein eigentliches Leben geführt. Unsere Zeit – und sie beginnt am Kreuze Christi – wird als eine große Krankheitsperiode der Menschheit betrachtet werden.[19]

Das gleiche psychische Phänomen hat für Heine innerhalb der antiken und der christlichen Kultur durchaus unterschiedliche Bedeutung und Funktion: Der Traum wandelt sich vom öffentlichen Lebensvorgang zum privaten Lebensersatz; er wird zum Symptom des Rückzugs der Sinnlichkeit ins schützende Exil der Psyche. Die Innerlichkeit der nachantiken Seelenkultur, ihr Zuwachs an Spiritualität sind ein Gewinn, allerdings ein sekundärer Krankheitsgewinn: »Und doch, welche süße Träume haben wir träumen können! Unsere gesunden Nachkommen werden es kaum begreifen. Um uns her verschwanden alle Herrlichkeiten der Welt, und wir fanden sie wieder in unserer inneren Seele – in unsere Seele flüchtete sich der Duft der zertretenen Rosen und der lieblichste Gesang der verscheuchten Nachtigallen –.«[20] Der Scheidung von Geist und Leib korrespondiert die von Zeichen und Bezeichnetem. Der Sinn des Traums ist dem Träumer so wenig verfügbar wie dem Künstler der Sinn seines Werkes oder dem volkstümlichen Erzähler der Sinn der Mythen,

da das Bezeichnete – die Manifestationen der sinnlichen Natur des Menschen – verdrängt und allenfalls in bis zur Unkenntlichkeit entstellter Gestalt zugänglich ist.
Der Volksglaube liefert Heine das anschaulichste Material für seine These. In den *Elementargeistern* (1835/37) und den *Göttern im Exil* (1853/54) wird sie narrativ, in Nacherzählungen volkstümlicher Mythen, entfaltet. Das handelnde Personal dieser Geschichte setzt sich, abgesehen von den Menschen, aus den beiden Gruppen von Geisterwesen zusammen, auf welche die Titel der beiden Abhandlungen verweisen. Elementargeister sind Gestalten des germanischen Volksglaubens: Kobolde, Wichtelmänner, Zwerge, Riesen, Elfen und Nixen, die im Unterirdischen hausen und mit den Menschen nur selten in Beziehung treten. Neben ihnen finden sich »Transformation[en] der altheidnischen Götter«. Diese »sind keine Gespenster, denn [...] sie sind nicht tot; sie sind unerschaffene, unsterbliche Wesen, die nach dem Siege Christi, sich zurückziehen mußten in die unterirdische Verborgenheit, wo sie mit den übrigen Elementargeistern zusammenhausend, ihre dämonische Wirtschaft treiben«.[21] Venus und Apoll, Bacchus und Hermes leben weiter im Exil des christlichen Abendlands, das sie ihrer Macht und Schönheit beraubt und, da es sie nicht vernichten konnte, als Inkarnationen heidnischer Sinnenfreude und Sündhaftigkeit »verteufelt« hat. Auch die Negativierung ist eine Form des Kompromisses, da sie zumindest die Existenz des Negativierten anerkennt. Bei weniger rigiden Formen des Christentums, insbesondere im bilderfreudigen Katholizismus, bedarf es nicht unbedingt solch extremer Pervertierung; es genügen auch mildere Formen der »Vermummung« und Akkommodation, wie Heine anhand der Geschichte vom jungen Fischer in den *Göttern im Exil* zu erweisen sucht.
Er erzählt, wie dieser eines Nachts in seiner Hütte am See von drei tief vermummten Mönchen geweckt wird, die ihn bitten, seinen Kahn gegen Entgelt für einige Stunden zur Verfügung zu stellen. Er überläßt ihn den Unbekannten, geht wieder zu Bett und erhält ihn noch in der Nacht zurück. Das gleiche Spiel wiederholt sich jedes Jahr zur gleichen Zeit, und beim siebten Mal ist die Neugier des Fischers so groß geworden, daß er sich eine List ausdenkt, sich im Boot versteckt, das ihn mit an das nächtliche Ziel der drei vermummten Mönche bringt: eine Wald-

lichtung am anderen Ufer, die mit Lampen geschmückt und von vielen hundert Personen belebt ist, die antiken Götterstatuen gleichen. Aus seinem Versteck kann der Fischer beobachten, wie seine Begleiter ihre Kutten abwerfen und sich plötzlich in den Gott Bacchus, seinen Begleiter Silen und einen Satyr verwandeln. Die drei stürzen sich in das Treiben, »um den alten fröhlichen Gottesdienst noch einmal zu begehen, um noch einmal mit Spiel und Reigen die Siegesfahrt des göttlichen Befreiers, des Heilandes der Sinnenlust, zu feiern, um noch einmal den Freudentanz des Heidentums, den Cancan der antiken Welt, zu tanzen, ganz ohne hypokritische Verhüllung, ganz ohne Dazwischenkunft der Sergeants-de-ville einer spiritualistischen Moral, ganz mit dem ungebundenen Wahnsinn der alten Tage [...].«[22]

Nach dem Ende des Festes gelingt es dem Fischer, ungesehen noch vor den drei nun wieder vermummten Gestalten sein Haus zu erreichen. Am nächsten Morgen berichtet er die »grausenhafte Historie« unverzüglich dem Superior eines nahegelegenen Klosters. Als er mit seinem Bericht zu Ende ist, erhebt der Superior, der nachdenklich gelauscht hat, sein Haupt und läßt die Kapuze zurückfallen. Der Fischer erkennt »mit Bestürzung, daß Seine Hochwürden einer von den drei Mönchen« ist, und zwar derjenige, den er »als heidnischen Dämon auf dem Siegeswagen mit dem Löwengespann gesehen: es war dasselbe marmorblasse Gesicht, dieselben regelmäßig schönen Züge, derselbe Mund mit den zärtlich gewölbten Lippen«. Der Superior erlegt ihm auf, »mit den Hirngeburten der Trunkenheit die geistlichen Obrigkeiten nicht mehr zu behelligen«, von seiner letzten Vision zu schweigen und sich im übrigen in der Klosterküche vom Bruder Kellermeister und vom Bruder Küchenmeister vor dem Heimweg verpflegen zu lassen. Diese beiden entpuppen sich als die nächtlichen Gefährten des Superiors; der Fischer erkennt »den Dickwanst und die Glatze des einen, ebenso wie die grinsend geilen Gesichtszüge nebst den Bocksohren des andern«.[23]

Das Exil der heidnischen Götter ist also koextensiv mit dem Machtbereich des Christentums; es ist nicht aus der christlichen Kultur ausgegrenzt, sondern reicht ins Innerste der kirchlichen Institutionen. Die Entfaltung der christlichen Kultur in Europa kann nach diesem Interpretationsmodell nicht als Sieg der christlichen über die heidnische Idee beschrieben werden. Sie vollzieht sich vielmehr auf dem Wege des »Konkordats«, der Ausbildung eines »Systems von Zugeständnissen« oder »Konzessionen« im Verhältnis von Geist und Materie, Spiritualismus und Sensualismus, Christentum und Heidentum.

Die Formen dieses Ausgleichs sind kulturgeographisch unterschieden. Während die christliche Kultur der Romania sich die Gestalten der antiken Mythologie ohne wesentliche Deformationen assimilierte, ging die Kompromißbildung im germanisch-deutschen Bereich mit einem höheren Maß an Entstellung des heidnischen Erbes einher:

> Der Nationalglaube in Europa, im Norden noch viel mehr als im Süden, war pantheistisch, seine Mysterien und Symbole bezogen sich auf einen Naturdienst, in jedem Elemente verehrte man wunderbare Wesen, in jedem Baume atmete eine Gottheit, die ganze Erscheinungswelt war durchgöttert; das Christentum verkehrte diese Ansicht, und an die Stelle einer durchgötterten Natur trat eine durchteufelte. Die heiteren, durch die Kunst verschönerten Gebilde der griechischen Mythologie, die mit der römischen Zivilisation im Süden herrschte, hat man jedoch nicht so leicht in häßliche, schauerliche Satanslarven verwandeln können, wie die germanischen Göttergestalten, woran freilich kein besonderer Kunstsinn gemodelt hatte, und die schon vorher so mißmutig und trübe waren, wie der Norden selbst.[24]

Der Pantheismus, die heidnische Überzeugung vom göttlichen Charakter der Natur, ist »die verborgene Religion Deutschlands«.[25] Der Versuch, die Entsagungs- und Versagungsreligion des Christentums – dessen »Idee nur in der Theorie proklamiert, aber niemals in der Praxis ausgeführt werden konnte« – gegen sie durchzusetzen, ist »aufs kläglichste verunglückt«. Er hat zwar, insbesondere in der Kunst, »unendlich viel herrliche Erscheinungen hervorgebracht«, zugleich aber auch – um Freuds späteren Terminus aufzugreifen – jenes »Unbehagen in der Kultur« erzeugt, das Symptom einer tiefreichenden Schädigung der menschlichen Natur ist: »Dieser unglückliche Versuch hat der Menschheit Opfer gekostet, die unberechenbar sind, und trübselige Folge derselben ist unser jetziges soziales Unwohlsein in ganz Europa.«[26]

Zur pathologischen Seite dieses Zivilisationsprozesses gehört auch die Wiederkehr des Verdrängten in der pervertierten Form kollektiver Wahnbildungen. In den Hexenverfolgungen bricht sich die aufgestaute Aggressivität Bahn: »Diese Greul entstanden nicht direkt durch die christliche Kirche, sondern indirekt dadurch, daß diese die altgermanische Religion so tückisch verkehrt, daß sie die pantheistische Weltansicht der Deutschen in eine pandämonische umgebildet, daß sie die früheren Heiligtümer des Volks in häßliche Teufelei verwandelt hatte. Der Mensch läßt aber nicht gern ab von dem, was ihm und seinen Vorfahren teuer und lieb war, und heimlich krämpen sich seine Empfindungen daran fest, selbst wenn man es verderbt und entstellt hat. Daher erhält sich jener verkehrte Volksglaube vielleicht noch länger als das Christentum in Deutschland, welches nicht wie jener in der Nationalität wurzelt.«[27]

Die kulturtheoretische Fundierung der Heineschen Religionskritik und ihr Abstand von aufklärerischen Formen antiklerikaler Institutionenkritik (Priestertrugstheorien etwa) werden in diesem Verzicht auf schlichte Schuldzuweisungen deutlich. Für Heines »tiefenhermeneutische« Annäherung an die historischen Phänomene der abendländischen Kultur komplizieren sich die Verhältnisse in zwei Schritten, die einer zunehmenden Differenzierung seines Interpretationsmodells entsprechen. Die erste Komplikation ergibt sich aus der Einführung der Typologie von Sensualismus und Spiritualismus, Hellenentum und Nazarenertum, der man den Status einer historischen Anthropologie zusprechen könnte. Historisch ist dieses Denkmodell insofern, als es sich um Begriffspaare handelt, die aus der Beschreibung großer geschichtlicher Epochen gewonnen sind, anthropologisch, da die Abfolge der Epochen in der Entwicklung der Heineschen Konzepte zunehmend als ein Vorgang der Umbesetzung innerhalb einer gleichbleibenden dualistischen Struktur verstanden wird, deren Antagonismus sich im Bereich historisch-gesellschaftlicher Mikrostrukturen vielfältig reproduziert. Am Beispiel Börnes etwa wird expliziert, daß die Kategorie des Nazarenertums nicht so sehr das historische Phänomen der jüdisch-christlichen Kultur, als ein in dieser Kultur dominantes typisches »Naturell« bezeichnet:

›Juden‹ und ›Christen‹ sind für mich ganz sinnverwandte Worte im Gegensatz zu ›Hellenen‹, mit welchem Namen ich

> ebenfalls kein bestimmtes Volk, sondern eine sowohl angeborne als angebildete Geistesrichtung und Anschauungsweise bezeichne. In dieser Beziehung möchte ich sagen: alle Menschen sind entweder Juden oder Hellenen, Menschen mit ascetischen, bildfeindlichen, vergeistigungssüchtigen Trieben, oder Menschen von lebensheiterem, entfaltungsstolzem und realistischem Wesen. So gab es Hellenen in deutschen Predigerfamilien, und Juden, die in Athen geboren und vielleicht von Theseus abstammen.[28]

In dieser Perspektive gruppieren sich die politischen und konfessionellen Fronten der vergangenen und gegenwärtigen Geschichte zu neuen, die gewohnten Zuweisungen irritierenden oder geradezu umkehrenden Konstellationen; so etwa, wenn politisch konträre Positionen wie die des orthodoxen Christentums und des Republikanismus Robespierrescher oder Börnescher Prägung als historische Ausformungen des gleichen Typus betrachtet werden:

> Börne war ganz Nazarener, seine Antipathie gegen Goethe ging unmittelbar hervor aus seinem nazarenischen Gemüte, seine spätere politische Exaltation war begründet in jenem schroffen Ascetismus, jenem Durst nach Märtyrtum, der überhaupt bei den Republikanern gefunden wird, den sie republikanische Tugend nennen und der von der Passionssucht der früheren Christen so wenig verschieden ist. In seiner späteren Zeit wendete sich Börne sogar zum historischen Christentum, er sank fast in den Katholizismus, er fraternisierte mit dem Pfaffen Lamennais und verfiel in den widerwärtigsten Kapuzinerton, als er sich einst über einen Nachfolger Goethes, einen Pantheisten von der heitern Observanz, öffentlich aussprach.[29]

Die zweite, sehr viel weiterreichende Komplikation ergibt sich aus der Tatsache, daß Heine nicht bei diesem antagonistischen Modell stehenbleibt. Die Pointe – und das eigentlich Moderne – seines kulturtheoretischen Konzepts liegt nicht in der Ausarbeitung einer inhaltlich zwar originellen, methodisch aber eher traditionellen dualistischen Typologie, sondern in ihrer Weiterentwicklung zu einer Symptomatologie individueller und kollektiver Ambivalenzkonflikte. So wird in der Börne-Denkschrift die oben zitierte Selbstcharakteristik Heines (»Nachfolger Goethes«, »Pantheist von der heitern Observanz«) nach und nach von einer Eigendiagnose überlagert, die das Nazarenertum des Gegners als Moment der zerrissenen Identität des Autors begreift, der sich in Wirklichkeit mit sich selbst auseinandersetzt und seine autodestruktiven Energien nach außen, gegen das Objekt Börne, kehrt. Aus dem gleichen Grunde begnügt sich Heine auch nicht mit einer moralischen Verurteilung der Hexenprozesse im Namen der Vernunft oder einer Liebesethik. Wesentlicher als eine solche Bekundung fortschrittlich-humaner Gesinnung ist ihm die Einsicht, daß die namenlose Grausamkeit dieser Verfolgungen nicht einem Kalkül terroristischer Einschüchterung von seiten der Statthalter eines fanatischen Spiritualismus, sondern der ins Destruktive verkehrten sinnlichen Natur des christlichen Menschen selbst entsprang.

Eine »Rückkehr zur Natur« scheint unter diesen Prämissen kaum denkbar. Versöhnung wird bei Heine eher von einer reflexiven Durchdringung des Antagonismus erwartet, wie die im Zusammenhang seiner Theorie des Traums artikulierte Hoffnung anzudeuten scheint, »Leib und Geist« würden »einst, in der Zukunft, beide wieder *in unserem Bewußtsein* vereinigt«.[30] Es ist auffällig, daß gelingende Synthesen dieser Art außerordentlich abstrakt formuliert und in ein utopisches Irgendwann-Irgendwo verlegt werden, während konkretere Befreiungserwartungen revolutionärer Art mit extrem ambivalenten Zügen versehen werden. So etwa die zwiespältige Darstellung der kommenden deutschen Revolution am Ende der Schrift *Zur Geschichte der Religion und Philosophie,* die zu kontroversen, meist ideologisch besetzten Auslegungen geführt hat. Irritierend, auch irreführend, ist sie aber nur, wenn man sie auf der Ebene moralischer Wertungen und politischer Optionen betrachtet. Im Lichte der von Heine entwickelten Symptomatologie kultureller Verdrängungsprozesse *kann* »Natur« unter den Bedingungen einer Kultur »nazarenischer« (jüdisch-christlicher) Provenienz nur ambivalent erscheinen, muß der Prozeß ihrer Befreiung auch destruktive Kräfte freisetzen. Die aus jahrhundertelanger Unterdrückung und Exilierung zurückkehrende Natur trägt die Zeichen erzwungener Entstellung und Abspaltung; ihre Wiederkunft ist apokalyptisch, Entfesselung auch des Häßlichen, Bösen, Unheilvollen. Selbst die geistigen Bewegungen des deutschen Idealismus, durch deren Radikalität ihre Befreiung vorbereitet wird, und an erster Stelle die deutsche Naturphilosophie, treten als ins Monströse verzerrte Elementarkräfte in den Dienst der Zerstörung:

> [...] Die deutsche Revolution wird darum nicht milder und sanfter ausfallen, weil ihr die Kantsche Kritik, der Fichtesche Transzendental-Idealismus und gar die Naturphilosophie vorausging. Durch diese Doktrinen haben sich revolutionäre Kräfte entwickelt, die nur des Tages harren, wo sie hervorbrechen und die Welt mit Entsetzen und Bewunderung erfüllen können. Es werden Kantianer zum Vorschein kommen, die auch in der Erscheinungswelt von keiner Pietät etwas wissen wollen und erbarmungslos, mit Schwert und Beil, den Boden unseres europäischen Lebens durchwühlen, um auch die letzten Wurzeln der Vergangenheit auszurotten. Es werden bewaffnete Fichteaner auf den Schauplatz treten, die in ihrem Willens-Fanatismus, weder durch Furcht noch durch Eigennutz zu bändigen sind; denn sie leben im Geist, sie trotzen der Materie, gleich den ersten Christen, die man ebenfalls weder durch leibliche Qualen noch durch leibliche Genüsse bezwingen konnte [...]. Doch noch schrecklicher als Alles wären Naturphilosophen, die handelnd eingriffen in eine deutsche Revolution und sich mit dem Zerstörungswerk selbst identifizieren würden. Denn wenn die Hand des Kantianers stark und sicher zuschlägt, weil sein Herz von keiner traditionellen Ehrfurcht bewegt wird: wenn der Fichteaner mutvoll jeder Gefahr trotzt, weil sie für ihn in der Realität gar nicht existiert: so wird der Naturphilosoph dadurch furchtbar sein, daß er mit den ursprünglichen Gewalten der Natur in Verbindung tritt, daß er die dämonischen Kräfte des altgermanischen Pantheismus beschwören kann, und daß in ihm jene Kampflust erwacht, die wir bei den alten Deutschen finden, und die nicht kämpft, um zu zerstören, noch um zu siegen, sondern bloß um zu kämpfen. Das Christentum – und das ist sein schönstes Verdienst – hat jene brutale germanische Kampflust einigermaßen besänftigt, konnte sie jedoch nicht zerstören, und wenn einst der zähmende Talisman, das Kreuz, zerbricht, dann rasselt wieder empor die Wildheit der alten Kämpfer, die unsinnige Berserkerwut, wovon die nordischen

Dichter so viel singen und sagen. Jener Talisman ist morsch, und kommen wird der Tag, wo er kläglich zusammenbricht. Die alten steinernen Götter erheben sich dann aus dem verschollenen Schutt, und reiben sich den tausendjährigen Staub aus den Augen, und Thor mit dem Riesenhammer springt endlich empor und zerschlägt die gotischen Dome. [...] Es wird ein Stück aufgeführt werden in Deutschland, wogegen die französische Revolution nur wie eine harmlose Idylle erscheinen möchte.[31]

Auch für den politisch engagierten Heine der dreißiger Jahre liegt der tiefere Konflikt, aus dem die deutsche als die radikalste aller Revolutionen hervorgehen wird, in dem problematischen »Verhältnis des Christen zur Natur«[32]; der Klassenantagonismus, dem in Heines kämpferischer Publizistik viele Seiten gewidmet sind, tritt ihm gegenüber – jedenfalls was den systematischen Stellenwert betrifft – in den Hintergrund. Diese Akzentsetzung unterscheidet Heines Revolutionsbegriff von dem politisch begründeten der Republikaner wie dem (in den vierziger Jahren hervortretenden) ökonomisch fundierten der Kommunisten. Das wahre revolutionäre Bedürfnis entspringt dem im Exil gewalttätig gewordenen Wunsch der Natur nach Versöhnung mit dem Geist.

Daß er der geschichtsphilosophischen Spekulation und der Mythenforschung der Romantiker entscheidende Anregungen verdankte, ist Heine gerade im Hinblick auf diese Problemkonstellation bewußt. Er geht mit den Romantikern den Weg in die Vorzeit zurück und beteiligt sich an der Freilegung des archaischen Erbes, allerdings nicht in restaurativer Absicht. Er interpretiert die Spuren vergangener Unterdrückung als Zeichen künftiger Befreiung und läßt den Romantikern aus seiner Sicht Gerechtigkeit widerfahren, indem er seine symptomatologische Betrachtung kultureller Phänomene auch auf sie anwendet. Die manifesten Intentionen des romantischen Restaurationsdenkens sind für ihn nur Rationalisierung eines unbewußten Wunsches, der anderen Antrieben gehorcht und andere Ziele verfolgt, als den Ideologen der Romantik selbst bewußt ist:

[...] unsere ersten Romantiker handelten aus einem pantheistischen Instinkt, den sie selbst nicht begriffen. Das Gefühl,

> das sie für Heimweh nach der katholischen Mutterkirche hielten, war tieferen Ursprungs als sie selbst ahnten, und ihre Verehrung und Vorliebe für die Überlieferungen des Mittelalters, für dessen Volksglauben, Teufeltum, Zauberwesen, Hexerei [...] alles das war eine bei ihnen plötzlich erwachte, aber unbegriffene Zurückneigung nach dem Pantheismus der alten Germanen, und in der schnöde beschmutzten und boshaft verstümmelten Gestalt liebten sie eigentlich nur die vorchristliche Religion ihrer Väter.[33]

Selbst für die romantische Ablehnung des Fortschrittsgedankens bringt Heine Verständnis auf. Die politischen Optionen der Konvertiten und Renegaten bleiben ihm zwar fremd, in ihren rückwärtsgewandten Neigungen sieht er jedoch die gleichen Motive am Werk, die für seine Kritik des aufklärerischen Optimismus und des Hegelschen Glaubens an den Progreß des Geistes bestimmend sind. Heine teilt die Sorge der Romantiker, daß die Dialektik des Fortschritts auf eine Liquidierung der Natur durch den Geist statt auf die Versöhnung beider hinauslaufen könnte. Aus dieser Skepsis heraus gelangt er zu einer partiellen Rechtfertigung des konservierenden Gestus der Romantiker:

> Sie wollten das katholische Wesen des Mittelalters restaurieren, weil sie fühlten, daß von den Heiligtümern ihrer ältesten Väter, von den Herrlichkeiten ihrer frühesten Nationalität, sich noch manches darin erhalten hat; es waren diese verstümmelten und geschändeten Reliquien, die ihr Gemüt so sympathetisch anzogen, und sie haßten den Protestantismus und den Liberalismus, die dergleichen mitsamt der ganzen katholischen Vergangenheit zu vertilgen streben.[34]

Am Paradigma der neueren Religionsgeschichte in ihrem Zusammenhang mit Philosophie und Kunst gewinnt Heine die Einsicht, daß die latente Bedeutung von Kulturvorgängen nicht mit dem kongruent zu machen ist, was von ihnen manifeste oder programmatische Gestalt annimmt. Wenn der jeweils erreichte Zustand einer Kultur nur als labiler Kompromiß widerstrebender Tendenzen und als Ökonomie von Ersatzbildungen beschrieben werden kann, so setzt jeder Eingriff in dieses prekäre Gleichgewicht Energien frei, die sich der Kontrolle – und auch der eindeutigen Interpretation – entziehen: »Es ist dieses eine sehr verwickelte Geschichte, schwer zu entwirren«; der Teufel hat hier »die Karten so sonderbar gemischt, daß man über die Intentionen nichts Sicheres mehr sagen kann.«[35]

Von Luther meint Heine, er sei ein »kompletter [...], ein absoluter Mensch« gewesen, »in welchem Geist und Materie nicht getrennt« waren. »Ihn einen Spiritualisten nennen, wäre daher eben so irrig, als nennte man ihn einen Sensualisten.«[36] Unter den Bedingungen einer verweltlichten kirchlichen Kultur, die er vorfand, mußte seine Auflehnung gegen Rom jedoch zu einem Angriff des Spiritualismus auf den sensualistisch »korrumpierten« Katholizismus werden. Aber: »dieses gilt nur vom Anfang der Reformation«. Luthers Eingriff treibt nur einen latent vorhandenen Konflikt an die Oberfläche, der sich nun auch äußerlich, in den »sensualischen Emeuten« der Bauernkriege und des Wiedertäufertums, entlädt:

> [...] sobald der Spiritualismus in das alte Kirchengebäude Bresche geschossen, stürzte der Sensualismus hervor mit all seiner lang verhaltenen Glut, und Deutschland wurde der wildeste Tummelplatz von Freiheitsrausch und Sinnenlust. Die unterdrückten Bauern hatten in der neuen Lehre geistliche Waffen gefunden, mit denen sie den Krieg gegen die Aristokratie führen konnten; die Lust zu einem solchen Kriege war schon seit anderthalb Jahrhunderten vorhanden. Zu Münster lief der Sensualismus nackt durch die Straßen, in der Gestalt des Jan van Leiden, und legte sich mit seinen zwölf Weibern in jene große Bettstelle, welche noch heute auf dem dortigen Rathause zu sehen ist. Die Klosterpforten öffneten sich überall, und Nonnen und Mönchlein stürzten sich in die Arme und schnäbelten sich.

Im weiteren Verlauf der Entwicklung versteht es der Spiritualismus, »allmählig im Norden seine Herrschaft« zu sichern. Erst durch »einen Feind, den er im eigenen Busen erzogen, nämlich durch die Philosophie« (der radikalisierten Aufklärung und des deutschen Idealismus) wird er »zu Tode verwundet«.[37]

Vor diesem religions- und philosophiegeschichtlichen Hintergrund wird auch Heines ambivalente Haltung gegenüber Hegel einsichtig. Sein System ist die äußerste Radikalisierung des protestantischen Spiritualismus und seine Überführung in eine Philosophie des Geistes – mit fatalen Konsequenzen für den kulturellen Stellenwert der Kunst. Hegel kann die Kunst nur noch historisch rechtfertigen, muß ihr im Hinblick auf ihre gegenwärtige Bedeutung den Totenschein ausstellen. Dem Dialektiker des Spiritualismus erscheint als Aufhebung, als gelungene Synthese, was der Angehörige der »Ecclesia pressa, die den Homeros als ihren Propheten verehrt«, als Fortsetzung der inquisitorischen »Götterverfolgung« mit philosophischen Mitteln erfährt. Hegel reproduziert auf historisch späterer und reflexiv höherer Stufe jene Verständnislosigkeit für den »Bilderdienst« des Katholizismus und der Künste, die Heine an dem sonst von ihm verehrten Luther kritisch notiert:

> Denn Luther hatte nicht begriffen, daß die Idee des Christentums, die Vernichtung der Sinnlichkeit, gar zu sehr in Widerspruch war mit der menschlichen Natur, als daß sie jemals im Leben ganz ausführbar gewesen sei; er hatte nicht begriffen, daß der Katholizismus gleichsam ein Konkordat war zwischen Gott und dem Teufel, d. h. zwischen dem Geist und der Materie, wodurch die Alleinherrschaft des Geistes in der Theorie ausgesprochen wird, aber die Materie in den Stand gesetzt wird alle ihre annullierten Rechte in der Praxis auszuüben. Daher ein kluges System von Zugeständnissen, welche die Kirche zum Besten der Sinnlichkeit gemacht hat, obgleich immer unter Formen, welche jeden Akt der Sinnlichkeit fletrieren und dem Geiste seine höhnischen Usurpationen verwahren. [...] Leo von Medicis, wie mußte er lächeln über den armen, keuschen, einfältigen Mönch, der da wähnte, das Evangelium sei die Charte des Christentums, und diese Charte müsse eine Wahrheit sein! Er hat vielleicht gar nicht gemerkt, was Luther wollte, indem er damals viel zu sehr beschäftigt war mit dem Bau der Peterskirche, dessen Kosten eben mit den Ablaßgeldern bestritten wurden, so daß die Sünde ganz eigentlich das Geld hergab zum Bau dieser Kirche, die dadurch gleichsam ein Monument sinnlicher Lust wurde, wie jene Pyramide, die ein ägyptisches Freudenmädchen für das Geld erbaute, das sie durch Prostitution erworben. [...] Diesen Triumph des Spiritualismus, daß der Sensualismus selber ihm seinen schönsten Tempel bauen mußte, daß man eben für die Menge Zugeständnisse, die man dem Fleische machte, die Mittel erwarb, den Geist zu verherrlichen, dieses begriff man nicht im deutschen Norden.[38]

Wie Hegel bezieht Heine seine Philosophie der Kunst auf die Religionsgeschichte, aber die Wahrheit der Kunst erschließt sich eher über das Lesen verwischter Spuren als über Konstruktionen manifesten Sinns. Auslegung ist nicht so sehr ein Einordnen des Werks in die Teleologie des Geistes als Archäologie der verschütteten Natur in ihren »verstümmelten und geschändeten Reliquien«. In dieser Akzentuierung stellt sich Heines Verfahren der Lektüre als eine auf die besonderen Bedingungen der christlichen Kultur bezogene und nicht ohne weiteres übertragbare »Tiefenhermeneutik« dar.

Sie korrespondiert der spezifischen Zeichenstruktur des romantischen Kunstwerks. In ihm hat eine Verschiebung der heidnisch-sensualistischen Energien nach der Seite des herrschenden Spiritualismus hin stattgefunden, so daß das künstlerische Produkt zwei einander ausschließenden Ansprüchen genügt: Seine sinnliche Schönheit kann als Verherrlichung des spiritualistischen Prinzips, aber auch als Ersatzbildung für die aus dem Leben ausgetriebene sensualistische Komponente betrachtet werden. Als ästhetisches Objekt ist das Werk zugleich Gegenstand des Genusses und Symptom einer kollektiven Krankheitsgeschichte. Solange der Begriff der Kultur Versagung, Scheidung von Trieb und Geist voraussetzt, eignet seinen Zeichen eine doppelte, eine bewußte und eine unbewußte Referenz. Schöne Kunst ist durch den Begriff zwar interpretierbar, nicht aber im Sinne Hegels zu »überflügeln«, weil ihre Werke als ambivalente Zeichen nicht nur eine Entwicklungsstufe des Geistes repräsentieren, sondern zugleich auf die Verdrängung der Sinnlichkeit aus dem Leben verweisen und für ihre Errettung im schönen Gebilde einstehen.

Traumproduktion, Mythenproduktion, Kunstproduktion: kulturelle Produktivität generell entspringt im Geltungsbereich jüdisch-christlicher Tradition dem Mangel, nicht der Fülle. Das Schaffen des modernen Poeten wird im fünften Buch der *Börne-Denkschrift* mit seiner »Gemütskrankheit«[39], einer pathologischen Sensibilität, in Zusammenhang gebracht; er spricht das Leiden an der »Wunde unserer Zeit« aus.[40] Daß Heine diesen Sachverhalt in einem 1852 erstmals publizierten, wahrscheinlich aber schon früher entstandenen Gedicht in den Schöpfungsmythos selbst zurückprojiziert, gibt ihm eine grundsätzliche Wendung, die im Hinblick auf die Entwicklung von Heines kulturtheoretischer Reflexion nach 1848 bedeutsam ist. Gott selbst interpretiert seinen Schöpfungsakt:

> Warum ich eigentlich erschuf
> Die Welt, ich will es gern bekennen:
> Ich fühlte in der Seele brennen,
> Wie Flammenwahnsinn, den Beruf.
>
> Krankheit ist wohl der letzte Grund
> Des ganzen Schöpferdrangs gewesen;
> Erschaffend konnte ich genesen,
> Erschaffend wurde ich gesund.[41]

Wollte man in Gott allein den modernen Künstler sehen, so wäre das Gedicht nur eine weitere Illustration der von Heine vielfach vorgetragenen Diagnose seiner Zeit. Betrachtet man es jedoch als Reinterpretation des Schöpfungsmythos – und dafür spricht der Kontext des Zyklus, den es abschließt –, so wäre die »Wunde der Zeit« eine bereits im Ursprung der Welt geschlagene, wäre die gesamte Kulturproduktion des Menschen von Anfang an ein immer erneuter Selbstheilungsversuch.

Der siebenteilige Zyklus der *Schöpfungslieder* hat – von der Veröffentlichung der Nummern 1 bis 4 im Jahre 1834 bis zur Komplettierung durch die beiden zitierten Strophen – fast zwanzig Jahre gebraucht, um sich in seiner endgültigen Gestalt zu organisieren. Diese Form der Produktion – extrem verlängerter Arbeitsprozeß und Technik des nachträglichen Arrangements vorgebildeter Teile – wird im Zyklus selbst Gegenstand der Reflexion.[42] Für den Kontext dieser Reflexion ist außerdem wesentlich, daß der Zyklus, zusammen mit dem ihm vorangestellten *Tannhäuser*-Gedicht, in die Frauen-Zyklen (»Verschiedene«) der *Neuen Gedichte* eingeschoben ist. Innerhalb dieses Zusammenhangs fungiert er als Metareflexion auf das in den umgebenden Gedichten thematisierte Problem des Verhältnisses von Geist und Sinnlichkeit im christlichen Zeitalter.

Der Gott, den Heine sprechen läßt, kann nicht als Repräsentanz des schöpferischen Prinzips schlechthin gelten, sondern, wie die Anknüpfung an den biblischen Schöpfungsmythos in den Gedichten I–VI zeigt, nur als der deus artifex der jüdisch-christlichen Tradition.

I

Im Beginn schuf Gott die Sonne,
Dann die nächtlichen Gestirne;
Hierauf schuf er auch die Ochsen,
Aus dem Schweiße seiner Stirne.

Später schuf er wilde Bestien,
Löwen mit den grimmen Tatzen;
Nach des Löwen Ebenbilde
Schuf er hübsche kleine Katzen.

Zur Bevölkerung der Wildnis
Ward hernach der Mensch erschaffen;
Nach des Menschen holdem Bildnis
Schuf er intressante Affen.

Satan sah dem zu und lachte:
Ei, der Herr kopiert sich selber!
Nach dem Bilde seiner Ochsen
Macht er noch am Ende Kälber!

II

Und der Gott sprach zu dem Teufel:
Ich der Herr kopier mich selber,
Nach der Sonne mach ich Sterne,
Nach den Ochsen mach ich Kälber,
Nach den Löwen mit den Tatzen
Mach ich kleine liebe Katzen,
Nach den Menschen mach ich Affen;
Aber du kannst gar nichts schaffen.
[...]

IV

Kaum hab ich die Welt zu schaffen begonnen,
In einer Woche wars abgetan.

Doch hatt ich vorher tief ausgesonnen
Jahrtausendlang den Schöpfungsplan.

Das Schaffen selbst ist eitel Bewegung,
Das stümpert sich leicht in kurzer Frist;
Jedoch der Plan, die Überlegung,
Das zeigt erst wer ein Künstler ist.

Ich hab allein dreihundert Jahre
Tagtäglich drüber nachgedacht
Wie man am besten Doctores Juris
Und gar die kleinen Flöhe macht.
[...]

VI

Der Stoff, das Material des Gedichts,
Das saugt sich nicht aus dem Finger;
Kein Gott erschafft die Welt aus Nichts,
So wenig wie irdische Singer.

Aus vorgefundenem Urweltsdreck
Erschuf ich die Männerleiber,
Und aus dem Männerrippenspeck
Erschuf ich die schönen Weiber.

Den Himmel erschuf ich aus der Erd
Und Engel aus Weiberentfaltung;
Der Stoff gewinnt erst seinen Wert
Durch künstlerische Gestaltung.[43]

Die »Schöpfungslieder« präsentieren den Mythos auf der Stufe der Travestie, also in eben der Form sekundärer Bearbeitung, die Satan dem Herrn in seinem Plagiatsvorwurf kritisch entgegenhält. In der Entfaltung dieses gedanklichen Moments, nicht in der Travestie des traditionellen Topos vom Künstlergott und gottähnlichen Künstler, liegt das Neue der Heineschen Exegese des Schöpfungsmythos. Im Akt der Schöpfung selbst wird ein primärer Vorgang (der ursprünglichen Schöpfung) von einem sekundären (der Weiter- und Höherbildung des bereits Geschaffenen) unterschieden. Diese Interpretation ist selbst wieder im biblischen Text begründet, der im ersten und im zweiten Kapitel der Genesis eine zweifache, in sich widersprüchliche Darstellung der Erschaffung des Menschen bietet: Das eine Mal wird Eva zusammen mit Adam nach Gottes Ebenbild geschaffen, das andere Mal erst später, aus einer Rippe Adams.[44] Heine nimmt auf diese Inkonsistenz der Überlieferung, die Anlaß zu zahllosen kontroversen Spekulationen in der theologischen Tradition geworden ist, nur implizit Bezug, gewinnt ihr aber eine neue exegetische Version ab. Er legt sie, in der von ihm gewählten Perspektive, produktionsästhetisch aus und unterscheidet im poetischen Akt ein Moment ursprünglicher Schöpfung und ein Moment der künstlerischen (Aus-)Gestaltung des bereits Gestalteten.

Dem zweiten Moment gilt seine besondere Aufmerksamkeit. Produktivität kann hier als ein Vorgang des »Kopierens« (der sterilen Reproduktion) oder als ein Prozeß der Entfaltung (der künstlerischen Steigerung) verstanden werden. Diese betonte Ambivalenz hat selbstreflexiven und selbstkritischen Charakter, insofern sie auf das Werk selbst und den vor allem im Zyklus *Neuer Frühling* unternommenen Versuch anspielt, an Thematik und Formgebung der früheren Gedichte *(Buch der Lieder)* anzuknüpfen. In diesem Zusammenhang repräsentiert Satan eine kritische Instanz im Autor selbst.

Wichtiger ist der grundsätzliche Aspekt. Die Gedichte sind poetische Reflexion über das Problem kultureller Kreativität in ihrem Verhältnis zur Tradition. Die Darstellung, die sie vom Schöpfungsakt geben, verweist darauf, daß schon die bilder- und mythenschaffende Kraft Gottes begrenzt ist. Heine findet bereits in der biblischen Darstellung einen Hinweis darauf, daß Gott nicht nur nach seinem Ebenbild, sondern auch nach dem Ebenbild seiner Gebilde schafft. Selbst im ursprünglichen Schöpfungsmythos ist nicht alles ursprüngliche Hervorbringung, sondern ein guter Teil des Geschaffenen Plagiat, »Kopie«. Die subtile Pointe dieser Exegese liegt darin, daß den verbreiteten Anschauungen von der göttlichen Schöpferkraft des Dichters der Mythos selbst entgegengehalten wird, auf den diese Theorien sich zu berufen pflegen. Der Bruch, auf den Heine hindeutet, ist die Spur der Reflexion im fundierenden Mythos selbst. Der Einsicht, daß es keine Ursprünglichkeit jenseits geschichtlicher Überlieferung gibt, korrespondiert die Krankheitsmetapher des letzten Gedichts, die wohl in dem Sinne auszulegen ist, daß nicht die Natur als solche, sondern die vom Geist verwundete Natur produktiv wird.

Wenn im Mythos der Genesis selbst schon dargestellt ist, daß das göttliche bilderschaffende Potential noch im Schöpfungsakt versiegt und Abbilder der Abbilder hervorbringt, so gilt dies um so mehr für den Künstler, der sich mit seiner Welt als einer veränderlichen, aber grundsätzlich abgeschlossenen Schöpfung auseinanderzusetzen hat. Er muß seinen Stoff nicht erst hervorbringen; seine Arbeit setzt nicht am ungeschichtlichen, amorphen »Urweltsdreck« an, sondern an den geschichtlichen Gestalten, die ihm in Erfahrung und Überlieferung entgegentreten. Es geht nicht um die Rückkehr in den Mythos als das Ursprüngliche, sondern um »Arbeit am Mythos« als dem Potential von Bildern und Bedeutungen, das dem Menschen zur Verfügung steht.

Man darf hierin wohl eine Revision der am Ende der *Französischen Maler* (also Anfang der dreißiger Jahre) formulierten These sehen, daß »die neue Zeit auch eine neue Kunst gebären« werde, die »nicht aus der verblichenen Vergangenheit ihre Symbolik zu borgen« brauche und die »sogar eine neue Technik, die von der seitherigen verschieden, hervorbringen« müsse. Der Glaube an eine »neue Symbolik« scheint zu schwinden, nicht allerdings der Glaube an eine »neue Technik«. Die sinngebende Kraft des Menschen und das semantische Potential seiner Kultur scheinen quantitativ – nicht qualitativ – begrenzt. Die »Schöpfungslieder« stellen diese Einsicht an sich selbst dar: Sie sind Wiedererzählung in Form kritischer Neuauslegung und aktualisierender Applikation des Mythos.

Heines späte Aufzeichnungen belegen, daß der Gedanke ihn unter verschiedenen Aspekten intensiv beschäftigt hat. Seine gegen die Mythisierung des »Schaffens« als »eitel Bewegung« gerichtete Konzeption illustriert er nicht zufällig an den Autoren, die traditionell als Originalgenies, als verkörperte »Natur«, galten:

> *Shakespeare.* [...] Den Stoff immer bis ins Detail entlehnt, sogar die rohen Umrisse, wie die ersten Ausmeißelungen des Bildhauers, behält er –
>
> Ist die Teilung der Arbeit auch im geistigen Produzieren vor-

teilhaft? Das Höchste wird nur dadurch erreicht – Wie Homer nicht allein die »Ilias« gemacht, hat auch Shakespeare nicht allein seine Tragödien geliefert – er gab nur den Geist, der die Vorarbeiten beseelte – Bei Goethe sehen wir Ähnliches, seine Plagiate.[45]

Tradition ist ein Arbeitsprozeß, innerhalb dessen der einzelne Produzent, und gerade das »Genie«, auf dem Überlieferten, den »Vorarbeiten«, fußt. Es gibt Hinweise darauf, daß der späte Heine diesen Vorgang des »arbeitsteiligen« Produzierens durchaus in Analogie zu modernen wissenschaftlich-technischen Produktionsweisen gesehen hat. Eine andere Notiz aus dem Nachlaß visiert das Problem nicht historisch, unter dem Aspekt der Tradition, sondern systematisch, von der Seite der für die moderne Zeit charakteristischen Spezialisierung der Disziplinen her an: »Assoziation der Ideen in dem Sinne wie Assoziation in der Industrie – z. B. Verbindung philosophischer Gedanken mit staatswissenschaftlichen, neue Resultate.«[46] Auch hier wird das Entscheidende nicht in der *Schöpfung*, sondern im Kombinieren und Verwerten, das heißt in einem planenden, Gestaltetes oder Erkanntes neu interpretierenden bzw. assoziierenden *Verfahren* gesehen. Das Vertrauen auf eine neue »Technik«, eine Kreativität der Adaptation und Transformation scheint an die Stelle der Hoffnung auf eine neue »Symbolik« getreten zu sein. Wer hinter diesen Stand des Bewußtseins zurückgeht, wer als Künstler oder Wissenschaftler im Vertrauen auf sein originales Schöpfertum den materialen Reichtum und den technischen Entwicklungsstand der Überlieferung vernachlässigen zu können glaubt, wird zum »Stümper«; wem die Kraft zur Umgestaltung des Gestalteten mangelt, degeneriert zum bloßen »Kopisten«.

Heines kulturelle Erfahrung ist zunehmend von dieser Sicht bestimmt. In seinem Spätwerk dominieren Parodie, Travestie, Variation, Kontrafaktur bestehender Formen und Motive. Das ans Mythomanische grenzende Ausschöpfen der altorientalischen, jüdischen, hellenischen, römischen, christlichen, germanischen und schließlich auch aztekischen Mythologien muß vor diesem Hintergrund gesehen werden: nicht als Remythisierung der Welt, sondern als poetisch-hermeneutischer Rückgriff auf das Arsenal mythischer Bilder, an deren Transformationen sich das Kulturschicksal der Menschheit, die spezifische Art und Weise

und der historische Stand ihrer Auseinandersetzung mit Natur, ablesen läßt.
In dieser Suche überlagern sich zwei widersprüchliche Tendenzen. Heines archäologische Spurenlese, seine mythographischen Bestandsaufnahmen, seine Anamnese des »sozialen Unwohlseins in ganz Europa«, seine Hoffnung auf eine kulturell regenerierende Potenz der vom Christentum zurückgedrängten heidnischen Naturmythen stellen sich ästhetisch dar als eine artistische Kombinatorik von mythischen Zeichenelementen, die einen geschlossenen literarischen Verweisungszusammenhang zu bilden und keine »andere« Realität mehr zu bezeichnen scheinen. Im Bild des kranken jüdisch-christlichen Gottes, der erschaffend gesunden will und sich von Satan bescheinigen lassen muß, er kopiere nur sich selber, sind beide Aspekte – der anamnetisch-therapeutische und der literarisch-artistische – verschränkt.
Die unterschiedlichen Erscheinungsformen und Funktionen des Mythos ergeben sich jedoch nicht nur aus dem Changieren der subjektiven Perspektive. Es handelt sich auch um das Bewußtsein einer Differenz in der Sache selbst, einer Aufspaltung der mythischen Überlieferung. Mit seinem Interesse für volkstümliche Traditionen und christliche Adaptationen der klassischen Mythologie ist Heine einer anderen Antikenrezeption auf der Spur als der des Renaissancehumanismus und des Klassizismus. Er antizipiert mythenkritisch und mythopoetisch einen für die Kulturtheorie der Moderne zentralen, vor allem von der Warburg-Schule systematisch erforschten Sachverhalt, den Jean Seznec am Ende seiner Studie über das Weiterleben der antiken Götter im Christentum folgendermaßen zusammenfaßt:

> Man kann nicht mehr – zumindest nicht im Wortsinn – von einer ›Wiedergeburt‹ der Götter sprechen, wenn man ihre Schicksale [...] von der Spätantike an verfolgt; wenn man den Prozeß ihrer Assimilation durch die mittelalterliche Kultur beobachtet, durch den sie vor dem Vergessen gerettet und vor Feindseligkeit geschützt wurden; wenn man jene durch Weiterbildung und Neuinterpretation beständig angereicherte, nie unterbrochene Überlieferung gewürdigt hat, die alles zusammenträgt, was von der Fabelwelt der Alten übriggeblieben ist, und es als gängige Münze von Epoche zu Epoche weiterreicht; wenn man staunend die Fülle der naiven oder barbari-

schen Bilder ins Auge gefaßt hat, die abseits der olympischen Hauptlinie verstreut liegen, von obskurer Herkunft ohne Zweifel, aber immer noch mit dem göttlichen Privileg der Unsterblichkeit ausgestattet.

Für diese, die Überlebenden, war die Renaissance nicht mehr als ein Jungbrunnen, in den sie ihre entstellten und kraftlosen Glieder eintauchen konnten. Aber nun wurden sie von anderen Göttern und deren sieghafter Schönheit eine Zeit lang in den Schatten gestellt, von Gestalten, die sich nach tausendjährigem Schlaf aus ihrem väterlichen Boden erhoben und weder mit dem Zerfall noch mit dem Exil Bekanntschaft gemacht hatten.[47]

Die Schicksalslosigkeit der nur wiederbelebten, nicht durchs Exil hindurchgegangenen antiken Götter wird für Heine zum zentralen Argument gegen das Traditionsverständnis der »Kunstperiode«. Das Stigma des vom Renaissancehumanismus begründeten, in Goethes Kunst zur Vollendung gelangten Antikenkults ist seine ästhetische Invertiertheit. Die so geschaffenen Werke sind als Kunstgebilde zwar unübertrefflich, verdanken ihre »zeitlose« Klassizität aber einem kulturellen Pygmalionismus, der die Kluft überspringen zu können glaubt, die die Lebenden von den unverändert aus dem Schutt der Jahrtausende geborgenen Götterbildern trennt. Die »Goetheschen Meisterwerke«

zieren unser teueres Vaterland, wie schöne Statuen einen Garten zieren, aber es sind Statuen. Man kann sich darin verlieben, aber sie sind unfruchtbar. [...] Das ist der Fluch alles dessen was bloß durch die Kunst entstanden ist. Die Statue, die der Pygmalion verfertigt, war ein schönes Weib, sogar der Meister verliebte sich darin, sie wurde lebendig unter seinen Küssen, aber so viel wir wissen hat sie nie Kinder bekommen. Ich glaube, Herr Charles Nodier hat mal in solcher Beziehung etwas Ähnliches gesagt, und das kam mir gestern in den Sinn, als ich, die unteren Säle des Louvre durchwandernd, die alten Götterstatuen betrachtete. Da standen sie, mit den stummen weißen Augen, in dem marmornen Lächeln eine geheime Melancholie [...] – sie schienen des Wortes zu harren, das sie wieder dem Leben zurückgäbe, das sie aus ihrer kalten, starren Regungslosigkeit erlöse. Sonderbar! diese Antiken mahn-

> ten mich an die Goetheschen Dichtungen, die ebenso vollendet, ebenso herrlich, ebenso ruhig sind, und ebenfalls mit Wehmut zu fühlen scheinen, daß ihre Starrheit und Kälte sie von unserem jetzigen bewegt warmen Leben abscheidet, daß sie nicht mit uns leiden und jauchzen können, daß sie keine Menschen sind, sondern unglückliche Mischlinge von Gottheit und Stein.[48]

Seznec hat darauf hingewiesen, daß diese Fremdheit schon für das Verhältnis der Renaissance zur Antike bestimmend ist. Nur für einen kurzen Augenblick bringt der Humanismus »den heidnischen Kult des Lebens und die spirituellen Werte des Christentums« zur »Synthese – oder vielmehr zu einer zerbrechlichen Harmonie«:

> In seinem Fortschreiten wird das 16. Jahrhundert zu dem Eingeständnis des Konflikts gezwungen, den es erfolgreich zum Verschwinden gebracht zu haben glaubte. Ein Zeitalter der Krise und der Reaktionsbildungen dämmert herauf. Die Götter erwecken nicht mehr die gleichen Gefühle wie zuvor. Hingabe wird von wortkarger und übergewissenhafter Bewunderung abgelöst, Schönheitstrunkenheit von kühlem archäologischem Interesse und von Forscherneugier. Aus Gegenständen der Leidenschaft werden wissenschaftliche Themen. [...] Immer mehr dem Reich der Bildung und immer weniger dem Leben anzugehören, zunehmend den Verstand anstelle des Gefühls zu beschäftigen, das scheint von nun an das unausweichliche Schicksal der Mythologie.[49]

Am Ende dieser Entwicklung stehen auf der einen Seite die Melancholie Poussins, der, in Rom zwischen schweigenden Ruinen meditierend, der Antike nur noch »als jenseits eines leuchtenden Horizonts für immer dem Blick entschwundener Zauberinsel« nachzutrauern vermag: auf der anderen Seite der »Naturalismus« des Peter Paul Rubens, der die Mythologie zu ihrer »urtümlichen Wirklichkeit, zu ihrer rohen, elementaren Gewalt« zurückführt.[50] Heine, am Ende der klassischen Kunstperiode stehend und ihr Fazit ziehend, reaktualisiert diese Konstellation auf dem Niveau einer in mythopoetische Produktion eingesenkten kulturtheoretischen Reflexion. Er partizipiert zwar noch an der Sehnsucht nach der heilen Welt des Hellenentums, aber sein poetischer wie sein reflektierender Umgang mit mythischer

Überlieferung läßt keinen Zweifel aufkommen, daß das moderne Bewußtsein sich nicht in der Klassizität des exhumierten und galvanisierten, sondern in den Deformationen des latent weiterlebenden Mythos wiedererkennt. Indem mit beiden mythologischen Überlieferungen »gearbeitet« wird, kann der Mythos als ästhetisch-utopisches Zeichen und als Symptom eines soziokulturellen Krankheitsprozesses erscheinen, als eine der »wirklichen« enthobene »unabhängige zweite Welt«[51] und als Erzählung von der unabgeschlossenen, vielleicht nie abzuschließenden Odyssee der exilierten menschlichen Natur. Nicht zufällig nehmen die mythischen Gestalten und Konstellationen immer wieder die Form unendlich reproduzierbarer Rollen oder zum Ornament erstarrter Bildwerke an:

Es träumte mir von einer Sommernacht,
Wo bleich, verwittert, in des Mondes Glanze
Bauwerke lagen, Reste alter Pracht,
Ruinen aus der Zeit der Renaissance.

Nur hie und da, mit dorisch ernstem Knauf,
Hebt aus dem Schutt sich einzeln eine Säule,
Und schaut ins hohe Firmament hinauf,
Als ob sie spotte seiner Donnerkeile.

Gebrochen auf dem Boden liegen rings
Portale, Giebeldächer mit Skulpturen,
Wo Mensch und Tier vermischt, Zentaur und Sphinx,
Satyr, Chimäre – Fabelzeitfiguren.

Auch manches Frauenbild von Stein liegt hier,
Unkrautumwuchert in dem hohen Grase;
Die Zeit, die schlimmste Syphilis, hat ihr
Geraubt ein Stück der edlen Nymphennase.

Es steht ein offner Marmorsarkophag
Ganz unverstümmelt unter den Ruinen,
Und gleichfalls unversehrt im Sarge lag
Ein toter Mann mit leidend sanften Mienen.

Karyatiden mit gerecktem Hals,
Scheinen mühsam das Monument zu halten.
An beiden Seiten sieht man ebenfalls
Viel basrelief gemeißelte Gestalten.

Hier sieht man des Olympos Herrlichkeit
Mit seinen liederlichen Heidengöttern,
Adam und Eva stehn dabei, sind beid
Versehn mit keuschem Schurz von Feigenblättern.

Hier sieht man Trojas Untergang und Brand,
Paris und Helena, auch Hektor sah man;
Moses und Aaron gleich daneben stand,
Auch Esther, Judith, Holofern und Haman.

Desgleichen war zu sehn der Gott Amur,
Phöbus Apoll, Vulkanus und Frau Venus,
Pluto und Proserpina und Merkur,
Gott Bacchus mit Priapus und Silenus.

Daneben stand der Esel Balaams
– Der Esel war zum Sprechen gut getroffen –
Dort sah man auch die Prüfung Abrahams
Und Lot, der mit den Töchtern sich besoffen.

Hier war zu schaun der Tanz Herodias',
Das Haupt des Täufers trägt man auf der Schüssel,
Die Hölle sah man hier und Satanas,
Und Petrus mit dem großen Himmelsschlüssel.

Abwechselnd sah man hier skulpiert
Des geilen Jovis Brunst und Freveltaten,
Wie er als Schwan die Leda hat verführt,
Die Danaë als Regen von Dukaten.

Hier war zu sehn Dianas wilde Jagd,
Ihr folgen hochgeschürzte Nymphen, Doggen
Hier sah man Herkules in Frauentracht,
Die Spindel drehend hält sein Arm den Rocken.

Daneben ist der Sinai zu sehn,
Am Berg steht Israel mit seinen Ochsen,
Man schaut den Herrn als Kind im Tempel stehn
Und disputieren mit den Orthodoxen.

Die Gegensätze sind hier grell gepaart,
Des Griechen Lustsinn und der Gottgedanke
Judäas! Und in Arabeskenart
Um beide schlingt der Efeu seine Ranke.

Doch, wunderbar! Derweilen solcherlei
Bildwerke träumend ich betrachtet habe,
Wird plötzlich mir zu Sinn, ich selber sei
Der tote Mann im schönen Marmorgrabe.[52]

Bedeutsam ist, daß die Ruinen aus der Zeit der Renaissance stammen, also nicht antiker Herkunft sind, und daß die gesamte Szenerie mit ihrer heidnisch-antiken und jüdisch-christlichen Gestaltenwelt nicht als Gegenstand unmittelbar sinnlicher Wahrnehmung präsentiert, sondern traumhaft-halluzinatorisch vom psychischen Apparat des sprechenden Ich produziert wird. Ihre Virulenz erweisen diese kulturell vermittelten Bilder einzig als psychische Gehalte, als Repräsentanzen kontroverser Strebungen im Menschen, die im Wandel ihrer historischen Erscheinungsformen unverändert erhalten bleiben. Zwischen den auf dem Basrelief vereinten Gestalten wiederholt sich »mit wildem Grimm« der alte Streit:

Spukt in dem Stein der alte Glaubenswahn?
Und disputieren diese Marmorschemen?
Der Schreckensruf des wilden Waldgotts Pan
Wetteifert wild mit Mosis Anathemen!

O, dieser Streit wird endgen nimmermehr,
Stets wird die Wahrheit hadern mit dem Schönen,
Stets wird geschieden sein der Menschheit Heer
In zwei Parteien: Barbaren und Hellenen.[53]

Der ästhetisch erzeugte Ausgleich erweist sich als brüchig; aus der zerfallenden Synthese des schönen Renaissance-Bildwerks erheben sich unversöhnt und unversöhnlich die alten Antagonismen. Das einzelne Kunstgebilde bleibt immer nur Szenario, ist bestenfalls symbolische Vorwegnahme einer Versöhnung, die den vom »ekelhaften Mißlaut« des Streites der feindlichen Instanzen Aufgestörten jenseits von Traum und Kunst in der Realität als Aufgabe erwartet: »Ich selbst zuletzt schrie auf – und ich erwachte.«[54] Die Kunst erlöst den Genius »nicht auf immer, sondern nur auf Augenblicke vom Leben, und ist ihm so noch nicht der Weg aus demselben; bis seine dadurch gesteigerte Kraft, endlich des Spiels müde, den Ernst ergreift«[55], heißt es bei Schopenhauer in einem Passus der *Welt als Wille und Vorstellung,* der wie ein vorweggenommener Kommentar zu Heines Text wirkt. Die »nicht mehr ästhetisch verzauberte Natur«[56] offenbart ihre Gefährlichkeit. »Der romantische Versuch, diese Natur durchs Genie als Retter zu rufen, ist fehlgeschlagen«; die jahrhundertelange Erfahrung des Exils bleibt ihr als Krankheit eingeschrieben, und in dieser Gestalt ist sie nicht »durch Organismus-Attribute, sondern durch Chaos-Attribute« ausgezeichnet.[57] Das Nebeneinander von Artistentum und radikaler Kunstskepsis bei Heine deutet auf eine Problemkonstellation, die bei Marx, Nietzsche und Freud in unterschiedlicher Weise entfaltet wird. Sein virtuoser Ästhetizismus repräsentiert noch einmal den klassisch-romantischen Traum von der Selbsterlösung des Menschen durch ästhetische Errettung der Natur, sein Pessimismus den Verdacht, daß die Kunst sich als etwas ganz anderes erweisen könnte: nicht als Symbol eines besseren Lebens, vielleicht nicht einmal als soziales Therapeutikum, sondern als bloßes Symptom einer mit der jüdisch-christlichen Kultur – wenn nicht mit Kultur schlechthin – unlösbar verbundenen unheilbaren Krankheit.

Rabbi Faibisch Apollo

Zum Spiel der Identitäten in Leben und Werk Heinrich Heines

Im 3. Akt von Lessings *Nathan* läßt der Sultan den weisen Juden zu sich kommen, um ihn darüber zu befragen, »was für ein Glaube, was für ein Gesetz« ihm am meisten »eingeleuchtet« habe. Die Formulierung deutet an, daß Saladin das Problem von Glauben und Gesetz auf einer Ebene rationaler Plausibilität zu verhandeln gedenkt, wo einleuchtende Begründungen, nicht Bekenntnisse zählen. Eben dieses Ansinnen scheint Nathan mit seiner lakonischen Antwort zurückweisen zu wollen: »Sultan, ich bin ein Jud!« Aber Saladin insistiert; als aufgeklärter Kopf, der er nach Lessings Willen ist, kann er ein solches Bekenntnis ohne Woher und Warum nicht gelten lassen:

> [...] Ein Mann, wie du, bleibt da
> Nicht stehen, wo der Zufall der Geburt
> Ihn hingeworfen: oder wenn er bleibt,
> Bleibt er aus Einsicht, Gründen, Wahl des Bessern.

Als er bemerkt, daß Nathan stutzt und ihn mißtrauisch anblickt, gewährt er ihm einen Augenblick, sich zu »bedenken«.

Nathan, allein gelassen, erwägt in einem Monolog, worauf der Sultan wohl hinauswolle. Mehrere Möglichkeiten sind denkbar. Vielleicht geht es ihm, wider Erwarten, tatsächlich um Wahrheit? – »Ich bin auf Geld gefaßt; und er will – Wahrheit. Wahrheit!« Oder liegt doch der Verdacht näher, daß er »die Wahrheit nur als Falle brauche«, um den reichen Juden zu erpressen? Da er sich nicht zutraut, die Motive des Sultans zu entschlüsseln, entschließt sich Nathan zu einem taktischen Vorgehen:

> [...] Ich muß
> Behutsam gehn! – Und wie? wie das? – So ganz
> Stockjude sein zu wollen, geht schon nicht. –
> Und ganz und gar nicht Jude, geht noch minder.
> Denn, wenn kein Jude, dürft er mich nur fragen,
> Warum kein Muselmann?

Die erste Antwort »Ich bin ein Jud!« scheint also doch Modifikationen zuzulassen, einen Spielraum zwischen »Stockjude« und »gar nicht Jude«.

Als Saladin zurückkehrt und seine Frage wiederholt, erleben wir eine überraschende Wendung. So wortkarg Nathan sich zuerst gab, so beredt zeigt er sich nun. Er erfindet eine Auskunft für Saladin und sich selbst – Auskunft im doppelten Sinne der Antwort und des Auswegs aus einem Dilemma –, die ihn der von ihm selbst theoretisch erwogenen Entscheidung zwischen »Stockjude« und »gar nicht Jude« enthebt. Er wählt weder das eine noch das andere, auch nicht eine dazwischenliegende Lösung, die nach Lage der Dinge nur ein fauler Kompromiß sein könnte. Er entscheidet sich vielmehr für eine jenseits der Alternative von Bekenntnis und Verleugnung liegende Möglichkeit und erzählt ein Märchen, eine Geschichte:

> [...] Das wars! Das kann
> Mich retten! – Nicht die Kinder bloß, speist man
> Mit Märchen ab. – [...][1]

Das klingt abwertend, verächtlich, fast zynisch – aber Nathan hat ja auch gute Gründe, den Mächtigen zu mißtrauen. Immerhin leistet Nathans Geschichte – es ist die Ringparabel – zweierlei: Sie gibt dem Bedrängten Aufschub, aber sie befriedigt auch den fragenden Sultan, der zunächst vielleicht selbst noch nicht weiß, ob es ihn nach Nathans Geld oder nach seiner Wahrheit gelüstet. Der Dialog, der sich aus der Erzählung entwickelt, fungiert nicht mehr als Falle, sondern als Spielraum einer anderen, freieren Form der Kommunikation. Er rückt nicht nur die zur Debatte stehende Sache in ein neues Licht, sondern setzt auch die Redenden in eine neue, angstfreie und damit produktivere Beziehung zueinander. Auf dieser Grundlage kann Nathan dann, wie nebenbei, auch über sein Judentum sprechen und gemeinsame Geschichte und Überlieferung, den Bund zwischen den Generationen als Grund seiner Zugehörigkeit benennen: einer Zugehörigkeit, die auch für den noch verpflichtend bleibt, der als aufgeklärter Mensch über seine kulturelle und religiöse Identität zu reflektieren gelernt hat.

Die poetische Fiktion als Rettung und als Entwurf einer von außen und innen bedrohten oder in Frage gestellten Identität: In dem Einfall des Nichtjuden Lessing könnte man eine Art Urszene des Dramas sehen, in dem zwei Generationen später der jüdische Lessingverehrer und Dichter Heinrich Heine auf der deutschen Literaturszene die Protagonistenrolle übernimmt. Bei ihm multiplizieren sich die Geschichten und die Rollen, aber sein Vortrag hat nichts mehr von der Gelassenheit, sein Auftreten nichts mehr von der Behutsamkeit des weisen Juden Nathan, dem Moses Mendelssohn viele Züge geliehen hat. Mit der Bühne, dem Publikum und dem Text hat sich auch der Stil der Akteure verändert: Heine ist neben seinem älteren Mit- und Gegenspieler Börne der erste jüdische Intellektuelle, der von sich aus die Auseinandersetzung mit christlichen Institutionen und ihren Vertretern sucht. »Heine's Jewish Comedy«, eine an Dantes *Divina commedia* und Balzacs *Comédie humaine* zugleich gemahnende »jüdische Komödie«, hat der englische Germanist Siegbert Salomon Prawer in einer kürzlich erschienenen umfangreichen Studie das von Heine entfesselte, Juden und Christen gleichermaßen skandalisierende Schau- und Lehrstück genannt.[2] Heines satirischer Impetus läßt keine Schonung des Gegners zu, am wenigsten eine Schonung der Kontrahenten, die er als personae der eigenen zerrissenen Identität erkennt. Weil ihre Ausfälle sich nach außen und nach innen richten, ist diese jüdische Komödie zugleich Welttheater und Psychodrama. Sie ist von welthistorischer Prominenz bevölkert und von Gestalten, die nur in Heines Satire konserviert sind wie Insekten im Bernstein; aber unter den vielen Antagonisten, die ihr Autor sich in Haß und Liebe gesucht oder erschaffen hat, ist keiner, der nicht einen wesentlichen Anteil seines Selbst repräsentierte, ob er nun den Namen Platens oder Börnes trägt, den Goethes oder Napoleons, Hegels oder Gottes.

Von Lessing und Mendelssohn und ihren Emanzipationshoffnungen ist Heine durch die Erfahrung einer gescheiterten Revolution getrennt. Er betritt – so schildert er es selbst in seinem *Buch Le Grand* – eine von den hängengebliebenen Kulissen und den ausgedienten Mimen der Restauration okkupierte Bühne.[3] Der Beginn seiner literarischen Karriere und seines Studiums fällt mit dem Widerruf der liberalen Judengesetze von 1812 zusammen. Kein Wunder also, daß sich seiner poetischen und politischen Phantasie, die nach historischen Entsprechungen der eigenen Erfahrungswelt sucht, immer wieder zwei Epochen aufdrängen: das Spanien der Reconquista und das deutsche Mittelalter. Beide Milieus spielen in Heines früher Lyrik, Dramatik und erzählender Prosa eine zentrale Rolle.

Heines detaillierte kulturhistorische Kenntnisse auf diesem Gebiet gehen auf seine im Berliner »Verein für Kultur und Wissenschaft der Juden« betriebenen Studien zurück, die auf eine Erschließung jüdischer Kulturtradition und damit auf eine historische Rekonstruktion jüdischer Identität zielten. Der *Rabbi von Bacherach* versucht die Kultur der jüdischen Gemeinden am Rhein und die Verhältnisse im Ghetto des alten Frankfurt ins Gedächtnis zurückzurufen. Die Erzählung verleugnet zwar nicht den Einfluß der Scottschen Erzählmanier, aber schon die historische Einleitung läßt keinen Zweifel daran aufkommen, daß Heines folkloristisch getönte Genremalerei nicht die nostalgische Ansicht einer versunkenen heilen Welt, sondern ein aus der Perspektive der immer von Pogromerwartungen überschatteten jüdischen Idylle entworfenes gegenromantisches Mittelalterbild geben will. Von der kleinen Gemeinde des Rabbi Abraham heißt es: »Je mehr aber der Haß sie von außen bedrängte, desto inniger und traulicher wurde das häusliche Zusammenleben, desto tiefer wurzelte die Frömmigkeit und Gottesfurcht der Juden von Bacherach.«[4]

Der *Rabbi von Bacherach* ist Fragment geblieben, nach Heines eigener Auskunft am Ende der gedruckten Fassung, weil der Schluß des dritten Kapitels und die folgenden Kapitel »ohne Verschulden des Autors verloren gegangen« – nämlich 1833 im Haus seiner Mutter einem Brand zum Opfer gefallen – seien.[5] Es spricht viel dafür, die wahren Gründe in der intellektuellen Entwicklung Heines zu suchen, die zunehmend in Widerspruch zu der ursprünglichen Konzeption geriet, in der die Konflikte zwischen christlicher und jüdischer Welt stärker akzentuiert waren als die Spannungen im jüdischen Selbstverständnis. Das im Rabbi Abraham gestaltete »Muster gottgefälligen Wandels«[6] ist für Heine schon zur Zeit der Arbeit an der ersten Fassung ein für ihn selbst unerreichbar gewordenes jüdisches Lebensideal. In der späten Pariser Arbeitsphase tritt mit der Gestalt des jüdischen Renegaten ein Moment innerer Gefährdung in den Vordergrund, das im ursprünglichen Text nur als »dunkles Gerücht« angedeutet war, auch »Rabbi Abraham« habe »auf der hohen Schule zu Toledo zwar emsig genug das Studium des göttlichen Gesetzes getrieben, aber auch christliche Gebräuche nachgeahmt und freigeistige Denkungsart eingesogen [...], gleich jenen spanischen Juden, die damals auf einer außerordentlichen Höhe der Bildung standen«.[7]

Wie ambivalent Heines Stellung gegenüber einem in sich homogenen, von der europäischen Kultur jedoch abgeschlossenen Judentum schon zu Beginn der zwanziger Jahre ist, kann man seiner Charakteristik des Ostjudentums in dem Bericht *Über Polen* von 1823 entnehmen:

> [...] sie sind offenbar mit der europäischen Kultur nicht fortgeschritten und ihre Geisteswelt versumpfte zu einem unerquicklichen Aberglauben, den eine spitzfindige Scholastik in tausenderlei wunderliche Formen hinein quetscht. Dennoch, trotz der barbarischen Pelzmütze, die seinen Kopf bedeckt, und der noch barbarischeren Ideen, die denselben füllen, schätze ich den polnischen Juden weit höher als so manchen deutschen Juden, der seinen Bolivar auf den Kopf, und seinen Jean Paul im Kopfe trägt. In der schroffen Abgeschlossenheit wurde der Charakter des polnischen Juden ein Ganzes [...]. Der innere Mensch wurde kein quodlibetartiges Kompositum heterogener Gefühle [...]. Der polnische Jude mit seinem schmutzigen Pelze, mit seinem bevölkerten Barte und Knoblauchgeruch und Gemauschel, ist mir noch immer lieber als mancher in all seiner staatspapiernen Herrlichkeit.[8]

Der distanzierten Bewunderung des polnischen Judentums entspricht eine scharfsichtige Kritik der jüdischen Reformbewegung in Deutschland und der eigenen Assimilationswünsche, deren gemischte Motive illusionslos bloßgelegt werden: »Einige Hühneraugenoperateurs (Friedländer & Co.) haben den Körper des Judentums von seinem fatalen *Haut*geschwür durch Aderlaß zu heilen gesucht, und durch ihre Ungeschicklichkeit und spinnwebige Vernunftbandagen muß Israel verbluten. Möge bald die Verblendung aufhören, daß das Herrlichste in der Ohnmacht, in der Entäußerung aller Kraft, in der einseitigen Negation, im idealischen Auerbachtume bestehe. Wir haben nicht mehr die Kraft, einen Bart zu tragen, zu fasten, zu hassen, und aus Haß zu dulden; das ist das Motiv unserer Reformation.«[9] Den Willen, einen Bart zu tragen und zu fasten, brachte auch Heine nicht mehr auf, wohl aber – und dies auch nach seiner Taufe – die Kraft zu hassen und aus Haß zu dulden.

Heines historisches und poetisches Interesse am Schicksal der Mauren und Marranen im spätmittelalterlichen Spanien muß im gleichen Zusammenhang gesehen werden. Es ist so wenig antiquarischer Natur, daß seine eigenen Erlebnisse und Phantasien sich nahezu unvermittelt an Gestalten dieser Restaurationsepoche heften können. In dem Drama *Almansor* trägt der maurische Held spanische Tracht, was ihn beinahe das Leben kostet, als er das verlassene Schloß seiner Väter besucht. Der alte Hassan, einer der wenigen im Lande verbliebenen Diener Allahs, erkennt ihn erst in dem Augenblick, als er dem ermatteten Almansor den Todesstoß versetzen will. Auf seine strenge Frage »Almansor ben Abdullah! steh mir Rede: / Wie kömmt dein Leib in diese spansche Tracht? / Wer hat das edle Berberroß behängt / Mit dieser gleißend farbgen Schlangenhaut?« antwortet Almansor:

Du bist der alte Eifrer Hassan noch,
Und klebst noch fest an Farben und an Formen.
Die Schlangenhaut, die schützet wider Schlangen;
So wie die Wolfsfellhülle schützt das Lamm [...][10]

In der lyrischen Version des Stoffes, der Romanze *Almansor*, hat sich der Held nicht nur äußerlich dem spanisch-katholischen Habitus angepaßt. Das erste Gedicht des dreiteiligen Zyklus zeigt ihn in der zum christlichen Dom gewordenen ehemaligen Moschee von Cordoba:

In dem Dome zu Corduva
steht Almansor ben Abdullah,
All die Säulen still betrachtend,
Und die stillen Worte murmelnd:
»O, ihr Säulen, stark und riesig,
Einst geschmückt zu Allahs Ruhme,
Jetzo müßt ihr dienend huldgen
Dem verhaßten Christentume!
Ihr bequemt euch in die Zeiten,
Und ihr tragt die Last geduldig; –
Ei, da muß ja wohl der Schwächre
Noch viel leichter sich beruhgen.«
Und sein Haupt, mit heiterm Antlitz,
Beugt Almansor ben Abdullah
Über den gezierten Taufstein,
In dem Dome zu Corduva.[11]

Der zweite Teil des Zyklus zeigt ihn als begehrten Tänzer auf einem großen Fest, »wie beschwingt von muntrer Laune« von Liebschaft zu Liebschaft eilend auf der hektischen Suche nach einer zugleich erotischen und sozialen Bestätigung der neuerworbenen Identität:

Lachend fragt er Leonoren:
Ob er heute ihr gefalle?
Und er zeigt die goldnen Kreuze
Eingestickt in seinen Mantel.
Er versichert jeder Dame:
Daß er sie im Herzen trage;
Und »so wahr ich Christ bin!« schwört er
Dreißigmal an jenem Abend.[12]

Die Wahrheit wird erst im letzten Gedicht, und hier nur im Traum, der die perfekte Selbstzensur des Helden durchbricht, freigelegt. Almansor ist nach dem Fest allein mit Donna Clara zurückgeblieben und, seinen Kopf auf ihren Knien, eingeschlafen:

Und er träumt: er stehe wieder,
Tief das Haupt gebeugt und triefend,
In dem Dome zu Corduva,
Und er hört viel dunkle Stimmen.
All die hohen Riesensäulen
Hört er murmeln unmutgrimmig,
Länger wollen sies nicht tragen,
Und sie wanken und sie zittern; –
Und sie brechen wild zusammen,
Es erbleichen Volk und Priester,
Krachend stürzt herab die Kuppel,
Und die Christengötter wimmern.[13]

Der autobiographische Gehalt wird deutlich, wenn man den Brief vom Oktober 1825 hinzuzieht, mit dem Heine seinem Berliner Freund Moses Moser das Gedicht ankündigt: »Vielleicht schicke ich Dir noch heute ein Gedicht [...]. Ich bitte Dich sehr, das Gedicht, so wie auch was ich Dir von meinen Privatverhältnissen sage, niemandem mitzuteilen. Ein junger spanischer Jude, von Herzen ein Jude, der sich aber aus Luxusübermut taufen läßt, korrespondiert mit dem jungen Jehude Abarbanell und schickt ihm jenes Gedicht, aus dem Maurischen übersetzt. Vielleicht scheut er es doch, eine nicht sehr noble Handlung dem Freunde unumwunden zu schreiben, aber er schickt ihm jenes Gedicht. – Denk nicht darüber nach. –«[14] Heine hatte sich am 28. Juni 1825 taufen lassen, um ein akademisches Lehramt anstreben zu können.

Wie unlösbar gerade in diesen Jahren aggressive Rachegelüste und masochistische Selbstbestrafungsphantasien miteinander verknüpft sind, belegt die berühmte Romanze *Donna Clara*, die Heine im *Buch der Lieder* seinem *Almansor*-Gedicht unmittelbar vorangestellt hat. Das Gedicht endet in der gedruckten Fassung mit dem Triumph des Verführers, eines geheimnisvollen »edelblassen« Ritters, der die Tochter des Alkalden mit seinem Lautenspiel in den Garten gelockt hat. Auf seine Fragen nach der Stärke und Aufrichtigkeit ihrer Liebe erhält er die wahrhaft christliche Antwort:

Ja, ich liebe dich, Geliebter,
Bei dem Heiland seis geschworen,
Den die gottverfluchten Juden
Boshaft tückisch einst ermordet.

Die Reaktionen des Ritters sind zunächst sehr verhalten:

Laß den Heiland und die Juden,
Spricht der Ritter, freundlich kosend.
In der Ferne schwanken traumhaft
Weiße Liljen, lichtumflossen [...]

– aber seiner rhetorisch wohlstilisierten Antwort auf ihre Frage nach seinem Namen ist die Genugtuung dessen anzumerken, der sich einmal nicht als Opfer, sondern als Sieger fühlen darf:

Und der Ritter, heiter lächelnd,
Küßt die Finger seiner Donna,
Küßt die Lippen und die Stirne,
Und er spricht zuletzt die Worte:
Ich, Sennora, Eur Geliebter,
Bin der Sohn des vielbelobten,
Großen, schriftgelehrten Rabbi
Israel von Saragossa.[15]

In seinen weiteren Plänen beläßt es Heine allerdings nicht bei diesem Schluß. Er imaginiert eine Fortsetzung – auch hier in Form einer Trilogie –, die vom autobiographischen Ausgangspunkt – einem nur ins spanische Milieu transponierten Berliner

Erlebnis Heines – weit weggeführt und den euphorischen Selbstgenuß des ersten Teils in eine Selbstbestrafung von ausgesuchter Grausamkeit verkehrt hätte. In einem Brief an Moses Moser vom November 1823 gibt er – mit der Bitte um strenge Diskretion – seinen Plan preis: »Das ganze der Romanze ist eine Szene aus meinem eigenen Leben, bloß der Tiergarten wurde in den Garten des Alkaden verwandelt, Baronesse in Señora, und ich selber in einen heiligen Georgen oder gar Apoll! Es ist bloß das erste Stück einer Trilogie, wovon das zweite den Helden von seinem eigenen Kinde, das ihn nicht kennt, verspottet zeigt, und das dritte zeigt dieses Kind als erwachsenen Dominikaner, der seine jüdischen Brüder zu Tode foltern läßt. Der Refrain dieser beiden Stücke korrespondiert mit dem Refrain des ersten Stücks; – aber es kann noch lange dauern, ehe ich sie schreibe.«[16] – Die Trilogie blieb ungeschrieben.
Mit Heines Übersiedlung nach Paris scheint eine neue Phase der Konfliktbearbeitung, ja geradezu eine Verkehrung der bisherigen Fronten einzusetzen. Vielleicht hat das Fehlen einer diskriminierenden Judengesetzgebung in Frankreich die Konfliktkonstellation Juden – Christen zumindest für ein Jahrzehnt (bis zur Damaskus-Affäre 1840) in den Hintergrund treten lassen. Auch die bedeutende Rolle, die Juden im öffentlichen Leben Frankreichs spielten, dürfte dazu beigetragen haben: Heine weist in seinen Korrespondenzberichten immer wieder auf die finanzielle Großmacht Rothschild und die musikalische Großmacht Meyerbeer hin. Schon die religions- und philosophiegeschichtlichen Arbeiten der frühen dreißiger Jahre lassen die Veränderungen erkennen. Judentum und Christentum erscheinen nun nicht als Gegenspieler, sondern als Verbündete innerhalb einer Kampfgemeinschaft, die als Partei der Nazarener seit mehr als 2000 Jahren mit dem Hellenentum um die Weltherrschaft streitet. Der blutige Konflikt zwischen Christen und Juden ist nur ein historisches Epiphänomen vom Rang einer politischen Fraktionsquerele, wenn man ihn an dem weltgeschichtlichen Antagonismus von Nazarener- und Hellenentum mißt. Die ungleich größere Bedeutung dieses Konflikts rührt für Heine daher, daß spiritualistischer Nazarenismus und sensualistisches Hellenentum nur historische Erscheinungsformen eines grundlegenden psychophysischen Dualismus der menschlichen Natur selbst sind.

In der Schrift *Zur Geschichte der Religion und Philosophie in Deutschland* von 1835 wird die Differenz zwischen Judentum und Christentum unter diesem Gesichtspunkt als bloß graduelle bestimmt: »Die Juden achteten [...] den Leib als etwas Geringes, als eine armselige Hülle des [...] heiligen Hauchs, des Geistes, und nur diesem widmeten sie ihre Sorgfalt, ihre Ehrfurcht, ihren Kultus. Sie wurden daher ganz eigentlich *das* Volk des Geistes, keusch, genügsam, ernst, abstrakt, halsstarrig, geeignet zum Martyrtum, und ihre sublimste Blüte ist Jesus Christus. Dieser ist im wahren Sinne des Wortes der inkarnierte Geist [...].«[17]

Die Juden betrachten den Leib mit Geringschätzung, die Christen sehen in ihm etwas Verwerfliches. Der Übergang zwischen beiden Positionen ist gleitend; eine grundlegende Differenz besteht nur zwischen judäisch-christlicher Negation des Leibes auf der einen, heidnischen Sinnen- und Leibfreundlichkeit auf der anderen Seite.

Voll entfaltet erscheint diese dualistische Typologie im ersten Buch der Börne-Denkschrift von 1840. Mit der Einführung des Begriffs »nazarenisch« wird die Einheit des Jüdischen und des Christlichen auch terminologisch fixiert:

> Ich sage nazarenisch, um mich weder des Ausdrucks »jüdisch« noch »christlich« zu bedienen, obgleich beide Ausdrücke für mich synonym sind und von mir nicht gebraucht werden, um einen Glauben, sondern um ein Naturell zu bezeichnen. »Juden« und »Christen« sind für mich ganz sinnverwandte Worte im Gegensatz zu »Hellenen«, mit welchem Namen ich ebenfalls kein bestimmtes Volk, sondern eine sowohl angeborne als angebildete Geistesrichtung und Anschauungsweise bezeichne. In dieser Beziehung möchte ich sagen: alle Menschen sind entweder Juden oder Hellenen, Menschen mit ascetischen, bildfeindlichen, vergeistigungssüchtigen Trieben, oder Menschen von lebensheiterem, entfaltungsstolzem und realistischem Wesen. So gab es Hellenen in deutschen Predigerfamilien, und Juden, die in Athen geboren und vielleicht von Theseus abstammen.[18]

Das veränderte Koordinatensystem ermöglicht verblüffende Zuordnungen, etwa wenn Jakobiner und orthodoxe Protestanten oder bigotte Katholiken sich unter der Rubrik Nazarener vereinigt finden, oder wenn drei Gegner des großen Hellenen Goethe, der evangelische Pfarrer Pustkuchen, der aus der Turnbewegung hervorgegangene Chauvinist Wolfgang Menzel und der Herausgeber der Evangelischen Kirchenzeitung Hengstenberg – alle drei notorische Antisemiten – als »Juden« bezeichnet werden.

Heines erklärte Sympathie gehört der Partei der Hellenen. Aber auch wenn ihm der Kampf gegen den judäisch-christlichen Spiritualismus als die Forderung des Tages erscheint, sieht er doch die eigentliche Aufgabe nicht in einer bloßen Rückkehr zum Sensualismus der Griechen, sondern in einer Versöhnung der feindlichen Tendenzen. In wenigen schöpferischen Individuen ist für ihn diese Synthese bereits antizipiert, so in Shakespeare: »Shakespeare ist zu gleicher Zeit Jude und Grieche, oder vielmehr beide Elemente, der Spiritualismus und die Kunst, haben sich in ihm versöhnungsvoll durchdrungen, und zu einem höheren Ganzen entfaltet. Ist vielleicht solche harmonische Vermischung der beiden Elemente die Aufgabe der ganzen europäischen Zivilisation? Wir sind noch sehr weit entfernt von einem solchen Resultate.«[19]

Teilstücke dieser Geschichtsphilosophie und anthropologischen Typologie konnte Heine bei Goethe und Hegel vorgebildet finden. Die nur durch erhebliche Simplifizierungen ermöglichte Gleichsetzung von Judentum und Christentum muß man aber wohl aus einem nicht nur theoretisch, sondern auch persönlich motivierten Bedürfnis erklären, mit der als psychisch deformierend empfundenen, weil völlig internalisierten christlichen Versagungsmoral auch die Erblast eines jahrtausendealten jüdischen Duldertums abzustreifen. Das Unternehmen erscheint vielleicht weniger paradox, wenn man bedenkt, daß Heine schon in einem 1824 an Moses Moser übersandten Gedicht aus dem gedanklichen Kontext des *Rabbi von Bacherach* das Verhältnis von Juden und Christen als immer aussichtsloser werdende sadomasochistische Beziehung charakterisiert hatte:

> Ein Jahrtausend schon und länger
> Dulden wir uns brüderlich,
> Du, du duldest daß ich atme,
> Daß du rasest, dulde Ich.
> Manchmal nur, in dunkeln Zeiten,
> Ward dir wunderlich zu Mut,

Und die liebefrommen Tätzchen
Färbtest du mit meinem Blut!
Jetzt wird unsre Freundschaft fester,
Und noch täglich nimmt sie zu;
Denn ich selbst begann zu rasen,
Und ich werde fast wie Du.[20]

Heines Theoretisierung des Konflikts erledigt das Problem jedoch keineswegs; sie eröffnet nur eine höhere Reflexionsstufe, auf der die Verhältnisse sich eher noch komplizieren. Nur auf den ersten Blick sind die in der Börne-Denkschrift getroffenen Zuordnungen eindeutig: Heine sieht sich selbst in der Nachfolge Goethes, des großen Heiden, als einen »Pantheisten von der heitern Observanz«[21], Börne als Exponenten der Gegenpartei: »Börne war ganz Nazarener, seine Antipathie gegen Goethe ging unmittelbar hervor aus seinem nazarenischen Gemüte, seine spätere politische Exaltation war begründet in jenem schroffen Ascetismus, jenem Durst nach Märtyrtum, der überhaupt bei den Republikanern gefunden wird, den sie republikanische Tugend nennen und der von der Passionssucht der früheren Christen so wenig verschieden ist.«[22]

Schon das 2. Buch aber führt in diese schlichte Opposition von Hellenen und Nazarenern eine folgenreiche Differenzierung ein. Der Zugang des modernen Menschen zum Hellenentum ist verstellt, weil die »schönen Wesen der griechischen Fabelwelt« sich in Europa nur unter den verschiedensten, oft grotesken, Vermummungen erhalten haben, und dies auch nur bei den Künstlern und Dichtern. »Letztere haben, seit dem Sieg der christlichen Kirche, immer eine stille Gemeinde gebildet, wo die Freude des alten Bilderdienstes, der jauchzende Götterglaube sich fortpflanzte von Geschlecht auf Geschlecht, durch die Tradition der heiligen Gesänge [...]. Aber ach! die Ecclesia pressa, die den Homeros als ihren Propheten verehrt«, ist von einer neuen »Götterverfolgung« durch die »Werkeltagsgesinnung der modernen Puritaner«[23] bedroht. Die Existenzform des Hellenen der Gegenwart ist ein Leben unter den Bedingungen von Krankheit, Verfolgung und Exil. Dies ist aber die jüdische Existenzform schlechthin. Niemand – so Heines paradoxe Pointe – erfährt sie tiefer und schmerzlicher als der Hellene deutscher Herkunft im Exil: »Ihr habt vielleicht einen Begriff vom leiblichen Exil, jedoch vom geistigen Exil kann nur ein deutscher Dichter sich seine Vorstellung machen, der sich gezwungen sähe, den ganzen Tag französisch zu sprechen, zu schreiben, und sogar des Nachts, am Herzen der Geliebten französisch zu seufzen! Auch meine Gedanken sind exiliert, exiliert in eine fremde Sprache.«[24]

Die antike Sinnlichkeit nimmt beim modernen Dichter die Form der Hypersensibilität an. War der antike Künstler einig mit der Natur, so ist der moderne dazu verurteilt, ihre Leiden und Schmerzen in grenzenloser Empathie mitzuvollziehen. Er partizipiert an jeder Krankheit und jedem Wahnsinn seiner Zeit: »Ja glücklich sind diejenigen, welche in den Kerkern der Heimat, glücklich die, welche in den Dachstuben des körperlichen Elends, glücklich die Verrückten im Tollhaus, am glücklichsten die Toten! Was mich betrifft, den Schreiber dieser Blätter, ich glaube mich am Ende gar nicht so sehr beklagen zu dürfen, da ich des Glückes aller dieser Leute gewissermaßen teilhaft werde, durch jene wunderliche Empfänglichkeit, jene unwillkürliche Mitempfindung, jene Gemütskrankheit, die wir bei den Poeten finden und mit keinem rechten Namen zu bezeichnen wissen.«[25]

Das von Heine so sehr propagierte Hellenentum wird transparent für Erfahrungen ganz anderer, jüdischer und christlicher Provenienz; für die Erfahrungen eines griechischen Gotts im babylonischen Exil: »Wenn ich auch am Tage wohlbeleibt und lachend dahinwandle durch die funkelnden Gassen Babylons, glaubt mirs! sobald der Abend herabsinkt, erklingen die melancholischen Harfen in meinem Herzen, und gar des Nachts erschmettern darin alle Pauken und Zimbeln des Schmerzes, die ganze Janitscharenmusik der Weltqual, und es steigt empor der entsetzlich gellende Mummenschanz [...].«[26]

Mit diesen Krankheitsberichten ist eine Annäherung an den Gegner Börne erreicht, die der Identifikation nahekommt. Eine Aussöhnung ist dennoch nicht möglich, weil Heine in Börne den nazarenischen Anteil des eigenen Selbst, den »Juden« in sich, bekämpft. Diese psychodramatische Konstellation ist das Zentrum der Schrift, nicht die vordergründige Polemik. Als bloßes Pamphlet gegen einen Verstorbenen wäre die Denkschrift, wie Heine im 5. Buch selbst formuliert, nur »ein grauenhaftes Schauspiel [...] Polemik zwischen dem Tod und dem Exil«.[27]

Heines theoretische Konstruktionen, seine Geschichtsphilosophie und seine Typologie, haben nur heuristische Funktion. Die Wahrheit über das Verhältnis von Nazarenern und Hellenen wird nur in der Geschichte sichtbar, die hier von den feindlichen Brüdern Heine und Börne erzählt, in dem Bild, das von beiden entworfen wird. Im »beständigen Konstatieren« der eigenen »Persönlichkeit« sieht Heine »das geeignetste Mittel, ein Selbsturteil des Lesers zu fördern«. Er zeichnet Börnes Bild »mit genauer Angabe des Ortes und der Zeit, wo er mir saß. Zugleich verhehle ich nicht, welche günstige oder ungünstige Stimmung mich während der Sitzung beherrschte. Ich liefere dadurch den besten Maßstab für den Glauben, den meine Angaben verdienen.«[28] Nicht im Inhaltlichen, aber in der Methode bleibt Heine mit diesem Programm Lessings Art der Wahrheitsfindung und Nathans dialogischer Maieutik verpflichtet.

An die Stelle des hellenisch-nazarenischen Antagonismus tritt im 5. Buch der Börne-Denkschrift ein neuer, der einer noch zu Lebzeiten Börnes von diesem initiierten Kontroverse mit Heine entstammt, der von Charakter und Dichter. Heine verweist darauf, daß die »Distinktion zwischen Charakter und Dichter [...] zunächst von Börne selber ausgegangen« sei, der schon in Publikationen der frühen dreißiger Jahre von Heines »charakterlosem Poetentum« und seiner »poetischen Charakterlosigkeit [...] gezüngelt« habe: »Nicht mit bestimmten Worten, aber mit allerlei Winken werde ich hier der zweideutigsten Gesinnungen, wo nicht gar der gänzlichen Gesinnungslosigkeit, verdächtigt! Ich werde in derselben Weise nicht bloß des Indifferentismus, sondern auch des Widerspruchs mit mir selber bezüchtigt.«[29]

An eben dieser Frage: der Verleugnung oder der Darstellung von Widersprüchen, entscheidet sich für Heine das Lebensrecht des Dichters:

> Charakter hat derjenige, der in den bestimmten Kreisen einer bestimmten Lebensanschauung lebt und waltet, sich gleichsam mit derselben identifiziert, und nie in Widerspruch gerät mit seinem Denken und Fühlen. Bei ganz ausgezeichneten, über ihr Zeitalter hinausragenden Geistern kann daher die Menge nie wissen, ob sie Charakter haben oder nicht, denn die große Menge hat nicht Weitblick genug, um die Kreise zu

> überschauen, innerhalb derselben sich jene hohen Geister bewegen. [...] Minder begabte Menschen, deren oberflächlichere und engere Lebensanschauung leichter ergründet und überschaut wird, und die gleichsam ihr Lebensprogramm in populärer Sprache ein für allemal auf öffentlichem Markte proklamiert haben, diese kann das verehrungswürdige Publikum immer im Zusammenhang begreifen, es besitzt einen Maßstab für jede ihrer Handlungen, und es freut sich dabei über seine eigene Intelligenz, wie bei einer aufgelösten Charade, und jubelt: seht, das ist ein Charakter![30]

Heine gibt Börnes moralisch kategorisierender Typologie eine radikal ästhetische Wendung:

> Der Grundsatz, daß man den Charakter eines Schriftstellers aus seiner Schreibweise erkenne, ist nicht unbedingt richtig; er ist bloß anwendbar bei jener Masse von Autoren, denen beim Schreiben nur die augenblickliche Inspiration die Feder führt und die mehr dem Worte gehorchen als befehlen. Bei Artisten ist jener Grundsatz unzulässig, denn diese sind Meister des Wortes, handhaben es zu jedem beliebigen Zwecke, prägen es nach Willkür, schreiben objektiv, und ihr Charakter verrät sich nicht in ihrem Stil.[31]

Das eindrucksvollste, wenngleich am unbekanntesten gebliebene literarische Dokument dieser durch die Börne-Denkschrift keineswegs abgeschlossenen, sondern mit dem nötigen Zündstoff versehenen Kontroverse ist ein Text, der im Zusammenhang des Erbschaftsstreits zwischen Heine und der Familie seines Hamburger Onkels Salomon Heine entstanden ist. Der Millionär hatte seinem Neffen eine jährliche Pension bewilligt, die regelmäßig überwiesen, aber nicht testamentarisch niedergelegt worden war. Als Salomon Heine 1844 starb, versuchte der Sohn und Erbe Carl, den Pariser Cousin, der durch literarische Anspielungen auf seine Hamburger Verwandtschaft und durch publizistische Attacken auf Pariser Schwesterfirmen und Geschäftspartner des Bankhauses Salomon Heine unangenehm aufgefallen war, durch Androhung einer Streichung der Pension zu disziplinieren. Heine, der sich durch seine rasch fortschreitende Krankheit – partielle Erblindung und Lähmungserscheinungen – ohnehin in seiner Existenz bedroht fühlte, versuchte seinerseits, mit allen ihm zur Verfügung stehenden publizistischen Mitteln die Hamburger Verwandten unter Druck zu setzen.

Gefährlichste Waffe in diesem Kampf sollte ein »infamer Artikel« sein, den Heine gegen sich selbst schreiben und in einer deutschen Zeitung – notfalls als Inserat – drucken lassen wollte. In einem Brief an Varnhagen von Ense erläutert er seine Strategie: »In diesem Artikel, der die ungerechtesten Beleidigungen gegen mich enthalten wird, sollen auch einige Ungeschicklichkeiten einfließen, die meiner Familie verdrießlicher sein sollen als direkte Angriffe, sie soll daraus erachten, wie unangenehm auch die beste Vertretung in der Presse; aber besonders werde ich darauf Nachdruck legen lassen, daß ich in meinem Familienzwiste nur die unteren Gesellschaftsschichten, den Pöbel für mich gewonnen, alle Höhergestellten sich von mir abwenden.«[32] Heine hat den »infamen Artikel« tatsächlich geschrieben, dann aber doch nicht zum Druck befördert.

Der Text – der übrigens erst 1950 bekannt wurde – versammelt in schöner Vollständigkeit sämtliche Urteile und Vorurteile, die in Deutschland über den Dichter, Publizisten, Exilanten und Juden Heine kursieren: ein wahres Arsenal jener Stereotypen, über die Thomas Koebner im Anschluß an meinen Vortrag noch sprechen wird.[33] Ich beschränke mich auf die Passagen, in denen Heine mit den Worten seiner Gegner das eigene Porträt entwirft. Der mit »Hamburg, den 20. Februar 1846« datierte Artikel beginnt folgendermaßen:

> Obgleich es in unserer Handelsrepublik nicht an Personen fehlt, welche die öffentliche Aufmerksamkeit im höheren Grade verdienen, so ist doch unser Landsmann der Doktor Heinrich Heine selbst während seines Aufenthaltes in der Fremde ein Gegenstand fortlaufender Besprechung geblieben und in diesem Augenblicke hat er ein sehnlichst erwartetes Mittel gefunden, seine sich überall vordrängende Persönlichkeit in den Mund der Leute zu bringen. Er beabsichtigt, wie es scheint, der ununterbrochenen Reihe von Scandalen die sein Leben und seine schriftstellerische Thätigkeit bilden, die Krone aufzusetzen; denn er geht wie wir aus glaubwürdiger Quelle vernehmen, mit der Abfassung einer gegen seine eigene Familie gerichteten Denkschrift um. Man fragt sich erstaunt, welches wohl die Gründe seyn mögen die ihn zuguter Letzt zu

solchem Frevel treiben? Ach, die Gründe liegen einzig in der inneren Ruchlosigkeit seines Wesens, in beleidigtem Eigendünkel in dem albernen Hochmuth der es nicht ertragen kann daß andere Mitglieder der Familie sich in sozialer Stellung über ihn erhoben und ihn so tief unter sich zurück gelassen haben, ihn der sich einbildete nach dem Tode seines Oheims als das lorbeergekrönte Haupt der Familie betrachtet zu werden, und allen Mitgliedern Gesetze vorschreiben zu können! Hat er sich doch nicht entblödet als Vorbereitung auf diese erträumte einstige Stellung seit Jahren öffentlich und insgeheim alle seine Verwandten herabzuwürdigen und durch seinen gesinnungslosen Witz jeden derselben auf das empörendste zu beleidigen.[34]

Es folgen Porträts des Sohnes und der Schwiegersöhne Salomon Heines, von denen ich nur die Charakteristik Adolph Halles und Moritz Oppenheimers zitieren will. Von ersterem heißt es: »Welche gehässige Insinuazionen hat er nicht beständig über einen echt sittlichen und wahrhaft umsichtigen Biedermann verbreitet, der fast gleichzeitig mit ihm, ebenfalls als Dr. jur. von der Universität zurückkehrte aber dem practischen Leben sich zuwendend sich seinen Mitbürgern jedes Glaubens nützlich zu machen suchte und in jederley Bestrebung und Bewerbung den frivolen taktlosen und faselnden Nebenbuhler überflügelte, welcher es erleben mußte, daß der schon mit der Toga des Handelsgerichtspräsidenten Bekleidete, nunmehr auf die Schwingen des Verdienstes der höchsten Würde unseres Freystaates zueilt.«[35] Und über Oppenheimer: »Eine beständige Zielscheibe der Ausfälle des verdorbenen Genies war sodann ein anderer Schwiegersohn seines Oheims ein feingebildeter Greis, der auf dem Comptoire des Heineschen Hauses seit 30 Jahren unermüdlich am Glanze der Familie arbeitet und der sowohl wegen seiner sittlich edlen Ausdauer in schwieriger Stellung wie auch wegen seiner ausgedehnten Kenntnisse in der englischen Litteratur die größte Achtung verdient und genießt.«[36]

Schon an diesen Passagen wird deutlich, daß Heine in der Darstellung seines Verhältnisses zur Familie Salomon Heines nicht nur auf das soziale Gefälle zwischen den reichen Hamburger Bürgern und dem ökonomisch erfolglosen Pariser Exilanten zielt, sondern auch auf die Kluft, die sich zwischen den im bürgerlichen Beruf und in öffentlichen Ämtern zu Anerkennung gelangten deutschen Juden und dem ein parasitäres Boheme-Dasein führenden jüdischen Literaten auftut. Daß der innerjüdische Aspekt des Konflikts mitgemeint ist, geht aus der subtilen Andeutung hervor, Dr. Halle habe durch seine Hinwendung zum praktischen Leben »sich seinen Mitbürgern *jedes Glaubens* nützlich zu machen« gesucht. Im übrigen gehören die von Heine gegen sich selbst verwendeten Formeln von der »sich überall vordrängenden Persönlichkeit«, der »inneren Ruchlosigkeit«, dem »gesinnungslosen Witz«, der Frivolität, Taktlosigkeit und Verdorbenheit schon damals zum Standardrepertoire antisemitischer Polemik. Der Schluß des Artikels faßt diese Stereotypen zu einem Gesamturteil zusammen, das den Literaten, Emigranten und – nie ausdrücklich so genannten – Juden unwiderruflich aus der bürgerlichen Gemeinschaft wie aus der deutschen Volksgemeinschaft ausschließt und gewissermaßen als Siegel Börnes Formel vom dichterischen Talent ohne Charakter trägt:

> Noch ein Wort zum Schlusse. H. Heine wird es gewiß mit großer Geschicklichkeit auszubeuten wissen, daß er der kranke exilirte und dürftige Dichter von Millionären unterdrückt werde. Auch diese Schlagwörter prallen wirkungslos an uns ab. Für seine Krankheit kann man ihm nach den Grundsätzen der allgemeinen Menschenliebe eine baldige Genesung wünschen dabey aber gewiß den andern Wunsch nicht unterdrücken er möchte sie mehr einer höheren Schickung als seinem eigenen Lebenswandel verdanken. Das Märtyrerthum des Exils ist in seinem Munde eine Beleidigung vieler edlen jüngeren Männer deren Verirrung man beklagen kann deren Gesinnung aber jedem Vaterlandsfreunde Achtung einflößen muß. Auch hätte H. Heine schwerlich auf irgend einem Punkte des deutschen Bodens eine Unannehmlichkeit zu gewärtigen, da die Regirungen zu gut wissen wie wenig Einfluß auf ihre denkgläubig-religiösen Völker der frivole und inkonsequente Witz auszuüben vermag. Was die Armuth des blinden Exulanten betrifft so genügt es zu wissen daß die Pension des seligen Salomon Heine in Verbindung mit einer jährlichen Rente von Seiten des Herrn Buchhändler Campe immerhin ein Einkommen bildet mit dem selbst in Paris jeder haushalten kann der

nicht ein offenbarer Verschwender ist und eine Masse eben so kostbarer als unmoralischer Liebhabereien hat. H. Heine besitzt ein gewisses unverkennbares Talent Dinge und Zustände leicht aufzufassen und mit Leichtigkeit darzustellen ohne daß er sich über die eigentliche Tiefe der Gegenstände besondere Scrupel machte. Ein gewisser Witz bey dem ihm seine Gewissenlosigkeit selbst das Heiligste anzutasten zu Hilfe kommt hat ihm in Deutschland ein Publikum erworben um das ihn gewiß kein gesinnungsvoller Schriftsteller beneidet. Der Witz gehört dem Augenblicke an, die Nachwelt welche über die literarischen Producte einer Periode zu Gericht sitzt wird H. Heine geringe Beachtung schenken während sie die Männer von Charakter und Konsequenz die das nachwachsende Geschlecht bey dem Worte: Vaterland und Tugend hoch erglühen lassen mit dem verdienten Kranze krönen wird. Das Talent vergeht, nur der Charakter bleibt. Dr. H.[37]

Die Stimmung, in der ein solcher Text möglich wurde, hat Heine in einem gleichfalls auf den Erbschaftsstreit Bezug nehmenden Brief an seinen Freund Detmold als moderne nihilistische Variante alter mönchischer Mortifikationsexerzitien beschrieben:

contemnere mundum
contemnere se ipsum
contemnere se contemni – lehrten die alten Mönche, und ich gelange zu diesem Spruch durch Degout, Lebensdegout, Verachtung der Menschen und der Presse, durch Krankheit, durch Mathilde – Es ist ein wüster Marasmus, eine Müdigkeit des Fühlens und Denkens, ein Gähnen – die Feder fällt mir aus der Hand – mein Freund, denken Sie und handeln Sie für mich – auch sehe ich nicht mehr was ich schreibe.[38]

Heine zitiert die lateinische Formel – Die Welt verachten, sich selbst verachten, das Verachtetwerden verachten – übrigens frei nach Goethes *Italienischer Reise,* in deren drittem Teil über Philipp Neri, den humoristischen Heiligen, berichtet wird, der Aspiranten auf Mitgliedschaft in seinem Laienorden erniedrigenden Initiationsriten unterwarf, so zum Beispiel von einem beitrittswilligen jungen römischen Fürsten verlangt haben soll, mit einem hinten angehefteten Fuchsschwanz durch Rom zu spazieren.

Heines verwirrende Selbstdarstellung im Konflikt mit Börne und im Erbschaftsstreit läßt sich unter *einem* Gesichtspunkt durchaus als konsequent interpretieren: unter dem des Poeten als Artisten. Selbst die taktisch motivierte Selbsterniedrigung des »infamen Artikels« gerät ihm zum literarischen Triumph, weil er sie – wie übrigens auch sein politisches Engagement – als *künstlerische* Herausforderung begreift. Alle Äußerungen aus dieser kritischen Zeit belegen, daß Heine nicht willens und wohl auch nicht fähig war, in seinem Kampf um die Pension etwas anderes zu sehen als die Verteidigung der Basis seiner künstlerischen Freiheit. Gesichtspunkte der Moral, der Ehre oder auch nur des sozialen Prestiges spielen dabei keine Rolle. Es geht eben nicht um die Bewahrung einer Identität von der Art des Börneschen »Charakters«, sondern um die Sicherung eines Freiraums für das Spiel der Poesie.

Niemand wußte besser als Heine, daß er nur als Artist, in der Rolle des Artisten, frei über das verfügen konnte, was ihm im Leben als Zwang entgegentrat: politische Repression, Zensur, Exil, ungesicherte materielle Existenz, Krankheit, nicht zuletzt das Stigma seines Judentums. Das Spiel des Artisten mit wechselnden Identitäten ist die Fiktion – die eingestandene Fiktion – einer Freiheit, die real nirgends zu finden ist.

Auch der Umgang des späten Heine mit der jüdischen Tradition und mit dem eigenen jüdischen Hintergrund gehorcht diesen Regeln. Heines so oft beschworene Rückkehr zur Religion der Väter ist keine theologische, sondern eine artistische Wende. Nicht der wiedergefundene Glaube ermöglicht ihm die erneute Hinwendung zur jüdischen Tradition, sondern die veränderte psychische und poetische Bedürfnislage. Heine entdeckt einen Reichtum der jüdischen Überlieferung, der so lange nicht in sein Blickfeld treten konnte, wie die Vorstellung vom ausschließlich spiritualistischen Charakter des Judentums seine Optik bestimmte. Der Antagonismus von Hellenen- und Judentum findet sich zwar noch in den spätesten Zeugnissen Heinescher Poesie und Prosa, etwa in dem großen Nachlaßgedicht für die Mouche (»Es träumte mir von einer Sommernacht«), doch bietet das Spätwerk seit dem *Romanzero* auch vielfache Belege der neuen Sicht. In dem Gedicht *Prinzessin Sabbat* aus den *Hebräischen Melodien* wird die wöchentliche Verwandlung des in einen

»Hund mit hündischen Gedanken« verhexten Prinzen Israel in seine ursprüngliche Gestalt, wird seine mit allen Sinnenfreuden beglückte Festtagsexistenz geschildert; in der Jehuda ben Halevy gewidmeten Romanze des gleichen Zyklus lernt der Knabe beim Talmudstudium die wie Sonne und Mond aufeinander bezogene spiritualistische und sensualistische Seite der jüdischen Überlieferung kennen:

Also leuchtet auch der Talmud
Zwiefach, und man teilt ihn ein
In Halacha und Hagada.
Erstre nannt ich eine Fechtschul –

Letztre aber, die Hagada,
Will ich einen Garten nennen,
Einen Garten, hochphantastisch
Und vergleichbar jenem andern,

Welcher ebenfalls dem Boden
Babylons entsprossen weiland –
Garten der Semiramis,
Achtes Wunderwerk der Welt.
[...]
Die Hagada ist ein Garten
Solcher Luftkindgrillenart,
Und der junge Talmudschüler,
Wenn sein Herze war bestäubet

Und betäubet vom Gezänke
Der Halacha, vom Dispute
Über das fatale Ei,
Das ein Huhn gelegt am Festtag,

Oder über eine Frage
Gleicher Importanz – der Knabe
Floh alsdann sich zu erfrischen
In die blühende Hagada,

Wo die schönen alten Sagen,
Engelmärchen und Legenden,
Stille Märtyrerhistorien,
Festgesänge, Weisheitsprüche,

Auch Hyperbeln, gar possierlich,
Alles aber glaubenskräftig,
Glaubensglühend – O, das glänzte,
Quoll und sproß so überschwenglich –

Und des Knaben edles Herze
Ward ergriffen von der wilden,
Abenteuerlichen Süße,
Von der wundersamen Schmerzlust

Und den fabelhaften Schauern
Jener seligen Geheimwelt,
Jener großen Offenbarung,
Die wir nennen Poesie.

Auch die Kunst der Poesie,
Heitres Wissen, holdes Können,
Welches wir die Dichtkunst heißen,
Tat sich auf dem Sinn des Knaben.

Und Jehuda ben Halevy
Ward nicht bloß ein Schriftgelehrter,
Sondern auch der Dichtkunst Meister,
Sondern auch ein großer Dichter.

Nicht zufällig wird von Heine auch an dem frommen Juden Jehuda ben Halevy die Souveränität des Genies hervorgehoben:

Wie im Leben, so im Dichten
Ist das höchste Gut die Gnade –
Wer sie hat, der kann nicht sündgen
Nicht in Versen, noch in Prosa.

Solchen Dichter von der Gnade
Gottes nennen wir Genie:
Unverantwortlicher König
Des Gedankenreiches ist er.

Nur dem Gotte steht er Rede,
Nicht dem Volke – In der Kunst,
Wie im Leben, kann das Volk
Töten uns, doch niemals richten. –[39]

Daß auch Heine in seiner späten Lyrik und Prosa immer wieder einem personal aufgefaßten Gott »Rede steht«, sollte nicht vorschnell als Zeichen der Bekehrung aufgefaßt werden. Die Betonung liegt bei Heine immer auf dem Faktum, daß das Genie nur dem *Gotte* Rede steht. Der souveräne Artist ist keiner untergeordneten Instanz Rechenschaft schuldig. Und Gott ist für Heine nicht mehr, was er dem frommen jüdischen Dichter des Mittelalters noch sein konnte. Er ist Teil eines literarischen Kalküls, das sich zur Polemik den Gegner, zur Klage den Zuhörer, zur Blasphemie das höhere Wesen von angemessenem Rang erst erfinden muß. Wenn dieser Kontrahent die Gestalt des Gottes der Väter annimmt, so ist diese Gestalt nur deshalb der Tradition verpflichtet, weil kein Poet, »kein Gott [...] die Welt aus Nichts«[40] erschafft, sondern der Überlieferung das entnimmt, was er »gebrauchen« kann. Das Nachwort zum *Romanzero* beschreibt den Weg zurück zu Gott als eine solche Suche nach dem künstlerisch und psychologisch »Brauchbaren«:

> Ja, ich bin zurückgekehrt zu Gott, wie der verlorene Sohn, nachdem ich lange Zeit bei den Hegelianern die Schweine gehütet. War es die Misère, die mich zurücktrieb? Vielleicht ein minder miserabler Grund. Das himmlische Heimweh überfiel mich und trieb mich fort durch Wälder und Schluchten, über die schwindligsten Bergpfade der Dialektik. Auf meinem Wege fand ich den Gott der Pantheisten, aber ich konnte ihn nicht gebrauchen. Dies arme träumerische Wesen ist mit der Welt verwebt und verwachsen, gleichsam in ihr eingekerkert, und gähnt dich an, willenlos und ohnmächtig. Um einen Willen zu haben, muß man eine Person sein, und, um ihn zu manifestieren, muß man die Ellbogen frei haben. Wenn man nun einen

Gott begehrt, der zu helfen vermag – und das ist doch die Hauptsache – so muß man auch seine Persönlichkeit, seine Außerweltlichkeit und seine heiligen Attribute, die Allgüte, die Allweisheit, die Allgerechtigkeit usw. annehmen. Die Unsterblichkeit der Seele, unsre Fortdauer nach dem Tode, wird uns alsdann gleichsam mit in den Kauf gegeben, wie der schöne Markknochen, den der Fleischer, wenn er mit seinen Kunden zufrieden ist, ihnen unentgeltlich in den Korb schiebt. Ein solcher schöner Markknochen wird in der französischen Küchensprache la réjouissance genannt, und man kocht damit ganz vorzügliche Kraftbrühen, die für einen armen, schmachtenden Kranken sehr stärkend und labend sind. Daß ich eine solche réjouissance nicht ablehnte und sie mir vielmehr mit Behagen zu Gemüte führte, wird jeder fühlende Mensch billigen.[41]

Dieses frivol-parodistische Glaubensbekenntnis ist die Antwort des Poeten auf das Anathema, das der »gesamte hohe Klerus des Atheismus« über den scheinbar zum »alten Aberglauben« Zurückgekehrten ausgesprochen hat; er erwehrt sich der »Pfaffen des Unglaubens« mit einer Harlekinade des Glaubens, die ihn zugleich gegen die Zudringlichkeit frommer Seelenfänger schützen soll. Heines Ende ist, wie sein Leben, frei von Demut, seine literarische und religiöse Identität nach der »Rückkehr« komplizierter und undurchschaubarer als je zuvor. Alle Versuche, seinem Spätwerk eine »authentische«, biographisch verifizierbare religiöse Botschaft zu entnehmen, müssen vor dem Befund resignieren, daß Heine ausgerechnet seine diesbezüglichen Geständnisse und Bekenntnisse mit einem Höchstmaß an poetischer Equilibristik präsentiert.

Zu den subtilsten Gebilden dieser artistischen Theologie gehört die Gedichttrilogie »Der Apollogott« im ersten Zyklus *(Historien)* des *Romanzero*. Der Griechengott erscheint zuerst in der Vision einer mystisch schwärmenden Nonne: griechische Herrlichkeit in der Perspektive geistlicher Minne. Der Mittelteil präsentiert den Gott im Kostüm und Tonfall einer Offenbachschen Operette: antike Würde überstrahlt vom Talmiglanz des 19. Jahrhunderts. Im Schlußstück schließlich erfährt man aus dem Mund eines alten Handelsjuden, daß Apollo in Wirklichkeit der entlaufene Sohn des Vorhautabschneiders an der Amsterdamer Synagoge sei:

Ob ich ihn gesehen habe?
Ja, ich habe ihn gesehen
Oft genug zu Amsterdam,
In der deutschen Synagoge.

Denn er war Vorsänger dorten,
Und da hieß er Rabbi Faibisch,
Was auf Hochdeutsch heißt Apollo –
Doch mein Abgott ist er nicht.[42]

Jüdisches, Hellenisches, Christliches überlagern sich in diesem irritierenden Vexierspiel, das jedoch keineswegs nur optische Täuschung ist, nicht bloß aus der perspektivischen Brechung eines unveränderten Objekts in den Augen anderer entsteht, sondern das – uneindeutige, nie zum »Charakter« sich verfestigende – Künstlersubjekt in seinem Reichtum und in seiner Fragwürdigkeit: in seiner artistischen Authentizität konstituiert. Nach der »echten«, der »wahren« Identität zu fragen, ist legitim, aber vergeblich, wenn die Frage nicht an das Werk gerichtet wird.

Bei Lessing lag die Antwort in der praktischen ethischen Bewährung des Glaubens (wobei die Werke der Dichter als *ihre* Taten durchaus mitgedacht sind, auch wenn sie nicht eigens genannt werden). Bei Heine scheint sie in der göttlichen Willkür des Poeten, in seiner Freude am glaubenslosen Überfluß zu liegen. Die Formel stammt aus einem Gedicht Heines[43], das am Beispiel des Küssens die Umwandlung lebensgeschichtlicher Erfahrung (und Desillusionierung) in Freiheit beschreibt. Was hier von der Kunst des Küssens gesagt wird, gilt vielleicht auch von der Kunst und der in ihr immer von neuem aufgehobenen Identität des Künstlers:

Ehmals glaubt ich, alle Küsse,
Die ein Weib uns gibt und nimmt,
Seien uns, durch Schicksalsschlüsse,
Schon urzeitlich vorbestimmt.

Küsse nahm ich und ich küßte
So mit Ernst in jener Zeit,

Als ob ich erfüllen müßte
Taten der Notwendigkeit.

Jetzo weiß ich, überflüssig,
Wie so manches, ist der Kuß,
Und mit leichtern Sinnen küß ich,
Glaubenlos im Überfluß.

Heines italienische Reisebilder

> Es gibt nichts Langweiligeres auf dieser Erde, als die Lektüre einer italienischen Reisebeschreibung – außer etwa das Schreiben derselben – und nur dadurch kann der Verfasser sie einigermaßen erträglich machen, daß er von Italien selbst so wenig als möglich darin redet. Trotz dem, daß ich diesen Kunstkniff vollauf anwende, kann ich Dir, lieber Leser, in den nächsten Kapiteln nicht viel Unterhaltung versprechen. Wenn Du Dich bei dem ennuyanten Zeug, das darin vorkommen wird, langweilst, so tröste Dich mit mir, der all dieses Zeug sogar schreiben mußte. Ich rate Dir, überschlage dann und wann einige Seiten, dann kömmst Du mit dem Buche schneller zu Ende – ach, ich wollt, ich könnt es eben so machen.[1]

Diese freundliche Aufforderung an den geneigten Leser findet sich im 9. Kapitel der *Bäder von Lucca,* dem Mittelstück von Heines italienischen Reisebildern. Auch wenn man Heines Klage nicht allzu ernst zu nehmen braucht – schließlich läßt er der *Reise von München nach Genua* und den *Bädern von Lucca*, beide 1829 erschienen, Anfang 1831 noch die *Stadt Lucca* folgen –, so macht sie doch eines unmißverständlich deutlich: Den Hintergrund dieser Reiseberichte bildet nicht so sehr das reale Erlebnis des Südens, bilden nicht mehr in erster Linie Erfahrung italienischen Alltagslebens, Anschauung von Natur und Kunst auf klassischem Boden. Heines Ironie entspringt dem Bewußtsein, sich in eine literarische Tradition einzureihen, die schon durch ihre bloße Quantität zur Resignation Anlaß geben konnte; hatte doch Wilhelm Müller, der Dichter der *Winterreise* und der *Schönen Müllerin,* selbst Verfasser eines Italienbuches (*Rom, Römer und Römerinnen,* 1820), schon Jahre zuvor in der Zeitschrift *Hermes* eine vier Fortsetzungen umfassende Sammelbesprechung neuerer *Reisebeschreibungen über Italien* vorgelegt.[2]

Problematischer als dieses quantitative scheint jedoch ein qualitatives Moment: Italien ist so oft aus den wechselnden Perspektiven reisender Kavaliere, Künstler, Literaten, Historiker, Archäologen, politisch Interessierter beschrieben worden, daß die Unmittelbarkeit des Erlebnisses selbst, nicht nur die Originalität seiner literarischen Gestaltung, dem Kenner und Erben dieser

Tradition zunehmend fraglich wird. Selbst der Einfall, der Reproduktion klischeehafter Italienbilder dadurch zu entgehen, daß man in dem eigenen Italienbericht »von Italien selbst so wenig als möglich … redet«, ist nicht neu: Schon das Vorbild aller ›sentimental journeys‹ des ausgehenden 18. und des 19. Jahrhunderts, Laurence Sternes *Empfindsame Reise durch Frankreich und Italien* von 1768, enthält nicht ein Wort über Italien. Stellt man sich hingegen die Aufgabe, von italienischer Gegenwart und den Überresten seiner großen Vergangenheit aus eigener Anschauung zu sprechen, so sieht man sich einem klassischen Meisterwerk konfrontiert, von dem auch Heine meint, daß es, in seinem Genre jedenfalls, nicht zu überbieten sei: Goethes *Italienischer Reise*. Im 26. Kapitel der *Reise von München nach Genua* nennt er die Namen der älteren und neueren Italienreisenden, die sich in seinen Augen durch »Geist oder Eigentümlichkeit« ausgezeichnet haben: Karl Philipp Moritz, Johann Ludwig Archenholtz, Johann Heinrich Bartels, Johann Gottfried Seume, Ernst Moritz Arndt, Friedrich Johann Lorenz Meyer, Karl Friedrich Benkowitz, Philipp Joseph Rehfues, Wilhelm Müller, August Wilhelm Kephalides, Daniel Leßmann, Friedrich Thiersch, Ludwig Schorn, Eduard Gerhard, Leo von Klenze – doch könne sich keiner dieser Autoren mit Goethe messen:

> […] wo er malt, hat er das Original immer vor Augen, und man kann sich auf die Treue der Umrisse und der Farbengebung ganz verlassen. Ich finde es daher bequem, hier ein für allemal auf Goethes ›Italienische Reise‹ hinzudeuten, um so mehr da er, bis Verona, dieselbe Tour, durch Tirol, gemacht hat. Ich habe schon früherhin über jenes Buch gesprochen, ehe ich den Stoff, den es behandelt, gekannt habe, und ich finde jetzt mein ahnendes Urteil vollauf bestätigt. Wir schauen nämlich darin überall tatsächliche Auffassung und die Ruhe der Natur. Goethe hält ihr den Spiegel vor, oder, besser gesagt, er ist selbst der Spiegel der Natur. Die Natur wollte wissen, wie sie aussieht, und sie erschuf Goethe.[3]

Man darf dieses Lob durchaus ernst nehmen, zugleich aber den ironischen Wink Heines nicht übersehen, daß die faktischen Gemeinsamkeiten zwischen seiner und Goethes Reise in den Süden sich auf einen Bereich außerhalb oder am Rande des italienischen Territoriums beschränken: auf die Reiseroute durch Tirol, die Goethe von Karlsbad, Heine von München aus einschlägt. Heine weist nicht zufällig am Ende seiner Schilderung von Verona, also da, wo sich seine und Goethes Wege trennen, »ein für allemal« auf die *Italienische Reise* hin. Er befindet sich zu diesem Zeitpunkt bereits im 26. Kapitel (von insgesamt vierunddreißig) seiner *Reise von München nach Genua*; der Rest dieses Reisebilds und die beiden folgenden, in denen novellistische Einlagen und literarische Polemik ohnehin den Reisebericht überwuchern, enthalten an ausführlicheren Schilderungen nur noch die Genuas, der Bagni di Lucca und der Stadt Lucca. Bei Goethe folgen auf Verona noch die eigentlichen Reisestationen Venedig, Rom, Neapel, Sizilien, und nochmals Neapel und Rom; als er von Verona aufbricht, ist nicht einmal der zwölfte Teil der italienischen Reise beschrieben. Schon aus diesen quantitativen Relationen ergibt sich, daß Heines italienische Reisebilder mit der empirischen Fülle und der darstellerischen Objektivität von Goethes Rechenschaftsbericht nicht konkurrieren können und wollen, ja, das von Goethe betretene Terrain konsequent auszusparen scheinen. Heine betont selbst, daß sich sein zunächst nur auf Lektüre beruhendes Urteil über die *Italienische Reise* und ihren Autor durch die eigene Anschauung italienischer Verhältnisse nicht verändert habe – sowenig wie seine Sicht des Landes, der er, gemessen an der Goethes, überhaupt nur subjektiven Rang zubilligen will. Die *vor* seiner Reise nach Italien geschriebene und publizierte Äußerung über Goethe, auf die er in dem eben zitierten Passus anspielt, steht in der dritten Abteilung der *Nordsee* (im 1827 erschienenen zweiten Teil der *Reisebilder*). Auch hier rückt Goethe, als Maßstab von »Wirklichkeit«, geradezu an die Stelle eigener Erfahrung:

> Denn, indem uns allen Goethes Werke vor Augen liegen, so können wir das Urteil, das jemand darüber fället, mit dem unsrigen schnell vergleichen, wir bekommen dadurch einen festen Maßstab, womit wir gleich alle seine Gedanken und Gefühle messen können, und er hat unbewußt sein eignes Urteil gesprochen. Wie aber Goethe, auf diese Weise, weil er eine gemeinschaftliche Welt ist, die der Betrachtung eines jeden offen liegt, uns das beste Mittel wird, um die Leute kennen zu lernen, so können wir wiederum Goethe selbst am besten kennen lernen, durch sein eignes Urteil über Gegenstände,

die uns allen vor Augen liegen, und worüber uns schon die bedeutendsten Menschen ihre Ansichten mitgeteilt haben. In dieser Hinsicht möchte ich am liebsten auf Goethes ›Italienische Reise‹ hindeuten, indem wir alle, entweder durch eigne Betrachtung oder durch fremde Vermittlung, das Land Italien kennen, und dabei so leicht bemerken, wie jeder dasselbe mit subjektiven Augen ansieht, dieser mit Archenhölzern unmutigen Augen, die nur das Schlimme sehen, jener mit begeisterten Corinnaaugen, die überall nur das Herrliche sehen, während Goethe, mit seinem klaren Griechenauge, alles sieht, das Dunkle und das Helle, nirgends die Dinge mit seiner Gemütsstimmung koloriert, und uns Land und Menschen schildert, in den wahren Umrissen und wahren Farben, womit sie Gott umkleidet.[2]

Man muß den Kontext dieser Äußerungen beachten, wenn man sie nicht mit der in der zweiten Hälfte des 19. Jahrhunderts immer mehr um sich greifenden Kanonisierung und Monumentalisierung Goethes in Literaturgeschichtsschreibung und Literaturkritik verwechseln will. Für Heine ist Goethe nicht bloß deshalb eine »gemeinschaftliche Welt«, weil er ein durch Vielseitigkeit und Produktivität ausgezeichnetes Individuum ist, sondern weil er den Deutschen auf literarisch-künstlerischem Gebiet das ersetzen muß, was ihnen auf dem politischen fehlt: nationale Repräsentanz, Realitätsbezug, Öffentlichkeit. Zu den Leitmotiven der *Reisebilder* gehört die Klage über die, gemessen an den englischen und französischen Verhältnissen, verschwindend geringe öffentliche Bedeutung der deutschen Literatur: »... die Literaturen unserer Nachbarn jenseits des Rheins und des Kanals muß man mit unserer Bagatell-Literatur vergleichen, um das Leere und Bedeutungslose unseres Bagatell-Lebens zu begreifen«[5], heißt es gleichfalls in der *Nordsee*. Insbesondere die Franzosen »brauchen nur treu zu erzählen, was sie in den letzten dreißig Jahren gesehen und getan, und sie haben eine erlebte Literatur, wie noch kein Volk und keine Zeit sie hervorgebracht«. Die Erinnerungen an die große Revolution und an die Taten Napoleons bilden eine episch-mythische Welt, in der sich, so meint Heine, die Nation als ganze wiedererkennen kann:

Diese Memoiren von Staatsleuten, Soldaten und edlen Frauen, wie sie in Frankreich täglich erscheinen, bilden einen Sagenkreis, woran die Nachwelt genug zu denken und zu singen hat, und worin, als dessen Mittelpunkt, das Leben des großen Kaisers, wie ein Riesenbaum, emporragt. Die Ségursche Geschichte des Rußlandzuges ist ein Lied, ein französisches Volkslied, das zu diesem Sagenkreise gehört und, in seinem Tone und Stoffe, den epischen Dichtungen aller Zeiten gleicht und gleich steht. Ein Heldengedicht, das durch den Zauberspruch »Freiheit und Gleichheit« aus dem Boden Frankreichs emporgeschossen [...].[6]

In Deutschland hingegen bleiben, auch nach den sogenannten Befreiungskriegen, Literatur und öffentliches Leben getrennt: »Unsere Leipziger Messen haben wenig profitiert durch die Schlacht bei Leipzig.«[7] Sarkastisch weist Heine darauf hin, daß jeder Versuch, dieses größte kriegerische Ereignis der neueren deutschen Geschichte zum Gegenstand eines nationalen Epos zu erheben, an den deutschen Verhältnissen scheitern muß:

Ein Gothaer, höre ich, will sie (die Völkerschlacht bei Leipzig) noch nachträglich in epischer Form besingen; da er aber noch nicht weiß, ob er zu den 100 000 Seelen gehört, die Hildburghausen bekömmt, oder zu den 150 000, die Meiningen bekömmt, oder zu den 160 000, die Altenburg bekömmt, so kann er sein Epos noch nicht anfangen, er müßte denn beginnen: »Singe unsterbliche Seele, Hildburghäusische Seele – Meiningsche Seele oder auch Altenburgische Seele, – Gleichviel singe, singe der sündigen Deutschen Erlösung!«[8]

Goethe überragt wie ein Riese diese provinzielle Öde, aber er überragt sie, wie Heine nie hinzuzufügen vergißt, nur als anschauender und gestaltender Künstler, nicht als politischer Kopf. Hier liegt ein entscheidender Differenzpunkt – der einzige auch, den Heine zum Ausgangspunkt einer Kritik an Goethes *Italienischer Reise* nimmt, wenn er – im bereits zitierten 26. Kapitel der *Reise von München nach Genua* – auf die Italienbücher zweier Frauen, nicht zufällig einer Engländerin und einer Französin, zu sprechen kommt: »Nächst Goethes *Italienischer Reise* ist Frau von Morgans *Italien* und Frau von Staëls *Corinna* zu empfehlen. Was diesen Frauen an Talent fehlt, um neben Goethe nicht unbedeutend zu erscheinen, das ersetzen sie durch männliche Gesinnungen, die jenem mangeln.« An Madame de Staëls Roman und Lady Morgans kritischem Reisebericht hebt Heine die politische

Bewußtheit und das liberale Engagement hervor, Züge, die er bei aller Bewunderung in Goethes Buch vermißt:

> [...] Frau v. Morgan hat wie ein Mann gesprochen, sie sprach Skorpionen in die Herzen frecher Söldner, und mutig und süß waren die Triller dieser flatternden Nachtigall der Freiheit. Eben so, wie männiglich bekannt ist, war Frau v. Staël eine liebenswürdige Marketenderin im Heer der Liberalen, und lief mutig durch die Reihen der Kämpfenden mit ihrem Enthusiasmusfäßchen, und stärkte die Müden, und focht selber mit, besser als die Besten.[9]

In der Konfrontation mit den »männlichen Gesinnungen« und der männlichen Rede der beiden politisch engagierten Frauen eröffnet sich eine andere Ansicht des Goetheschen Werks: Seine unparteiliche Objektivität bedeutet auch Passivität; wer sich als »Spiegel der Natur« versteht, will sich die Phänomene zum Zwecke individueller Bildung aneignen, will nicht eingreifen und verändern. Goethes unpolitische Option ist nur durch sein persönliches Format legitimiert, nicht wiederholbar oder verallgemeinerbar. Er kann darauf verzichten, das öffentliche Interesse zu formulieren, weil er es in seinem exzeptionellen Rang als Künstler fraglos repräsentiert.

Heine befindet sich in der paradoxen Situation, Nachgeborener und Zeitgenosse in einem zu sein: Während er sich mit den seit ihrem Erscheinen 1816/1817 bereits klassisch gewordenen Teilen 1 und 2 *Italienischen Reise* in der Weise auseinandersetzt, daß er seinen Italienbericht ironisch-parodistisch auf Goethes Werk als Muster des Genres bezieht, bereitet der alte Goethe den abschließenden dritten Teil zum Druck vor. Sein *Zweiter römischer Aufenthalt* erscheint, als Band 29 der Ausgabe letzter Hand, Ende 1829 gleichzeitig mit Heines *Reise von München nach Genua* und *Bädern von Lucca,* dem dritten Band der *Reisebilder.* Goethe schließt, aus einem Abstand von mehr als vierzig Jahren, die Dokumentation eines für ihn epochemachenden individuellen Bildungserlebnisses ab, Heine präsentiert sich dem Publikum mit einer Fortsetzung des von ihm kreierten poetisch-publizistischen Genres, das den politischen Bewegungswünschen der jungen Generation Ausdruck verleihen will. Den Horizont seines Italienpanoramas begrenzen nicht mehr palladianische Villen und die Überreste antiker Kunst, sondern die

Schildwachen des Metternich-Regimes. Es ist mehr als ein biographischer Zufall, daß Heines Reise über das von den Österreichern besetzte Oberitalien nicht hinausführt und Rom nur als literarisches Zitat und als Vision erscheint: Gemeint ist nicht mehr das klassische Land, das Winckelmann und seine Nachfolger für ein inneres Reich humaner Bildung eroberten, sondern das von den Mächtigen der Heiligen Allianz machtpolitisch annektierte und kontrollierte Italien der Restauration.

Heines *Reisebilder* entwerfen eine politische Topographie Europas zwischen Wiener Kongreß und Julirevolution; Leitmotive sind nicht mehr Natur und Kunst, sondern Emanzipation, Fortschritt, Befreiung. Die vier Bände, in denen berichtende, novellistische, essayistische, satirisch-polemische, zunächst auch noch lyrische Partien aufeinander folgen, spielen vor einer wechselnden Szenerie: Auf Göttingen, den Harz und die Nordsee im ersten folgen wieder die Nordsee, Düsseldorf und Berlin im zweiten Band; der dritte Band ist Italien, der vierte Italien und England gewidmet. In allen Bänden erscheint Frankreich am Horizont, das Frankreich der großen Revolution, Napoleons, schließlich der Revolution von 1830; doch wird es, als das gelobte Land der Freiheit, von dem Reisenden selbst noch nicht betreten: »Die Franzosen sind [...] das auserlesene Volk der neuen Religion, in ihrer Sprache sind die ersten Evangelien und Dogmen verzeichnet, Paris ist das neue Jerusalem, und der Rhein ist der Jordan, der das geweihte Land der Freiheit trennt von dem Lande der Philister«, heißt es am Ende der *Englischen Fragmente,* die den vierten Band mit einem schon unter dem Eindruck der Julirevolution geschriebenen, ›Die Befreiung‹ betitelten Kapitel abschließen.[10]

Beim Arrangement der Texte folgt Heine im Großen und Ganzen der Chronologie ihrer Entstehung; wie ein Periodicum bleiben die *Reisebilder* der Zeit auf den Fersen. Um so auffälliger ist es, daß Heine im Falle der italienischen und englischen Reisebilder, offensichtlich aus konzeptionell-kompositorischen Gründen, von dieser Regel abweicht: Die *Englischen Fragmente* beschließen den letzten Band, obwohl Heines Englandaufenthalt vor seiner Italienreise lag und die Zeitschriftenfassungen der *Englischen Fragmente* zum größeren Teil vor denen der italienischen Reisebilder publiziert wurden.

Was ist der Grund dieser Umstellung? Mir scheint Heines Eingriff konsequent, wenn man das Thema Fortschritt als Leitfaden der Darstellung annimmt. England ist das ökonomisch und gesellschaftlich fortgeschrittenste Land, und es ist, das macht Heine unmißverständlich klar, so fortgeschritten, daß der Poet, selbst ein Poet mit politisch-publizistischen Neigungen, dort als Berichterstatter fehl am Platze ist. Das London-Kapitel der *Englischen Fragmente* setzt mit dieser Reflexion ein:

> Ich habe das Merkwürdigste gesehen, was die Welt dem staunenden Geiste zeigen kann, ich habe es gesehen und staune noch immer – noch immer starrt in meinem Gedächtnisse dieser steinerne Wald von Häusern und dazwischen der drängende Strom lebendiger Menschengesichter mit all ihren bunten Leidenschaften, mit all ihrer grauenhaften Hast der Liebe, des Hungers und des Hasses – ich spreche von London.
>
> Schickt einen Philosophen nach London; bei Leibe keinen Poeten! Schickt einen Philosophen hin und stellt ihn an eine Ecke von Cheapside, er wird hier mehr lernen, als aus allen Büchern der letzten Leipziger Messe; und wie die Menschenwogen ihn umrauschen, so wird auch ein Meer von neuen Gedanken vor ihm aufsteigen, der ewige Geist, der darüber schwebt, wird ihn anwehen, die verborgensten Geheimnisse der gesellschaftlichen Ordnung werden sich ihm plötzlich offenbaren, er wird den Pulsschlag der Welt hörbar vernehmen und sichtbar sehen – denn wenn London die rechte Hand der Welt ist, die tätige, mächtige rechte Hand, so ist jene Straße, die von der Börse nach Downingstreet führt, als die Pulsader der Welt zu betrachten.
>
> Aber schickt keinen Poeten nach London! Dieser bare Ernst aller Dinge, diese kolossale Einförmigkeit, diese maschinenhafte Bewegung, diese Verdrießlichkeit der Freude selbst, dieses übertriebene London erdrückt die Phantasie und zerreißt das Herz. Und wolltet Ihr gar einen deutschen Poeten hinschicken, einen Träumer, der vor jeder einzelnen Erscheinung stehen bleibt, etwa vor einem zerlumpten Bettelweib oder einem blanken Goldschmiedladen – o! dann geht es ihm erst recht schlimm, und er wird von allen Seiten fortgeschoben oder gar mit einem milden God damn! niedergestoßen.[11]

Den Preis des Fortschritts faßt Heine in ein eindrucksvolles Doppelbild, wenn ihm die in London sich ankündigenden Verkehrsformen der modernen Konkurrenzgesellschaft in der Vision des winterlichen Übergangs der geschlagenen Franzosen über die Beresina erscheinen, die deutsche Rückständigkeit und politische Unfreiheit demgegenüber in den freundlichen Farben eines Spitzwegschen Idylls:

> Als ich [...] wieder auf die tosende Straße blickte, wo ein buntscheckiger Knäul von Männern, Weibern, Kindern, Pferden, Postkutschen, darunter auch ein Leichenzug, sich brausend, schreiend, ächzend und knarrend dahinwälzte: da schien es mir, als sei ganz London [...] eine Beresinabrücke, wo jeder in wahnsinniger Angst, um ein bißchen Leben zu fristen, sich durchdrängen will, wo der kecke Reuter den armen Fußgänger niederstampft, wo derjenige, der zu Boden fällt, auf immer verloren ist, wo die besten Kameraden fühllos einer über die Leiche des andern dahineilen, und Tausende, die sterbensmatt und blutend, sich vergebens an den Planken der Brücke festklammern wollten, in die kalte Eisgrube des Todes hinabstürzen.
>
> Wie viel heiterer und wohnlicher ist es dagegen in unserem lieben Deutschland! Wie traumhaft gemach, wie sabbatlich ruhig bewegen sich hier die Dinge! Ruhig zieht die Wache auf, im ruhigen Sonnenschein glänzen die Uniformen und Häuser, an den Fliesen flattern die Schwalben, aus den Fenstern lächeln dicke Justizrätinnen, auf den hallenden Straßen ist Platz genug: die Hunde können sich gehörig anriechen, die Menschen können bequem stehen bleiben und über das Theater diskutieren und tief, tief grüßen, wenn irgend ein vornehmes Lümpchen oder Vicelümpchen, mit bunten Bändchen auf dem abgeschabten Röckchen, oder ein gepudertes, vergoldetes Hofmarschälkchen gnädig wiedergrüßend vorbeitänzelt![12]

Es ist dies nicht die einzige Stelle in den *Reisebildern,* an der Heines Selbstironie die theoretisch vorentworfene Fortschrittsprogrammatik unterläuft. Wenn er in den italienischen Reisebildern immer wieder den Typus des aufgeklärten, optimistischen, gesunden, erfolgreichen, selbstbewußten Briten mit dem nur aus der Erinnerung an vergangene Größe lebenden, leidenden, unterdrückten, innerlich zerrissenen Italiener kontrastiert, so läßt sich hier ein der Emanzipations- und Fortschrittsthematik ge-

genläufiges Motiv erkennen, das in Heines Spätwerk zentrale Bedeutung gewinnen wird: Krankheit als Stigma und Hoheitszeichen von Kultur, Gesundheit als Ausweis von Erinnerungslosigkeit, Pöbeltum und Barbarei. Das typologisch-anthropologische Motiv der Krankheit ist mit der politischen Motivik verknüpft, geht aber keineswegs in ihr auf. Der eigentliche, tiefer begründete Gegensatz zwischen Goethes und Heines Italienbild scheint mir in diesem Gesichtspunkt zu liegen, sehr viel mehr als in dem auf der Hand liegenden, aber eher trivialen Moment der Politisierung. Für Goethe repräsentiert Italien, als klassisches Land, das Gesunde; er kann deshalb wiederholt von der »Wiedergeburt« sprechen, die er hier erfährt.[13] Aus dieser Erfahrung rührt auch seine Aversion gegen alle Versuche einer Trübung dieser Lebensquelle, die er vor allem den Romantikern unterstellt. Bei Heine wird gerade Italien, in dem Antike und christliches Mittelalter gleichermaßen ihre Spuren hinterlassen haben, zum Paradigma jener »Zerrissenheit«, die das Bewußtsein des modernen Menschen prägt, sofern die Prosa des bürgerlichen Alltagslebens sein Traditionsbewußtsein und seine Sensibilität nicht völlig aufgezehrt hat: »Wer von seinem Herzen rühmt, es sei ganz geblieben, der gesteht nur, daß er ein prosaisches weitabgelegtes Winkelherz hat«.[14] Weder die Zuflucht zum klassischen Antikenideal, noch die Rückkehr zum Ordnungsdenken des christlichen Mittelalters, noch der Rekurs auf die *erlogenen Grünlichkeiten* der Naturverehrung sind ihm noch legitime Wege, auch wenn sie es einst waren oder zu sein schienen: »Einst war die Welt ganz, im Altertum und im Mittelalter, trotz der äußeren Kämpfe gabs doch noch immer eine Welteinheit, und es gab ganze Dichter. Wir wollen diese Dichter ehren und uns an ihnen erfreuen; aber jede Nachahmung ihrer Ganzheit ist eine Lüge [...]«.[15]

Heines Affinität zu Italien und zu den Italienern wird von ihm ausdrücklich und mehrfach mit dieser gemeinsamen Erfahrung von Zerrissenheit und Krankheit begründet, seine Anglophobie mit der von den das Ausland bereisenden Briten der Oberschicht zur Schau getragenen Gesundheit und politischen Selbstzufriedenheit:

> [...] der Sohn Albions, obgleich er weiße Wäsche trägt und alles bar bezahlt, ist doch ein zivilisierter Barbar, in Verglei-

chung mit dem Italiener, der vielmehr eine in Barbarei übergehende Zivilisation bekundet. Jener zeigt in seinen Sitten eine zurückgehaltene Rohheit, dieser eine ausgelassene Feinheit. Und gar die blassen italienischen Gesichter, in den Augen das leidende Weiß, die Lippen krankhaft zärtlich, wie heimlich vornehm sind sie gegen die steif britischen Gesichter, mit ihrer pöbelhaft roten Gesundheit! Das ganze italienische Volk ist innerlich krank, und kranke Menschen sind immer wahrhaft vornehmer als gesunde; denn nur der kranke Mensch ist ein Mensch, seine Glieder haben eine Leidensgeschichte, sie sind durchgeistet.[16]

Nicht als die einzige, jedoch als die »schmerzlichste Wunde in der Brust der Italiener« diagnostiziert Heine das »Unglück ihres Vaterlandes«; sie »zucken zusammen, sobald man diese nur leise berührt« – wie etwa der Engländer, der im Anschluß an eine Opernpremiere einem Italiener vorhält, seine Landsleute seien »politisch indifferent«, seien »für alles abgestorben [...] außer für Musik«, die allein sie noch zu begeistern vermöge. Der Italiener hat eine andere Erklärung für diesen Musikenthusiasmus. Die Musik ist ihm nicht Unterhaltung oder Ablenkung, sondern Medium und Auslöser geschichtlicher Erinnerung: »›Ach! [...] Italien sitzt elegisch träumend auf seinen Ruinen, und wenn es dann manchmal bei der Melodie irgend eines Liedes plötzlich erwacht und stürmisch emporspringt, so gilt diese Begeisterung nicht dem Liede selbst, sondern vielmehr den alten Erinnerungen und Gefühlen, die das Lied ebenfalls geweckt hat, die Italien immer im Herzen trug, und die jetzt gewaltig hervorbrausen [...]‹.«[17] Die Popularität von Musik und Pantomime, von Opera buffa und Commedia dell'arte erklärt sich daraus, daß sie eine Sprache neben der Sprache sind, eine Art von Geheimcode, in dem die Italiener sich auch in Gegenwart ihrer Unterdrücker verständigen können, weil er nur dem zugänglich ist, der die aus gemeinsam erfahrener Geschichte, gemeinsam erfahrenen Leiden sich herleitende Bedeutung seiner Zeichen kennt:

[...] um die heutige italienische Musik zu lieben und durch die Liebe zu verstehn, muß man das Volk selbst vor Augen haben, seinen Himmel, seinen Charakter, seine Mienen, seine Leiden, seine Freuden, kurz seine ganze Geschichte, von Romulus, der das heilige römische Reich gestiftet, bis auf die neueste Zeit, wo es zu Grunde ging, unter Romulus Augustulus II. Dem armen geknechteten Italien ist ja das Sprechen verboten, und es darf nur durch Musik die Gefühle seines Herzens kund geben. All sein Groll gegen fremde Herrschaft, seine Begeisterung für die Freiheit, sein Wahnsinn über das Gefühl der Ohnmacht, seine Wehmut bei der Erinnerung an vergangene Herrlichkeit, dabei sein leises Hoffen, sein Lauschen, sein Lechzen nach Hülfe, alles dieses verkappt sich in jene Melodieen, die von grotesker Lebenstrunkenheit zu elegischer Weichheit herabgleiten, und in jene Pantomimen, die von schmeichelnden Karessen zu drohendem Ingrimm überschnappen.

Das ist der esoterische Sinn der Opera Buffa. Die exoterische Schildwache, in deren Gegenwart sie gesungen und dargestellt wird, ahnt nimmermehr die Bedeutung dieser heiteren Liebesgeschichten, Liebesnöten und Liebesneckereien, worunter der Italiener seine tödlichsten Befreiungsgedanken verbirgt, wie Harmodius und Aristogiton ihren Dolch verbargen in einem Kranze von Myrten. Das ist halt närrisches Zeug, sagt die exoterische Schildwache, und es ist gut, daß sie nichts merkt. Denn sonst würde der Impresario mitsamt der Prima Donna und dem Primo Uomo bald jene Bretter betreten, die eine Festung bedeuten; es würde eine Untersuchungskommission niedergesetzt werden, alle staatsgefährliche Triller und revolutionärrische Koloraturen kämen zu Protokoll, man würde eine Menge Arlekine, die in weiteren Verzweigungen verbrecherischer Umtriebe verwickelt sind, auch den Tartaglia, den Brighella, sogar den alten bedächtigen Pantalon arretieren, dem Dottore von Bologna würde man die Papiere versiegeln, er selbst würde sich in noch größeren Verdacht hineinschnattern, und Columbine müßte sich, über dieses Familienunglück, die Augen rot weinen.[18]

Heines esoterische Interpretation der Opera buffa könnte von einem Passus in dem Italienbuch der Lady Morgan angeregt worden sein, in dem die pantomimische Begabung der Italiener ebenfalls politisch interpretiert wird. In der 1822 erschienenen deutschen Übersetzung des Buches heißt es, das italienische Ballett entlehne »seine Vollkommenheit nicht nur von physischen, sondern auch gewissermaßen von politischen Ursachen«. Zur körperlichen Beweglichkeit der Italiener trete »ein gewisses, ihnen zur andern Natur gewordnes argwöhnisches Wesen, – die Folge des so lange bei ihnen in Anwendung gebrachten Spionirungssystems, welches sie veranlaßt, ihre Gedanken lieber einem Blicke oder einer Gebehrde, als einem Worte oder einer Phrase zu vertrauen. Ein Lächeln oder ein Kopfnicken sind nicht leicht zu denunciieren, und so können Mittheilungen Statt finden, welche die Polizei nicht belauern kann.[19]

Heine betont stärker als Lady Morgan den lustvollen Aspekt dieser Form kompensatorischer Kunstpraxis, aber keineswegs an allen Stellen seiner *Reisebilder*, die sich mit den spezifisch italienischen Formen musikalischer, dramatischer oder pantomimischer Selbstdarstellung beschäftigen. Ihn faszinieren mindestens ebensosehr ihre morbiden Aspekte und das Moment von Prostitution, das in der komödiantischen Zurschaustellung der eigenen Misere unverkennbar ist. Am schärfsten ist diese Seite ästhetischer Pathographie in einer Episode akzentuiert, die zugleich parodistisch auf eine Gestalt Goethes Bezug nimmt: auf die Mignon der *Lehrjahre*. Im 18. Kapitel der *Reise von München nach Genua* läßt Heine ein Schaustellertrio auftreten, in dessen weiblicher Protagonistin die Goethesche Heldin wiederaufersteht – nur im Zustand fortgeschrittener Dekadenz. Die von dem Mädchen ausgehende sinnlich-ästhetische Faszination ist gegenüber dem Vorbild im gleichen Maße gesteigert, wie es in seiner psychischen und moralischen Integrität geschädigt erscheint.

> [...] jenes Mädchen war die Tochter des alten Buffo, und sie akkompagnierte mit der Harfe die unwürdigsten Späße des greisen Vaters, oder stellte auch die Harfe bei Seite und sang mit ihm ein komisches Duett, wo er einen verliebten alten Gecken, und sie seine junge neckische Amante vorstellte. Obendrein schien das Mädchen kaum aus den Kinderjahren getreten zu sein, ja es schien, als habe man das Kind, ehe es noch zur Jungfräulichkeit gelangt war, gleich zum Weibe gemacht, und zwar zu keinem züchtigen Weibe. Daher das bleichsüchtige Welken und der zuckende Mißmut des schönen Gesichtes, dessen stolzgeschwungene Formen jedes ahnende Mitleid gleichsam verhöhnten; daher die verborgene Kümmerlichkeit der Augen, die unter ihren schwarzen Triumphbo-

gen so herausfordernd leuchteten; daher der tiefe Schmerzenston, der so unheimlich kontrastierte mit den lachend schönen Lippen, denen er entschlüpfte; daher die Krankhaftigkeit der überzarten Glieder, die ein kurzes, ängstlich violettes Seidenkleidchen so tief als möglich umflatterte. Dabei flaggten grellbunte Atlasbänder auf dem verjährten Strohhut und die Brust zierte gar sinnbildlich eine offne Rosenknospe, die mehr gewaltsam aufgerissen als in eigener Entfaltung aus der grünen Hülle hervorgeblüht zu sein schien. Indessen, über dem unglücklichen Mädchen, diesem Frühling, den der Tod schon verderblich angehaucht, lag eine unbeschreibliche Anmut, eine Grazie, die sich in jeder Miene, in jeder Bewegung, in jedem Tone kund gab, und selbst dann nicht ganz sich verleugnete, wenn sie mit vorgeworfenem Leibchen und ironischer Lüsternheit dem alten Vater entgegentänzelte, der eben so unsittsam, mit vorgestrecktem Bauchgerippe zu ihr heranwakkelte. Je frecher sie sich gebärdete, desto tieferes Mitleiden flößte sie mir ein, und wenn ihr Gesang dann weich und wunderbar aus ihrer Brust hervorstieg und gleichsam um Verzeihung bat, dann jauchzten in meiner Brust die kleinen Schlangen, und bissen sich vor Vergnügen in den Schwanz.[20]

Heine knüpft unmittelbar an die Szene zu Ende des 2. Buchs der *Lehrjahre* an, in der Wilhelm Mignon verspricht, sie als sein Kind bei sich zu behalten. Dabei wird nicht nur dieses ideelle Vater-Kind-Verhältnis parodistisch verzerrt, sondern auch die von Goethe verwendete Knospen-Metapher: »Nichts ist rührender«, heißt es bei Goethe noch, »als wenn eine Liebe, die sich im stillen genährt, eine Treue, die sich im Verborgenen befestigt hat, endlich dem, der ihrer bisher nicht wert gewesen, zur rechten Stunde nahe kommt und ihm offenbar wird. Die lange und streng verschlossene Knospe war reif, und Wilhelms Herz konnte nicht empfänglicher sein«.[21] Heines Demontage der von Goethe intendierten moralischen Rührung verfolgt dabei nicht primär polemische Absichten. Sie zielt auf Verzauberung durch Entzauberung, auf eine Ästhetik des nicht mehr Schönen, des Pathologischen, Morbiden. Sie ist angelegt in seiner Sicht des italienischen Volkscharakters, dessen hoher Grad kultureller Verfeinerung sich seiner Krankheitsgeschichte verdankt. Heine durchbricht das von Goethe über alles Krankhafte verhängte

Tabu; daß er sein Exempel an der prekären Figur Mignons statuiert, könnte darauf hindeuten, daß er ein besonderes Gespür für die Punkte in Goethes Werk entwickelt hat, an denen dieses Genie der Abwehr den selbsterrichteten Tabugrenzen gefährlich nahe kommt – wie in seiner Erfindung der Mignon-Gestalt.
Im übrigen sind Goethes Werk und Person keineswegs der einzige Komplex, auf den Heine sich parodistisch bezieht. Für die These, daß Heines Reisebilder mehr noch als vor dem Hintergrund selbstgemachter Erfahrungen vor der Folie anderer Texte des Genres gelesen werden müssen, scheinen mir auch Passagen wie die folgende, der Stadt Brescia gewidmete zu sprechen, in der die Parodie faktenbeflissener Reiseführer zu gesellschaftskritischen Ausfällen genutzt wird. Es heißt da:

> Von Brescia selbst weiß ich ebenfalls wenig zu erzählen, indem ich die Zeit meines dortigen Aufenthalts dazu benutzte, ein gutes Pranzo einzunehmen. Man kann es einem armen Reisenden nicht verdenken, wenn er den Hunger des Leibes früher stillt als den des Geistes. Doch war ich gewissenhaft genug, ehe ich wieder in den Wagen stieg, einige Notizen über Brescia vom Cameriere zu erfragen; und da erfuhr ich unter anderen: die Stadt habe 40 000 Einwohner, ein Rathaus, 21 Kaffeehäuser, 20 katholische Kirchen, ein Tollhaus, eine Synagoge, eine Menagerie, ein Zuchthaus, ein Krankenhaus, ein eben so gutes Theater und einen Galgen für Diebe, die unter 100 000 Taler stehlen.[22]

Man darf über der Fülle witziger Impromptus, die Heine in seinem Text verstreut hat, nicht übersehen, daß er in seiner Darstellung des Verhältnisses, in das für den Gast aus dem Norden klassisches Altertum, christliches Mittelalter und gegenwärtiges Italien treten, durchaus eine konsequente antiklassizistische Interpretationslinie verfolgt; antiklassizistisch nicht im Sinne einer romantisch-katholisierenden, sondern eher einer zu den ästhetizistischen und symbolistischen Tendenzen des späten 19. Jahrhunderts und seiner Décadence-Bewegungen hinführenden Sicht. Vom klassischen Konzept Winckelmanns, Goethes und ihrer Schule trennt ihn seine Vorliebe für Überlagerungen und Synkretismen christlicher und heidnischer Elemente, von den Nazarenern sein Hang zur Blasphemie und die starke Betonung des Sinnlichen. Goethe ist darum bemüht, sich alles aus den »alten herrlichen Zeiten«[23] in die Gegenwart Hineinragende in möglichst reiner Gestalt vor Augen zu stellen. Von Palladio, dem Wiederentdecker der klassischen Formen, läßt er sich den Weg zu »Kunst und Leben«[24] öffnen, von Winckelmann das Programm einer strengen historischen Erfassung von Stilbildung und Stilverderbnis vorgeben: »Zuerst also wird man bei dem ungeheuern und doch nur trümmerhaften Reichtum dieser Stadt«, so notiert er in Rom, »bei jedem Kunstgegenstande aufgefordert, nach der Zeit zu fragen, die ihm das Dasein gegeben. Durch Winckelmann sind wir dringend aufgeregt, die Epochen zu sondern, den verschiedenen Stil zu erkennen, dessen sich die Völker bedienten, den sie in Folge der Zeiten nach und nach ausgebildet und zuletzt wieder verbildet. Hiervon überzeugte sich jeder wahre Kunstfreund«.[25] Die weitergehende Forderung an sich selbst richtet sich auf die Erfassung der naturhaften Gesetzlichkeit, die in der höchsten geschichtlich ausgebildeten Kunstform: der griechischen wirksam war. Hier geht es darum, »zu erforschen, wie jene unvergleichlichen Künstler verfuhren, um aus der menschlichen Gestalt den Kreis göttlicher Bildung zu entwikkeln, welcher vollkommen abgeschlossen ist und worin kein Hauptcharakter so wenig als die Übergänge und Vermittlungen fehlen«, zugleich auch darum, die Verbindung zu den eigenen naturwissenschaftlich-morphologischen Interessen herzustellen: »Ich habe eine Vermutung, daß sie nach eben den Gesetzen verfuhren, nach welchen die Natur verfährt und denen ich auf der Spur bin. Nur ist noch etwas anders dabei, daß ich nicht auszusprechen wüßte«.[26]

Um der Reinheit der Anschauung willen muß man sich dem »sauren und traurigen Geschäft« unterziehen, »das alte Rom aus dem neuen herauszuklauben«.[27] Wem es Ernst damit ist, »ins Ganze zu studieren«, der »muß alles aus unendlichen, obgleich überreichen Trümmern zusammenstoppeln«[28], »als wenn man den Homer aus einer zum Teil verloschenen, beschädigten Handschrift heraus studieren sollte«.[29] Goethe sieht selbst, daß der Preis dieser puristischen Rekonstruktion des klassischen Altertums die Anerkennung einer unüberbrückbaren Ferne ist, die der Verehrung ihrer vollkommenen Gebilde Züge des Totenkults verleiht: »Die Baukunst steigt wie ein alter Geist aus dem Grabe hervor, sie heißt mich ihre Lehren wie die Regeln einer ausgestorbenen Sprache studieren, nicht um sie auszuüben oder mich in ihr lebendig zu erfreuen, sondern nur um die ehrwürdige, für ewig abgeschiedene Existenz der vergangenen Zeitalter in einem stillen Gemüte zu verehren.«[30] Die Gipsabgüsse antiker Statuen, mit denen sich der Bewunderer der Alten umgibt, gewinnen den Charakter eines Abwehrzaubers gegen alle Erscheinungsformen moderner – das heißt für Goethe nicht zuletzt: christlicher – Barbarei:

> Kann man dergleichen Umgebung in Rom tagtäglich genießen, so wird man zugleich habsüchtig darnach; man verlangt, solche Gebilde neben sich aufzustellen, und gute Gipsabgüsse als die eigentlichsten Faksimiles geben hiezu die beste Gelegenheit. Wenn man des Morgens die Augen aufschlägt, fühlt man sich von dem Vortrefflichsten gerührt; alles unser Denken und Sinnen ist von solchen Gestalten begleitet, und es wird dadurch unmöglich, in Barbarei zurückzufallen.[31]

Eine »in Barbarei übergehende Zivilisation«,[32] nicht die zeitlose Gegenwart des »Vortrefflichsten« macht für Heine den Charakter und die spezifische Faszinationskraft des gegenwärtigen Italien aus. Die wechselseitige Überlagerung antiker, christlicher und moderner Elemente, die Zeichen des Verfalls an Gebilden der Zivilisation, die von der Natur zurückgeholt zu werden scheinen, fesseln seine Aufmerksamkeit mehr als die Zeugnisse eines archäologisch exhumierten, in seiner Reinheit wiederhergestellten Altertums. Schon in der Beschreibung Trients wird diese Optik deutlich:

> [...] die Stadt [...] ist abenteuerlich gebaut, und wundersam wird einem zu Sinn beim ersten Anblick dieser uraltertümlichen Häuser mit ihren verblichenen Freskos, mit ihren zerbröckelten Heiligenbildern, mit ihren Türmchen, Erkern, Gitterfensterchen, und jenen hervorstehenden Giebeln, die estradenartig auf grauen altersschwachen Pfeilern ruhen, welche selbst einer Stütze bedürften. Solcher Anblick wäre allzu wehmütig, wenn nicht die Natur diese abgestorbenen Steine mit neuem Leben erfrischte, wenn nicht süße Weinreben jene gebrechlichen Pfeiler, wie die Jugend das Alter, innig und zärtlich umrankten, und wenn nicht noch süßere Mädchengesichter aus jenen trüben Bogenfenstern hervorguckten, und über den deutschen Fremdling lächelten, der, wie ein schlaf-

> wandelnder Träumer, durch die blühenden Ruinen einherschwankt.[33]

Heine will nicht, wie Goethe, reine Formen schauen; er will Spuren lesen: die Spuren aller Völker und Kulturen, die sich auf italienischem Boden entwickelt oder dort ein vorübergehendes Gastspiel gegeben haben. »Spur« und »Spurenlesen« nimmt in seiner Kunst- und Wirklichkeitserfahrung die Stelle ein, die bei Goethe den Kategorien »Form« (oder »Gestalt«) und »Anschauung« zukommt. »Spuren« sind die von der Geschichte an Menschen und menschlichen Gebilden hinterlassenen Zeichen, gleich ob es sich um Resultate der Formgebung oder der Zerstörung handelt. Er schreibt über Verona:

> Wandelt man jetzt durch das Weichbild Veronas, so findet man überall die abenteuerlichen Spuren jener Tage (der Völkerwanderung), so wie auch die Spuren der älteren und der späteren Zeiten. An die Römer mahnt besonders das Amphietheater und der Triumphbogen; an die Zeit des Theoderichs, des Dietrichs von Bern, von dem die Deutschen noch singen und sagen, erinnern die fabelhaften Reste so mancher byzantinisch vorgotischen Bauwerke; tolle Trümmer erinnern an König Alboin und seine wütenden Langobarden; sagenreiche Denkmale mahnen an Carolum Magnum, dessen Paladine an der Pforte des Doms eben so fränkisch roh gemeißelt sind, wie sie gewiß im Leben gewesen – es will uns bedünken, als sei die Stadt eine große Völkerherberge, und gleich wie man in Wirtshäusern seinen Namen auf Wand und Fenster zu schreiben pflegt, so habe dort jedes Volk die Spuren seiner Anwesenheit zurückgelassen, freilich oft nicht in der leserlichsten Schrift, da mancher deutsche Stamm noch nicht schreiben konnte, und sich damit behelfen mußte, zum Andenken etwas zu zertrümmern, welches auch hinreichend war, da diese Trümmer noch deutlicher sprechen, als zierliche Buchstaben. Die Barbaren, welche jetzt die alte Herberge bezogen haben (Heine meint die Österreicher), werden nicht ermangeln, eben solche Denkmäler ihrer holden Gegenwart zu hinterlassen, da es ihnen an Bildhauern und Dichtern fehlt, um sich durch mildere Mittel im Andenken der Menschen zu erhalten.[34]

Heine wendet seine Ästhetik und Hermeneutik einer Spurenlese, der Formgebung und Zerstörung, Schönheit und Häßlichkeit gleich bedeutsam erscheinen, auch auf Menschen an, so in dem lebens- und kulturgeschichtlich ausgestalteten Portrait einer veronesischen Obstfrau:

> Die Frau hatte [...] keineswegs ein übles Aussehn. Sie war freilich schon etwas in jenem Alter, wo die Zeit unsere Dienstjahre mit fatalen Chevrons auf die Stirne anzeichnet; jedoch dafür war sie auch desto korpulenter, und was sie an Jugend eingebüßt, das hatte sie an Gewicht gewonnen. Dazu trug ihr Gesicht noch immer die Spuren großer Schönheit, und wie auf alten Töpfen stand darauf geschrieben: »Lieben und geliebt zu werden, ist das größte Glück auf Erden.« Was ihr aber den köstlichsten Reiz verlieh, das war die Frisur, die gekräuselten Locken, kreideweiß gepudert, mit Pomade reichlich gedüngt, und idyllisch mit weißen Glockenblumen durchschlungen. Ich betrachtete diese Frau mit derselben Aufmerksamkeit, wie irgend ein Antiquar seine ausgegrabenen Marmortorsos betrachtet, ich konnte an jener lebenden Menschenruine noch viel mehr studieren, ich konnte die Spuren aller Zivilisationen Italiens an ihr nachweisen, der etruskischen, römischen, gotischen, lombardischen, bis herab auf die gepudert moderne, und recht interessant war mir das zivilisierte Wesen dieser Frau im Kontrast mit Gewerb und leidenschaftlicher Gewöhnung.[35]

Heines kultursoziologische und kulturanthropologische Optik hat weitreichende Konsequenzen. Schon in den italienischen Reisebildern löst sich sein Antikenbild von der im Renaissancehumanismus begründeten, im deutschen Bereich dann wesentlich von Winckelmann und Goethe fortentwickelten Tradition. Nicht die in ihrer »authentischen« Gestalt aus den Trümmern ausgegrabene, in fiktiver Ursprünglichkeit wiederaufgerichtete Antike fesselt seinen Blick, sondern eine verborgen überlieferte und durch christliche Vorstellungen überformte, angereicherte oder entstellte Antike. Ihre Gebilde stehen nicht alterslos als »Wiedergeborene« vor dem Blick des Betrachters, sondern sie tragen die Spuren jahrhundertelangen Überlebens in der Latenz (der späte Heine wird sagen: im Exil). In Heines Sicht gehören sie dem Leben an, weil sie die Zeichen des Alterns nicht verleugnen, während die makellose Schönheit der klassischen Kultgestalten Züge der Totenstarre und Sterilität an sich trägt. Die in dieser

Hinsicht charakteristischsten Passagen der *Reisebilder* mußten den Zeitgenossen besonders anstößig erscheinen: den Christen blasphemisch, den Klassizisten barbarisch. Für den heutigen Leser, der mit den ikonologischen Untersuchungen der Warburg-Schule vertraut ist, verraten sie über ihre literarische Virtuosität hinaus einen erstaunlichen intuitiven Blick für das Fortbestehen heidnischer Motive und Gehalte in der christlichen Kunst des Mittelalters und der Renaissance. Ein Beispiel ist die Momentaufnahme des Inneren einer italienischen Kirche (im 6. Kapitel der *Stadt Lucca*): »Wer ist die Verschleierte, die dort kniet vor dem Bilde einer Madonna? Die Ampel, die davor hängt, beleuchtet grauenhaft süß die schöne Schmerzenmutter einer gekreuzigten Liebe, die Venus dolorosa; doch kupplerisch geheimnisvolle Lichter fallen zuweilen, wie verstohlen, auf die schönen Formen der verschleierten Beterin«.[36] Ein liebevoll ausgestaltetes Genrebild mit einer Fülle christlicher und antik-mythologischer Elemente findet sich im 13. Kapitel der *Reise von München nach Genua*, topographisch gesprochen: genau an der Stelle, »wo Italien beginnt«, wie Heine ausdrücklich vermerkt. Man darf diese Schilderung eines Südtiroler Häuschens und seiner Bewohnerin als programmatischen Auftakt zur folgenden Italienbeschreibung betrachten:

> Auf der einen Seite stand ein großes hölzernes Kruzifix, das einem jungen Weinstock als Stütze diente, so daß es fast schaurig heiter aussah, wie das Leben den Tod, die saftig grünen Reben den blutigen Leib und die gekreuzigten Arme und Beine des Heilands umrankten. Auf der anderen Seite des Häuschens stand ein runder Taubenkofen, dessen gefiedertes Völkchen flog hin und her, und eine ganz besonders anmutige weiße Taube saß auf dem hübschen Spitzdächlein, das, wie die fromme Steinkrone einer Heiligennische, über dem Haupte der schönen Spinnerin hervorragte. Diese saß auf der kleinen Galerie und spann, nicht nach der deutschen Spinnradmethode, sondern nach jener uralten Weise, wo ein flachsumzogener Wocken unter dem Arme gehalten wird, und der abgesponnene Faden an der frei hängenden Spindel hinunterläuft. So spannen die Königstöchter in Griechenland, so spinnen noch jetzt die Parzen und alle Italienerinnen. Sie spann und lächelte, unbeweglich saß die Taube über ihrem Haupte, und

> über dem Hause selbst ragten hinten die hohen Berge, deren Schneegipfel die Sonne beschien, daß sie aussahen wie eine ernste Schutzwache von Riesen mit blanken Helmen auf den Häuptern.[37]

Die Augen der schönen Spinnerin lassen den Erzähler den ganzen Tag nicht mehr los. Ihr Gesicht scheint zwar von klassischer Schönheit, als hätte es ein griechischer Bildhauer geformt, aber die Augen »hätte kein Grieche erträumen und noch weniger begreifen können«; nur der moderne, durch den christlichen Spiritualismus hindurchgegangene Mensch, verkörpert im Erzähler, kann sie sehen und begreifen, »diese romantischen Sterne, die so zauberhaft die antike Herrlichkeit beleuchteten«. Im Traum der folgenden Nacht kehren alle Elemente des Bildes wieder – die christlichen Symbole des Kruzifixus und der Taube, die zugleich Natur, Christliches und Antikes repräsentierende Weinrebe, die an die politische Situation Italiens erinnernde *behelmte Schutzwache* der Berggipfel:

> Da saß sie wieder und lächelte, die Tauben flatterten hin und her wie Liebesengel, auch die weiße Taube über ihrem Haupte bewegte mystisch die Flügel, hinter ihr hoben sich immer gewaltiger die behelmten Wächter, vor ihr hin jagte der Bach, immer stürmischer und wilder, die Weinreben umrankten mit ängstlicher Hast das gekreuzigte Holzbild, das sich schmerzlich regte und die leidenden Augen öffnete und aus den Wunden blutete – sie aber spann und lächelte, und an dem Faden ihres Wockens, gleich einer tanzenden Spindel, hing mein eigenes Herz.[38]

Heine beschließt seine italienischen Reisebilder mit einem aus Versatzstücken der griechischen Überlieferung zusammengestückten Mythologem, das die antiklassischen Tendenzen in Stil und Thematik prägnant zusammenfaßt. Er erfindet als Schutzherrin seiner poetisch-publizistischen Prosa die Muse Satyra samt Genealogie:

> Und du, holde Satyra, Tochter der gerechten Themis und des bocksfüßigen Pan, leih mir deine Hülfe, Du bist ja mütterlicher Seite dem Titanengeschlechte entsprossen, und hassest gleich mir die Feinde deiner Sippschaft, die schwächlichen Usurpatoren des Olymps. Leih mir das Schwert deiner Mutter, damit ich sie richte, die verhaßte Brut, und gib

mir die Pickelflöte deines Vaters, damit ich sie zu Tode pfeife –
Schon hören sie das tödliche Pfeifen, und es ergreift sie der panische Schrecken, und sie entfliehen wieder, in Tiergestalten, wie damals, als wir den Pelion stülpten auf den Ossa –[39]

In Heines Prosasatire vereinigen sich die Anteile der Eltern: Erbe der Mutter Themis ist das kämpferische Engagement für Gerechtigkeit und Befreiung von angemaßter Herrschaft, Erbe des Vaters die anarchische Sinnlichkeit und die Musikalität. Dem ungleichen Elternpaar, der Titanentochter und dem Waldgott, gemeinsam ist die Verachtung der schwächlichen Olympier, die das Reich der klassischen Überlieferung usurpiert haben. Gegen sie richtet sich der satirische Gesang, den der Schützling Satyras in titanisch-saturnalischem Geiste anstimmt.

Vielleicht darf man hier auch eine kryptische Bezugnahme auf Goethe sehen. Goethe selbst hatte sich noch in seiner klassischen Periode einmal, wenn auch widerstrebend, dieser Gegenwelt des Olymps genähert: in seiner 1789 gesondert publizierten, 1829 dann in den letzten Teil der *Italienischen Reise* aufgenommenen kleinen Schrift *Das römische Carneval*. Er hatte die Beschreibung des anarchischen Treibens nur mit großer Reserve angekündigt – als distanzierten Bericht über ein »Fest, das dem Volke eigentlich nicht gegeben wird, sondern das sich das Volk selbst gibt«, ein Ereignis, das »weder einen ganzen, noch einen erfreulichen Eindruck gebe, weder das Auge sonderlich ergötze, noch das Gemüt befriedige«.[40] Den Grund des so deutlich geäußerten Unbehagens an diesem saturnalischen Fest kann man dem Schluß der Schrift entnehmen, der den Vorgängen eine Deutung gibt, die den Leser des Jahres 1789 aufhorchen lassen mußte:

Dürfen wir fortfahren, ernsthafter zu sprechen, als es der Gegenstand zu erlauben scheint, so bemerken wir, daß die lebhaftesten und höchsten Vergnügen, wie die vorbeifliegenden Pferde, nur einen Augenblick uns erscheinen, uns rühren und kaum eine Spur in der Seele zurücklassen, daß Freiheit und Gleichheit nur in dem Taumel des Wahnsinns genossen werden können, und daß die größte Lust nur dann am höchsten reizt, wenn sie sich ganz nahe an die Gefahr drängt und lüstern ängstlich-süße Empfindungen in ihrer Nähe genießet.[41]

Das mit dieser Aschermittwochsbetrachtung schließende *Römische Carneval* ist im Kontext der *Italienischen Reise* die einzige, wenn auch mit festen Schutzmauern umfriedete Repräsentanz der nichtolympischen, unklassischen Antike. Es ist, als hätte Heine am Ende seiner *Stadt Lucca,* die ja im Gegensatz zur *Reise von München nach Genua* und zu den *Bädern von Lucca* nach dem Erscheinen des dritten Teils der *Italienischen Reise* publiziert wurde, auf diesen Text Goethes antworten, die in ihm nur vorsichtig angedeutete Warnung vor den revolutionären Implikationen saturnalischer Feste aufnehmen und in seinem Sinne, dem Sinne Satyras, ins Bejahende wenden wollen. Das letzte Kapitel der italienischen Reisebilder endet nämlich mit den Worten:[42]

> Man tat uns armen Titanen sehr Unrecht, als man die düstre Wildheit tadelte, womit wir, bei jenem Himmelssturm, herauftobten – ach, da unten im Tartaros, da war es grauenhaft und dunkel, und da hörten wir nur Cerberusgeheul und Kettengeklirr, und es ist verzeihlich, wenn wir etwas ungeschlacht erschienen, in Vergleichung mit jenen Göttern comme il faut, die fein und gesittet, in den heiteren Salons des Olymps, so viel lieblichen Nektar und süße Musenkonzerte genossen.
>
> Ich kann nicht weiter schreiben, denn die Musik unter meinem Fenster berauscht mir den Kopf, und immer gewaltiger greift herauf der Refrain:
>
> Aux armes citoyens!

Anmerkungen und Quellennachweise

Harzreise in die Zeit.
Zum Funktionszusammenhang von Traum, Witz und Zensur in Heines früher Prosa.

Erschienen: Düsseldorf 1972 (= Schriften der Heinrich-Heine-Gesellschaft. 5).

1 III 60. – Zitiert wird nach der siebenbändigen Ausgabe (I–VII) Ernst Elsters, *Sämtliche Werke,* Leipzig und Wien o. J. (Vierter Abdruck). Für die Briefe (B XX und B XXI) wurden die von Fritz H. Eisner bearbeiteten Bände 20 und 21 der *Säkularausgabe* (Berlin, Paris 1970) herangezogen.

2 Die Anregung zu seiner politischen Interpretation des Balletts scheint Heine aus Lady Morgans 1821 erschienenem Buch *Italy* geschöpft zu haben; vgl. die deutsche Ausgabe (Italien, Jena 1822), S. 67 f.: »Das Italienische Ballet war von jeher von allen andern verschieden [...] Es entlehnt seine Vollkommenheit nicht nur von physischen, sondern auch gewissermaßen von politischen Ursachen. Die Beweglichkeit der Muskeln des Italieners ist ganz zur Gebehrdensprache geeignet, die sie selbst von der Sprache des gemeinen Lebens nicht trennen können, hiezu kommt ein gewisses, ihnen zur andern Natur gewordnes argwöhnisches Wesen, – die Folge des so lange bei ihnen in Anwendung gebrachten Spionirungssystems, welches sie veranlaßt, ihre Gedanken lieber einem Blicke oder einer Gebehrde, als einem Worte oder einer Phrase zu vertrauen. Ein Lächeln oder ein Kopfnicken sind nicht leicht zu denunciiren, und so können Mittheilungen Statt finden, welche die Polizei nicht belauern kann. [...] Der alte Adel betrachtet diese steigende Leidenschaft für das Ballet als eine aus den Zeiten der Revolution herrührende Ketzerei, und sucht mitunter dieß Mißfallen durch Schließung seiner Logen zu zeigen. Einst fragte ich die Gräfin Castiglione, (bei weitem das beste Exemplar in der Sammlung der Reste des alten Hofes,) warum wir sie niemals in der Oper sähen? Sie erwiderte: ›Parcéque je n'admire pas la de clamation de jambes.‹« Vgl. dazu auch das weiter unten über Kapitel XIX der *Reise von München nach Genua* Gesagte.

3 Zum politisch-eschatologischen Aspekt dieses Gedankens vgl. unten die Analyse der *Berg-Idylle* und Anm. 64.

4 Bei Börne lautet der an den Text des Mottos anschließende Satz: »Der Dichter ist der Tröster der Menschheit; er ist es, wenn der Himmel selbst ihn bevollmächtigt, wenn ihm Gott sein Siegel auf die Stirne gedrückt und wenn er nicht um schnöden Botenlohn die himmlische Botschaft bringt.« (Börne, *Sämtliche Schriften,* hg. v. I. und P. Rippmann, Bd. 1, Düsseldorf 1964, S. 791)

5 »Die Poesie ist jetzt nicht mehr objektiv, episch und naiv, sondern subjektiv, lyrisch und reflektierend.« (IV 204)

6 Jost Hermand hat in seiner Studie *Werthers Harzreise* (in: *Von Mainz nach Weimar,* Stuttgart 1969) die Beziehungen zu Goethe herausgearbeitet. Wichtig für die Aktualität der parodistischen Bezugnahme auf den *Werther* ist die Tatsache, daß 1825 eine Jubiläumsausgabe des Buches erschien, die Goethes Gedicht *An Werther* enthielt und von Varnhagen besprochen wurde (*Werther's fünfzigjähriges Jubiläum. 1825.*, wiederabgedruckt in: *Denkwürdigkeiten und vermischte Schriften,* Bd. 1, Mannheim 1837, S. 440ff.). Dieses Datum würde auch erklären, weshalb Heine in seinem oben zitierten Brief an Friederike Robert vom 12. Oktober 1825 darauf besteht, die *Harzreise* müsse noch im gleichen Jahr als »Novität« gedruckt werden. – Zu ergänzen wäre noch, daß Heine mit dem Parzen-Motiv am Ende der *Harzreise* (III 74) offenbar auf Goethes *Harzreise im Winter* anspielt, zu der Goethe selbst 1821 einen autobiographisch-kritischen Kommentar geliefert hatte (*Über Goethes Harzreise im Winter* in: Über Kunst und Altertum 1821, III, 2.).

7 Der *Prosa-Nachlaß,* hg. v. E. Loewenthal, Hamburg, Berlin 1925, S. 168. – Vgl. dazu Immermanns Kritik von Arnims *Landhausleben* und Heines *Reisebildern* in den *Jahrbüchern für wissenschaftliche Kritik,* 1827, Sp. 774f.: »Betrachten wir frühere Perioden der Poesie, die uns wichtig erscheinen müssen, so sehen wir, daß die Dichter sich mehr unter gewisse allgemeine äußere Schranken stellten, als jezt. Diese Schranken zeigten sich theils als erprobter Kunstbegriff – als Schule im eigentlichen Sinne – wie bei den Franzosen, bei den Minnesingern, und (wiewohl in geringerem Grade) in der guten Weimarischen Zeit, oder sie kamen unter der Form der Protection durch Große und Fürsten vor, wie besonders bei den Engländern und den südlichen Nationen, oder endlich die Achtung vor dem Publicum, vor dem Volke, war die Schranke, die der Dichter respectiren mußte. Überall war er an äußre Bedingungen geknüpft, mochte er anscheinend noch so isolirt stehen, dem Geiste nach war er gezwungen, gesellig zu seyn, und deshalb zeigen die Hervorbringungen aller jener Perioden einen gewissen festen Charakter, eine innere Nothwendigkeit und mit Einem Worte, einen Kunststyl.« Für die Gegenwart lautet Immermanns Diagnose: »So steht nun der Dichter frei, aber in einem leeren Raume, und in seiner Einsamkeit darf er Alles unternehmen, freilich auch das Ungehörige. Aus der Freiheit entspringt die Mannigfaltigkeit, aber auch die Willkür, die Einsamkeit kann fast nichts andres hervorbringen, als daß der Dichter sich in jedem seltsamen Gelüste gehen läßt.«

8 Der Harlekin als Symbol des Eklektizismus ist in Washington Irvings essayistischer Phantasie *The Art of Book-making* vorgebildet, die im übrigen vor allem den ersten Traum der *Harzreise* angeregt hat. Bei Irving wird der Harlekin allerdings umgekehrt von den aufgebrachten Geistern der Verstorbenen verfolgt, die er ausgeplündert hat. In der von Heine vermutlich benutzten Übersetzung von Spiker (*Gottfried Crayon's Skizzenbuch,* 1. Teil, Wien 1825) heißt es S. 123: »Was den flinken, kleinen Zusammenträger von Allerhand betraf [...], so hatte er sich mit so vielen Flicken und Farben angethan, wie Harlekin, und es fanden sich so Viele, die sich um ihn stritten, als einst um den Körper des Patroklus.«

9 Vgl. Wolfgang Iser, *Die Appellstruktur der Texte,* Konstanz 1970.

10 So noch in der von Hans Jürgen Geerdts hg. *Deutschen Literaturgeschichte in einem Band,* Berlin 1968: »Bei der Beschreibung Göttingens kritisierte er auf witzig-satirische Art das philiströse deutsche Spießbürgertum, den in Äußerlichkeiten erstarrten Universitätsbetrieb wie die Heuchelei und den Dünkel der sogenannten Gebildeten. An anderen Stellen machte er sich über den unpoetischen, nüchternen Wirklichkeitssinn und über die übertriebene, falsche Gefühlsseligkeit des deutschen Bürgers lustig. Echtes menschliches Empfinden fand er dagegen bei den einfachen Menschen der Harzbevölkerung, bei den Bergleuten und Hirten, zu deren schlichtem Leben er sich hingezogen fühlte. [...] Einen Höhepunkt der *Harzreise* bilden Heines lebendige, farbkräftige Naturschilderungen, die zu den Glanzstücken seiner Prosa gehören.« (S. 328) Eine grundsätzliche Abwendung von dieser konventionellen Sicht der frühen Prosa Heines bringen vor allem folgende Arbeiten: Friedrich Sengle, *Nachwort zur Reclam-Ausgabe der »Harzreise«,* Stuttgart 1961; Wolfgang Preisendanz, *Der Funktionsübergang von Dichtung und Publizistik bei Heine,* in: *Die nicht mehr schönen Künste,* München 1968; Willfried Maier, *Leben, Tat und Reflexion, Untersuchungen zu Heinrich Heines Ästhetik,* Bonn 1969; Albrecht Betz, *Ästhetik und Politik, Heinrich Heines Prosa,* München 1971.

11 Vgl. dazu Maier, a. a. O., S. 170, und Sengle, a. a. O., S. 87.

12 Zum Vergleich mit der zitierten Passage sei eine Stelle aus C. F. Pockels' *Romantischem Gemählde einer Harzreise im Jahre 1798* – einer unter vielen Reisebeschreibungen dieser Art – herangezogen: »Die Schöpfung hatte in einem Moment die letzten Schleyer ihres nächtlichen Gewandes abgelegt, und stand nun in dem bezaubernden Glanze ihrer enthüllten Schönheit, wie die Göttin der Liebe vor den Augen des Richters auf Ida, vor uns. [Vgl. das Paris-Motiv in der *Harzreise,* III 76.] Millionen schön leuchtender Thautropfen bedeckten den grünen Teppich der Wiesen; die fröhlichen Herden

jauchzten ihren Morgengesang, und die fleißigen Schnitter strichen zum neuen Tagewerk ihre blinkenden Sensen.« (*Taschenbuch auf das Jahr 1804. Dem Edeln und Schönen, der frohen Laune und der Philosophie des Lebens gewidmet von Hofrath C. F. Pockels in Braunschweig*, Hannover, S. 16)

13 Das Motiv findet sich schon in Jean Pauls *Herbst-Blumine*, 3. Bändchen, XIII, 15: »Das Leben und der Brocken«.

14 Dazu Preisendanz, a. a. O. (s. Anm. 10).

15 Zum Folgenden vgl. Pockels, a. a. O., S. 61 und 87: »Gegen Westen hin senkte sich der Feuerball der Sonne näher zum vergoldeten Horizonte herab, und die gesammte Natur feyerte dies prächtige Abendfest ihrer wunderschönen Schöpfung durch eine uns umgebende heilige Stille. [..] So ungetrübt, wie der azurne Himmel auf uns niederblickte, so ätherrein fühlte sich jetzt unser Herz, – so mild und lebendig flossen nun alle seine Empfindungen in dem großen und frommen Gedanken an die unendliche Gottheit zusammen, die alle diese unnennbaren Schönheiten werden ließ. [...] O! es war etwas unbeschreiblich Großes und Herzerhebendes in dieser ganzen abendlichen Scene der unermeßlichen Natur. [...] Zugleich dachten wir uns hier das Bild des allgemeinen Erwachens auf der andern Halbkugel der Erde [...] als wir in dem Innern unserer tiefgerührten Seele unsere Abendandacht – ohne Gebetbuch – auf dem höchsten Gewölbe des Brockens feyerten.«

16 Der Ausspruch wird immerhin noch 1841 in Ernst Elias Niebergalls *Datterich* dem Drehergesellen Schmidt in den Mund gelegt (IV, 5): »SCHMIDT (hustet, für sich) Wos soll ich nor schwätze? (Laut) Wie is doch die Nadur im Allgemeine so schee!« (Datterich, hg. v. V. Klotz, Berlin 1963, S. 42)

17 Diese Entwicklung spiegelt sich in den Zahlen der Brockenbesucher: 1778 waren es 292, 1779 schon 421; nach dem Bau des Brockenhauses (1800) stiegen die Zahlen von 1809 bis 1818 auf durchschnittlich 1130, von 1819 bis 1828 auf etwa 1920 Personen im Jahr. Genaue Angaben bei Gustav Heyse, *Beiträge zur Kenntniß des Harzes*, 2. Ausg., Aschersleben, Leipzig 1874, S. 64 f.

18 Dazu Betz, a. a. O. (s. Anm. 10), S. 21: »Die Profanation der Natur ist Charakteristikum der ›Harzreise‹.«

19 Heines Darstellung weist bis ins Detail gehende Übereinstimmungen mit der Brockenszenerie – insbesondere den Naturbeschreibungen und den literarischen Gesprächen über Goethe – in Arnims Roman *Hollins Liebeleben* auf (vgl. Arnim, *Sämtliche Romane und Erzählungen*, hg. v. W. Migge, München 1962-65, Bd. 2, S. 28-36). – Pockels' *Romantisches Gemählde einer Harzreise* enthält über die in Anm. 12 und 15 zitierten Passagen hinaus eine Fülle

romantischer Denk- und Bildmuster, die bei Heine in fast identischer Form wiederkehren. Vgl. die Beschreibung des Brockenpanoramas bei Pockels, S. 66f. und 70ff., mit Heine III 54; die Bemerkungen über das Brockenbuch bei Pockels, S. 95 f. mit Heine III 68; die Reflexionen über das Anschauungsleben der Kindheit im Vergleich zur abstrakten Vernünftigkeit des Erwachsenen bei Pockels 97f. mit Heine III 32f. und III 53 f. – Die Punschorgie im Brockenhaus ist nicht nur – wie Hermand nachgewiesen hat – als satirisch-parodistischer Walpurgnisnachtstraum auf Goethes *Faust* bezogen, sondern auch bis ins Einzelne dem Gelage im vierten Abschnitt von E. T. A. Hoffmanns *Elixieren des Teufels* nachgebildet; vgl. insbesondere die sentimentalen Szenen S. 140 der Ausgabe von W. Müller-Seidel (*Die Elixiere des Teufels/Lebens-Ansichten des Katers Murr,* München 1961). – Der Zitatcharakter der von Heine verwendeten romantischen Stimmungsmuster geht auch aus Sätzen wie dem folgenden (in späteren Auflagen gestrichenen) hervor: »Mein Gemüth war, je mehr ich mich von Göttingen entfernte, allmählig aufgethaut, wieder wie sonst wurde mir romantisch zu Sinn, und wandernd dichtete ich folgendes Lied [...]« (III 512)

20 Vgl. Ernst Blochs Essay *Ausgrabung des Brocken* in: *Literarische Aufsätze,* Frankfurt a. M. 1965.

21 Zur Vorwegnahme Freudscher Konzepte durch Heine, der im Folgenden ausführlicher nachgegangen wird, vgl. Betz, a. a. O. (s. Anm. 10); S. 169.

22 Das Motiv des Palimpsests konnte Heine in Lady Morgans *Italy* von 1821 und Börnes Essay *Die Kunst, in drei Tagen ein Originalschriftsteller zu werden* von 1823 finden. In der deutschen Ausgabe von Lady Morgans Buch (s. Anm. 2) wird auf S. 60f. über die Funde des Bibliothekars Angelo Mai berichtet: »Seit geraumer Zeit hat er sich in ganz Europa durch Auffindung verloren gegangener Werke bekannt gemacht. Er hatte das Glück, unter dem Text mönchischer Handschriften ältere Werke zu entdecken, welche von unwissenden Geistlichen des Mittelalters, um das Pergament noch einmal zu ihren Homilien zu gebrauchen, überschrieben waren. Diese Pergamentblätter, die mit einem neuen technischen Ausdruck *palimpsestische* Manuscripte genannt werden, sind durch Mais Entdeckungen Gegenstände anziehender Forschungen geworden.« – Bei Börne heißt es a. a. O. (s. Anm. 4): »Wie die Welt jetzt beschaffen, gleichen die Köpfe der Gelehrten und also auch ihre Werke den alten Handschriften, von welchen man die langweiligen Zänkereien eines Kirchenstiefvaters oder die Faseleien eines Mönchs erst abkratzen muß, um zu einem römischen Klassiker zu kommen. Jedem menschlichen Geiste sind schöne Gedanken und, weil mit jedem Menschen die

Welt neu geschaffen wird, auch neue angeboren; aber das Leben und der Unterricht schreiben ihre unnützen Sachen darauf und bedecken sie.« (S. 740f.) Zur Wirkung Börnes auf Freud vgl. dessen Aufsatz *Zur Vorgeschichte der analytischen Technik,* wo auch auf den obengenannten Essay hingewiesen wird.

23 Ein ähnliches Verfahren der Interpretation wendet Heine bei seiner Zurückführung der studentischen Verbindungen auf die germanischen Stämme der Völkerwanderung an (III 16).

24 Georg Heinrich Oesterley, *Geschichte der Universität Göttingen in dem Zeitraume vom Jahre 1820 bis zu ihrer ersten Säcularfeier im Jahre 1837,* Göttingen 1838, S. 171.

25 Vgl. III 273 und III 511, Lesart zu S. 22, Zeile 21.

26 »Assoziazion der Ideen« als literarisches Verfahren wird von Heine schon im ersten der *Briefe aus Berlin* (VII 561) entwickelt. Dazu Maier, a.a.O. (s. Anm. 10), S. 93ff.

27 Sigmund Freud, *Studienausgabe,* Bd. 4, Frankfurt a.M. 1970, S. 152.

28 In der Zeitschriftenfassung der *Harzreise* fehlt noch die Figur des Harlekin und die damit verbundene bedeutsame Wendung des Traums. Ob die Stelle einer Streichung des Redakteurs (bzw. der Zensur) zum Opfer fiel oder erst nach Heines spät anzusetzender Lektüre von Irvings *Sketch Book* (vgl. Anm. 8 und Heines *Brief an Ludwig Robert* vom 4. März 1825, B XX 187) eingeführt wurde, ist beim augenblicklichen Stand der Edition nicht zu entscheiden. Wahrscheinlicher ist die zweite Lösung, da auch der erste Traum mit seinen Anleihen bei Irving erst für die Buchausgabe geschrieben wurde.

29 Schon die Schilderung des Abstiegs in die Grube vom Vortag enthält sexuelle Anspielungen: »Ich war zuerst in die Karolina gestiegen. Das ist die schmutzigste und unerfreulichste Karolina, die ich je kennen gelernt habe.« (III 29. – Zur politischen Funktion der Zote bei Heine vgl. den Brief vom 4. März 1834 an Betty Heine, B XXI 80.) Die sexuellen Implikationen einiger Symbole des Brunnen-Traums sind offensichtlich; dazu Freud, *Studienausgabe,* Bd. 1 (3. Aufl.), Frankfurt a.M. 1971, S. 164f.

30 Freud, a.a.O., S. 220f.

31 Ebd., S. 234.

32 Freud, *Studienausgabe,* Bd. 2, Frankfurt a.M. 1972, S. 158f.

33 Vgl. Anm. 7 und 8; zum Harlekin als Schriftstellersymbol außerdem: *Gespräche mit Heine,* hg. v. H. H. Houben, Frankfurt a.M. 1926, S. 103 und 137.

34 Vgl. zum Folgenden die in Anm. 2 zitierten Passagen aus Lady Morgans *Italy.* Heine scheint das Buch aber schon zur Zeit der Arbeit an der *Harzreise* gekannt zu haben. Es wird III 266 lobend erwähnt.

35 Börne, a. a. O. (s. Anm. 4), S. 795. – Die Motivtradition läßt sich von Heine über Börne und Lady Morgan zu Diderot und Shaftesbury zurückverlängern. In Shaftesburys *Sensus communis: An Essay on the Freedom of Wit and Humor* von 1709 heißt es: »[...] the natural free spirits of ingenious men, if imprisoned and controlled, will find out other ways of motion to relieve themselves in their constraint; and whether it be in burlesque, mimicry, or buffoonery, they will be glad at any rate to vent themselves, and be revenged on their constrainers. – If men are forbid to speak their minds seriously on certain subjects, they will do it ironically. If they are forbid to speak at all upon such subjects, or if they find it really dangerous to do so, they will then redouble their disguise, involve themselves in mysteriousness, and talk so as hardly to be understood, or at least not plainly interpreted, by those who are disposed to do them a mischief. And thus raillery is brought more in fashion, and runs into an extreme. ›Tis the persecuting spirit has raised the bantering one; and want of liberty may account for want of a true politeness, and for the corruption or wrong use of pleasantry and humour. [...] The greater the weight is, the bitterer will be the satire. The higher the slavery, the more exquisite the buffoonery. – That this is really so, may appear by looking on those countries where the spiritual tyranny is highest. For the greatest of buffoons are the Italians; and in their writings, in their freer sort of conversations, on their theatres, and in their streets, buffoonery and burlesque are in the highest vogue. ›Tis the only manner in which the poor cramped wretches can discharge a free thought.« (*Characteristics of Men, Manners, Opinions, Times,* hg. v. J. M. Robertson, vol. 1, New York 1964, S. 50). – 1758 nimmt Diderot in seinem *Discours sur la poésie dramatique* den Gedanken auf: »Chez un peuple esclave, tout se dégrade. Il faut s'avilir, par le ton et par le geste, pour ôter à la vérité son poids et son offense. Alors les poètes sont comme les fous à la cour des rois: c'est du mépris qu'on fait d'eux, qu'ils tiennent leur franc parler. Ou, si l'on aime mieux, ils ressemblent à certains coupables qui, trainés devant nos tribunaux, ne s'en retournent absous que parce qu'ils ont su contrefaire les insensés.« (*Œuvres esthétiques,* hg. v. P. Vernière, Paris 1965, S. 260)

36 Freud, *Studienausgabe,* Bd. 8 (3. Aufl.), Frankfurt a. M. 1970, S. 170.

37 Börne, a. a. O. (s. Anm. 4), S. 795 f.

38 Vgl. den schon in Anm. 22 erwähnten Aufsatz *Zur Vorgeschichte der analytischen Technik* und Freuds Hinweis, Aufsätze von Börne, »wie die Denkrede auf Jean Paul, Der Eßkünstler, Der Narr im weißen Schwan, seien durch lange Jahre ohne ersichtlichen Grund

immer wieder in seiner Erinnerung aufgetaucht«. (*Gesammelte Werke,* Bd. 12, 3. Aufl., Frankfurt a. M. 1966, S. 312)

39 Freud, *Studienausgabe,* Bd. 4, Frankfurt a. M. 1970, S. 219.

40 Die Gedichttrilogie wird im Folgenden *Berg-Idylle* genannt, obwohl sie diesen Titel erst seit der Aufnahme in das *Buch der Lieder* trägt.

41 Freud, *Studienausgabe,* Bd. 10 (3. Aufl.), Frankfurt a. M. 1970, S. 174.

42 Mit der Quellenfrage beschäftigt sich Georg Mücke in seiner Studie *Heinrich Heines Beziehungen zum deutschen Mittelalter,* Berlin 1908, S. 65 f. An geschichtlichen Darstellungen kommen neben den bei Mücke und in den beiden folgenden Anmerkungen genannten Quellen vor allem die *Mémoires pour la vie de Pétrarque,* Bd. 2 und 3, Amsterdam 1764 ff., von de Sade und das 70. Kapitel von Gibbons *History of the Decline and Fall of the Roman Empire,* London 1776 ff. in Betracht. Von dichterischen Gestaltungen konnten Heine der Hymnus auf Rienzo im 4. Gesang von Byrons *Childe Harold's Pilgrimage* (1818) und die Übersetzung von Petrarcas Canzone *Spirto gentil* an Rienzo durch J. G. Regis bekannt sein, die 1818 in der von L. Wachler hg. *Philomatie von Freunden der Wissenschaft und Kunst* erschienen war. 1848 spricht Heine von Petrarca als von »Messer Francesco, der nicht bloß der Anbeter Lauras, sondern auch der Freund Rienzis war und für die ewige Sonne der Freiheit ebenso schwärmerisch glühte wie für die Augen, die sterblichen Sterne, der schönen Provençalin« (VII 381). – Erich Loewenthals Vorschlag, die Anregung zu Heines Gestalt des »Ritters vom heiligen Geist« allein bei Thümmel zu suchen, kann nicht überzeugen, weil dem Motiv in der *Reise in die mittäglichen Provinzen von Frankreich* alle historischen und politischen Implikationen fehlen (Studien zu Heines *Reisebildern,* Berlin, Leipzig 1922, S. 107 f.).

43 *Revolution in Rom durch Nikolaus Rienzi, im Jahre 1347.* In: *Geschichte der merkwürdigsten Rebellionen und Verschwörungen aus den mittlern und neuern Zeiten.* Bearbeitet von verschiedenen Verfassern, gesammelt und herausgegeben von Friedrich Schiller, Leipzig 1788 ff., Bd. 1, S. 1-106. Zitat S. 32 ff.

44 Vgl. dazu Paul Piur, *Cola di Rienzo,* Wien 1931, S. VII: »Unter den Büchern, die das Reisegepäck des nach Waterloo flüchtigen Napoleon enthielt, soll sich, einer alten Überlieferung zufolge, das zierliche Büchlein des Jesuitenpaters Du Cerceau befunden haben, das den Titel trägt ›Conjuration de Nicolas Gabrini, dit de Rienzi, tyran de Rome en 1347‹: die älteste und berühmteste französische Rienzo-Biographie des 18. Jahrhunderts, die seit ihrem ersten Erscheinen (Paris 1733) damals bereits vier Neudrucke erlebt hatte.«

45 Piur, a.a.O., S. 45.

46 *Geschichte der merkwürdigsten Rebellionen,* a.a.O. (s. Anm. 43), S. 19ff. – Zu Rienzos rhetorisch-agitatorischen Techniken als Vorformen der öffentlichen Meinung vgl. weiter unten die Ausführungen Hegels (Anm. 63).

47 Vgl. dazu Iser, a.O. (s. Anm. 9).

48 Karl Marx, *Der achtzehnte Brumaire des Louis Bonaparte,* Berlin 1946, S. 9f.

49 Max Horkheimer, *Egoismus und Freiheitsbewegung,* in: Horkheimer, *Kritische Theorie,* hg. v. A. Schmidt, Bd. 2, Frankfurt a.M. 1968, S. 24. Dort auch eine eingehende Würdigung der Bedeutung, die der politischen Symbolik im Selbstverständnis bürgerlicher Revolutionäre zukommt.

50 Vgl. das Kapitel »Joachim« in Karl Löwiths Darstellung *Weltgeschichte und Heilsgeschehen,* 5. Aufl., Stuttgart 1967.

51 Die »vernünftige» Konversion zum Protestantismus ist auch der esoterische Text der Szene auf dem Ilsenstein (III 74), in der das »eiserne Kreuz« – eine Anspielung auf das durch König Friedrich Wilhelm III. gestiftete Eiserne Kreuz als Symbol der preußischen Staatsreligion – zum Rettungsanker des aus dem Gleichgewicht geratenen Erzählers wird.

52 Der Gedanke einer »neuen Offenbarung« wird bei Heine später wiederholt aufgenommen; vgl. u.a. das zweite Buch des *Ludwig Börne* (VII 50).

53 §§ 47-50 der *Erziehung des Menschengeschlechts* (*Lessing's Werke,* 18. Teil, hg. v. Chr. Groß, Berlin o.J., S. 209).

54 Dazu Maier, a.a.O. (s. Anm. 10), S. 233f.

55 Lessing, a.a.O. (s. Anm. 53), S. 212 (§ 69).

56 In dem Gedicht von der Prinzessin Ilse, das Bilder und Motive der *Berg-Idylle* in z.T. wörtlichen Anklängen wiederaufnimmt, ist der konträre Aspekt der im mythischen Bann erstarrten Geschichte und der von ihr ausgehenden Versuchung gestaltet; vgl. die Aufhebung der historischen Zeit in der Formel »[...] den lieben Kaiser Heinrich, / Der nun gestorben ist« (III 72). Der Mythos als latent revolutionäres Potential erscheint am eindrucksvollsten in der umstrittenen Prophezeiung einer deutschen Revolution am Ende von *Zur Geschichte der Religion und Philosophie in Deutschland* (IV 293f.).

57 Goethes *Faust,* kommentiert v. E. Trunz, Hamburg 1963, S. 109f.

58 Lessing, den Verfasser der *Erziehung des Menschengeschlechts,* würdigt Heine später als den »Propheten, der aus dem zweiten Testamente ins dritte hinüberdeutete« (IV 243) und die Befreiung Deutschlands vorbereitet hat (IV 240).

59 Das erklärt vielleicht die besondere Vorsicht Heines bei der Übersendung des Gedichts an seinen Berliner Freund Moser, der mit dem Varnhagenschen Kreis verbunden war: »Beyliegend erhältst Du ein Gedicht aus meiner Harzreise. Ich bitte dich keinem unserer Freunde es zu zeigen, nicht mahl meinem Bruder. Ich habe gute Gründe dir dieses Geboth aufzulegen.« (B XX 205) Heine ging es wohl um den Überraschungseffekt, den das Gedicht und die übrigen Bezugnahmen auf Goethe bei seinen Berliner Freunden auslösen mußten (vgl. das weiter unten über den Varnhagenschen Salon Gesagte).

60 Vgl. Strophe 27 der *Berg-Idylle.*

61 Vgl. Strophe 45 der *Berg-Idylle.*

62 Zur Zeit der *Harzreise* war Heine noch nicht mit dem Saint-Simonismus bekannt. Um so bezeichnender, daß er etwa gleichzeitig mit dem Saint-Simonisten Olinde Rodriques, der Lessings *Erziehung des Menschengeschlechts* ins Französische übertrug, auf den esoterischen politischen Sinn der Schrift stieß. Vgl. V 229.

63 Hegel, *Theorie-Werkausgabe,* Bd. 7, Frankfurt a. M. 1970, S. 487 ff. – Hegel, der seiner Philosophie den Status unzweideutiger Wissenschaft zuschrieb, ist es nicht erspart geblieben, von Heine im Sinne der öffentlichen Meinung revolutionär interpretiert zu werden: »Die Gelehrten verklausulierten sich mehr als je in ihre scholastischen Formeln, in ihre sogenannte Wissenschaftssprache, welche die Schergen der Polizei nicht verstanden, ja sogar manchmal für Exorzismusworte hielten wodurch der revolutionäre Geist gebannt werden könne, wie es z. B. dem preußischen Minister Altenstein erging, der den Hegel in so hohem Grade nicht verstand, daß er ihn protegierte.« (Heine, *Sämtliche Schriften,* hg. v. K. Briegleb, Bd. 2, München 1969, S. 682) Vgl. auch Anm. 46.

64 1 Korinther 13, 9-12.

65 Heine, *Sämtliche Schriften,* a. a. O. (s. Anm. 63), S. 726 f.

66 Dazu Jürgen Habermas, *Strukturwandel der Öffentlichkeit,* 4. Aufl., Neuwied und Berlin 1969, S. 41 ff.

67 Büchner an seine Familie: »Übrigens gehöre ich für meine Person keineswegs zu dem sogenannten Jungen Deutschland, der literarischen Partei Gutzkows und Heines. Nur ein völliges Mißkennen unserer gesellschaftlichen Verhältnisse konnte die Leute glauben machen, daß durch die Tagesliteratur eine völlige Umgestaltung unserer religiösen und gesellschaftlichen Ideen möglich sei.« Und im gleichen Jahr (1836) an Gutzkow: »Übrigens, um aufrichtig zu sein, Sie und Ihre Freunde scheinen mir nicht grade den klügsten Weg gegangen zu sein. Die Gesellschaft mittelst der Idee, von der gebildeten Klasse aus reformieren? Unmöglich! Unsere Zeit ist rein materiell; wären Sie je direkter politisch zu Werke gegangen, so wären Sie

bald auf den Punkt gekommen, wo die Reform von selbst aufgehört hätte. Sie werden nie über den Riß zwischen der gebildeten und ungebildeten Gesellschaft hinauskommen.« (Büchner, *Werke und Briefe*, hg. v. F. Bergemann, Wiesbaden 1958), S. 408 und 411 f.)

68 Wilhelm Sauerwein, *ABC-Buch der Freiheit für Landeskinder*, Hanau 1832, S. 1 f.: »Der Adel (nobilitas) hat rothes, edles Blut, lange Finger, lebt auf einem großen Fuß, trägt die Nase gar hoch, geht im Trüben seiner Beute nach, bringt hoch- und hochedelgeborne lebendige Jungen zur Welt, und ist größtentheils mit Wappen und Titeln bedeckt. Die gemeinen Leute (Kanaille) sind nur eine Seitenlinie des ächten Menschenadels: denn sie haben nur Haut und Knochen, niedrige Gesinnungen, essen im Schweiß ihres Angesichts ihr Brod, können sich nicht hoch aufschwingen; sie gebären viele Jungen und säugen sie selber. So groß der Unterschied zwischen Adel und Kanaille ist, so waren doch einige Naturforscher blind genug, selbigen ganz und gar zu läugnen, und zu behaupten: *alle Menschen, frei geboren, sind ein adeliges Geschlecht*. Es wurden wichtige gelehrte Streitigkeiten über diesen Gegenstand geführt, und noch heut zu Tage bekämpfen sich die Partheien der Aristokraten und Demokraten, ohne daß noch eine definitive Entscheidung der Frage zu Stande gekommen wäre.« Die Stelle ist einer der wenigen zeitgenössischen Belege für eine politische Wirkung des Gedichts, von denen wir wissen.

69 *Gespräche mit Heine*, hg. v. H. H. Houben, Frankfurt a. M. 1926, S. 603 f.

Die verlorene Augensprache.
Marginalien zum Problem der Wirkung Heinescher Texte

Gedruckt in: Diskussion Deutsch, 8 (1977), S. 304-317.

1 Heines Briefe werden mit der Sigle B nach der Säkularausgabe (Berlin, Paris 1970 ff.) unter Angabe von Bandnummer und Seitenzahl zitiert. Im übrigen wurde die von Klaus Briegleb besorgte Ausgabe *Sämtliche Schriften* (München 1968-76) zugrundegelegt, auf die sich alle einfachen Zahlenangaben im Text beziehen.

2 Vgl. dazu den Überblick *Wirkungsgeschichtliche Untersuchungen* in: Jost Hermand, *Streitobjekt Heine. Ein Forschungsbericht*, 1945-1975, Frankfurt a. M. 1975.

3 Vgl. Kant, *Theorie-Werkausgabe*, Bd. 3, Frankfurt a. M. 1968, S. 177 f. (Kritik der reinen Vernunft) und Hegel, *Theorie-Werkausgabe*, Bd. 10, Frankfurt a. M. 1970, S. 262 f. (Enzyklopädie der philosophischen Wissenschaften im Grundrisse).

4 David Hume, *Eine Untersuchung über den menschlichen Verstand,* hg. v. Herbert Herring, Stuttgart 1971, Abschnitt III »Über die Assoziation der Vorstellungen«, S. 38 ff. – Daß Heine mit der gängigen psychologischen Klassifizierung der Assoziationsgesetze vertraut war, geht aus einem ausdrücklichen Hinweis auf Assoziationsbildung durch Ähnlichkeit/Kontrast im 3. Buch der *Romantischen Schule* hervor; vgl. III, 483. Weitere Erwähnungen: *Über Polen* (II, 91), *Aufzeichnungen* (VI/1, 646).

5 Das Verfahren, die »Wahrheit« zu verbergen, ist schon in den Lehrschriften mancher Kirchenväter als literarische Technik ausgebildet; vgl. Clemens von Alexandreia, *Teppiche wissenschaftlicher Darlegungen entsprechend der wahren Philosophie (Stromateis),* Bd. 1-3/München 1936-38: »Unsere Abhandlungen sollen aber [...] wegen der Leser, die hemmungslos und unvorbereitet darüber kommen, wie schon ihr Name sagt, Teppichen gleich bunt zusammengefügt sein; sie sollen in ununterbrochenem Wechsel von einem Gegenstand auf den anderen übergehen und im Laufe der Darstellung oft einen anderen Sinn in sich schließen, als die Worte zunächst kundtun. ›Die nämlich, die nach Gold suchen‹, sagt Herakleitos, ›graben viel Erde auf und finden wenig‹; diejenigen aber, die in der Tat zum ›goldenen Geschlecht‹ gehören und nach dem ihnen Verwandten schürfen, werden in wenigem viel finden. Denn finden wird meine Schrift den *einen* Leser, der sie versteht.« (IV. Buch 4, 1-2) »Die Teppiche legen also keinen Wert auf sorgfältige Gliederung oder auf den sprachlichen Ausdruck, das sie ja mit Absicht auch dem sprachlichen Ausdruck nach nicht wie die Griechen sein, sondern die Lehren in verborgener Weise hineinstreuen und nicht ganz offen an den Tag legen wollen, um auf diese Weise die Leser, wenn sich solche finden sollten, dazu anzuhalten, daß sie die Mühe nicht scheuen, sondern sich anstrengen, um etwas zu finden.« (VII. Buch 111, 3).

Auch Heine verwendet für seine asystematisch-assoziative Schreibweise immer wieder die Metapher des Webens; gemeinsam ist auch die antiklassische Tendenz im Insistieren auf der Differenz von sinnlicher Erscheinung und Bedeutung, manifestem und latentem Sinn.

6 Vgl. Heine, *Historisch-kritische Gesamtausgabe der Werke,* Bd. 6, bearbeitet v. Jost Hermand, Hamburg 1973, S. 395, und Jost Hermand, *Der frühe Heine,* München 1976, S. 35.

7 Charles Baudelaire, *Der Palimpsest,* in: ders., *Die künstlichen Paradiese,* Reinbek 1964, S. 108.

8 Dem Autor ist zwar viel daran gelegen, eine »weitschallende« Stimme zu haben, mit der er gegen die Unterdrücker »donnern«

kann, aber die Sprache des Werks, die es zu verstehen gilt, besteht offenbar nicht nur in dieser exoterischen politischen Rhetorik.

9 Ernst Elster in: Heine, *Sämtliche Werke*, Bd. 1 (1887), Leipzig, Wien o. J., S. 80 (Einleitung).

10 Vgl. dazu den Hinweis von Helmut Koopmann, *Heinrich Heine in Deutschland. Aspekte seiner Wirkung im 19. Jahrhundert*, in: *Nationalismus in Germanistik und Dichtung*, Berlin 1967, S. 315 (Fußnote 12). – Varnhagen führt den Begriff der Allegorie in seiner Besprechung nicht ein (ebensowenig übrigens wie den in den meisten anderen zeitgenössischen Rezensionen verwendeten Begriff des Humors). Seine Beschreibung trägt auch nicht die Züge des reduzierten Allegorie-Verständnisses der Goethezeit, eher antizipiert sie Merkmale des von Walter Benjamin entwickelten Allegorie-Konzepts.

11 Auch die aspektereiche Interpretation von Albrecht Betz (*Ästhetik und Politik*, München 1971) ist der Gefahr der Vereinfachung nicht entgangen. Es ist zwar richtig, daß Heines Allegorien einen konkretisierbaren politisch-geschichtsphilosophischen Gehalt besitzen, doch kann dieser so wenig mit Hegels Geschichtsphilosophie identifiziert werden – »Heine übernimmt diese teleologische Sicht und sucht, sie zu propagieren« (ebd., S. 119) – wie die Gestalt der »Madame« mit der Freiheit (ebd., S. 118). Als »programmatisch« (ebd., S. 118) im Sinne einer politischen Fortschrittskonzeption kann das *Buch Le Grand* nur interpretiert werden, wenn man entscheidende Teile des Textes als bloß »formal« motiviert preisgibt: »Mit einem Raisonnement über sein Elend kehrt im letzten, XX. Kapitel der Anfang und dessen ironisch gebrochene Klagestimmung wieder zurück; freilich nur, um formal den Kreis zu schließen, denn von einem Überwiegen der Resignation kann im ›Buch Le Grand‹ nicht die Rede sein« (ebd., S. 118). Weniger störend als die Tatsache, daß die Schlußbehauptung völlig ungedeckt bleibt, ist die stillschweigende Voraussetzung, zur Fortschrittsprogrammatik gebe es für den Autor und den Leser nur die Alternative des Versinkens in Resignation.

12 Elster, in: Heine, *Sämtliche Werke*, Bd. 1 (1887), Leipzig, Wien o. J., S. 80 ff. (Einleitung).

13 Erich Loewenthal, *Studien zu Heines »Reisebildern«*. Berlin, Leipzig 1922, S. 54-62. Elster verzeichnet den Nachweis im Kommentar seiner zweiten Heineausgabe, Bd. 4, S. 515.

14 *Heines Werke*, hg. v. Ernst Elster, 2. kritisch durchgesehene und erläuterte Ausgabe, Bd. 4, Leipzig 1925, S. 56 f.

15 Ebd., S. 57 f.

16 Vgl. Wilhelm Scherer, *Geschichte der deutschen Literatur*, Berlin 1883, S. 664: »[...] das Wirkliche wird durch ein nicht Wirkliches

ersetzt oder geschmückt; leblose Dinge werden belebt, lebende tot gedacht; Berge, Bäume, Paläste reden zum Dichter; Traum und Wirklichkeit vermischen sich; Dichter und Natur bespiegeln sich in einander; ein allgemeiner Schmerz blickt mit Vorliebe aus schwarzen Augen. Diese Blumen duften uns nicht mehr; sie sind so welk, wie nach einer durchschwärmten Nacht.« – Bei Karl Kraus werden die »Folgen« des Mißverstehens thematisch: *Heine und die Folgen,* München 1910.

17 Eine bedeutende Rolle spielt in diesem Prozeß die Herausbildung eines deutschen Nationalstaates und die mit ihr Hand in Hand gehende Monumentalisierung eines »klassischen Erbes«, das nun als gesicherter Besitz und normgebende Instanz betrachtet wird. Für Karl Goedeke ist Heines Prosatechnik ein rein äußerlich bedingtes Zeitphänomen, das nach der Aufhebung der Zensur und der Konsolidierung bürgerlich-parlamentarischer Redefreiheit obsolet erscheinen muß: »Sieht man gegenwärtig die Reihe seiner Schriften ruhig und unbefangen wieder durch, erschrickt man fast vor der geistigen Oede und Leerheit derselben und muß sich, um die Wirkung, die sie auf die Zeitgenossen gehabt haben, einigermaßen zu begreifen, daran erinnern, daß damals die Literatur der Stichwörter und Anspielungen im Schwunge war, die, wenn sie nur einen der vielen Gegenstände, welche der freien offenen Behandlung versagt waren, leicht anklingen ließ, ein vielstimmiges Echo fand. Sobald die Aufhebung der Censur den Schriftstellern, und die Freiheit der parlamentarischen Rede allen die unumwundene Erörterung aller politischen und kirchlichen Fragen gestattete, mußte die Geltung jener Literatur der Stichwörter und der Anspielungen und mit ihr die Wirkung Heines aufhören [...]« (Karl Goedeke, *Grundriß zur Geschichte der deutschen Dichtung,* 1881, zit. nach: Heinrich Heine. *Ein Arbeitsbuch mit Primärtexten und Materialien zur Rezeptionsgeschichte,* hg. v. Gerd Heinemann, Frankfurt a. M. 1976, S. 109).

18 Rahel. *Ein Buch des Andenkens für ihre Freunde,* Bd. 3, Berlin 1834, S. 445.

Die Bilder der Revolution.
Literarische Totenbeschwörung 1789-1848

Gedruckt in: Reinhard Urbach (Hg.), *Wien und Europa zwischen den Revolutionen (1789-1848),* 15. Wiener Europagespräch, Wien, München 1978, S. 72-99.

1 Karl Marx: *Der achtzehnte Brumaire des Louis Bonaparte,* in Marx/Engels, Werke, Bd. 8, 2. Aufl., Berlin 1969, S. 115.

2 Marx, ebd., S. 116.
3 D.h. den Revolutionen des 17. und 18. Jahrhunderts.
4 Marx, ebd., S. 116f.
5 Marx, ebd., S. 117.
6 Heinrich Heine, *Französische Maler,* in: Heine, *Sämtliche Schriften,* hg. v. Klaus Briegleb, Bd. 3, München 1971, S. 72f.
7 Eine von der hier vorgeschlagenen Interpretation abweichende Auslegung der folgenden Textstelle als zensurbewußter, ironisch-rhetorischer Camouflage bietet Dolf Oehlers interessanter Aufsatz *Heines Genauigkeit. Und zwei komplementäre Stereotypen über das Wesen der proletarischen Massen*, in: *Diskussion Deutsch* 8 (1977), S. 250-271 (besonders S. 257f.).
8 Heinrich Heine, *Lutetia* (Vorrede), in: Heine, *Sämtliche Schriften,* hg. v. Klaus Briegleb, Bd. 5, München 1974, S. 232. – Im Anschluß an den zitierten Passus heißt es: »Ach! das sehe ich alles voraus, und eine unsägliche Betrübnis ergreift mich, wenn ich an den Untergang denke, womit meine Gedichte und die ganze alte Weltordnung von dem Kommunismus bedroht ist – Und dennoch, ich gestehe es freimütig, übt derselbe auf mein Gemüt einen Zauber, dessen ich mich nicht erwehren kann, in meiner Brust sprechen zwei Stimmen zu seinen Gunsten, die sich nicht zum Schweigen bringen lassen [...]. [...] die erste dieser Stimmen ist die Logik – [...] kann ich der Prämisse nicht widersprechen: ›daß alle Menschen das Recht haben, zu essen‹, so muß ich mich auch allen Folgerungen fügen [...]. Und die zweite der beiden zwingenden Stimmen, von welchen ich rede, ist noch gewaltiger, als die erste, denn sie ist die des Hasses, des Hasses den ich jenem gemeinsamen Feinde widme, der den bestimmtesten Gegensatz zu dem Kommunismus bildet [...] – ich rede von der Partei der sogenannten Vertreter der Nationalität in Deutschland [...].« (S. 232f.)
9 Vgl. dazu Hans-Wolf Jäger, *Politische Metaphorik im Jakobinismus und im Vormärz,* Stuttgart 1971. – Ein eindrucksvolles Beispiel revolutionärer Naturmetaphorik gibt Georg Büchner mit Saint-Justs Rede im Nationalkonvent (*Dantons Tod* II, 7); vgl. Büchner, *Sämtliche Werke und Briefe,* hg. v. Werner E. Lehmann, Bd. 1, 2. Aufl., München 1974, S. 45.
10 Georg Forster, *Parisische Umrisse,* in: Forster, *Werke in vier Bänden,* hg. v. Gerhard Steiner, Bd. 3, Leipzig o.J., S. 731.
11 Zu den christlichen und den antiken (griechisch/römischen) Bildkomplexen vgl. von Hans-Wolf Jäger außer der in Anm. 9 genannten Untersuchung: *Politische Kategorien in Poetik und Rhetorik der zweiten Hälfte des 18. Jahrhunderts,* Stuttgart 1970. – Zu den wenig beachteten revolutionären Implikationen literarischer

Rückgriffe auf die germanische Vorzeit, die hier nicht berücksichtigt werden können, vgl. Gerhard Kaiser, *Pietismus und Patriotismus im literarischen Deutschland,* Frankfurt a.M. 1973, S. 284ff.: Klaus von See, *Die Ideen von 1789 und die Ideen von 1914,* Frankfurt a.M. 1975, S. 12ff. Die Tradition dieses »revolutionären Germanismus« hat in Einzelfällen auch die chauvinistischen Verzerrungen der Freiheitskriege überlebt; sie reicht von Klopstock, Schubart, Voß, Baggesen bis zu Heine und Moritz Hartmann (vgl. den Schluß von Heines *Zur Geschichte der Religion und Philosophie in Deutschland* und Hartmanns Gedicht *Deutsche Monumente*).

12 Hans Heinz Holz, *Vom Kunstwerk zur Ware,* Neuwied, Berlin 1972, S. 84.

13 Walter Benjamin, *Über den Begriff der Geschichte (XIV).* In: Benjamin, *Gesammelte Schriften,* hg. v. Rolf Tiedemann und Hermann Schweppenhäuser, Bd. 1/2, Frankfurt a.M. 1974, S. 701. Zum revolutionären Geschichtsbewußtsein vgl. auch Gustav Landauer, *Die Revolution,* Frankfurt a.M. 1907, S. 15ff. und 27ff.

14 Vgl. Max Horkheimer, *Egoismus und Freiheitsbewegung.* In: Horkheimer, *Kritische Theorie,* hg. v. Alfred Schmidt, Frankfurt a.M. 1968, Bd. 2, S. 13ff.

15 Lord Byron, *The Poetical Works,* London 1957, S. 242 (Strophe CXIV).

16 Zuerst in der *Harzreise;* vgl. Heine, *Sämtliche Schriften,* Bd. 2, München 1969, S. 133f., und vom Verf.: *Harzreise in die Zeit. Zum Funktionszusammenhang von Traum, Witz und Zensur in Heines früher Prosa,* in diesem Band, S. 7ff.

17 Dazu Paul Piur, *Cola di Rienzo,* Wien 1931, S. VII.

18 Heine, *Sämtliche Schriften,* Bd. 2, München 1969, S. 274f., (Kap. VIII).

19 Ebd., S. 276 (Kap. IX).

20 Ernst Moritz Arndt, *Ausgewählte Werke in sechzehn Bänden,* hg. v. Heinrich Meisner und Robert Geerds, Leipzig o.J., Bd. 13, S. 45f. (Sechstes Kapitel: »Von dem großen Tyrannen«.)

21 Hierzu und zum Folgenden vgl. Albert Mathiez, *Les origines des cultes révolutionnaires (1789-1792),* Paris 1904; Walter Friedländer, *Hauptströmungen der französischen Malerei von David bis Delacroix,* Köln 1977; David Lloyd Dowd, *Pageant-Master of the Republic. Jacques-Louis David and the French Revolution,* Lincoln/Nebraska 1948; Klaus Lankheit, *Jacques-Louis David »Der Tod Marats«,* Stuttgart 1962. – Übrigens folgt schon Heines Schilderung des Grabes auf St. Helena vorgeprägten Bildmotiven aus der St. Helena-Literatur und der Malerei der 20er Jah-

re; vgl. François Gérards sakral getönte Zeichnung »Das Grab von St. Helena«, wiedergegeben in: Heine, *Reisebilder,* Erster und Zweiter Teil, hg. v. G. A. E. Bogeng, Hamburg, Berlin 1922, nach S. 154.

22 Klaus Lankheit, *Jacques-Louis David »Der Tod Marats«,* Stuttgart 1962, S. 31. – Vgl. auch Joseph Görres, *Mein Glaubensbekenntnis* (1789), in: *Die Französische Revolution im Spiegel der deutschen Literatur,* hg. v. Claus Träger, Frankfurt a. M. 1975, S, 431 ff.

23 Geschrieben im Juni 1799, zuerst unter dem Titel *Der 17. Juli oder Charlotte Corday* im *Taschenbuch für 1801,* dann in erweiterter Form 1808 in *Dr. Katzenberger's Badereise* veröffentlicht, hier unter dem Titel *Über Charlotte Corday. Ein Halbgespräch am 17. Juli.*

24 Jean Paul, *Werke,* Berlin o. J., 24. bis 26. Teil, S. 223 und 231.

25 Friedrich Ohly, *Jean Pauls Legende von Charlotte Corday,* in: *Wissen aus Erfahrungen. Festschrift für Herman Meyer zum 65. Geburtstag,* hg. v. Alexander von Bormann, Tübingen 1976, S. 322-337; hier S. 327.

26 Ebd., S. 329.

27 Jean Paul, *Werke,* Berlin o. J., 24.-26. Teil, S. 233 f. und 242.

28 Vgl. Karl Marx' Schlußwort zur Vorrede seiner Dissertation: »Prometheus ist der vornehmste Heilige und Märtyrer im philosophischen Kalender.« In: Marx/Engels, *Werke,* Ergänzungsband, 1. Teil, Berlin 1968, S. 263.

29 Jean Paul, *Werke,* Berlin o. J., 24.-26. Teil, S. 231.

30 Ebd.

31 An anderer Stelle (im XXIX. Kapitel der *Reise von München nach Genua*) finden sich auch schon deutlichere politische Einschränkungen: »Ich bitte Dich, lieber Leser, halte mich nicht für einen unbedingten Bonapartisten; meine Huldigung gilt nicht den Handlungen, sondern nur dem Genius des Mannes. Unbedingt liebe ich ihn nur bis zum achtzehnten Brumaire – da verriet er die Freiheit. Und er tat es nicht aus Notwendigkeit, sondern aus geheimer Vorliebe für Aristokratismus.« (Heine, *Sämtliche Schriften,* Bd. 2, München 1969, S. 374 f.)

32 Ein mediokrer Historiker und Biograph Napoleons.

33 Heine, *Sämtliche Schriften,* Bd. 2, München 1969, S. 276, (Kap. IX).

34 Ebd., S. 282 f. (Kap. XI).

35 Vgl. Marx: *Der achtzehnte Brumaire des Louis Bonaparte,* in: Marx/Engels, *Werke,* Bd. 8, 2. Aufl., Berlin 1969, S. 115: »Hegel bemerkt irgendwo, daß alle großen weltgeschichtlichen Tatsachen und Personen sich sozusagen zweimal ereignen. Er hat vergessen

hinzuzufügen: das eine Mal als Tragödie, das andere Mal als Farce.«

36 Alfred Meißner, *Ziska* (1846), in: Meißner, *Gesammelte Schriften,* Bd. 18, Leipzig 1872, S. 340.

37 Ebd.

38 Ebd., S. 340f.

39 *Ein Hussitenlied* aus der Sammlung *Neuere Gedichte* (1847). In: Moritz Hartmann, *Gesammelte Werke,* Bd. 1, Stuttgart 1874, S. 180. – Vgl. auch den Zyklus *Aus Böhmen* in der Gedichtsammlung *Kelch und Schwert* von 1845.

40 Anastasius Grün, *Schutt* (1835), in: Grün, *Sämtliche Werke in zehn Bänden,* hg. v. Anton Schlossar, Leipzig o.J., Bd. 6, S. 78.

41 Ebd., S. 70.

42 Nikolaus Lenau, *Die Albigenser* (1842), in: Lenau, *Sämtliche Werke – Briefe,* hg. v. Hermann Engelhard, Stuttgart 1959, S. 771ff.

43 Ebd., S. 775f.

44 Ernst Fischer, *Nikolaus Lenau,* in: Fischer, *Von Grillparzer zu Kafka. Sechs Essays,* Frankfurt a.M. 1975, S. 68 und 133.

45 Vgl. Gustav Landauer, *Die Revolution,* Frankfurt a.M. 1907.

46 In der Prager Bethlehemskapelle der Hussiten. Vgl. dazu Horst Bredekamp: *Kunst als Medium sozialer Konflikte. Bilderkämpfe von der Spätantike bis zur Hussitenrevolution,* Frankfurt a.M. 1975, S. 249 und 275. Außerdem Jan Hus: *Schriften zur Glaubensreform und Briefe der Jahre 1414-1415,* hg. v. Walter Schamschula, Frankfurt a.M. 1969; Robert Kalivoda, *Revolution und Ideologie. Der Hussitismus,* Köln, Wien 1976.

47 *Wegbereiter der Reformation,* hg. v. Gustav Adolf Benrath, Bremen 1967, S. 355. – Jan von Chlums Antwort (ebenda, S. 355f.) enthält eine allegorische Auslegung des Traums im gleichen Geiste: »Hier folgt die Deutung des Traumes: Das Bild Christi an den Wänden des Hauses des Brotes [...] ist sein Leben, dem wir nachfolgen sollen. Desgleichen die Worte der heiligen, unzerstörbaren Schrift, die dort geschrieben stehen. Beides versuchen die Feinde des Kreuzes Christi unleserlich zu machen, und es erscheint vor den Menschen vergessen am Abend, wenn die Sonne der Gerechtigkeit von ihnen weicht, um der falschen Deutung willen, die sie mit ihrem mißlichen Lebenswandel geben. Aber am anderen Tage geht die Sonne der Gerechtigkeit auf, und die Prediger erneuern und malen beides noch schöner, und was ins Ohr geflüstert und gleichsam schon in Vergessenheit geraten ist, werden sie auf den Dächern predigen. Darum wird große Freude sein in der Gemeinde.«

48 Jacques-Louis David hat wie kein anderer Maler die öffentliche

Selbstdarstellung der Revolutionsepoche geprägt, nicht nur durch die von ihm inszenierten Massenrituale, sondern auch durch die heroische Gestik seiner Gemälde, die – wie der schon erwähnte *Ermordete Marat*, wie der *Schwur der Horatier*, der *Brutus*, der *Schwur im Ballhaus* – eine beispiellose Popularität weit über die Sphäre des Kunstsalons hinaus gewannen. Drei Zeugnisse zur Geschichte des Davidschen Ruhms, von deutschen Beobachtern stammend und verschiedene Epochen repräsentierend, mögen das belegen.

Der Bericht des deutschen Republikaners Gerhard Anton von Halem über seinen Besuch einer Aufführung des Voltaireschen *Brutus* im Revolutionsjahr 1790 zeigt David auf der Höhe seines Ruhms (Halem, *Blicke auf einen Teil Deutschlands, der Schweiz und Frankreichs bey einer Reise vom Jahre 1790*, Hamburg 1791; zitiert nach: *Briefe aus der Französischen Revolution*, ausgewählt, übersetzt und erläutert von Gustav Landauer, Frankfurt a.M. 1919, Bd. 1, S. 432):

»Am Schluß war ich frappiert, Davids Brutusgemälde hier auf der Bühne dargestellt zu finden. Brutus' letzte Worte, womit das Stück sich schließt, sind: ›Rom ist nun frei: das ist genug [...] den Göttern Dank!‹

Vanhove nahm ganz die Stellung, die Davids Brutus hat. Zugleich wurde des Sohnes Leiche im Fond übers Theater getragen. Jeder Pariser kennt Davids Gemälde. Jeder erkannte gleich die Absicht, den Künstler durch diese Darstellung öffentlich vor der Nation zu ehren. Allgemeines Applaudissement verstärkte diese Nationalfeier [...]«

Was den Augenzeugen der Ereignisse von 1790 noch »frappiert«: die Einheit von malerischer, theatralischer, politischer Gestik und Rhetorik, veranlaßt schon 15 Jahre später einen distanzierteren Betrachter, nämlich Goethe, zu der kritischen Bemerkung, daß Davids Römerdarstellungen, »gehoben durch Verwandtschaft mit den herrschenden politischen Tendenzen, mehr Beifall erhielten, als sie vielleicht ihrem inneren Kunstgehalt nach hätten erhalten sollen«. Goethes Fazit: »Wir möchten diesen Geschmack etwa den kriegerischen oder noch passender: den theatralischen nennen, weil in der Darstellung etwas Maskenhaftes herrscht und die Figuren sich wie Schauspieler gebärden.« (*Winckelmann und sein Jahrhundert*, in: Goethe, *Gesamtausgabe der Werke und Schriften*, Bd. 16, hg. v. Wolfgang Frhr. von Löhneysen, Stuttgart 1961, S. 215.)

Heine schließlich, der der Revolution und ihren Repräsentanten gewiß mehr Sympathien entgegenbrachte als Goethe, äußert aus der Distanz eines halben Jahrhunderts zum Revolutionsgeschehen ganz ähnliche Vorbehalte: »[...] die Gemälde des David und seiner Schüler (sind) nur das farbige Echo der republikanischen Tugendperiode, die in den imperialistischen Kriegsruhm überschlägt, und wir sehen hier eine forcierte Begeisterung für das marmorne Modell, einen abstrakten, frostigen Verstandesrausch, die Zeichnung korrekt, streng, schroff, die Farbe trüb, hart, unverdaulich: Spartanersuppen.« (Heinrich Heine, *Lutetia*, in: Heine, *Sämtliche Schriften*, Bd. 5, München 1974, S. 480)

49 Einige Belege für die topische Verwendung des Motivs im Zeitraum 1789-1848: 1790 schreibt Friedrich Daniel Schubart in seiner *Chronik*: »Auch die Franken werden den schönen Kampf kämpfen, den die alten Griechen gegen Persiens Heere, die alten Römer gegen die tausend Neider ihrer Freiheit, die alten Deutschen gegen Varus, die Schweizer gegen Österreich und Burgund, die Holländer gegen Spanien und die Amerikaner gegen die Briten kämpften.« (Schubart, *Werke*, hg. v. Ursula Wertheim und Hans Böhm, 3. Aufl., Berlin, Weimar 1965, S. 187.) – Karl Clauer 1791 in *Der Kreuzzug gegen die Franken. Eine patriotische Rede, welche in der deutschen Reichsversammlung gehalten werden könnte*: »Wenn das sklavische Frankreich unter Ludwig XIV., ohne die Hilfe der neu eroberten Provinzen, mit ganz Europa rang, was wird nicht das freie, an Land und Volk vergrößerte Frankreich vermögen? Unser Xerxe werden nicht mehr mit Sklaven eines Xerxes, sondern mit Römern und Griechen der Vorwelt zu kämpfen haben, und die Szenen von Marathon und Thermopylä werden sich erneuern [...]« (*Mainz zwischen Rot und Schwarz. Die Mainzer Revolution 1792-1793 in Schriften, Reden und Briefen*, hg. v. Claus Träger, Berlin 1963, S. 63.). – Friedrich Hölderlin in seinem *Hyperion* (1797-99): »[...] bald! in einer Woche vielleicht ist er befreit, der alte, edle, heilige Peloponnes. [...] ich möchte dieses werdende Glück nicht um die schönste Lebenszeit des alten Griechenlands vertauschen, und der kleinste unserer Siege ist mir lieber, als Marathon und Thermopylä und Platea.« (Hölderlin, *Sämtliche Werke*, hg. v. Friedrich Beißner, Bd. 3, Stuttgart 1958, S. 119.) – Jean Pauls Evokation des Leonidas von 1799 (in *Über Charlotte Corday*) wurde oben bereits zitiert; vgl. Anm. 23 und 29. – Aus dem Jahre 1814 stammt eine Tragödie von Wilhelm Blumenhagen mit dem Titel *Die Schlacht bei Thermopylä*. – Im Canto III von Lord Byrons *Don Juan* (1821) heißt es (Strophe LXXXVI):

Must *we* but weep o'er days more blest?
Must *we* but blush? – Our fathers bled.
Earth! render back from out thy breast
A remnant of our Spartan dead!

Of the three hundred grant but three,
To make a new Thermopylae!

(Lord Byron, *The Poetical Works,* London 1957, S. 695.) – Wilhelm Müllers *Lieder der Griechen* (1821-24) enthalten neben zahlreichen Anspielungen auf das Motiv auch ein Gedicht, das »Thermopylä« im Titel trägt:

Heil! Heil! Nie wird Thermopylä den Sieg der Sklaven sehn.
Heil! Ewig wird Thermopylä, ein Hort der Freiheit, stehn.
Da kreist er mit dem Flammenschwert als Wächter um den Paß,
Den er mit seinem Blut gefeit, der Held Leonidas,
Und hinter ihm die ganze Schar der Treuen bis zum Tod,
Mit grünen Kränzen auf dem Haupt, die Brust ganz purpurrot.
Nun rottet euch zusammen nur, ihr Sklaven und ihr Herrn!
Ihr Söldnerhorden, zieht heran, heran von nah und fern!

(Wilhelm Müller, *Gedichte,* Halle o. J., S. 259.) – Herweghs Gedicht *Zuruf* von 1841 mit der Prophezeiung eines neuen Thermopylae wird weiter unten zitiert; vgl. Anm. 53. – Bei Friedrich Engels heißt es 1848 (*Von Paris nach Bern*): »[...] Paris, eine Stadt, [...] deren Bevölkerung die Leidenschaft des Genusses mit der Leidenschaft der geschichtlichen Aktion wie nie ein andres Volk vereinigt, deren Bewohner zu leben wissen wie der feinste Epikureer Athens und zu sterben wie der unerschrockenste Spartaner, Alcibiades und Leonidas in *einem* [...].« (Marx/Engels, *Werke,* Bd. 5, 6. Aufl., Berlin 1973, S. 464.)

50 Vgl. dazu M. E. J. Delécluze, *Louis David. Son école et son temps,* Paris 1855, S. 217-245 und 328-361; und Friedrich Sieburg, *Napoleon,* 5. Aufl., München 1977, S. 295 ff.

51 Vgl. Richard Cantinelli, *Jacques-Louis David 1748-1825,* Paris, Bruxelles 1930, S. 113. Hier ist auch das Bild wiedergegeben (Pl. LXXVII).

52 Heinrich Heine, *Ludwig Börne. Eine Denkschrift.* In: Heine, *Sämtliche Schriften,* Bd. 4, München 1971, S. 125 f.

53 Georg Herwegh, *Werke,* hg. v. Hans-Georg Werner, Berlin, Weimar 1967, S. 64 f.

54 Marx/Engels, *Werke,* Bd. 8, 2. Aufl., Berlin 1969, S. 116.

55 Heinrich Heine, *Geständnisse,* in: Heine, *Sämtliche Schriften,* Bd. 6, 1. Teilband, München 1975, S. 464 f.

56 Charles Baudelaire, *Salon de 1846* (Chap. XVIII: De l'héroïsme de la vie moderne). In: Baudelaire, *Œuvres,* hg. v. Y.-G. Le Dantec, Paris 1956, S. 678. – Baudelaires Verhältnis zum revolutionären und frühsozialistischen Denken untersucht Dolf Oehler in: *Die antibourgeoise Ästhetik des jungen Baudelaire. Untersuchungen zum »Salon de 1846«,* Diss. Frankfurt a. M. 1975. – Der geschichts-

philosophische Hintergrund von Baudelaires Bemerkungen zum bürgerlichen dunklen Anzug als »pelure du héros moderne« und als »habit nécessaire de notre époque« ergibt sich aus den einleitenden Absätzen des Kapitels:

»Beaucoup de gens attribueront la décadence de la peinture à la décadence des mœurs. Ce préjugé d'atelier, qui a circulé dans le public, est une mauvaise excuse des artistes. Car ils étaient intéressés à représenter sans cesse le passé; la tâche est plus facile, et la paresse y trouvait son compte. Il est vrai que la grande tradition s'est perdue, et que la nouvelle n'est pas faite.

Qu'était-ce que cette grande tradition, si ce n'est l'idéalisation ordinaire et accoutumée de la vie ancienne; vie robuste et guerrière, état de défensive de chaque individu qui lui donnait l'habitude des mouvements sérieux, des attitudes majestueuses ou violentes. Ajoutez à cela la pompe publique qui se réfléchissait dans la vie privée. La vie ancienne *représentait* beaucoup; elle était faite surtout pour le plaisir des yeux, et ce paganisme journalier a merveilleusement servi les arts. Avant de rechercher quel peut être le côté épique de la vie moderne, et de prouver par des exemples que notre époque n'est pas moins féconde que les anciennes en motifs sublimes, on peut affirmer que puisque tous les siècles et tous les peuples ont eu leur beauté, nous avons inévitablement la nôtre. Cela est dans l'ordre.« (Ebd., S. 677.)

Chiffre, Hieroglyphe, Palimpsest.
Vorformen tiefenhermeneutischer und intertextueller Interpretation im Werk Heines.

Gedruckt in: Ulrich Nassen (Hg.), *Texthermeneutik. Aktualität, Geschichte, Kritik,* Paderborn 1979, S. 149-193.

1 Vgl. dazu M. Frank, *Das individuelle Allgemeine,* Frankfurt 1977, S. 351 ff., und den Beitrag von dems. und von N. W. Bolz in Ulrich Nassen (Hg.), a. a. O.

2 In die folgende Darstellung sind Teile zweier bereits publizierter Untersuchungen des Verfassers eingegangen: *Harzreise in die Zeit* und: *Die verlorene Augensprache*, in diesem Band, S. 7 ff. und S. 58 ff.

3 Zu weiteren Details vgl. *Harzreise in die Zeit.*

4 Vgl. dazu W. Maiers ausgezeichnete Studie *Leben, Tat und Reflexion,* Bonn 1969 (S. 131), der meine Darstellung auch im Folgenden zahlreiche Anregungen verdankt.

5 Vgl. dazu den Diskussionsbeitrag von J. Taubes in: *Die nicht mehr schönen Künste (= Poetik und Hermeneutik III)*, hg. v. H. R. Jauß, München 1968, S. 718.

6 1 Korinther 13, 9-12.

7 Eine spielerische Variante des gleichen Verfahrens findet sich im XV. Kapitel, wo der Erzähler in Anlehnung an die Auslegungen des Hohen Liedes durch die Kirchenväter die abweisende Geliebte seiner Jugendgedichte und -dramen als Präfiguration seines neuen Idols, der Vernunft, interpretiert. Vgl. II 300.

8 In diesen Zusammenhang gehört auch die frühe Polemik gegen Savigny in den *Briefen aus Berlin* (II 10).

9 IV 44: »Die merkwürdigsten Worte des neuen Testaments sind für mich die Stelle im Evangelium Johannis, Kap. 16, V. 12. 13. [...] Das letzte Wort ist also nicht gesagt worden, und hier ist vielleicht der Ring, woran sich eine neue Offenbarung knüpfen läßt. Sie beginnt mit der Erlösung vom Worte, macht dem Märtyrtum eine Ende und stiftet das Reich der ewigen Freude: das Millennium. Alle Verheißungen finden zuletzt die reichste Erfüllung.« – Vgl. dazu auch Börnes Essay *Altes Wissen, neues Leben*, der das gleiche Motiv enthält.

10 IV 49: »Die Welt bleibt, nicht im starren Stillstand, aber im erfolglosesten Kreislauf.«

11 IV 325: »Auf diesem Felsen bauen wir / Die Kirche von dem dritten, / Dem dritten neuen Testament; / Das Leid ist ausgelitten.«

12 IV 328: »Es ziehen die brausenden Wellen / Wohl nach dem Strand; / Sie schwellen und zerschellen / Wohl auf dem Sand.« – »Die Wellen, die wandern und schäumen.«

13 Es ist erstaunlich, daß Walter Benjamin bei der Suche nach Umbildungen der barocken Allegorie zwar auf Jean Paul und die Romantik, nie aber auf den späten Heine gestoßen ist. Vgl. dazu W. Benjamin, *Ursprung des deutschen Trauerspiels*, Frankfurt 1963, S. 210. Seine Beschreibung allegorischer Schauplätze trifft Heines Ruinenlandschaften bis ins Detail: »Wenn mit dem Trauerspiel die Geschichte in den Schauplatz hineinwandert, so tut sie es als Schrift. Auf dem Antlitz der Natur steht ›Geschichte‹ in der Zeichenschrift der Vergängnis. Die allegorische Physiognomie der Natur-Geschichte, die auf der Bühne durch das Trauerspiel gestellt wird, ist wirklich gegenwärtig als Ruine. Mit ihr hat sinnlich die Geschichte in den Schauplatz sich verzogen. Und zwar prägt, so gestaltet, die Geschichte nicht als Prozeß eines ewigen Lebens, vielmehr als Vorgang unaufhaltsamen Verfalls sich aus.« (S. 197)

14 W. Benjamin, *Ursprung des deutschen Trauerspiels*, a. a. O., S. 203.

15 Ebd., S. 183. – Eine Trümmerlandschaft als Allegorie der Geschichte hat Karl August Varnhagen von Ense schon in den Ideen- und Bildcollagen von Heines zweitem Reisebilder-Band gesehen, der auch das *Buch Le Grand* enthält. Seine Charakteristik (II 785) nimmt Benjamins Beschreibungen stellenweise bis in den Wortlaut vorweg: »Es ist, als ob nach einem großen Sturme, der den Ozean aufgewühlt, die Sonne mit ihren glänzenden Strahlen die Küsten beleuchtete, wo die Trümmer der jüngsten Schiffbrüche umherliegen, Kostbares mit Unwertem vermischt, des Dichters eigner ehemaliger Besitz und die Güter des geistigen Gemeinwesens, dem er selber angehört, alles untereinander. [...] Der Lebensgehalt europäischer Menschen, wie er sich als Wunsch, als Seufzer, als Verfehltes, Unerreichtes, als Genuß und Besitz, als Treiben und Richtung aller Art darstellt, ist hier in gediegenen Auszügen ans Licht gebracht.«

16 Die extreme Künstlichkeit und der Montagecharakter dieser Art von Poesie hat noch zu Beginn dieses Jahrhunderts Charles Andler bewogen, das Gedicht *Für die Mouche* (VI/I 345 ff.) Heine ab- und seinem Bekannten Alfred Meißner zuzusprechen (*D'un faux dans l'œuvre lyrique de Heine*, in: *Revue germanique* 2/1906, S. 332-376).

17 W. Benjamin, *Ursprung des deutschen Trauerspiels*, a.a.O., S. 202.

18 Mit dem in den »Historien« und »Lamentationen« des *Romanzero*, den Lazarus-Gedichten und den *Geständnissen* hervortretenden Geschichtsbild ist die aktivistische Komponente in Heines Geschichtsbild der dreißiger Jahre ebenfalls negativiert; das anarchistische Moment des individuellen »Sichgeltendmachens« bleibt als poetischer Gestus der Klage und der Blasphemie erhalten.

19 Vgl. dazu W. Kuttenkeuler, *Heinrich Heine*, Stuttgart 1972, S. 31 ff.

20 Vgl. dazu E. Auerbach, *Figura*, in: E. A., *Gesammelte Aufsätze zur romanischen Philologie*, Bern, München 1967, S. 68 f.

21 Diese Arbeit am Material wird von Heine als »Wahl« und »Verbindung« der Zeichen, im Falle des Dichters also der »Töne« und »Worte« charakterisiert. Linguistisch gesehen entsprechen diese Tätigkeiten der Selektion der Wörter aus dem sprachlichen Paradigma und ihrer Kombination zum Syntagma. In Schleiermachers Hermeneutik entsprechen diesen Aspekten der sprachlichen Produktion die im ersten und zweiten Kanon beschriebenen Tätigkeiten des Interpreten. Vgl. dazu P. Szondi, *Schriften II*, Frankfurt a.M. 1978, S. 118 f.

22 Vgl. Platon, *Ion*, hg. v. H. Flashar, München 1963, S. 17 ff.

23 Insofern der vom Weltgeist Bewegte seinerseits bewegend und verändernd auf die Welt einwirkt, kann auch die Welt als »Signatur des Wortes« (s. weiter unten) erscheinen.

24 Dazu W. Preisendanz, *Heinrich Heine,* München 1973, S. 43 f.

25 Vgl. dazu auch die *Briefe aus Berlin* (II 14) und meinen Aufsatz *Die verlorene Augensprache.*

26 Sowohl in der Annahme einer esoterisch/exoterischen Doppelstruktur wie in der Betonung des »futurischen« Fragmentcharakters der Werke tritt Heines antiklassische Tendenz zutage; das romantische Erbe ist trotz der Politisierung zentraler Konzepte noch leicht erkennbar.

27 Auch hier ergeben sich Analogien zur christlich-romanischen Literatur, etwa zur esoterischen Poetik und Hermeneutik der frühen Kirchenväter. Vgl. Clemens von Alexandreia, *Teppiche wissenschaftlicher Darlegungen entsprechend der wahren Philosophie* (Stromateis), Bd. 1-3, München 1936-38, IV. Buch 4, 1-2 und VII. Buch 111,3: »Unsere Abhandlungen sollen aber [...] wegen der Leser, die hemmungslos und unvorbereitet darüber kommen, wie schon ihr Name sagt, Teppichen gleich bunt zusammengefügt sein; sie sollen in ununterbrochenem Wechsel von einem Gegenstand auf den anderen übergehen und im Laufe der Darstellung oft einen anderen Sinn in sich schließen, als die Worte zunächst kundtun. ›Die nämlich, die nach Gold suchen‹, sagt Herakleitos, ›graben viel Erde auf und finden wenig‹; diejenigen aber, die in der Tat zum ›goldenen Geschlecht‹ gehören und nach dem ihnen Verwandten schürfen, werden in wenigem viel finden.« – »Die Teppiche legen also keinen Wert auf sorgfältige Gliederung oder auf den sprachlichen Ausdruck, da sie ja mit Absicht auch dem sprachlichen Ausdruck nach nicht wie die Griechen sein, sondern die Lehren in verborgener Weise hineinstreuen und nicht ganz offen an den Tag legen wollen, um auf diese Weise die Leser, wenn sich solche finden sollten, dazu anzuhalten, daß sie die Mühe nicht scheuen, sondern sich anstrengen, um etwas zu finden.«

28 Vgl. Shaftesbury, *Sensus communis: An Essay on the Freedom of Wit and Humour* (1709), in Shaftesbury, *Characteristics of Men, Manners, Opinions, Times,* hg. v. J. M. Robertson, Bd. 1, New York 1964, S. 50. – Diderot, *Discours sur la poésie dramatique* (1758), in: *Œuvres esthétiques,* hg. v. P. Vernière, Paris 1965, S. 260. – Herder (über Johann Valentin Andreae, 1793), *Zerstreute Blätter, 5. Sammlung,* in: Herder, *Werke,* Berlin o. J. (Hempel), Bd. 15, S. 247 f.

29 Heine, *Briefe* 1831-1841 (= *Säkularausgabe* Bd. 21), Berlin, Paris 1970, S. 345 f.

30 Vgl. dazu etwa II 682: »Die Gelehrten verklausulierten sich mehr als je in ihre scholastischen Formeln, in ihre sogenannte Wissenschaftssprache, welche die Schergen der Polizei nicht verstanden, ja sogar manchmal für Exorzismusworte hielten wodurch der revolutionäre Geist gebannt werden könne, wie es z. B. dem preußischen Minister Altenstein erging, der den Hegel in so hohem Grade nicht verstand, daß er ihn protegierte.«

31 Die Differenz des Heineschen und des Börneschen Radikalismus hat hier ihren sachlichen Grund.

32 Vgl. vor allem *Elementargeister* und *Die Götter im Exil* (passim).

33 Interessant ist für Heine das unbewußte Schaffen also nicht als Geniequalität im Sinne der traditionellen Enthusiasmus-Theorien, sondern als die Fähigkeit, das geschichtlich Verdrängte aus dem Unbewußten wieder in die Aktualität zu heben. Schon für Heine gilt eine Bemerkung Odo Marquards über Freuds Tiefenpsychologie, daß nämlich »nicht der Begriff des Unbewußten der entscheidende Begriff ist. [...] Der Verdrängungsbegriff ist bedeutsamer. Auf dem Umweg besonders über seine englische Übersetzung ›repression‹ läßt er sich mit den Unterdrückungsbegriffen revolutionärer Theorien in Zusammenhang bringen. So könnte [...] aktueller sein als die [...] Verbindung Freuds mit der Romantik seine Verbindung mit Marx.« (*Die nicht mehr schönen Künste,* München 1968, S. 389)

34 Vgl. IV 646: »[...] ces rêves d'un autre temps ne sont pas perdus tout à fait, [...] ce sont les traditions et les légendes populaires [...].« Auch II 331: »Es geht den Dichtern wie den Träumern, die im Schlafe dasjenige innere Gefühl, welches ihre Seele durch wirkliche äußere Ursachen empfindet, gleichsam maskieren, indem sie an die Stelle dieser letzteren ganz andere äußere Ursachen erträumen, die aber in so fern ganz adäquat sind, als sie dasselbe Gefühl hervorbringen.«

35 *Begegnungen mit Heine,* hg. v. M. Werner, Bd. 2, Hamburg 1973, S. 108.

36 Vgl. IV 141 und VI/I 346.

37 Vgl. Heines Beschreibung der mittelalterlichen Kunst, III 367f.

38 Es dürfte kein Zufall sein, daß in Freuds tiefenpsychologischer Hermeneutik archäologische Metaphorik (etwa das Bild Pompejis) eine wichtige Rolle spielt und daß er in seinem rückblickenden Aufsatz »Zur Vorgeschichte der analytischen Technik« auf den bleibenden Eindruck eines Börneschen Aufsatzes (*Die Kunst, in drei Tagen ein Originalschriftsteller zu werden*) verweist, in dem die menschliche Psyche mit einem Palimpsest verglichen wird. Hierzu und zu weiteren Belegen in der Literatur der Zeit vgl. vom Verf.: *Harzreise in die Zeit.*

39 Das Motiv wird bei Thomas de Quincey und seinem Übersetzer Baudelaire (*Les paradis artificiels*) in Richtung auf eine Psychologie, Poetik und Hermeneutik der Moderne weitergebildet; vgl. de Quincey *Bekenntnisse eines englischen Opiumessers* (etc), Stuttgart 1962, S. 224 ff. (»Der Palimpsest«):
»Was ist das menschliche Gehirn anders als ein kolossaler Palimpsest? Mein Gehirn ist ein solcher Palimpsest. Und dein Gehirn, o Leser, ist ebenfalls in kolossaler Palimpsest. Beständig sind Schichten von Gedanken, Bildern, Gefühlen sanft wie Licht auf dein Gehirn niedergesunken. Es schien, jede neue Schicht verdecke alle tieferen für immer. Und doch ist in Wirklichkeit keine ausgelöscht worden. [...]
Ja, lieber Leser, die Engramme der Freude und des Schmerzes, die sich eines nach dem andern in den Palimpsest deines Hirns eingraben, sind unendlich an Zahl. Und wie beim herbstlichen Laubfall in den Wäldern, bei der Schneeschmelze im Himalaya oder beim Licht, auf das anderes Licht fällt – haben die unzähligen Schichtungen sich überlagert bis zur Unkenntlichkeit. Und in der Todesstunde, im Fieberdelirium und in den Heimsuchungen des Opiums kommen sie alle in ungebrochener Stärke wieder zum Vorschein. Sie waren nicht tot, sie schliefen nur. Beim Palimpsest, von dem ich vergleichsweise sprach, war die griechische Tragödie scheinbar, aber nicht wirklich, von der Mönchslegende verdrängt worden; die Mönchlegende war scheinbar, aber nicht wirklich, durch den Ritterroman verdrängt. In den vehementen Umwälzungen des Systems rollt alles zurück bis in die frühesten Urstadien des Gedächtnisses. Der verwirrend-süße Roman mit seinen Lichtern, seinen Schatten; die halb fabulöse Legende, in der sich himmlische Wahrheit und menschlicher Irrtum wundersam mischten – sie welken dahin, das Leben braucht nur einen Schritt vorwärts zu tun. Der Roman, der den jungen Mann entzückte, starb. Die Legende, die den Knabentraum beflügelte, verfiel. Aber wenn sich die Hand des Kindes für immer vom Hals der Mutter löst, wenn es die schwesterlichen Küsse nicht mehr auf seinen Lippen fühlt – diese tiefen, tiefen Tragödien dauern unter allen Überlagerungen aus und bleiben lebendig bis zuletzt. Keine Alchimie der Leidenschaft oder der Krankheit kann diese unsterblichen Gravuren tilgen.« – Eine verwandte Topographie der Psyche findet sich bei Heine auch schon in der dritten Abteilung der *Nordsee* (II 224).

40 Heines *Hebräische Melodien* sind Poesien der gespaltenen Identität: *Prinzessin Sabbat* stellt die Existenz des Juden in der Dichotomie von Werktag und Feiertag, Leben als Hund und Leben als Königssohn dar. Die Identität des Jehuda ben Halevy (in dem Heine sich

wiedererkennt) hat die Doppelstruktur des Textes der Thora: Wie diese in *Halacha und Hagada* (VI/I 132) zerfällt, so teilt sich Jehudas Identität in die des Schriftgelehrten und des Poeten.

Ästhetik des Arrangements.
Zu Heines »Buch der Lieder«

Gedruckt in: Text und Kritik, 18/19, 4. Aufl. 1982, S. 16-32.

1 HS XXIII, 192f. – Alle Briefzitate unter Angabe von Bandnummer und Seitenzahl nach Heinrich Heine, *Säkularausgabe. Werke – Briefwechsel – Lebenszeugnisse,* hg. von den Nationalen Forschungs- und Gedenkstätten der klassischen deutschen Literatur in Weimar u. dem Centre National de la Recherche Scientifique in Paris, Berlin, Paris 1970ff. (Briefe: Bd. XXff.).

2 HS XXIII, 221.

3 Vgl. die Stichworte »Anordnung« und »Zyklus« in *Dichter über ihre Dichtungen: Heinrich Heine,* hg. v. N. und R. Altenhofer, Bd. 3, S. 459 und 516.

4 Karl Kraus, *Heine und die Folgen,* München 1910. – Rudolf Borchardt (Hg.), *Ewiger Vorrat deutscher Poesie,* München 1926 (Nachwort). – Theodor W. Adorno, *Die Wunde Heine,* in: Th. W. A., *Noten zur Literatur I*, Frankfurt/M. 1958, S. 114-152. – Walther Killy, *Wandlungen des lyrischen Bildes,* Göttingen 1956.

5 Die 1. Auflage des ersten Teils der *Reisebilder* enthielt die Zyklen *Die Heimkehr* und *Die Nordsee, Erste Abteilung,* die 2. Auflage (1830) außer einer (um die großen Gedichte im Anhang) reduzierten Fassung der *Heimkehr* und den ersten *Nordsee*-Zyklus auch deren zweite Abteilung. In der 2. Auflage des zweiten Teils der *Reisebilder* (1831) ist die zweite Abteilung der *Nordsee* durch den Zyklus *Neuer Frühling* ersetzt.

6 Vgl. dazu Klaus Briegleb in Bd. I, S. 655ff. seiner Ausgabe von Heines *Sämtlichen Schriften,* München 1968ff. (Im folgenden zitiert unter Angabe von Bandnummer und Seitenzahl.)

7 Der Band wurde schon Ende 1821 ausgeliefert.

8 Vgl. Manfred Windfuhr, *Heine und der Petrarkismus,* in: Jahrbuch der Deutschen Schillergesellschaft 10 (1966), S. 266-285. Windfuhrs grundlegender Aufsatz wird zum Teil auch in neueren Untersuchungen des *Buch der Lieder* noch ignoriert; vgl. etwa Gertrud Waseem, *Das kontrollierte Herz. Die Darstellung der Liebe in Heinrich Heines ›Buch der Lieder‹*, Bonn 1976.

9 Die Ablösung vom einmaligen individuellen Erlebnis und die kri-

tische Selbstreflexion werden in den *Neuen Gedichten* radikalisiert. In den Zyklen *Neuer Frühling* und *Verschiedene* ist die Liebeserfahrung durchgehend von der Struktur der Wiederholung (als Variation oder Reproduktion eines vorgegebenen ›Textes‹) bestimmt; der Subzyklus *Schöpfungslieder* faßt poetische Kreativität nicht mehr als originales Schöpfertum, sondern als künstlerische Gestaltung des bereits Geformten; die *Zeitgedichte* konfrontieren den poetischen Anspruch erstmals explizit mit der konkreten historisch-gesellschaftlichen Realität und thematisieren damit den politischen Aspekt der schon für das *Buch der Lieder* charakteristischen Reflexion auf das lyrische Medium. Im *Romanzero* erscheint Geschichte insgesamt nur noch als ›Text‹, das individuelle Leben als ein Agieren in aufgezwungenen überlieferten Rollen (Lazarus), das politische Geschehen als korrumpiertes und korrumpierendes Plagiat vorgegebener mythischer oder historischer Muster. Die formale Struktur dieser Entwicklung ist schon im *Buch der Lieder* angelegt.

10 I, 9.

11 Ebd.

12 Windfuhr, *Heine und der Petrarkismus,* a. a. O., S. 267.

13 I, 9.

14 Zur Frage der literarischen Vorbilder vgl. Erich Loewenthal, *Studien zu Heines ›Reisebildern‹,* Berlin, Leipzig 1922, S. 15 ff.

15 HS XX, 272.

16 HS XX, 276. – Als »colossale Epigramme« hat Varnhagen die *Nordsee*-Gedichte bezeichnet.

17 »Eben dieser große und nahe Anteil, den das eigene *Selbst* des Dichters an diesem und noch einigen andern Liedern dieser Sammlung hatte, erklärt uns beiläufig, warum wir in diesen Liedern so übertrieben oft an *ihn* selbst, den Verfasser, erinnert werden.« (Friedrich Schiller, *Gedichte von G. A. Bürger,* in: F. S., *Sämtliche Werke,* hg. v. Fritz Strich, Leipzig o. J., Bd. 12, S. 268.)

18 J. W. Goethe, *West-östlicher Divan. Gesamtausgabe,* hg. v. Hans-J. Weitz, Frankfurt/M. 1972, S. 73.

19 Vgl. dazu vom Verf. *Poesie als Auslegung,* in: *Für Rudolf Hirsch. Zum siebzigsten Geburtstag am 22. Dezember 1975,* Frankfurt/M. 1975, S. 108-132.

20 I, 20.

21 I, 36.

22 I, 42.

23 I, 64.

24 I, 75.

25 I, 103.

26 I, 106f.

27 Durch die Datierung der einzelnen Zyklen auf den Zwischentiteln – *Junge Leiden.* 1817-1821/*Lyrisches Intermezzo.* 1822-1823/*Die Heimkehr.* 1823-1824/*Aus der Harzreise.* 1824/*Die Nordsee.* 1825-1826 – hat Heine die historisierende Tendenz noch verstärkt.

28 I, 149.

29 HS XX, 174.

30 Vgl. dazu vom Verf. *Poesie als Auslegung,* a.a.O., S. 112f. und 130.

31 I, 129f.

32 HS XX, 61f.

33 Karl Immermann, *Vaterländische Literatur. Ein Brief statt einer Rezension,* in: *Rheinisch-Westfälischer Anzeiger (Kunst- und Wissenschaftsblatt),* vom 31. 5. 1822, Sp. 362-365 (Zitat: Sp. 363f.).

34 I, 130.

35 Ebd. – Für die zentrale Bedeutung dieses Gedichts spricht auch die Tatsache, daß es als Nr. 44 die Mitte des 88 Gedichte umfassenden *Heimkehr*-Zyklus bildet.

36 II, 300.

37 I, 137.

38 I, 97.

39 I, 137.

40 I, 120.

41 HS XX, 250.

42 Ebd.

43 HS XX, 249f.

44 I, 180.

45 HS XX, 91f.

46 I, 209ff.

47 I, 211.

48 Ebd.

49 Vgl. 1 Mos. 1,27 und 2,22.

50 IV, 358: »Der Stoff gewinnt erst seinen Wert/Durch künstlerische Gestaltung.« Gegenüber dem planenden und konstruierenden Moment wird der eigentliche Akt des Schaffens sogar als vorkünstlerisch abgewertet: »Das Schaffen selbst ist eitel Bewegung,/Das stümpert sich leicht in kurzer Frist. [...]« (IV, 357).

Die exilierte Natur.
Kulturtheoretische Reflexionen im Werk Heines.
Gedruckt in: Helmut Brackert und Fritz Wefelmeyer (Hg.), *Naturplan und Verfallskritik. Zu Begriff und Geschichte der Kultur,* Frankfurt a.M. 1984, S. 180-211.

1 II, 10. – Heine wird – unter Angabe von Band und Seitenzahl – zitiert nach der von Klaus Briegleb herausgegebenen Ausgabe der *Sämtlichen Schriften,* Bd. 1-6 (= 1-VI/1 und VI/2), München 1968-76.
2 Vgl. dazu Odo Marquard, *Zur Bedeutung der Theorie des Unbewußten für eine Theorie der nicht mehr schönen Künste,* in: *Die nicht mehr schönen Künste. Grenzphänomene des Ästhetischen,* hg. v. H. R. Jauß, München 1968. Heine wird bei Marquard nicht erwähnt; sein Einfluß auf Nietzsche und Freud dürfte größer sein als bisher in der Forschung angenommen.
3 I, 399f.
4 August Wilhelm Schlegel, *Geschichte der romantischen Literatur* (= *Kritische Schriften und Briefe,* hg. v. Edgar Lohner, Bd. 4), Stuttgart 1965, S. 14.
5 I, 401.
6 Vgl. ebd.
7 I, 400.
8 Ebd.
9 Ebd.
10 III, 46f.
11 III, 45f.
12 III, 72f.
13 III, 73.
14 G. W. F. Hegel, *Werke* (= Theorie-Werkausgabe), Frankfurt a.M. 1970, Bd. 13, S. 24.
15 Ebd., S. 25f.
16 Ebd., Bd. 14, S. 235f.
17 Ebd., Bd. 13, S. 25.
18 Ebd., S. 24.
19 I, 545.
20 Ebd.
21 III, 691.
22 VI/1, 406.
23 VI/1, 407f.
24 III, 522f.
25 III, 571.
26 III, 567.

27 III, 529 f.
28 IV, 18.
29 Ebd.
30 I, 545.
31 III, 638 ff.
32 III, 521.
33 III, 619.
34 Ebd.
35 III, 536.
36 III, 538.
37 III, 535 f.
38 III, 531 f. und IV, 49.
39 IV, 125.
40 IV, 140.
41 IV, 358 f.
42 Zu diesem Zusammenhang vgl. vom Verf.: *Ästhetik des Arrangements, Zu Heines »Buch der Lieder«*, in diesem Band, S. 154 ff.
43 IV, 356 ff.
44 Vgl. 1. Mose 1,27: »Vnd Gott schuff den Menschen Jm zum Bilde / zum Bilde Gottes schuff er jn / vnd schuff sie ein Menlin vnd Frewlin.« – 1. Mose 2,7 und 2,21 f.: »Vnd Gott der Herr machet den Menschen aus dem Erdenklos / vnd er blies jm ein den lebendigen Odem in seine Nasen / vnd also ward der Mensch eine lebendige Seele.« – »Da lies Gott einen tieffen Schlaff fallen auff den Menschen / vnd er entschlieff. Vnd nam seiner Rieben eine / vnd schlos die stet zu mit Fleisch. Vnd Gott der Herr bawet ein Weib aus der Riebe / die er von dem Menschen nam / vnd bracht sie zu jm.« – Der Gedanke des der Schöpfung vorangehenden Planes lehnt sich an die Sprüche Salomonis 8,22-31 an. Zitate nach Luther; *Biblia: Das ist die gantze Heilige Schrifft*, Bd. 1-3, hg. v. Hans Volz, München 1974.
45 VI/1, 646 f.
46 VI/1, 646.
47 Jean Seznec, *The Survival of the Pagan Gods. The Mythological Tradition and Its Place in Renaissance Humanism and Art*, Princeton 1972. S. 319 f. (Übers. v. Verf.).
48 III, 395 f.
49 Seznec, s. Anm. 47, S. 320 f.
50 Ebd., S. 322.
51 III, 393.
52 VI/1, 345 f. – Es handelt sich um das wahrscheinlich letzte Gedicht Heines.
53 VI/1, 349.

54 Ebd.
55 A. Schopenhauer, *Sämtliche Werke,* Bd. 2, Berlin o. J., S. 307 (§ 52).
56 Odo Marquard, *Zur Bedeutung der Theorie des Unbewußten für eine Theorie der nicht mehr schönen Kunst,* s. Anm. 2, S. 385.
57 Ebd.

Rabbi Faibisch Apollo.
Zum Spiel der Identitäten in Leben und Werk Heinrich Heines.

Gedruckt in: Norbert Altenhofer, Renate Heuer (Hg.), Jahrbuch Arch. Bibliographia Judaica 1 (1985). Probleme deutsch-jüdischer Identität, Bad Soden 1985, S. 7-27.

1 Gotthold Ephraim Lessing, *Werke,* hg. von Herbert G. Goepfert, Bd. 2, München 1971, S. 272 ff. (III, 5-6).
2 Siegbert S. Prawer, *Heine's Jewish Comedy. A Study of His Portraits of Jews and Judaism,* Oxford 1983.
3 Vgl. *Ideen. Das Buch Le Grand,* Kap. XI.
4 Heinrich Heine, *Sämtliche Schriften,* hg. von Klaus Briegleb, Bd. 1-6, München 1969-1976. Zitat: I, 463. (Im Folgenden wird unter Angabe des Bandes und der Seitenzahl aus dieser Ausgabe zitiert.)
5 I, 501.
6 I, 463.
7 I, 464.
8 II, 77.
9 Heinrich Heine, *Säkularausgabe. Werke, Briefwechsel, Lebenszeugnisse,* Bd. 20: *Briefe 1815-1831,* bearb. von Fritz H. Eisner, Berlin, Paris 1970, S. 71 f. (Brief an Immanuel Wohlwill vom 7. April 1823).
10 I, 280.
11 I, 159 f.
12 I, 161.
13 I, 162.
14 Heine, *Säkularausgabe,* Bd. 20, S. 215.
15 I, 157 f.
16 Heine, *Säkularausgabe,* Bd. 20, S. 122 f.
17 III, 566.
18 IV, 18.
19 IV, 47.
20 Heine, *Säkularausgabe,* Bd. 20, S. 177.
21 IV, 18.
22 Ebd.
23 IV, 141.

24 IV, 124.
25 IV, 125.
26 Ebd.
27 IV, 132.
28 IV, 128.
29 IV, 131.
30 IV, 130.
31 Ebd.
32 Heine, *Säkularausgabe,* Bd. 22: *Briefe 1842-1849,* Berlin, Paris 1972, S. 199f. (Brief vom 16. Februar 1846).
33 Vgl. den Beitrag von Thomas Koebner in N. Altenhofer, R. Heuer (Hg.), Jahrbuch Arch. Bibliographia Judaica 1 (1985), a. a. O.
34 Heine, *Säkularausgabe,* Bd. 22, S. 202f. (datiert vom 20. Februar 1846).
35 Ebd., S. 203.
36 Ebd.
37 Ebd., S. 205f.
38 Ebd., S. 156 (Brief vom 13. Januar 1845).
39 VI/1, 132ff.
40 IV, 358 (*Schöpfungslieder,* Nr. VI).
41 VI/1, 182f.
42 VI/1, 34f. – Zur Namensform »Rabbi Faibisch« vgl. den diesbezüglichen Passus in dem Roman *Der jüdische Gil Blas. Herausgegeben und mit Anmerkungen begleitet von einem Unbefangenen,* Leipzig 1834, von Friedrich Korn, der meist unter dem Pseudonym Nork schrieb:

»Und doch ist selbst Bele« – belehrte uns der Rabbi – »ein aus dem Mittelalter nur in verpfuschter Form auf uns überkommener christlicher Namen, lautet unverstümmelt: Bella und bedeutet *schön.* Ebenso ist Buna« – hier lächelte der Redner unserer Wirthin zu – »mittelalterlich christlichen Ursprungs, sollte Bona ausgesprochen werden, und lautet in der Übersetzung: *gut.* Aber wie die beiden hier angeführten weiblichen Namen aus dem Lateinischen abstammen, leitet man den meinigen Feibisch aus dem Griechischen her; von seiner Verstümmelung befreit, würde er *Phöbus* klingen, und ich daher anstatt im Conscriptionsregister als Veit angemerkt, weit passender als *Apollonius* dort eingebucht seyn. Daß diese Verbesserung meines Namens die einzig richtige sey, beweiset der hebräische Name Schuragien (Licht), welcher mit Feibisch stets verbunden ist, bei den Griechen war bekanntlich Phöbus der Sonnengott, und so werden Sie meine etymologische Erklärung gewiß ungezwungen finden. (S. 168)

43 IV, 337.

Heines italienische Reisebilder.

Vortrag, gehalten im Freien Deutschen Hochstift am 23. 4. 1986; gedruck in: Jahrbuch des Freien Deutschen Hochstifts 1986, Tübingen 1986, S. 293-316.

1 Heinrich Heine, *Sämtliche Schriften*, hg. von Klaus Briegleb, Bd. 2, München 1969, S. 426 (Im folgenden zitiert unter Angabe von Bandnummer und Seitenzahl).

2 Hermes 1820, 3. Stück, S. 265-290; 1821, 1. Stück, S. 247-264; 2. Stück, S. 248-263; 3. Stück, S. 177-213. – Vgl. dazu Michael Werner, *Heines Reise von München nach Genua*, im Lichte ihrer Quellen, in: *Heine-Jahrbuch* 14 (1975), S. 26.

3 Heine II, 367.

4 Ebd., S. 220 f.

5 Ebd., S. 240.

6 Ebd., S. 238.

7 Ebd., S. 240.

8 Ebd.

9 Ebd., S. 368.

10 Ebd., S. 601.

11 Ebd., S. 538.

12 Ebd., S. 539 f.

13 »[...] ich zähle einen zweiten Geburtstag, eine wahre Wiedergeburt, von dem Tage, da ich Rom betrat« – »Die Wiedergeburt, die mich von innen heraus umarbeitet, wirkt immer fort« (Johann Wolfgang Goethe, Werke, hg. von Erich Trunz, München 1981, Bd. XI, S. 147 und S. 150. Die Hamburger Ausgabe wird im folgenden zitiert unter Angabe von Bandnummer und Seitenzahl.) – Zum Motiv der Wiedergeburt vgl. Klaus H. Kiefer, *Wiedergeburt und Neues Leben. Aspekte des Strukturwandels in Goethes »Italienischer Reise«*, Bonn 1978.

14 Heine II, 405.

15 Ebd., S. 406.

16 Ebd., S. 371.

17 Ebd., S. 371 f.

18 Ebd., S. 353.

19 Lady Sidney Morgan, *Italien*, Jena 1822, S. 67 f.

20 Heine II, 351 f.

21 Goethe VII, 142. – Zur Mignon-Parodie vgl. Michael Werner, a. a. O., S. 35 f., der die Szene allerdings nur politisch-allegorisch interpretiert.

22 Heine II, 369 f.

23 Goethe XI, 88.

24 Ebd.
25 Ebd., S. 167.
26 Ebd., S. 167f.
27 Ebd., S. 130.
28 Ebd., S. 164.
29 Ebd., S. 133.
30 Ebd., S. 98.
31 Ebd., S. 545.
32 Heine II, 371.
33 Ebd., S. 343.
34 Ebd., S. 360.
35 Ebd., S. 347.
36 Ebd., S. 493. – Zu diesem Passus und zu Heines Prosaästhetik generell vgl. Wolfgang Preisendanz, *Der Funktionsübergang von Dichtung und Publizistik bei Heine,* in: *Die nicht mehr schönen Künste,* hg. von Hans Robert Jauß, München 1968, S. 361 ff.
37 Heine II, 341 f.
38 Ebd., S. 342.
39 Ebd., S. 529. – Heine folgt der weitverbreiteten Volksetymologie, die Satire statt von lat. satura von griech. satyros ableitet. Vgl. etwa schon Johann Michael Moscherosch in der Vorrede zu den *Gesichten Philanders von Sittewalt,* Straßburg 1650 (zitiert nach Volker Meid, *Grimmelshausen. Epoche – Werk – Wirkung,* München 1984, S. 106): »Solcher Satyren oder Heydnischen Wald-Götter Art war: daß sie jedem Mänschen was jhm ubel anstunde / alle Laster und Untugenden / ungeschewt under gesicht sagten: und was sonst Niemand auß forcht sagen dorffte oder sagen wolte / das thaten Sie / mit lächerlichen hönischen geberden / mit grossem gelächter / sperreten das Maul auff spannen weit«.
40 Goethe XI, 484.
41 Ebd., S. 515.
42 Heine II, 529.

Nachwort des Herausgebers

Dieser Band versammelt die von dem im Jahre 1991 im Alter von 52 Jahren verstorbenen Frankfurter Germanisten Norbert Altenhofer verstreut publizierten Arbeiten über Heinrich Heine – mit Ausnahme einiger einführender Artikel, weil diese die Handschrift des Verfassers weniger deutlich erkennen lassen als die themen- und thesenbezogenen Beiträge. Die Aufsätze sind hier chronologisch geordnet und dokumentieren so eine kontinuierliche Auseinandersetzung mit Heines Werk. Darüber hinaus lassen sie die konsequente methodologische Orientierung am Projekt einer materialen Hermeneutik erkennen, die – und das erst rechtfertigt sie, voraussetzungsgemäß, im vollen Sinne – ihre Grundsätze den Texten selbst abliest, denen sie sich zuwendet.
»Durch die Liebe zu verstehen«, wie es Heine einmal formuliert, ist nicht der unwesentlichste Zug am hermeneutischen Dialog; zumal, wie sonst im Leben, auch in dieser Beziehung Liebe sich besser zu verstehen gibt, als sich zu erklären.
Der Titel des Bandes, »Die verlorene Augensprache«, bezeichnet die wohl schmerzlichste hermeneutische Erfahrung. Daß Verstehen immer nötig ist, weil Mißverstehen immer möglich; daß wir nur da etwas verstehen können, wo wir schon etwas verstanden haben – dergleichen Maximen, die sich in jedem Verhältnis – wie abständig voneinander auch immer – sich bildender Sinnhorizonte bewahrheiten mögen, begreifen nicht entfernt etwas von dem Verlust, den Heine am 5. Februar 1840 in einem Kondolenzbrief an Varnhagen von Ense beschwört.
»Einer nach dem anderen geht heim – Unfruchtbare Thränen weinen wir ihnen nach – bis auch wir abgehn – Die Thränen die alsdann für uns fließen, werden nicht so heiß seyn, denn die neue Generazion weiß weder was wir gewollt, noch was wir gelitten! – Und wie sollten sie uns gekannt haben? Unser eigentliches Geheimniß haben wir nie ausgesprochen, und werden es auch nie aussprechen, und wir steigen ins Grab mit verschlossenen Lippen! Wir, wir verstanden einander durch bloße Blicke, wir sahen uns an und wußten, was in uns vorging – diese Augensprache wird bald verloren sein, und unsere hinterlassenen Schrift-

mähler, z.B.: Rahels Briefe, werden für die Spätergeborenen doch nur unenträthselbare Hieroglifen seyn – das weiß ich, und daran denk ich bey jedem neuen Abgang und Heimgang.«

Nun ist das der extreme – uns freilich bei dieser Gelegenheit besonders einleuchtende – Fall. Die Hieroglyphe, das esoterische Schriftmal kann aber doch, mit zunehmendem Alter, denen, die eine Augensprache gar nicht mehr vermissen können, zur deutbaren Sinngestalt werden, eine Wahrheit enthaltend, »die, zunächst verborgen, sich geschichtlich entfaltet und exoterisch, allgemein und öffentlich, wird«. Die Schriftmäler – und wären es Monumente – sind Ruinen. Gerade als solche geben sie lebendiges Zeugnis: nicht weil man sich anhand ihrer ein vordem Ganzes zusammenphantasieren könnte, sondern weil man an ihnen die Erstarrungen entziffern und studieren kann, die für jede geschichtliche Epoche charakteristischer sind und die sie klarer erkennen und empfinden lassen als ein vermeintlich lebenswarmer Ausdruck. Die Augensprache bewirkt und erhält das wortlose Einverständnis, solcher Erstarrungen bewußt zu sein, ohne freilich über sie verfügen zu können, als wären sie äußerlich, als könne man sie einsinnig identifizieren und kommunikativ verhandeln.

Die »Augensprache literarischer Botschaften« – Zitat, Motto, Anspielung; Kontrafaktur, Konstellation, Arrangement – ist ihrerseits als erfahrungsbezogener Code zu verstehen, der dem Bildungswissen, das auf ursprüngliche Intention und objektivierbare Bedeutung ausgeht, unzugänglich bleiben muß. Gewiß stellt die Überlagerung älterer Texte durch neuere einer materialen Hermeneutik auch restaurative Aufgaben. Aber jeder Schritt in Richtung ihrer Lösung bringt eine produktive Erfahrung hervor: die »verwirrende Transparenz« neuerer für ältere Texte.

An Heines Werk arbeitet Norbert Altenhofer erstmals stringent diesen Palimpsest-Charakter heraus: ein konstitutives Moment der Moderne, jedenfalls mehr als nur ein weiterer Beleg für das »Ende der Kunstperiode«. Kein autonomes Werk, kein autonomes Subjekt, weder literaturgeschichtliche noch lebensgeschichtliche Identität, sondern »sich überlagernde, doch nie einander ganz auslöschende Niederschriften«. Kein geheimes Sinnzentrum, kein letzter Grund; kein Oberstes, das triumphiert – oder dessen Triumph zu bestreiten wäre. Der Palimpsest hat weder hierarchische noch dialektische Struktur; vielmehr eine solche, die sich als paradoxale Interferenz beider ausnimmt: ein Nacheinander, ein Übereinander, das als Nebeneinander begriffen sein will.

V. B.